동아시아
여러문자와
한글

한글 창제의 비밀을 밝히다

정광鄭光

서울대학교 국어국문학과를 졸업하고, 동 대학원에서 석사, 국민대 대학원에서 박사를 받았다. 덕성여대 교수를 거쳐, 고려대학교 국문과 교수를 역임(1990~2006)했다. 콜롬비아대 객원 교수, 교토대 초청 학자, 와세다대 교환교수 등 국제적으로 활동하고 있으며, 한국어학회, 국제 역학서학회, 국제고려학회 회장 등을 역임하고 현재 고문으로 있다. 고려대 명예 교수.

주요 저서로는 《한글의 발명》(2015), 《조선시대의 외국어 교육》(2014), 《훈민정음과 파스파 문자》(2012), 《삼국시대 한반도의 언어 연구》(2011), 《노박집람 역주》(2011), 《몽고자운 연구》(2009), 《역주 원본 노걸대》(2004), 《역학서 연구》(2002) 등 다수가 있다. 2009년과 2004년 저서는 중국어로 출간되어 전 세계 중국어 연구자들의 주목을 받고 있다.

동아시아 여러 문자와 한글

초판 1쇄 인쇄 2019. 7. 22.
초판 1쇄 발행 2019. 7. 29.

지은이   정 광
펴낸이   김 경 희
펴낸곳   (주)지식산업사
　　　　본사 ＊ 10881, 경기도 파주시 광인사길 53(문발동)
　　　　전화 (031) 955-4226~7 팩스 (031) 955-4228
　　　　서울사무소 ＊ 03044, 서울시 종로구 자하문로6길 18-7
　　　　전화 (02) 734-1978, 1958 팩스 (02) 720-7900
　　　　영문문패 www.jisik.co.kr
　　　　전자우편 jsp@jisik.co.kr
　　　　등록번호 1-363
　　　　등록날짜 1969. 5. 8.

책값은 뒤표지에 있습니다.

ISBN 978-89-423-9070-0(93710)

이 책에 대한 문의는
지식산업사로 연락 바랍니다.

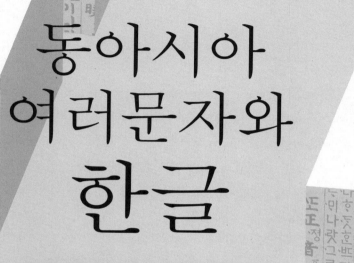

동아시아
여러문자와
한글

한글 창제의 비밀을 밝히다

정 광 지음

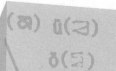

지식산업사

권두언

　이 책은 2015년에 간행한 졸저 《한글의 발명》(서울: 김영사)의 후속
연구다. 이 책이 간행되고 나서 학계의 반응은 뜨거웠다. 대체로 두 가
지 반응이었는데, 하나는 기존의 통설과 다른 내용에 대하여 비판적이
지만 실증적 전거에 의거한 연구 태도에 긍정적이면서 새로운 시각으
로 이해하려는 방향이고 또 하나는 말도 안 되는 주장이라고 매도하려
는 태도였다.

　졸저(2015)에 대한 매도罵倒는 세종대왕이 어리석은 백성들을 위하
여 쓰기에 편리한 문자를 만들어 주셨다고 굳게 믿고 있는 국수주의자
들에서 특히 격렬하였다. 한글은 사상 유례가 없는 독창적인 문자이며
우리가 세계만방에 자랑할 만한 문화유산으로 생각하는데 주변 문자의
제정으로부터 영향을 받았다니 이게 무슨 망발이냐는 것이다.

　일제日帝 강점기에 학문으로의 연구가 아니라 민족의 자존과 애국
심을 고취하려고 시작된 한국어학자들에게 한글을 신성불가침의 존재
였으며 항상 그 문자의 유용함과 위대함을 밝히는 것이 유일하고 올바
른 연구라고 믿고 있었다. 이러한 국수주의적 연구자들에게 졸저의 연
구는 사문난적斯文亂賊에 해당하는 매우 불편한 연구가 아닐 수 없었
을 것이다.

　한글이 실제로는 동아시아의 다른 문자들과 관련이 있고 특히 원대
元代 몽고의 파스파 문자와 관련이 있다는 졸저(2015)의 주장은 한글

을 신성불가침의 존재로 신봉하는 국수주의자들에게 도저히 받아들일 수가 없었고 비공식적인 많은 반대가 있었다. 따라서 이러한 통설을 반대하는 필자의 주장은 다시 확실한 전거에 의하여 실증적으로 논지를 재론할 수밖에 없다고 생각하지 않을 수 없었다. 그리하여 다시 전거를 보태고 실증 자료를 더하여 자신의 주장을 또 한 번 검증하는 논문을 여러 편 발표하였다. 그리고 이 책은 그렇게 발표된 논문을 한데 모은 것이다.

그동안 정식으로 간행된 논저로 졸저(2015)를 비판한 것은 아직 찾아보지 못했다. 그러나 사석에서, 아니면 논문의 심사에서 언급한 여러 비판적인 의견에 대하여 필자는 몇 개의 논문을 발표하여 답변을 대신하였다. 이렇게 반론으로 작성된 논문들을 통하여 그동안에 미처 깨닫지 못한 학계의 철벽같은 통설이 있었음을 알게 되었다. 이 책에서 그에 대하여 다시 자세하게 지적하였다. 따라서 졸저인 《한글의 발명》에 비판적이었던 사람들은 이 책을 보면 더욱 더 심기가 불편할 것이어서 미안한 생각을 금할 수가 없다.

앞에서 언급한 바와 같이 이 책은 《한글의 발명》 이후에 발표된 논문들로 이 책에 모아 놓은 것은 다음과 같다.

① 〈毘伽羅論과 훈민정음 -파니니의 〈八章〉과 佛家의 聲明記論을 중심으로-〉, 《한국어사 연구》(국어사연구회) 제2호, 2016.05, pp.113~179.
② 〈훈민정음 제정에 대한 재고 - 졸저 《한글의 발명》에 대한 비판을 돌아보면서 -〉, 《譯學과 譯學書》(국제역학서학회) 제7호, 2016.12, pp.5~81.
③ 〈다시 살펴 본 최세진의 생애와 학문〉, 《한국어사 연구》(국어사연구회) 제3호, 2017.04, pp.147~196.

④ 〈알타이 제 민족의 문자 재정과 사용 - 한글과 파스파 문자의 제정을 중심으로 -〉, 정광 외 《유라시아 문명과 알타이》(가천대학교 아시아문화연구소 아시아학술총서 10), 역락, 2017, pp.9~80.

⑤ 〈反切考〉, 《어문논집》(민족어문학회) 제81호, 2017.12, pp.127~184.

⑥ 〈훈민정음의 새로운 이해-毘伽羅論과 파스파 문자와의 관련을 중심으로〉, 《한국어사 연구》(국어사연구회) 제4호, 2018.03, pp.123~188.

⑦ 〈파스파 문자의 喩母와 훈민정음의 欲母- 왜 한글에서는 모음자에 /ㅇ/를 붙여 쓰는가?-〉, 《국제고려학(International Journal of Korean Studies)》 제17호, 2018.03, pp.489~520.

⑧ 〈한글-어떻게 제정되었는가?〉, 《인문언어(Lingua Humanitas)》(국제언어인문학회) 제20집 2호, 2019.01, pp.29~104.

⑨ 〈신미대사와 훈민정음〉, 《한국어사 연구》(국어사연구회) 제5호, 2019.02, pp.8~68.

①의 논문은 일부 수정되어 이 책의 제3장 "성명기론聲明記論과 반자론半字論"의 핵심이 되었고 ②의 논문은 대폭 고쳐서 제2장 "알타이 제 민족의 문자 제정"의 후반부에 포함시켰다. ③의 논문은 제4장의 일부에 인용되었고 ④의 논문은 제4장에 대부분을 옮겨 실었다. 그리고 ⑤의 논문과 ⑥의 논문은 제4장과 제3장의 핵심 내용이 되었다. ⑦의 논문은 제5장의 중심 부분이고 일부는 제4장에도 포함되었다. ⑧의 논문은 제1장 서론에 대부분 소개되었고 제6장의 주요 부분도 이 논문을 옮겨온 것이다. 제1장도 ⑧의 논문에서 이미 거론한 것들이며 ⑨의 논문도 제6장의 핵심에 포함되었다.

이 책은 이와 같이 이미 발표된 논문을 목차에 맞추어 다시 배치한 것이어서 각 장章의 내용이 독자적이고 독립적이다. 따라서 내용이 중복되는 부분이 적지 않을 뿐만 아니라 도표나 사진도 겹치는 것도 없지 않다. 독자 여러분의 많은 양해를 바라지 않을 수 없다.

　제1장 서론에서는 우선 이 책에서 서술하고자 하는 문제를 전체적
으로 조감하였다. 그리고 제2장부터 제5장까지는 서론에서 제기한 문제
들을 구체적으로 살펴보았다. 따라서 독자들께서는 서론을 읽어보시면
이 책에서 거론한 대체적인 주제를 파악할 수 있을 것이다. 제6장은
이 책의 결론에 해당하는 것으로 제2장으로부터 5장에 걸쳐 논의한 내
용을 바탕으로 하여 한글의 제정을 새로운 시각에서 살펴 본 것이다.
결론이 없는 대신에 제1장 서론에서 주용 내용을 정리하여 먼저 제시
한 셈이다.

　또 하나 덧붙일 것은 한글을 연구한 필자의 논저는 국내에서보다
국외의 연구자들이 더 많이 인용한다. 그런데 한글로 쓰인 필자의 논
저를 외국인이 이해하기 어려운 탓인지 외국어로 작성된 논저에서 간
혹 필자의 주장을 오해한 논문들이 있어서 이 책에서는 제1장의 서론
과 결론에 해당하는 제6장을 빼고 매 장章마다 중요한 내용에 대한 영
문 요약을 붙였다. 원래 학술지에 게재할 때에 붙였던 영문 요약을 살
리려는 의도로 덧붙인 것이지만 혹시 외국인 연구자들에 도움이 되지
않을까 기대해 본다.

　이 책은 필자의 팔순八旬에 맞추어 출판될 것이고 한글에 대한 필자
의 연구도 이것으로 종지부를 찍을 것이다. 그동안 필자의 연구로 불
편했던 동학同學 여러분께 미안한 마음을 전하며 다만 이 책이 한글
연구에 도움이 되기를 바라는 마음 간절하다.

2019년 6월 단오端午일에
저자 정 광

8

차 례

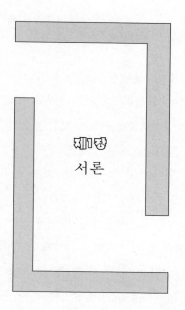

제1장
서론

1. 문제의 제기

1.1.0 언문諺文, 또는 훈민정음訓民正音이란 이름으로 제정된 한글에
대하여 우리 민족은 특별한 감정을 가지고 있다. 세종대왕이 백성들을
위한 지극한 애민정신愛民精神에서 만들어준 문자로 생각하고 각별한
애정과 자부심을 느낀다. 그리고 국민 모두가 "영명하신 세종대왕이 어
리석은 백성들을 위하여 사상 유례가 없는 문자를 독창적으로 만드셨
다"고 믿고 있다.

 이러한 생각은 한글을 전공하는 연구자들도 동일하게 신봉한다. 그
리하여 한글에 대하여 위와 같은 취지에 조금이라도 벗어나는 연구는
철저하게 배척하고 입을 모아 비판한다. 그리고 그것이 애국심이라고
생각한다. 또 한글을 사용하는 일반인들도 자신들이 한글에 대하여 잘
알고 있다고 자신한다. 특히 외국인들에게 한글을 소개하는 많은 한국
인들은 한결같이 세종의 독창적인 창제라고 그들을 설득하려고 한다.

 그러나 과연 그럴까? 한글에 대하여 위와 같은 설명을 듣는 외국인
들은 반신반의한다. 아니 신화神話나 전설傳說에서나 있을 법한 위와
같은 설명을 서양 지식인들이 듣고는 그저 웃고 말 뿐이다. 왜냐하면
잘 모르는 역사적 사실은 신화나 전설로 위장되어 소개되는 경우가 많
기 때문이다. 합리적인 사고와 상식을 자랑하는 서양 연구자들에게 제
왕帝王이 백성을 위하여 문자를 만들어 주었다는 신화와 같은 이야기
는 전혀 먹혀들지 않는다.

1.1.1 한글에 대하여 일반인들은 물론 전문가들도 잘 모르는 부분이 정말 많다. 예를 들어 영어의 A, B는 로마자의 첫째, 글자인 알파alpha와 둘째의 베타beta에서 왔고 알파벳alphabet이란 명칭이 이 두 글자의 명칭에서 왔다는 사실을 모르는 사람은 없다. 그러나 "왜 한글의 첫 글자가 /ㄱ/이냐?"(졸고, 2016c)라는 질문에 어떤 한글 전문가도 제대로 대답하지 못한다.

또 "왜 한글은 모음자는 모두 /ㅇ/를 붙여 쓰는가?"(졸고, 2018b)에 대하여도 대부분의 연구자들이 올바른 설명을 하지 못한다. 즉, 한글에서는 모음의 'ㅏ, ㅑ, ㅓ, ㅕ'를 앞에 자음이 없이 단독으로 쓸 때에는 모두 /ㅇ/를 붙여 '아, 야, 어, 여'로 쓰는데 이에 대하여 올바르게 설명하는 연구자들을 찾아보기 어렵다. 모두 훈민정음에 대한 배경 이론과 한글과 주변 문자와의 관계를 이해하지 못한 탓이다.

특히 한글을 제정할 때에 이용된 음성의 언어학적 연구가 무엇인지 연구자들은 별로 관심이 없다. 더욱이 한글과 주변 여러 민족의 문자와의 관계에 대하여는 필자를 포함한 거의 모든 연구자가 무지하기 그지없다. 오로지 영명하신 세종대왕이 우리말에 맞는 문자를 독창적으로 만들어 주신 것으로 믿고 있다.

요즘 필자가 한글과 주변 문자와의 관계에 대하여 충격적인 논저를 자꾸 발표하니까 한글박물관을 세우고 한글과 주변 문자와의 관계를 살펴보는 프로젝트를 시작하였다. 그러나 몇몇 참가자들이 강하게 반발하여 결국 이 프로젝트는 중도에 무산되었다. 역시 이 프로젝트에 참가한 연구자들도 한글은 독창적인 것이지 주변 문자와 아무런 관계가 없다는 생각에 사로잡혀 있었기 때문이다.

그래서 그런지 문체부에서 곧 문자박물관을 세우고 세계 문자를 탐구하려는 움직임이 있는 것 같다. 국수주의적 연구자들의 횡포를 관계 기관의 공무원들도 어렴풋이 느낀 것 같다. 그리고 한글과 주변 문자와의 관련에 대하여 앞에서 언급한 졸저 《한글의 발명》(서울: 김영사, 2015)과 파스파 문자에 대한 새로운 주장을 폈던 《몽고자운연구》(서울: 박문사, 2009; 중문판 北京: 民族出版社, 2013; 일어판 東京: 大倉 Info)가 심심치 않게 팔리고 있다. 아마도 한글에 대한 국수주의적 연구에 식상한 독자들이 필자의 새로운 주장에 관심을 갖는 것 같다.

1.1.2 많은 사람들이 한글이 다른 문자의 영향으로 만들어졌다고 하면 그 가치를 훼손한다고 생각한다. 그러나 과연 그럴까? 필자가 만난 대부분의 외국인 한글 전문가들은 위에 언급한 바와 같이 제왕帝王이 백성들을 위하여 독창적인 문자를 만들어 주었다는 신화神話와 같은 이야기를 믿기 어려워한다. 오히려 주변 문자와 관련이 있다는 주장에 귀를 기울인다.

그리고 한글과 몽골의 원대에 제정된 파스파 문자와의 관계를 끊임없이 제기한다. 2017년 뉴질랜드의 오크랜드대학에서 열린 ISKS(International Society for Korean Studies)의 제13차 국제학술대회에서 필자가 한글과 파스파 문자에 대하여 발표하였을 때에 세계 각지에 몰려온 한글 연구자들은 모두 깊이 동감하고 그동안 한글에 대하여 잘 모르던 부분들이 밝혀지는 연구에 경의를 표하였다(졸고, 2017d).

우리의 선조들도 한글이 몽고 문자와 관련이 있다는 것을 이미 알고 있었다. 서파西陂 유희柳僖의 〈언문지諺文志〉(1824, 《文通》, 전100권의 제19권)의 '전자례全字例'에서 "諺文雖刱於蒙古, 成於我東, 實世間至妙之物 – 언문은 비록 몽고에서 시작하여 우리나라에서 이루어졌지만 실제로 세간에 지극히 오묘한 것이다"라고 하였다. 언문이 몽고 글자, 즉 파스파 문자와 관련이 있음을 깨닫고 있었던 것이다.

이어서 같은 책의 '초성례初聲例'에서 〈훈민정음십오초성訓民正音十五初聲〉이라는 제목으로 "我世宗朝命詞臣, 依蒙古字樣, 質問明學士黃瓚以製

- 우리 세종께서 신하들에게 명하시어 몽고 글자에 의거하고 명의 학사 황찬에게 질문하여 지은 것이다"라고 하여 훈민정음이 몽고 자양字樣, 즉 파스파 문자로부터 영향을 받았음을 밝히고 있다. 이것은 이익李瀷의 《성호사설星湖僿說》에서 주장한 훈민정음의 몽고 문자 기원설을 추종한 것이다.

이러한 우리 선조들의 연구가 있었지만 오늘날의 우리 학계는 한글의 독창성에만 치중하여 다른 문자와의 관계를 인정하지 않는다. 어떤 한글 전문가는 모음을 따로 문자로 만든 것을 한글의 중요한 특징으로 생각하고 한글이야말로 모음을 글자로 만든 최초의 문자라고 자랑하였다(김주원, 2016). 그러나 이미 기원전 수세기경에 만들어 사용한 산스크리트 문자에는 모음을 표기하는 글자를 따로 만들어 사용하였다.

즉, 실담장悉曇章에서는 모음인 마다(摩多, mata)와 자음인 체문(体文, vyanjana)으로 나누어 문자를 만들었다.[1] 이 가운데 마다摩多가 기본이고 체문体文과 더불어 이 각각을 반자半字로 보아서 각각을 따로 교육하였다. 여러 불경에서 보이는 '반자교半字教', 또는 '반자론半字論'은 범자梵字의 마다와 체문의 교육, 즉 모음과 자음의 알파벳 교육을 말하는 것이다.

반면에 '만자교滿字教', '만자론滿字論'은 마다摩多와 체문体文이 결합하여 이루어진 하나의 음절문자, 즉 실담悉曇의 교육과 이론을 말한

---

1) '摩多'는 산스크리트어의 'mata', 즉 'mātr'를 한자로 轉寫한 것이다. 영어의 'vowel'을 '母音'으로 번역한 것은 이에 대한 梵語의 'mātr, mata'가 '어머니[母]'라는 뜻을 가졌기 때문이고 이 뜻을 살려 母音이라 하였다. 반면에 'vyanjana'를 '体文'이라고 한 것은 '体用'의 '体'에서 온 것이다. 중국 性理學의 体用論에서 '体'는 사물의 본체, 근본적인 것을 가리키는 것이며, '用'이란 사물의 작용 또는 현상, 파생적인 것을 가리키는 개념으로 사용된다. 중국 聲韻學에서 '聲'을 反切上字 중심의 음운 인식에서 반절상자, 즉 초성을 음성의 본체로 이해하고 '体의 글자[体文]'라고 부른 셈이다. 근대 시기에 일본 번역가들이 이를 子音(consonant)으로 번역한 한 것은 体文이 悉曇章으로 돌아가서 母音에 부속되는 음운으로 인식하였기 때문이다. 이 책 제3장 참조.

다. 반자半字인 체문과 마다가 결합하여 만자滿字, 즉 실담悉曇을 이루고 이를 교육하는 것이 만자교滿字教, 이에 대한 여러 이론을 만자론滿字論이라 한 것이다. 원래 실담(悉曇, siddham)의 의미는 'sidh(완성하다)'의 과거수동분사인 'siddha'에 중성中性 명사의 주격단수어미 'ṃ'를 붙인 형태로 "완성된 것"이란 뜻이다. 즉, 반자半字에 대하여 만자滿字를 말한다.

훈민정음이 초성初聲과 중성中聲, 종성終聲이 결합한 것을 문자로 한 것과 같다. 즉, 초성과 종성은 체문体文이고 자음을 표음한 것이며 이들이 모음을 표기하는 중성과 결합해야 하나의 음절문자가 되는 것은 범자梵字의 만자론滿字論으로부터 영향을 받은 것이다. 훈민정음의 〈한문본〉이나 〈언해본〉에서 공통인 '예의例義'에 "凡字必合而成音 - 대저 글자는 반드시 [초성과 중성이] 합해져야 소리를 이룬다"는 것은 바로 만자론에 의거한 것이다.

또 고대인도에서 범자梵字의 문자이론인 반자론과 만자론에 의거한 훈민정음의 위와 같은 설명들은 지봉芝峰 이수광李晬光의 《지봉유설芝峰類說》(1624, 20권 10책)의 권18에 "我國諺書字樣, 全倣梵字 - 우리나라 언서의 글자 모양은 모두 범자를 모방한 것이다"라고 하여 언문諺文이 범자梵字로부터도 영향을 받은 것을 말하고 있다.

1.1.3 한글의 연구에서 가장 큰 문제는 모두가 한글을 잘 안다고 생각하는 것이다. 그러나 실제로는 잘 모르는 부분이 많다. 우선 가장 기초적인 한글이란 명칭에 대하여 우리는 잘 모른다. 세종대왕이 새로 만드신 문자를 '훈민정음訓民正音'이라고 했지만 1930년대 한글의 연구가 본격적으로 시작되었을 때에는 모두 '정음正音'이라고 하였다. 또 〈실록〉에 보이는 정식 명칭은 '언문諺文'이다.

그러나 언문이 우리글을 폄하貶下하는 명칭이라고 해서 대한제국大

韓帝國 시대에는 '국문國文'이라고 했다가 일제 강점기에 다시 언문諺文이 되었고[2] 이에 반발하여 '한글'이란 명칭을 만들어 사용하였으나 북한에서는 '조선 글'이라 한다. 한 때는 아녀자의 글이라고 하여 '안글'이라고도 했다. 과연 한글은 어떤 명칭으로 불러야 할까?

또 하나의 의문은 한글이 언제 어떻게 반포頒布되었는가 하는 문제다. 이에 대하여는 현전하는 간송澗松미술관 소장의 《훈민정음》(국보 70호)을 간행한 것으로 새 문자가 반포되었다고 보았다. 그리하여 이 책이 간행된 정통正統 11년(1446) 9월 상한上澣을 양력으로 환산하여 10월 9일을 한글날로 정하고 기념한다. 그런데 과연 이 책의 간행을 새 문자의 반포로 볼 수 있을까?

흔히 훈민정음의 〈해례본〉으로 알려진 간송미술관 소장본은 한문으로만 되었고 어려운 성리학性理學과 성운학聲韻學의 이론으로 설명되었다. 그리고 위에서 잠간 언급한 바와 같이 고대인도의 비가라론毘伽羅論에서 발달한 고도의 조음음성학 이론인 성명기론聲明記論으로 해설되었다. 그리하여 아牙, 설舌, 순脣, 치齒 후음喉音으로 표현한 발음의 조음 위치와 전청全淸, 차청次淸, 불청불탁不淸不濁, 전탁全濁으로 설명한 조음 방식으로 새 문자들이 설명되었다. 과연 〈해례본〉의 심오한 이론을 어리석은 백성들이 제대로 이해하고 이에 의거하여 새 문자를 익혀서 한글을 익숙하게 사용할 수 있었을까?

예를 들면 〈해례본〉의 '제자해'에서 "牙音 ㄱ 象舌根閉喉之形대. 舌音 ㄴ 象舌附上顎之形. 脣音 ㅁ 象口形, 齒音 ㅅ 象齒形, 喉音 ㅇ 象喉形"이란 설명에서 "아음, 즉 어금니 소리의 /ㄱ/은 혀뿌리가 목구멍을 막는 모습을 본뜬 것이다. 설음舌音의 /ㄴ/은 혀가 윗 입천장에 붙는 모습을 본뜬 것이다. 순음脣音의 /ㅁ/은 입의 모습을 본뜬 것이고 치음齒

---

2) 日帝 强占期의 國文은 일본의 假名 문자였다.

音의 /ㅅ/은 이빨 모양을 본뜬 것이며 후음喉音의 /ㅇ/은 목구멍 모습을 본뜬 것이다"라고 했다. 백성들이 과연 훈민정음의 글자들을 발성기관의 모습에 따라 설명한 조음음성학을 제대로 이해할 수 있었을까?

또 예의例義에서도 /ㅂ/에 대하여 "彆字初發聲 – 별자의 처음 펴내는 소리다"라고 하였고 ㄱ의 전탁자全濁字 /ㄲ/에 대하여 "ㄲ 虯字初發聲"이라 하였는데, 여기에 'ㄱ'과 'ㄲ'의 음가로 표시한 "彆– 활 시울 뒤틀릴 별", "虯 – 새끼 용 규"자는 여간한 벽자僻字가 아니어서 웬만한 한자 실력이 없이는 이 글자를 알 수가 없다.

거기다가 〈해례본〉은 높은 수준의 한문으로만 되어서 이두吏讀 정도의 한자 실력만 가진 중인中人 계급의 백성들이 이해하기 어렵다.[3] 이보다는 세종의 서문序文과 예의例義를 언해한 훈민정음의 〈언해본〉이 차라리 백성들이 배우기 쉬운 새 문자의 해설서가 될 것이다. 그렇다면 왜 〈언해본〉의 공간公刊이 아니고 〈해례본〉의 간행을 새 문자의 반포로 보았는가? 만일 〈언해본〉을 새 문자의 공표로 본다면 이것은 언제 간행되었을까? 역시 지금까지 아무도 시원한 답변을 내지 못하는 어려운 난제難題들이다.

1.1.4 다음으로 한글 연구에서 중요한 문제는 새 문자인 '언문諺文'이 어떻게 제정되었으며 그 배경 이론은 무엇이었는가에 대하여 전혀 연구하지 않는다는 점이다. 훈민정음의 〈해례본〉을 보면 현대 언어학의 이론으로도 설명하기 어려운 심오한 음성학 이론과 정서법이 소개되었다. 오늘날의 첨단적인 서양의 조음음성학의 어려운 이론이 고스란히 훈민정음의 해례解例에 들어 있다. 이것을 그저 "영명하신 세종대왕의

---

3) 당시 실제로 문자생활을 가장 활발하게 한 계층은 中人들이었다. 그들은 〈千字文〉이나 〈童蒙先習〉 등의 쉬운 한자 學習書로 공부한 사람들이고 吏讀를 상용하고 있어서 〈해례본〉의 한문을 이해하기 어려웠을 것이다.

독창적인 이론"으로 볼 것인가?

그러면 당시 어떤 음성학과 음운론의 이론이 새 문자의 제정에서 이용되었는가 하는 문제는 한글 연구의 기본이라고 할 수 있는데 이 부분의 연구가 아주 미약하다. 만일 한글 제정의 배경이론에 대한 연구가 의도적으로 무시되었다면 제대로 된 한글 연구가 이루어졌다고 보기 어렵다. 외국 학자들이 많이 지적하는 것이 바로 이 부분이다. 그러면 어떤 이론이 훈민정음의 제정에 이용되었을까?

그동안은 주로 중국 성운학聲韻學의 이론으로 새 문자의 제정에 대하여 살펴본 것이 고작이었다. 그러나 졸고(2016b)에서 고대인도의 비가라론에서 발달한 성명기론의 조음음성학이 세종 시대에 학승學僧으로 훈민정음 제정에 많은 도움을 준 혜각존자慧覺尊者 신미信眉대사에 의하여 세종에게 전해졌고 이로부터 초성 위주의 언문 제정에서 모음 글자인 중성을 별도로 만든 것으로 보았다(졸고, 2019b). 고대인도에는 베다Veda 경전의 언어인 산스크리트어, 즉 범어梵語의 문법으로 비가라론이 발달하였는데 이를 한역漢譯하여 기론記論이라 하였다(졸고, 2017b, 이 책 제3장 3.2.1.0).

기론記論은 주론 굴절어(inflective lang.)인 범어梵語의 형태론과 통사론을 설명하는 문법이었지만, 불가佛家 오명五明의 하나인 성명聲明, 즉 언어음에 대한 연구도 포함하고 있어서 이를 따로 '성명기론聲明記論'이라 하였다. 이 이론이 중국에 들어가 성운학이 되었고 불경을 통하여 조선에 들어와 훈민정음의 기본 이론이 된 것으로 필자는 주장한다. 따라서 훈민정음 제정의 배경에는 이러한 이론이 있었기 때문에 〈해례본〉에서 고도로 발전된 음성학의 설명이 가능했던 것이다.

1.1.5 우리 학계에는 한글에 대하여 주변 다른 민족의 문자와의 관계라든지 문자의 명칭, 그리고 그 배경 이론에 대하여 전혀 연구가 없었

다. 지금까지의 연구는 오로지 한글은 독창적인 문자라는 국수주의적인
주장만이 되풀이되었을 뿐이다. 그리고 한글은 매우 과학적이고 우수한
문자임을 강조한다. 과연 무엇이 과학적이고 어떻게 우수한가? 이제
이 책에서는 이러한 문제에 대하여 그동안의 연구를 중심으로 살펴보
기로 한다.

2. 한글과 주변 민족의 문자

1.2.0 중국의 주변에 흩어져 사는 동아시아 여러 민족들, 특히 중국어
와 문법적 구조가 다른 알타이 제어의 민족들은 다양한 문자로 자신들
의 언어를 표기하였다. 이 민족들은 역사 이전부터 이 지역의 가장 강
력한 한자문화에 휩쓸려 한자漢字를 빌려서 자신들의 언어를 표기하였
다. 주로 중국으로부터 침략을 받아 그의 지배를 받던 알타이민족들의
언어를 중국의 정복자들은 통치 문자인 한자를 들여와 언어를 기록하
였다. 그러나 한자는 고립어인 중국어, 그것도 고립적孤立的 문법구조
를 가장 강하게 가졌던 장강長江 이남의 오아吳兒의 언어를 표기하기
위하여 고안된 표의문자였다.[4]

한자는 중국 주변의 여러 민족들, 특히 교착적膠着的인 문법 구조를
가진 알타이 제어를 표기하기에는 매우 불편한 문자였다. 표의문자인
한자로는 문법적 의미만을 갖는 이들 언어의 어미와 조사, 즉 형태부

---

4) 吳兒는 長江 이북의 漢兒에 대응하는 말로서 元代에는 南人이라고 불렸던 민족들이
   다. 이들의 언어인 吳語는 역사적으로 先秦시대의 표준어였던 雅語, 즉 四書五經의
   중국어를 말한다. 漢語의 역사에서 上古語(Archaic Chinese)라고 불린다.

의 표기가 어렵고 어순語順도 다르기 때문이다. 따라서 그들은 불경佛
經의 범자梵字에 이끌려 표음문자를 새로 만들거나 따로 한자를 변형
시켜 자신들의 언어를 표기하기에 적합한 문자를 별도로 마련하기도
하고 아니면 몽고-위구르 문자처럼 서양의 표음문자를 빌려서 자신들
의 언어를 표기하려고 부단한 노력을 기우려 왔다.

1.2.1 동아시아의 알타이민족들이 자민족의 언어를 표기하기 시작한
문자는 거의 한자였다. 간혹 한자 이전에 고유한 문자를 자체적으로
만들어 사용했다는 신화와 전설이 없는 것은 아니지만 남아 있는 자료
가 없어 인정하기 어렵다. 또 설사 자료가 남아 있어도 문자로 보기
어려운 부호符號나 그림 문자 수준의 것이기 때문에 이를 언어를 표기
한 문자라고 할 수는 없다고 본다.

현재까지의 연구로는 알타이민족 가운데 어느 민족이 가장 먼저 한
자를 들여다가 자신들의 언어를 표기했는지 밝혀지지 않고 있다. 다만
필자는 기원전 수세기 무렵에 한반도에서 기자箕子 조선, 또는 위만衛
滿 조선 때에 한자가 수입되어 통치 문자로 이용하였을 것이라는 추정
을 한 바 있다(졸고 2003a,b). 그러나 본격적인 한자의 사용은 한漢의
무제武帝가 기원전 108년에 요동遼東을 침략하고 한사군漢四郡을 설치
하여 한반도를 포함한 동북아의 끝자락을 오랫동안 지배하면서 한자를
상용常用하였다고 추정한다. 이에 따라 이 지역에 나라를 세운 고구려
와 백제, 그리고 신라에서는 한문漢文으로 자신들의 역사를 기록하는
수준으로 한자가 보급되었다.

한사군과 밀접한 관계에 있던 고구려가 삼국 가운데 가장 먼저 한
자를 사용한 것으로 보이며 스스로 한자를 변형시켜 고유한 인명, 지
명, 관직명을 표기한 것으로 추정된다. 이러한 전통은 고구려의 고토故
土에 나라를 세운 발해로 이어졌고 결국은 요遼의 거란契丹 문자와 금

金의 여진女眞 문자로 계승되었다. 또 고구려의 영향을 많이 받은 일본은 일찍부터 한자를 변형시킨 가나假名 문자를 계발하여 자신들의 언어를 기록하였다.

1.2.2 표의表意문자인 한자를 변형시켜 자신들의 언어를 표기하는 데에는 한계가 있었고 여러 가지 제약도 뒤를 따랐다. 그리하여 전혀 새로운 문자를 제정하여 사용하기도 하였는데 그 대표적인 예로 7세기 중반에 토번吐蕃 왕국의 송첸감보(Srong-btsan sgam-po) 왕이 제정한 티베트의 서장西藏 문자를 들 수 있다. 이 문자는 당시 왕의 명으로 인도에 유학한 톤미 아누이브(Thon-mi Anu'ibu)가 고대인도의 비가라론毘伽羅論을 배우고 돌아와서 고도로 발달한 고대인도의 음성학 이론에 의거하여 과학적으로 제정한 표음문자다.

　이 문자는 당시에 매우 유용한 표음문자여서 토번의 티베트어만이 아니라 주변의 여러 민족의 언어를 표기할 수가 있었다(졸저, 2009). 이 문자의 제정이 성공하자 중국의 주변에 있으면서 거대한 한자문화에 종속되어 동화되거나 소멸되는 것을 두려워하던 중국 북방의 여러 민족들이 새로 국가를 세우면서 새로운 문자를 제정하는 전통이 생겨났다.

1.2.3 이러한 전통에 맞추어 유라시아 대륙의 중앙아시아를 석권한 몽고의 칭기즈 칸은 점령지에서 사용되고 있던 위구르 문자를 빌려 몽고어를 표기하게 하였다. 이것이 몽고-위구르 문자다. 원래 위구르 문자(Uighuric script)는 유럽의 로마자와 같은 계통의 북셈(Northern Semitic) 문자에 속하는 아람 문자(Aramaic script)의 소그드 문자(Sogdic script)에서 온 것이다. 서역西域에서 상인으로 활약하던 소그드인들은 아람 문자를 이용하여 자신들의 언어를 기록하였는데 이들에게서 문자를 배운 위구

르인들Uighurs은 이 문자로 역시 자신들의 언어를 기록하였다. 위구르인들은 기원 전후의 시기에 중국의 서쪽 경계에서 살았고 후대에 그 일부가 중국의 내부까지 들어왔다.[5]

위구르인들의 왕국이었던 나이만乃蠻을 정복한 칭기즈 칸은 이곳에서 위구르인인 타타퉁아(Tatatunga, 塔塔統阿)라는 현인賢人을 포로로 잡아 그로 하여금 몽고어를 이 문자로 적도록 하고 이를 태자太子인 오고타이窩闊臺와 여러 왕자들에게 가르쳐 제국帝國의 통용 문자로 하였다. 이 문자는 몽고제국의 번영과 확장으로 인하여 중앙아시아의 여러 민족의 언어를 기록하는 데 사용되었다. 그러나 위구르 문자는 표음문자로서 음소 단위의 문자이기 때문에 음절 단위의 한자음을 표기하기에는 매우 불편하였다.

1.2.4 칭기즈 칸成吉思汗의 손자로 남송南宋을 멸망시키고 원元을 세운 세조世祖 쿠빌라이 칸忽必烈汗은 역시 새 국가를 건설하면 새 문자를 제정한다는 북방민족의 관례에 따라서 토번吐蕃의 팍스파 라마(ḥP'ags-pa Lama, 八思巴 喇嘛)로 하여금 제국帝國의 언어를 모두 적을 수 있고 중국의 통치에 필요한 한자의 교육을 위하여 한자음 표기에 적절한 표음문자를 새로 만들도록 명령한다.

팍스파 라마는 그가 사용하고 있던 티베트의 서장西藏 문자를 모

---

5) 전통적으로 위구르 족으로 불리는 종족이 8세기 중엽에 突厥을 쳐부수고 몽골 고원에 위구르 可汗國을 세웠다. 그러나 이 나라는 9세기 중엽에 이르러 키르기스족의 공격을 받아 潰滅하였고 위구르 족은 남쪽과 서쪽으로 나뉘어 敗走하였다. 남쪽으로 도망간 위구르족은 唐으로의 망명이 받아들여지지 않아서 뿔뿔이 흩어졌다. 서쪽으로 향한 위구르 족의 일부가 현재 중국의 甘肅省에 들어가 그곳에 王國을 세웠다가 11세기 초엽에 李元昊의 西夏에 멸망하였다. 한편 현재의 新疆省 위구르 자치구에 들어간 별도의 일파는 9세기 후반 당시의 焉耆, 高昌, 北庭을 중심으로 한 지역에 '西위구르 王國'으로 일반에게 알려진 국가를 건설하였다. 이 가운데 하나가 다음에 설명할 나이만乃蠻으로 보인다. 이 나라도 13세기 전반 몽골족의 발흥에 의하여 멸망의 길을 걷게 되었고 결국은 사라지게 되었다(졸저, 2015:91~92)

방하고 고대인도의 비가라론毘伽羅論과 중국의 성운학聲韻學에 의거
하여 43개의 새 문자를 만들었는데 이것이 바로 파스파 문자이다. 쿠
빌라이 칸은 이것을 원제국의 공용문자로 선포하고 보초(寶鈔, 지
폐)와 동전銅錢의 문자를 비롯하여 모든 공문서에서 이 문자를 쓰
게 하는 조령詔令을 내림으로써 국자國字로 인정하였다.

1.2.5 중국 북방민족들이 새 국가를 세우면 새 문자를 제정하는 전통
은 한반도에도 전달되어 조선의 건국과 더불어 새 문자인 한글이 제정
된다. 고려의 무장武將이었던 이성계李成桂에 의하여 조선이 건국된 지
51년 만에 그의 손자인 세종이 정통正統 계해년(1443) 겨울에 훈민정
음이라고 이름을 붙인 새로운 표음문자를 만들었다. 이성계의 부친인
환조桓祖 이자춘李子春은 몽고의 원元에 귀속하여 한때 천호千戶의 벼
슬을 지냈으며 몽고식 이름으로 울루스 부카吾魯思不花라고 개명까지
하면서 몽고의 세계주의cosmopolitanism에 동조하였고 대대로 몽고의
문화를 숭상하였다. 따라서 그의 증손자인 세종이 문자를 제정할 때에
원대 파스파 문자의 영향이 컸었음은 미루어 짐작하기 어렵지 않다.[6]

훈민정음은 파스파 문자와 같이 한자음의 표기를 위하여 제정된 문
자다. 명칭이 정음正音, 또는 훈민정음訓民正音이라고 한 것으로도 미
루어 짐작할 수 있는 것처럼 '올바른 한자음', 또는 '백성들에게 가르쳐
야 하는 한자의 올바른 발음'을 표음하려는 목적으로 제정된 문자다.
처음에는 한자음 표음을 위한 기호로 만들었으나 파스파 문자와 같이
우리말과 우리 한자음의 표기에도 사용되었으며 빠르게 일반 백성들의
생활 문자로 퍼져나갔다.

우리말의 표기에 사용된 훈민정음, 즉 언문諺文은 세종의 둘째 따님

---

6) 한글과 파스파 문자와의 관계에 대하여는 졸고(2009a,c, 및 2011)와 졸저(2009,
2012)에서 한글과 파스파 문자와의 관계를 구체적으로 고찰하였다.

인 정의貞懿공주의 역할이 컸다고 본다. 즉, 공주는 '변음토착(變音吐着 - 발음을 바꾸어 토를 다는 일)'의 난제를 훈민정음으로 표기하여 해결함으로써 동국정운식 한자음 표기로부터 우리말 표기로 발전하는 계기를 만들었다고 보았다.[7] 후대에 언문, 즉 한글의 보급에 기여한 것은 《훈몽자회》에 부재된 '언문자모'라고 할 수 있으며 이것도 세조 때에 정의공주의 작품으로 보았다.

1.2.6 따라서 앞에서 언급한 동아시아의 여러 민족들이 사용한 문자는 대체로 세 부류로 나눌 수 있다. 첫째는 한자를 변형시켜 만든 문자를 들 수 있다. 이 부류에 들어가는 문자로는 고구려 문자, 신라의 구결자口訣字, 발해 문자, 일본의 가나假名 문자, 고려의 구결 약자略字, 서하西夏 문자, 거란契丹 문자, 여진女眞 문자가 이에 해당된다.[8]

둘째 부류로는 불경의 범자梵字를 본받아 전혀 새로운 표음문자를 창제하여 사용하는 방법이다. 범자는 비가라론毘伽羅論을 기반으로 하여 만들어진 음절문자다. 비가라론은 고대인도에서 발달한 굴절적인 범어梵語의 문법론이다. 고립적인 중국어의 연구에는 음성학에 관한 것만 받아들여 언어음인 성명聲明의 비가라론, 즉 성명기론聲明記論으로 번역하였다. 비가라론은 고도로 발달한 음성학과 문법적 지식을 갖춘 산스크리트어의 문법 연구였다. 범어와는 문법구조가 다르기 때문에 티베트의 서장과 중국에서는 음성학의 이론인 성명기론만을 받아들여 성운

---

7) 한문에 '爲古-ㅎ고, 爲尼-ㅎ니, 是羅-이라'라고 토를 달아 읽었을 때에 '爲, 是'는 그 한자음의 발음이 아니라 뜻으로 읽어 變音吐着이 된다. 한자를 아는 사람들에게 는 매우 괴로운 표기 방법이었다.
8) 西田龍雄 編(1981:29)에 따르면 한자의 楷書로부터 萬葉假名, 契丹, 西夏, 女眞과 字喃계문자, 簡体字가 분기한 것으로 도표를 그렸다. 아마도 고구려 문자는 隷書로부터 발달했을 것이다. 따라서 한자를 변형시켜 중국 주변의 언어를 기록하는 일은 오랜 역사를 가졌고 일반적으로 널리 알려진 사실이다. 다만 Jean(1987)에 소개된 한자 체계에는 契丹 문자가 빠져 있다(Jean, 1987; 高橋 啓 譯, 1990:137).

학聲韻學을 발전시켰다. 그리고 이 이론에 입각하여 새로운 표음문자를
제정하여 자국어를 표기하는 것이 유행하였다. 토번 서장 문자와 원의
파스파 문자가 이 부류에 들어가고 한글도 여기에 속한다고 보았다(졸
고, 2011a,b; 2012a 및 졸저, 2015).

　셋째 부류는 서양의 표음문자를 수입하여 자국어를 표기한 몽고-위
구르 문자를 들 수 있다. 원래 셈 문자로서 북셈 계통의 아람 문자에
서 발달한 소그드 문자를 위구르인들이 중국 등지에서 활약한 소그드
인들의 상인으로부터 받아들여 문자로 사용한 것이다. 원래 위구르 문
자(Uighuric script)라고 알려진 것을 몽고의 칭기즈 칸이 빌려서 몽고
어 표기에 사용한 것이 몽고-위구르 문자(Mongol-Uighuric script)다.
이 문자는 후대에 만주족의 청淸에서 만주 문자(Manchu script)로도 전
용되었다.

　이와 같이 동아시아에서 한자문화의 영향이거나 반대로 그에 저항하
여 만들어진 세 부류의 문자들은 상호 교류하면서 발전하였다. 예를
들면 여진女眞 문자는 거란契丹 문자의 영향을 받아 같은 방식으로 한
자를 변형시킨 문자이며 일본의 가나假名 문자도 한자를 변형시켜 일
본어를 표기하기에 알맞도록 마련한 문자다. 다만 일본의 가나문자는
고대인도의 비가라론이나 반자론半字論, 만자론滿字論에 의거하여 이로
하(いろは, 伊呂波) 47자, 또는 오십음도五十音圖 등으로 문자 체계를
발전시켰다.[9]

---

9) 고대인도의 半字論에 의거하여 발달한 反切에 대하여는 졸고(2016b)를 참고할 것.
梵字를 자음과 모음으로 나누어 그 각각을 半字라고 하여 이를 알파벳으로 교육한
半字教에 대하여는 졸고(2016b)에서 상세히 고찰하였다. 이 책 제3장의 3.3.0에서는
고대인도의 毘伽羅論과 半滿二教라고 불경에 등장하는 半字教와 滿字教에 대하여 다
시 한 번 논의하였다. 이어서 3.3.1.0에서는 半字論에 대하여 고찰하였다. 半字教는
梵字의 摩多와 体文, 즉 모음과 자음의 교육이고 滿字教는 悉曇, 즉 문자의 교육이었
다. 일본의 가나문자를 五十音圖로 정리한 것은 헤이안平安시대의 吉備眞備라고 한
다. 그에 대하여는 다음 제2장의 주17을 참조.

3. 고대인도의 반자론半字論과 반절反切

1.3.0 《한글의 발명》(서울: 김영사, 2015, 이하 졸저, 2015로 약칭)이 간행된 다음에 필자의 한글 제정에 대한 주장은 국어학자들로부터 많은 비판을 받았다. 그러나 아직 논저를 통한 제대로 된 비판은 없고 주로 익명匿名의 심사평에서 악의적인 평가가 있을 뿐이다. 대부분의 악평惡評은 한글에 대하여 자신이 지금까지 알고 있거나 주장했던 것이 뿌리 채 흔들린 것에 대한 반발로 보였다.

또 이 책에서 전개된 새로운 주장의 근거들이 논평자 스스로가 무지無知하여 이해하기 어렵기 때문에 이 책의 주장이 잘못된 것이라고 한 것으로 보인다. 왜냐하면 이 책에서 제시한 논거를 조목조목 비판한 논저는 없고 주로 감정에 치우쳐 기존의 학설을 옹호하려는 태도였기 때문이다(송기중, 2016). 그도 그럴 것이 이 책에서는 기존의 정설定說로 알려진 것에 대하여 다음의 네 가지 사실을 정면으로 부인하였기 때문이다.

1.3.1 첫째는 이 책에서 훈민정음의 창제의 애초의 동기가 한자음의 발음 전사轉寫를 위한 것이라고 본 점이다. 이러한 주장은 종래 어리석은 백성들을 도아주려고 알기 쉬운 문자를 제정했다는 세종대왕의 애민愛民정신을 훼손하는 것이라고 비판을 받은 것이다. 세종은 새 문자로 백성들의 문자생활을 영위하게 할 생각은 없었고 한자를 제대로

교육시키려는 목적으로 훈민정음을 만들었다고 주장한 졸저(2015)는
국민의 정서로서는 받아들이기가 어려웠던 것이다. 세종이 새 문자를
제정한 다음에도 계속해서 한자를 사용한 것은 논외하지 않았다.

둘째로는 새 문자의 반포가 훈민정음의 〈해례본〉에 의한 것이 아니
고10) 《월인석보月印釋譜》의 권두에 붙은 훈민정음의 〈언해본〉에 의한
것이며 《월인석보》는 세종의 생존 시에 간행되었다는 주장이었다. 이것
은 정통正統 12년, 세종 29년(1447)의 간기刊記를 가진 개성 불일사佛
日寺판 《월인석보》의 옥책玉册에 근거한 것에 의거한 것이다. 그러나
많은 국어학자들은 이 옥책이 위작僞作이라고 하면서 이 주장도 부정
하였다. 세조 5년(1459), 천순天順 3년에 《월인석보》의 초간이 간행되
었다는 것은 이미 중고교 교과서에도 실려 있는 기정사실이라 이보다
12년 전에 《월인석보》의 옥책이 나온 것을 받아들일 수가 없었기 때문
이었다.

셋째는 한글이 초기에 중국 성운학聲韻學에 의거하여 반절상자反切
上字, 즉 성聲만을 '언문 27자'로 제자制字하여 이것으로 《운회》를 번역
하였으나 불가佛家의 학승學僧인 신미信眉대사가 〈실담장悉曇章〉의 마
다摩多에 따라 중성을 추가하였다는 주장이 지나치게 혁신적이어서 역
시 받아들이기 어렵다는 것이다. 그러나 최만리의 반대 상소에 등장하
는 '언문 27자'는 이렇게 해야만 설명이 가능하다.

더욱이 불교의 비가라론은 필자에 의하여 처음으로 학계에 소개한
것이고 이의 음성 연구인 성명기론聲明記論에 근거하여 훈민정음을 설
명한 것임을 이해하기 어려웠을 것이다. 그리고 유학자儒學者들은 단지
우리말 표기에도 쓰이도록 새 문자를 풀이하고 예를 든 〈해례본〉의 편
찬에 도움을 주었을 뿐이라는 주장도 기존의 학설에서 많이 벗어난 것

---

10) 요즘 국가에서 제정하여 기념하는 '한글날'을 10월 9일로 한 것은 훈민정음 〈해
　　례본〉을 간행한 '九月上澣'을 양력으로 환산한 것이다.

이다.

세종이 당대 최고의 유학자인 집현전 부제학副提學의 최만리崔萬理 등을 상대로 "또 너희들이 운서를 아는가? 사성四聲, 칠음七音으로 구 분되는 자모字母가 몇 개 있는가?(且汝知韻書乎? 四聲七音字母有幾乎?)" (《세종실록》 권102의 세종 26년 2월 庚子조)라고 호통을 칠 수가 있었 던 것은 훈민정음의 제정에 이용된 성명기론은 불가佛家의 것이지 유 학儒學에서 공부한 것은 아니기 때문이다.

넷째로 훈민정음이 원대 파스파 문자의 제정 원리의 영향을 받아 창 제된 것이라는 주장이 아마 국어학자들의 심기를 가장 심하게 건드린 것 같다. 세종대왕이 사상 유례가 없는 글자를 독창적으로 만들었다는 그동안의 통념에 재를 뿌렸기 때문이다. 필자는 훈민정음이 파스파 문 자의 영향을 많이 받았음을 오랫동안 여러 편의 논문에서 강조하였고 이 책에서도 같은 주장을 폈던 것이다. 다만 훈민정음의 자형字形은 누가 뭐라고 해도 독창적임을 인정하였다.

1.3.2 이러한 파격적인 내용을 담은 이 책은 국어학자들로부터 비판을 넘어 지탄指彈의 대상이 됐지만 다른 학문 분야의 연구자들로부터는 상당한 호응을 얻었다. 필자가 익명의 댓글이나 심사평으로 고통을 당 하는 것을 보다 못한 수학자數學者 한 분은 물리학의 거장 막스 프랑 크의 글을 보내 주면서 언젠가는 이 학설에 모두 따를 것이라고 필자 를 위로하였다.[11] 일면식一面識도 없는 젊은 학자의 고마운 배려에 그 저 미소를 지을 따름이다.

---

11) 메일로 보내온 막스 프랑크의 말은 "A new scientific truth does not triumph by convincing its opponents and making them see the light, but rather its opponents eventually die, and a new generation grows up that is familiar with it."이었다. 아마도 필자의 사후에나 있을 일이다.

또 한국경제사에서 오랫동안 연구를 계속하고 이 분야의 중진으로 서울대학교 경제학과에서 최근에 은퇴한 이영훈 교수의 저서(이영훈, 2018: 171~172)에서는 졸저(2015)에 대하여 다음과 같은 독후감을 썼다.

> 2015년 정광(鄭光) 교수가 《한글의 발명》을 출간하였다. 몇몇 신문에서 그 내용을 소개했으며, 저자와의 인터뷰도 실었다. 나는 그것을 읽고 더없이 흥분하였다. 정광 교수는 한글 창제에 관한 위와 같은 통설적 이해를 하나하나 남김없이 부정하였다. 나는 당장 그 책을 사서 독파하였다. 그러고선 "옳은 이야기야, 역시 그러했군." 하면서 무릎을 쳤다. … 세종의 한글 창제에 관한 학계의 통설적 이해는 세종에 대한 나의 평가와 아귀가 맞지 않는다. … 그런데 그 어긋남을 정광 교수의 《한글의 발명》이 말끔하게 해소해주었다. 어떤 두 사람이 서로 다른 먼 길을 걸어와 몸에 지닌 신표를 대조하니 딱 들어맞는 그런 기분이었다. …

이미 이순耳順을 훨씬 넘겼을 한국 경제사 분야의 중진 학자가 쓴 가슴에서 우러나는 솔직한 독후감을 읽으면서 진실은 어디에서든지 통한다고 느끼지 않을 수가 없었다.

졸저(2015)에 대하여 매우 긍정적인 어떤 국사학자가 이 책에서 주장한 고대인도의 비가라론이 대장경大藏經을 통하여 고려에 들어왔고 그것이 조선 초기에 세종에게 전달된 것에 대하여 좀 더 자세한 연구를 했으면 좋겠다는 의견을 주었다. 이 교수가 흥분할 만도 한 것이 이 주장은 한국어의 연구사만이 아니라 세계의 언어학사로 보아도 매우 중요한 내용이었지만, 이제까지 어느 누구도 그런 생각을 한 일도 없고 그런 내용을 논저로 발표한 일이 없었기 때문이다.

이 책 제3장에서는 고대인도의 비가라론을 비롯하여 그의 음성학 연구인 성명기론에 대하여 살펴보고 이 이론들이 어떻게 훈민정음의 창제에 영향을 주었는지 고찰하려고 한다. 그리고 역시 고대 범어梵語의 문자 교육인 반자교半字敎와 만자교滿字敎를 소개하여 훈민정음의 제정에 기본이론이 된 한자음의 반절反切을 다시 이해하고자 한다.

흔히 반자론半字論, 만자론滿字論으로 불경에서 소개된 범자의 마다摩多와 체문体文, 그리고 이 둘의 결합인 실담悉曇을 훈민정음과 비교하여 파악하고자 한다. 앞에서 소개한 마다의 모음과 체문의 자음을 각기 반자半字로 간주한 고대인도의 반자론을 통하여 훈민정음의 초성, 중성, 그리고 종성을 이해하고자 한다. 이 책의 제3장은 이런 분야에 대하여 심도 있게 논의될 것이다.

4. 반절反切로 본 훈민정음

1.4.0 고대인도의 비가라론이 중국에 들어와 성운학聲韻學을 발달시켰고 그 결과 중국 한자음 연구에 일대 혁신이 있었다. 제3장은 그동안 훈민정음의 연구가 매우 피상적이며 국수주의적이었던 점을 지적하면서 동아시아 여러 민족, 특히 알타이 민족들이 표의문자인 한자로 자민족의 언어를 표기하기가 불편하여 표음 위주의 문자를 제정하여 사용한 것과 관련이 있다는 주장을 계속하였다.

필자의 학우學友인 역사학자 한 분이 고대인도의 음성학이 훈민정음 제정에 관여하였다는 필자의 주장을 좀 더 구체적으로 증명하는 것이 좋겠다는 충고를 하였다. 그에 따라 필자는 졸고(2016a)에서 한역漢譯 불경을 고찰하여 그 안에 비가라론, 즉 기론記論이 얼마나 불경 안에 포함되었는가를 살펴보고 이것이 어떻게 중국에 전달되어 대장경에 포함되었는지 고찰하였다.

대단히 긴 장문의 연구 논문이었지만 이를 정리하여 졸고(2016a)로 발표하였고[12] 이를 다시 수정 보완하여 이 책의 제3장에 '비가라론毘伽羅論과 훈민정음'이라 제목으로 수록하였다. 졸고(2016a)를 집필하면서 그동안 한자음 표음 방법으로 알고 있던 반절법反切法이 고대인도의 반자론半字論으로부터 영향을 받은 것이며 불경을 한역하던 서역의 역경승譯經僧들이 시작한 한자음의 표음 방식이었음을 알고 매우 놀라지 않을 수 없었다. 그 전까지는 반절이 중국인들의 소작所作으로 알고 있었기 때문이다.

한자음 표음의 반절법에 대한 연구는 일본 요코하마 쯔루미鶴見대학에서 열린 국제역학서학회에서 졸고(2016b)로 발표하였고 이를 논문으로 작성하여 졸고(2017a)로 게재하였다. 한자음 표음의 반절에 대하여 한중일 동양 삼국에서 본격적으로 그 기원과 원류에 대한 최초의 연구였다.

1.4.1 중국에서 한자음 표기 방법의 하나인 '반절'은 언문과 깊은 관련이 있다. 언문諺文, 즉 한글 보급에 크게 기여를 했던 《훈몽자회訓蒙字會》라는 조선시대 한자의 유서類書는 조선 중종中宗 때에 최세진崔世珍이 편찬한 것이다. 이 책의 권두에 〈언문자모諺文字母〉가 첨부되었고 이어서 "속소위반절이십칠자俗所謂反切二十七字"라는 부제副題가 보인다. 이로 보면 '언문자모'는 속되게 반절이라고 부른다는 것임을 알 수 있다.

중국에서는 수대隋代의 《절운切韻》을 비롯한 당대唐代의 《당운唐韻》, 송대宋代의 《광운廣韻》과 《집운集韻》, 그리고 원대元代의 《고금운회古今韻會》와 《고금운회거요古今韻會舉要》 등의 거의 모든 전통 운서에서 한

---

12) 이 논문은 일본의 중국어학 전문 학술지인 《開篇》에 일본어로 번역되어 수록되었다(졸고, 2018).

자의 발음을 반절로 표음하였다. 따라서 우리 학계나 중국, 그리고 일본에서 당연히 반절에 대한 관심을 가져야 함에도 불구하고 과문한 탓인지 동양 삼국에서 이에 대한 이렇다 할 연구 논저가 지금까지 없는 것은 불가사의不可思議하다. 특히 우리 학계에서 '언문'과 관련하여 '반절'을 논한 연구가 지금까지 없다는 것도 참으로 이해하기 어렵다.

그런 점에서 졸고(2018)는 의미가 크다. 원래 이 논문은 졸고(2016b)로 일본에서 열린 학회의 기조강연으로 발표한 것이다. 이를 투고하였더니 일본의 중국어학 전문학술지에서 엄정한 심사 끝에 1년여 만에 게재되었다(졸고, 2018). 그러나 국내의 국어국문학 학술지에 투고했다가 '게재불가'의 판정을 받고 역시 2017년에 충남 부여의 한국전통문화대학에서 열린 민족어문학회 정기 학술대회에서 기조 강연한 것을 졸고(2017b)로 정리하였다.

이 논문은 일본과 한국에서 전문 학술지에 게재되었고 곧 중국에서도 중국어로 번역되어 학술지에 게재될 것이다. 다만 동양 삼국의 한자음 연구자들에게 모두가 관심이 컸던 반절에 대하여 서역 역경승譯經僧들에 의하여 시작되었다는 필자의 연구에 모두 곤혹스러웠던 것으로 보인다. 이 논문의 관점은 그동안의 통설을 벗어난 것이었기 때문이다.

1.4.2 앞에서 살펴본 바와 같이 반절은 불가의 비가라론에서 온 것으로 범어梵語의 한자 표기, 즉 불경의 번역에서 사용된 중국어의 한자에 대하여 그 발음을 이미 알고 있는 한자의 두 자로 표음하는 방법이다. 그 이전에는 직음법直音法이라고 하여 이 한자는 저 한자의 발음과 같다는 방법으로 한자음을 표시했을 뿐이다. 필자는 졸고(2016b)에서 고대인도의 비가라론이 중국에 수입되었으며 이 가운데 음성에 관한 연구만을 따로 한자음과 관련하여 연구한 성명기론聲明記論, 즉 성

명학聲明學으로 발전하였고 이것이 중국 성운학聲韻學의 기반이 되었다고 여러 논저에서 발표한 바 있다(졸고, 2016b; 졸저, 2015).

졸저(2015)에서는 한글의 발명이 영명하신 세종대왕께서 기적과 같이 한글을 창제한 것이 아님을 강조하였다.[13] 세종은 어려운 불가의 비가라론을 당시 여러 학승學僧들과 함께 열심히 배우시고 이를 참고하여 그 이론에 따라 한국어의 음운을 표기하기에 알맞은 과학적이고 합리적인 문자를 제정하신 것이다. 세종이 신통력을 발휘하여 세상에 없던 문자를 창제한 것은 아니다.[14] 마찬가지로 반절도 중국의 성운학에서 시작된 것이 아니라 고대인도의 비가라론에서 발달한 것이라고 주장하여 왔다(졸고. 2016b).

---

13) 실제로 이러한 주장은 이미 외국학자들에게서는 오래 전부터 있어 왔다. 예를 들면 Kim(1988:732)에서 세종대왕의 독창적인 한글 창제에 대하여 '무에서 유를 창조할 수는 없다'고 하면서 주변 문자의 영향을 받아 제정되었을 가능성을 示唆하였다. 즉, "Geniusness of King Sejong does not lie in the possible but improbable fact that he alone invented the script without any external input. No man creates something out of nothing. He would be a foolish and unwise man if he totally ignored the knowledge about the phonologies and the writing systems of the neighboring languages and did not make use of this knowledge in devising a new script. King Sejong's geniusness lies in the fact that in so doing he did not merely imitate something deja-vu but something new and totally different, and more importantly, something much better in its linguistic and graphic structure and in its simplicity and elegance than not only any of the existing systems known at the time in the orient but also in the entire history of writing in the world."라는 주장을 참고할 것. 필자에게는 파스파 문자와 한글의 관계를 언급한 졸저(2009)나 한글 제정에 대하여 전혀 새롭게 고찰한 졸저(2015)의 주장이 나오기 수십 년 전에 참으로 선각자의 慧眼에서 나온 지적으로 보인다.

14) 졸저(2015), 즉 《한글의 발명》(서울: 김영사, 2015)은 훈민정음의 제정에 대하여 주변 민족의 문자와 비교하여 고찰하면서 한글이 독창적인 것이 아님을 강조하였다. 이 책은 한때 한국 학계의 많은 비판과 반발이 있었으나 2016년 6월에 한국의 文化體育觀光部와 韓國出版文化振興院이 주관하여 선정하는 世宗圖書의 학술 부분에서 우수학술도서로 선정되었다. 이 책의 주장이 차츰 한국 학계의 인정을 받아가는 것으로 보인다.

1.4.3 주지하는 사실이지만 한자漢字는 표의문자이어서 문자만으로는 발음을 알 수가 없다. 물론 한자 형성의 방법을 말한 육서六書에는 해 성諧聲의 방법이 있어 글자의 일부가 발음을 나타내기도 하지만 기본 적으로는 상형象形이나 지사指事의 방법으로 문자가 이루어졌다. 또 일 부는 회의會意, 전주轉注, 가차假借의 방법이 가미되기도 하였지만 원 래 표의문자이기 때문에 문자만으로는 발음을 알기가 어렵다. 동양에서 또 하나 문자의 원조元祖인 범자梵字, 즉 산스크리트 문자가 표음문자 인 것과는 이런 면에서 근본적으로 다르다.

한자는 원래 문법 형태를 대부분 어순에 의존하는 상고上古 중국어 (Archaic Chinese)와15) 같은 고립적 문법 구조의 언어를 표기하도록 고 안된 문자다. 그러므로 우리말과 같은 교착어膠着語나 범어梵語와 같은 굴절어屈折語의 표기에는 적합하지 않은 문자임을 반드시 깨달아야 한 다. 따라서 이 문자로 고립어가 아닌 언어, 즉 교착어를 표기할 때에는 많은 문제가 생겼으며 우리말로 한문을 읽을 때에는 역시 한자로 구결 口訣 토吐를 붙였다. 고립어에서는 어순이 하는 일을 교착어에서는 문 법 형태를 보충하여 이러한 기능을 대행했기 때문이다.

또 불경의 한역漢譯에서도 같은 문제가 일어났다. 표음문자인 범자 로 표기된 굴절어의 범어를 고립어인 중국어로 번역하여 표의문자인 한자로 표기할 때에 실제로 많은 문제가 있었다. 그것은 범어와 중국 어가 서로 다른 문법구조의 언어인 데다가 두 언어를 기록한 문자가 하나는 표음문자이고 또 하나는 표의문자이었기 때문이다. 다만 범어를

---

15) 上古語는 四書五經의 중국어로 東周의 서울 洛陽의 雅言을 말한다. 漢과 唐代의 長
安에서 통용되던 通語와 元代 北京의 漢兒言語를 거친 현대의 중국어, 즉 普通話는
주변 언어의 영향을 받아 이러한 고립적인 문법구조를 많이 잃어버리고 교착적인
문법 형태를 적지 않게 수용하였다. 이에 대하여는 언어의 분기(divergence)와 통합
(convergence)을 논의한 졸고(2008c)와 원대 漢語에 대하여 고찰한 졸저(2004,
2010)를 참고할 것.

기록한 범자와 중국어를 기록한 한자는 모두 음절 단위의 문자여서 공통점이 있었다.

1.4.4 한자는 기본적으로 형형形, 음흅, 의의意로 이루어졌다. 즉, 문자의 형태가 있고 그에 대한 발음이 있으며 하나의 의미를 갖는다. 중국에서는 역사적으로 이러한 세 요소를 통하여 한자를 찾아 풀이하는 자전字典을 계발啓發하여 왔다. 곧 한자의 형태形態로부터 부수部首[16]와 자획字劃에 의하여 글자를 배열하고 발음과 뜻을 밝힌 '자서字書'가 있었고 발음에 따라 글자를 분류하고 글자의 자형과 의미를 풀이한 '운서韻書'가 있었으며 한자의 의미에 따라 글자를 나누어 그 발음과 자형을 밝혀주는 '유서類書'가 있었다.

졸고(2015a)에서는 유서類書는 자의字意, 즉 한자의 의미에 따라 유사한 것끼리 모아놓은 한자의 자전字典을 말하며 이러한 자전의 시작은 주공周公의 저작으로 알려진 《이아爾雅》라고 보았다. 그러나 구양수歐陽修의 고증에 따르면 이 책은 주대周代에서 시작하여 한대漢代에 걸쳐 여러 사람들이 함께 편찬한 것이라고 한다.

《이아爾雅》는 천문天文, 지리地理, 인사人事, 음악音樂 등 의미로 나뉘는 문항門項에 따라 그에 해당하는 한자를 배열하고 그 뜻을 풀어 해석하며 발음을 표시하였다. 《이아爾雅》가 주대周代로부터 한대漢代에 이르기까지 여러 경서의 전주箋註를 채록하여 편찬한 것이기 때문에 이러한 체재가 가능하였다. 이러한 유서類書의 방법은 후대에 유해類解, 또는 자회字會라는 이름을 얻기도 한다. 상술한 《훈몽자회》도 이러

---

16) '部首'는 "한자를 字形으로 나누어 그 대표가 되는 기본자"를 말한다. 〈說文〉은 540部, 唐 張參의 《五經文字》는 160부, 明 趙撝謙의 《六書本義》에서는 360부 등으로 일정하지 않았으나 梅膺祚의 《字彙》에 이르러 처음으로 每 部의 순서나 部中의 순서를 모두 없애고 字劃의 多少에 의해서 차례로 240부를 정하였는데 후에 《正字通》, 《康熙字典》 등에서 이를 따르게 되었다(졸고, 2012b).

한 유서에 속한다.

자서字書는 한자의 자형字形을 부수部首와 편방偏旁, 그리고 획수劃數에 따라 나누어 같은 것끼리 모아놓은 것으로 후한後漢의 허신許愼이 편찬한 《설문해자說文解字》를 그 효시嚆矢로 본다.17) 유서類書, 운서韻書, 자서字書의 세 부류 자전字典이 그동안 역사적으로 중국어의 사전辭典 역할을 한 것이다. 이것은 우리에게 익숙한 표음문자의 언어사전, 즉 알파벳의 순서나 가나다순에 의거한 사전과는 전혀 다르다.

《설문해자說文解字》 이후의 자서字書는 양梁의 고야왕顧野王이 엮은 《옥편玉篇》(30권)에서 크게 발달하였고 일반화되었다.18) 이 〈옥편〉은 당唐의 손강孫强에 의하여 증보되었고 이를 다시 송宋의 진팽년陳彭年 등이 중수重修하여 세상에 널리 퍼지게 되었다. 송대宋代 서현徐鉉이 지은 《교정설문校定說文》(30권, 986)과 그의 아우인 서개徐鍇가 지은 《설문계전說文繫傳》(40권) 및 《설문해자운보說文解字韻譜》(5권) 등의 자서가 뒤를 이었다(김완진 외 2인, 1997).

1.4.5 유서類書나 자서字書와 달리 운서韻書는 한자의 발음, 즉 자음字音에 따라 유사한 것들을 모아서 그 자형字形과 뜻을 밝힌 자전이다. 일종의 발음에 의한 분류 사전으로 일찍이 위(魏, 220~265)의 이등李登이 편한 《성류聲類》(10권)와 진(晉, 265~316)의 여정呂靜이 편한 《운집韻集》(5권)이 있었다고 하나 오늘날 전하지 않는다. 또 남북조南北朝 시대(5C~6C)의 초기에 중국어의 사성四聲이 중요함을 인식하여

---

17) 《說文解字》는 後漢의 許愼에 의하여 기원후 100년경에 편찬된 것으로 알려졌고 小篆体의 한자 9,353자가 수록되었다. 淸代 段玉裁의 주석이 유명하지만 甲骨文字에 대한 지식의 결여로 잘못된 것도 없지 않다(졸고, 2012b).

18) 졸고(2012c)에 따르면 실제로 《龍龕手鏡》에는 《說文解字》와 《玉篇》은 물론 晉의 漢中 沙門인 可洪의 《藏經音義隨函錄》(30권), 唐의 太原處士 郭迻의 《音訣》 등 佛家의 字典에서 인용된 것이 많다.

송宋의 주옹周顒이 《사성절운四聲切韻》(420~479)을, 제齊의 심약沈約이 《사성보四聲譜》(479~502)를, 그리고 북제北齊의 양휴지陽休之가 《운략韻略》(550~577)을 편찬하였다고 하나 역시 실전되어 전하지 않는다. 현재 남아 있는 운서韻書로는 반절反切의 방법을 이용한 수대隋代 육법언陸法言의 《절운切韻》(601)이 가장 오랜 것이다.

특히 서개徐鍇의 《설문해자운보說文解字韻譜》에 이르러서는 운서와 옥편玉篇, 즉 자서字書가 결합되는 자전이 유행하게 된다. 이 책은 한자들을 부수와 획수에 따라 분류했을 뿐 아니라 사성四聲으로도 나누어 편차編次하여 운서와 자서를 결합하였다. 그리하여 이후에는 운서에 옥편을 색인으로 붙이고 자서에는 운도韻圖를 편람으로 보충하는 자전이 유행하였다. 원대 음시부陰時夫의 《운부군옥韻府群玉》이 그 대표적인 예라고 할 수 있다(김완진 외, 1997:104~106).

1.4.6 한자의 이러한 다양한 방법의 자전字典에서 글자의 발음 표기에 사용된 반절反切은 멀리 불교가 유입되기 시작한 후한後漢시대에까지 소급된다. 후대에는 점점 그 사용이 증대되어 수대隋代에 《절운切韻》이란 운서를 편찬하였고 당대唐代에 이르러서는 〈당운唐韻〉에서 반절의 방법이 매우 일반화되었다. 급기야 송대宋代에는 반절상자反切上字를 성모聲母로 하고 반절하자反切下字를 운모韻母로 나누어 한자를 배열한 《대송중수광운大宋重修廣韻》(이하 《광운》으로 약칭)이 칙찬勅撰 운서로 간행되었다. 이 운서에서 한자의 성운聲韻을 36성모에 206운으로 규정하였다. 《광운》의 36성, 206운은 중국의 성운학에서 전통적인 성운聲韻으로 인정되었다.

그러면 반절反切은 어떻게 한자음을 표기하는 것이며 그러한 방법은 언제부터 시작되었을까? 그리고 이러한 표음방법은 어디서 그 이론을 가져왔을까? 또 《훈몽자회》의 〈언문자모〉에서 '속소위반절이십칠자俗所

謂反切二十七字'이라는 뜻은 무엇인가? 만일 초성 16자와 중성 11자를 합쳐서 반절 27자로 보았다면 무엇 때문에 '속소위俗所謂'를 앞에 붙였을까? 제4장에서는 이런 문제에 대하여 검토하기로 한다.

5. 훈민정음에 영향을 준 파스파 문자

1.5.0 최근 훈민정음에 대한 연구가 다시 성행하고 있다. 아마도 졸저 《한글의 발명》(서울: 김영사, 2015)에 대한 비판으로 이러한 연구가 세인世人의 관심을 끈 것 같다. 졸저(2009)를 비롯하여 필자가 거론한 몇 개의 논저에서 한글이 원대元代 파스파 문자와 깊은 관련을 맺고 제정된 것이라는 주장에 대한 반론으로 보인다.

2016년 9월 30일에 가천대학교에서 열린 '유라시아 문명과 알타이'에서 필자가 '알타이 제 민족의 문자 제정과 사용–한글과 파스파 문자의 제정을 중심으로–'하는 제목의 발표가 있기도 전에 인터넷 신문에서 "한글의 뿌리는 파스파 문자"라는 자극적인 제목으로 이 발표를 대서특필하였다. 그러나 이 발표를 들은 사람들이나 앞에 든 졸저(2009) 《몽고자운 연구》를 제대로 읽은 사람들은 이것이 사실과 많이 다르다는 것을 알 수 있을 것이다.

필자의 한글과 주변 여러 민족의 문자와의 비교 연구는 그동안 한글을 신성시神聖視하고 이것이 세종대왕이 "사상 유례가 없는 문자를 독창적으로 창제한 것"으로 신봉하던 많은 한글 연구자들에게 금단禁斷의 과일을 딴 것처럼 비난의 대상이었다. 특히 세종의 어제御製 서문에 명시된 "어리석은 백성들의 쓰기 쉬운 문자생활을 위하여 만들어 주신 문자"라고 하신 한글이 외국 문자, 그것도 몽고의 문자로부터 영향을 받았다는 필자의 주장은 세인世人의 공분을 사기에 마땅하였고 한글에 무한한 자부심을 갖는 우리의 국민감정에 크게 거슬리는 주장이었다.

1.5.1 중국 주변의 동아시아의 여러 민족들은 중국어와 다른 문법구조의 언어를 사용한다. 즉, 고립어인 중국어에 비하여 주변의 여러 민족들은 그동안 우리가 알타이어족이라고 부르던 교착적膠着的 문법 구조의 언어들이 거의 대부분이었다. 이 언어들을 표기하는 데 한자가 매우 불편하였다. 왜냐하면 문장 속에서 각 단어들의 관계가 대부분 어순에 의존하는 중국어에 견주어 어미語尾와 조사助詞가 발달하여 이것으로 각 단어의 관계를 표시해 주는 교착어膠着語를 한자로 적기가 어렵기 때문이다. 우리말을 한문으로 표기할 때에 구결口訣 토吐를 사용하는 이유가 여기에 있다.

그리하여 동아시아의 여러 민족들은 한자 이외에 다양한 문자를 제정하여 자신들의 언어를 표기하는 데 사용하였다. 처음에는 아무래도 당시 가장 강력한 문자인 한자를 변형시켜서 자국어를 표기하는 방법을 개발하였는데 이렇게 발달한 문자가 바로 일본의 가나假名 문자이고 요遼의 거란 문자, 금金의 여진 문자, 이원호李元昊의 서하西夏 문자 등이다.

그러나 때로는 서양의 셈 문자를 들여다가 표기하기도 하였다. 유라시아대륙 거의 대부분을 정복한 칭기즈 칸은 영어의 알파벳과 같은 계통의 위구르 문자로 대제국의 언어를 표기하게 하였다. 이 문자는 오늘날에도 내몽고內蒙古에서 사용되고 있는 몽고-위구르 문자로 북셈 문자의 계통인 아람 문자에서 온 것이다.

반면에 고대인도의 산스크리트 문자, 즉 범자梵字를 본 따서 표음문자를 제정하여 자국어를 표기한 예도 있다. 7세기 중엽 티베트의 토번 왕국의 송첸감포(松贊干布, Srong- btsan sgam-po) 왕은 신하들을 인도에 유학시켜 고대인도의 비가라론毘伽羅論과 반자론半字論, 만자론滿字論을 배우게 하였다. 송첸감포 왕은 당唐 태종太宗의 딸인 문성공주文成公主와 결혼하여 티베트에 중국문화를 도입한 군주로 널리 알려졌다. 그러나 그는 불교를 통하여 인도의 문화를 받아들이기도 하였는데 유학留學을 갔던 신하들이 돌아와 인도의 범자와 같이 음절문자인 서장 문자를 제정하였다.

이 문자는 고도로 발달한 고대인도의 음성학과 문법에 의거하여 제정된 문자여서 매우 과학적인 표음문자여서 언어 표기에 유용하였다. 그리하여 주변의 다른 민족들도 이 문자로 자신들의 언어를 표기하는 일도 있었다. 예를 들면 남Nam어, 쟝중Zhangzhung어, 갸롱Gyarong어, 토스Tosu어 등이 이 문자로 기록되었다. 모두 티베트 주변의 사천성四川省 등지에서 사용되었던 언어들이다.

원래 고대인도의 비가라론은 베다 경전의 산스크리트어를 학습하기 위한 문법이론으로 범자로 표기된 베다 경전의 범어에 대한 음운 연구도 포함되었다. 서양의 언어학계에서는 19세기 말에 파니니Pāṇini의 《팔장八章, Aṣṭādhyāyī》으로 소개되었다. 기원전 5~7세기에 이루어진 것으로 보이는 굴절적屈折的인 범어의 문법서다. 서장 문자는 이렇게 발달된 언어학 이론에 의거하여 제정된 문자였다.

7세기 중반에 토번에서 서장 문자의 제정이 성공하자 중국 북방의 여러 민족들이 새 국가를 세우면 새 문자를 제정하는 전통이 생겼다. 그것은 그들의 언어가 한자만으로 표기하기 어려운 문법구조의 언어였으며 또 중국의 한자문화에 동화되어 자신들의 정체성이 소멸될 것을 두려워하였기 때문이다. 요遼를 건국한 야율아보기耶律阿保機의 거란契

丹 문자 제정이 그러하고 금金을 세운 아구타阿骨打의 여진女眞 문자가 그런 전통에 의하여 제정된 문자다.

1.5.2 파스파 문자는 칭기즈 칸成吉思汗의 손자인 쿠빌라이 칸忽必烈汗이 남송南宋을 멸하고 원元을 세운 다음에 역시 새 국가에는 새 문자라는 북방민족의 전통에 따라 제정된 문자이다. 원元을 중원中原에 건국한 쿠빌라이 칸은 토번의 팍스파八思巴 라마喇嘛로 하여금 제국帝國의 여러 언어를 표기하고 한자의 학습을 위하여 표음문자를 제정하게 하였다.

이 문자가 완성되자 황제의 조령詔令으로 반포하고 제국의 각 로(路, 현재의 省을 말함. 우리의 道에 해당함)에 국자학國字學을 세웠으며 이 문자로 몽고인 학생에는 한문을, 그리고 한인漢人 학생에게는 몽고어를 학습시켰다. 이 학교의 운영은 제국의 통치를 위한 것으로 물론 교재는 모두 파스파 문자로 작성되었다. 즉, 몽고어를 파스파 문자로 써서 한인 학생들의 몽고어 학습 교재로 사용하였고 몽고 학생들은 파스파 문자로 한자음을 기록하여 한자를 배우게 한 것이다. 졸저(2009:161~2)에서 이 국자학國字學의 운영에 대하여 상세하게 언급하였다.

몽골의 원元을 멸망시키고 한인漢人들의 명明을 세운 태조 주원장朱元璋이 호원胡元의 잔재殘滓, 즉 오랑캐 원나라가 남긴 찌꺼기를 없앤다고 하면서 파스파 문자를 철저하게 파괴하였다. 그래서 파스파 문자로 쓰인 서적이 현재 중국에는 한 권도 남아 있지 않다. 따라서 이에 대한 연구도 매우 소략하여 세계의 문자학계에서는 잘 알려지지 않은 문자의 하나로 간주된다. 우리나라의 파스파 문자를 연구하는 사람들도 대부분 잘못된 지식을 갖고 있고 심지어는 파스파 문자를 서장 문자처럼 음절문자로 보는 연구자도 없지 않다.

　무엇보다도 파스파 문자의 연구에서 모음자의 제정에 대한 의견이
제 각각이다. 그러나 필자는 영국 런던의 대영大英도서관에 소장된《몽
고자운》을 통하여 파스파 문자가 모두 7개의 모음자를 제정하였음을
밝혔다.《몽고자운》은 현재 남아 있는 세계의 유일한 파스파 문자로
된 운서로서 청淸의 건륭乾隆 때에 필사한 것이다. 이 7개의 모음자는
훈민정음의 11개 중성자 중에서 7개 단모음 글자와 일치한다.

　파스파자의 모음자는 유모喩母에 속한다고 하였다. 즉, 36성모聲母
의 하나인 유모喩母 /ᚋ, ᚋ[a]/에 이를 포함한 7자를 귀속시켜 단독으
로 쓰일 때는 /ᚋ/를 앞에 붙이게 하였다. 이와 관련하여 훈민정음에
서는 중성의 글자, 즉 모음자를 욕모欲母 /ㅇ/에 속하는 것으로 간주
하고 단독으로 쓸 때에는 /ㅇ/를 붙여 'ᄋᆞ, 으, 이, 오, 아, 우, 어'로
쓰는 방법을 고안한 것이다. 한글이 파스파 문자와 긴밀한 관계에 있
음을 말해주는 대목이다.

1.5.3 그러면 한글과 파스파 문자는 어떤 관계일까? 필자는 졸고 〈訓
民正音の字形の獨創性　-《蒙古字韻》のパスパ文字との比較を通して-〉(일
문)〉, (《朝鮮學報》, 일본 朝鮮學會, 第211輯, 2009.04)에서 훈민정음의
자형字形은 서장 문자의 자형을 모방한 파스파 문자와 달리 독창적임
을 강조하였다. 물론 정초鄭樵의 '기일성문도起一成文圖'를[19] 참고하지
않은 것은 아니지만 인간의 발음기관이나 천지인天地人 삼재三才를 상
형象形하여 만든 독특한 자형이었다고 주장하였다.

　따라서 한글은 파스파 문자를 모방하거나 추종한 것이 아니라 이
문자를 만든 고대인도의 비가라론과 반자론, 만자론을 세종이 스스로
터득하고 이에 근거하여 파스파 문자보다 더 과학적이고 우리말 표기

---

19) '起一成文圖'는 '기형성문도'로 읽기도 한다.

에 적합한 문자를 만든 것이다. 물론 앞에서 살펴본 바와 같이 이 이
론들은 불경 속에 포함되어 한반도에 들어왔으며 세종 주변에는 이를
소개한 신미, 김수온金守溫 형제와 같은 학승學僧과 불교 전문가들이
있었다. 이들과 함께 세종은 어려운 비가라론의 성명기론을 학습하고
반자론과 만자론을 익히면서 한글을 발명한 것이다.

　　그러나 무엇보다도 훈민정음의 창제에 영향을 준 것은 이보다 170
여 년 전에 원元에서 제정한 파스파 문자라고 생각한다. 이 문자의 창
제 배경이나 목적이 훈민정음 제정과 서로 유사하고 문자의 사용도 서
로 같았다. 제5장에서는 파스파 문자의 제정 경위와 문자의 구성을 살
펴보기로 한다.

6. 언문諺文 제정의 경위

1.6.0 앞에서 한글의 제정에 관한 연구는 주변 민족들의 문자 제정과
그 사용에 대하여 살펴보아야 하고 훈민정음 제정의 기반이 된 고대인
도의 비가라론과 그의 음성 연구인 성명기론도 고찰되어야 한다고 주
장하였다. 그리고 훈민정음의 제정에 직접적인 영향을 준 원대元代 파
스파 문자의 제정과 그 배경이론을 함께 살펴야 함을 역설하였다.

　　우리가 사용하는 한글은 세종 25년(1443) 12월에 언문諺文이란 이
름으로 세종이 친제親制한 것이고 이것이 소위 훈민정음이라고 하였다
는 기사가 《세종실록》(권103)에 기재되었다. 이제 앞에서 제기한 제반
사실을 감안하여 언문, 즉 훈민정음의 제정에 대하여 지금과는 다른
시각에서 살펴보아야 함을 깨닫게 된다.

그러나 앞에서 여러 새로운 이론과 지금까지 알지 못했던 여러 정황이 새 문자 제정에 관련되었음을 알게 된다. 그리고 이러한 여러 사항을 이해하면 세종은 어디에서 새 문자의 필요성을 느꼈고 이 문자를 제정한 음성학적 이론은 무엇이었으며 실제로 어떤 과정을 거쳐 새 문자가 만들었는가에 대하여 어렴프시 느끼게 될 것이다.

먼저 한글의 원래 명칭인 언문이 어떻게 제정되었는지 앞에서 거론된 사안들에 의거하여 다시 살펴보기로 한다.

1.6.1 우리가 매일 사용하고 있는 한글은 지금부터 560여 년 전에 세종대왕이 언문諺文, 또는 훈민정음訓民正音이란 이름으로 창제하신 것이다, 따라서 이에 대한 많은 기록이 있고 그에 의한 많은 연구가 있어 대다수의 연구자들은 이에 대한 연구가 완성된 것으로 생각한다. 그러나 필자의 생각은 아직도 세종의 새 문자 창제에 대한 연구는 계속되고 있으며 아직도 많은 사실들이 밝혀지지 않은 채 연구자의 손길을 기다리고 있다고 생각한다. 그러면 무엇이 아직도 밝혀지지 않은 것일까?

먼저 문자의 명칭이 명확하지 않다. 우리는 한글이라고 통일해서 부르지만 북한에서는 이 명칭을 거부한다. 실제로 '한글'이란 명칭이 만들어진 과정을 보면 선뜻 이 명칭을 받아들이기 어렵다. 세종이 이 문자를 제정하고 '훈민정음訓民正音'이라고 부르고자 하였으나 당시의 많은 자료에서 '정음正音'으로만 부른 경우가 많다. 또 〈실록〉 등의 관찬官撰 기록에서는 '언문諺文'이 공식명칭이었으며 경우에 따라서는 '언서諺書'로도 불렸다. 아녀자들의 글이라 하여 '안글'이란 명칭도 있었으며 대한제국大韓帝國 때에는 일시적이지만 '국문國文'으로 불린 적이 있다.

이렇게 다양한 명칭을 가진 것은 무슨 이유일까? 그리고 언문을 창제하고 나서 바로 《운회韻會》를 번역한 것은 무엇을 말하는 것인가?

그리고 새 문자로 한자의 발음을 전사한 《동국정운東國正韻》은 왜 편찬하였을까? 《홍무정운역훈洪武正韻譯訓》은 또 어떤 목적으로 편찬하였을까? 이런 문제를 함께 살펴보면 이 문자가 그동안 우리가 생각해 오던 단순히 어리석은 백성들의 문자생활을 편하게 하려고 제정한 것이 아님을 알 수 있다.

이 책에서는 동국정운식 한자음을 표기하기 위하여 제정된 한글을 훈민정음訓民正音이라고 부르고 중국 표준 한자음을 표기하기 위한 것은 정음正音이라고 불렀으며 우리말 표기로 발전한 것을 언문諺文이라고 부르고자 한다. 이러한 구분이 없으면 그저 한글이라 하였다. 한글은 표기 대상에 따라서 그 명칭을 달리 부른 것으로 보고자 한다.

즉, 《동국정운》에서 한자음의 표기에 쓰인 것은 훈민정음이고 《홍무정운역훈》에 쓰인 것은 정음이며 《석보상절》에 쓰인 것은 언문이다. 그러나 후대에는 동국정운식 한자음이 폐기되었으니 훈민정음은 없어진 것이고 우리말 표기에 쓰인 것은 남한에서는 한글, 북한에서는 조선글이 되었다.

이 장에서는 이를 검토하고 한글의 발명은 결국 조선 초기에 한자로 대표되는 중국 문화에 대한 저항이요 자주를 선언한 것임을 주장한다.

1.6.2 한글 발명에 대한 중요한 의문은 문자 제정의 배경적 이론이 무엇인가? 하는 점이다. 훈민정음 〈해례본〉을 보면 오늘날의 현대적 조음음성학으로도 이해하기 어려운 음성의 여러 자질들이 설명되었다. 그럼에도 불구하고 많은 사람들이, 심지어 한글 연구를 전공하는 연구자들도 '영명하신 세종대왕이 사상 유례가 없는 문자를 독창적으로 만드셨다'고 믿고 있다.

말하자면 한글을 세종이란 신神이 만들어주신 문자로 믿으며 그 배경에 어떤 이론이 있는지, 그리고 주변 여러 민족의 문자와 어떤 관계가 있는지 살펴보려고 하지 않는다. 지금까지 필자를 위시한 소수의 학자들에 의하여 한글이 심오한 여러 이론에 의거하여 깊이 연구된 다음에 제정된 것이며 파스파 문자 등과 관련이 있다고 주장하였을 뿐이다.

특히 이 책의 고대인도의 비가라론에서 발달한 음성학이 성명기론이란 이름으로 번역되고 대장경에 포함되어 중국을 거쳐 우리나라에도 전해져 그 이론으로 아牙·설舌·순脣·치齒·후음喉音의 조음 위치와 전청全淸·차청次淸·전탁全濁·불청불탁不淸不濁 등의 조음 방식에 따라 음운을 분석하는 방법은 제5장의 5.3.3.0에서 살펴본 바와 같이 20세기 후반에 미국의 N. Chomsky와 M. Halle에 의해서 주창된 생성음운론(generative phonology)에서 처음으로 본격적인 논의가 있었던 것이다(Chomsky·Halle, 1968).

1.6.3 한글은 이와 같이 분석된 음운에 대하여 하나씩의 기호를 대입하여 만든 것이라는 놀라운 사실은 아주 극소수의 연구자들만이 인정하고 있다. 이외에도 성리학과 하도河圖·낙서洛書에서 보여주는 사물의 존재를 대립의 방식으로 파악하는 훈민정음의 배경적 이론에 대하여 우리 학계는 무지하기가 그지없다. 음운의 대립에 관한 이론은 서양의 구조주의 음운론에서 거론된 것인데 이 이론이 500여 년 전에 조선의 한양漢陽에서 문자 제정의 중요한 근거가 되었다.

즉, 훈민정음 〈해례본〉에서는 모음의 대립에 대하여 음양陰陽의 이론으로 훌륭하게 설명하고 있다. '♀:으, 오:우, 아:어'의 모음 대립, 즉 전설모음 대 후설모음의 대립을 음양의 이론으로 해설하여 '♀, 오, 아'를 양陽으로 하고 '으, 우, 어'를 음陰으로 하여 이 음운의 대립을 간편하게 설명하였다(졸고, 2002). 후자가 전설모음 계통의 음운이고 전자가 후설모음이어서 서양의 구조음운론에서는 이들의 음운 대립을 조음 위치에 따른 것으로 정리하였다(Trubetzkoy, 1939).

　따라서 훈민정음의 제정에는 여러 이론들의 지원과 배경적 요인이
있었으며 이와 같은 많은 원인들이 검토되어야 한다. 이 책은 이러한
제반 문제를 지금까지와 다른 시각에서 살펴보려고 한다.

제2장

알타이 제 민족의 문자 제정

1. 들어가기

2.1.0 중국의 주변에는 고립적인 중국어와 다른 교착적 문법구조의 언어를 사용하는 민족들이 살고 있다. 한때 알타이어족으로 불리던 이 언어의 사용자들은 유라시아대륙의 동북쪽에서 중국의 한족漢族과 서로 패권을 다투고 있었다. 신화神話에서 치우蚩尤로 대표되는 중국의 북방민족과 황제黃帝로 대표되는 남방민족의 각축은 동북아시아의 역사에서 항상 중심이 되었다.

황제에게 패퇴한 치우처럼 북방의 알타이 민족들은 변방으로 쫓겨났고 중원中原은 고립어를 사용하는 한족漢族이 차지하면서 이들의 언어를 기록하던 한자가 동북아의 가장 중요한 문자가 되었다. 제1장에서 살펴본 바와 같이 한자는 고립적孤立的 문법구조의 중국어를 표기하려고 발달시킨 표의문자였다.

따라서 한자는 교착적膠着的인 문법 구조의 알타이 제어를 표기하기에는 매우 불편한 문자였다. 왜냐하면 표의문자인 한자로는 문법적 의미만을 갖는 이들 언어의 어미와 조사, 즉 형태부의 표기가 어렵고 어순도 다르기 때문이다. 따라서 그들은 자신들의 언어를 표기하기에 적합한 문자를 끊임없이 계발하여 표기하려고 노력하였다. 그 결과 동북아 지역의 알타이어족에 속하는 여러 언어들은 많은 문자를 제정하여 사용하였다.

2.1.1 황제黃帝와 치우蚩尤의 각축角逐은 치우가 패하여 북방으로 도망 간 다음에도 계속해서 남방의 문화와 종교, 그리고 문자로 이들을 압박하였다. 중국의 발달한 철기 문명은 끊임없이 북방의 알타이족들을 공격하였으며 유교儒敎문화는 알타이족의 샤먼을 동화시키려 하였다. 이러한 문명의 대립은 문자에서 더욱 두드러지게 된다. 마치 로마의 강력한 군사력과 기독교를 등에 업은 라틴 문자와 같이 한자는 동아시아를 석권하게 된다.

따라서 중국의 발달된 문명과 유교를 등에 업은 한자는 북방민족이 받아들이지 않을 수 없는 강력한 문자였다. 역사가 시작된 초기에는 북방민족의 언어를 기록한 문자가 거의 한자였다. 간혹 한자 이전에 고유한 문자를 자체적으로 만들어 사용했다는 신화와 전설이 없는 것은 아니지만 남아 있는 자료가 없어 인정하기 어렵다. 다만 제1장에서 언급한 대로 현재까지의 연구로는 알타이민족 가운데 어느 민족이 가장 먼저 한자를 들여다가 자신들의 언어를 표기했는지 밝혀지지 않았지만 고구려가 그 시작이 아닌가 한다.

여러 연구에서 한자는 동이東夷족들이 만든 문자로 보기도 한다. 또 어떤 한 민족이 단독으로 만들어 쓰던 문자가 아니고 여러 민족이 동시에 사용한 문자로 보기도 한다. 그도 그럴 것이 한자에는 동일한 의미의 서로 다른 자형字形과 자음字音이 많기 때문이다. 각기 다른 민족이 사용하던 문자를 모두 수용하여 한자란 이름으로 통합하였기 때문이라는 주장이다.

2.1.2 졸고(2003 a,b)에서는 기원전 수 세기 무렵에 한반도에서는 한자를 수용하여 사용한 것으로 추정하였다. 그러나 제1장에서 언급한 대로 본격적인 한자의 사용은 한漢의 무제武帝가 기원전 108년에 요동遼東을 침략하고 한사군漢四郡을 설치하여 한반도를 포함한 동북아의 끝

자락을 오랫동안 지배하면서 한자를 상용하였다고 추정한다. 이로 인하여 이 지역에 나라를 세운 고구려와 백제, 그리고 신라에서는 한문漢文으로 역사를 기록하는 수준으로 한자가 보급되었다고 보았다.

한사군과 밀접한 관계에 있던 고구려가 삼국 가운데 가장 먼저 한자를 사용한 것으로 보이며 스스로 한자를 변형시켜 고유한 인명, 지명, 관직명을 표기한 것으로 추정된다. 이러한 전통은 고구려의 고토故土에 나라를 세운 발해로 이어졌고 결국은 요遼의 거란契丹 문자와 금金의 여진女眞 문자로 계승되었다. 또 고구려의 영향을 많이 받은 일본은 일찍부터 한자를 변형시킨 가나假名 문자를 계발하여 자신들의 언어를 기록하였다.

2.1.3 교착적 문법 구조의 알타이 제어를 표기하는 데 표의문자인 한자를 빌려 표기하는 것에는 한계가 있었다. 그리하여 전혀 새로운 문자를 제정하여 사용하기도 하였는데 그 대표적인 예가 제1장에서 언급한 650년경의 토번吐蕃에서 제정하여 오늘날에도 사용하는 서장 문자다.

당시 송첸감보(Srong-btsan sgam-po) 왕이 톤미 아누이브(Thon-mi Anu'ibu)를 비롯한 여러 명의 신하를 인도에 유학시켜 고대인도의 비가라론을 배우게 하고 그들이 돌아와서 제정한 표음문자가 서장西藏, 즉 티베트 문자이며 이 문자는 당시에 매우 유용한 표음문자여서 토번의 티베트어만이 아니라 주변의 여러 민족의 언어를 표기할 수가 있었다(졸저, 2009).

이 문자의 제정이 성공하자 중국의 주변에 있으면서 거대한 한자문화에 종속되어 동화되거나 소멸되는 것을 두려워하던 중국 북방의 여러 민족들이 새로 국가를 세우면 새로운 문자를 제정하는 전통이 생겨났다. 이러한 전통에 맞추어 칭기즈 칸은 위구르 문자를 빌려 몽고어를 표기하게 하였다. 이것이 몽고-위구르 문자로서 오늘날에도 내몽고

등에서 사용되고 있다. 다만 표음문자로서 음소 단위의 문자이기 때문에 고립적인 중국어 표기를 위한 음절 단위의 한자음 표기에는 매우 불편하였다.

2.1.4 이러한 불편을 해소하기 위하여 원元을 세운 쿠빌라이 칸忽必烈汗은 역시 새 국가를 건설하면 새 문자를 제정한다는 북방민족의 전통에 따라서 토번의 팍스파 라마로 하여금 제국帝國의 언어를 모두 적을 수 있고 중국의 통치에 필요한 한자의 교육을 위하여 한자음 표기에 적절한 표음문자를 새로 만들게 한다.

역시 고대인도의 성명기론에 의거한 토번의 서장 문자를 모방하였고 중국의 성운학에 의거하여 만든 표음문자인데 몽고인들이 중국을 통치하기 위하여 한자를 배우기 위한 발음기호로서 제정된 것이다. 물론 몽고어와 제국帝國의 다른 언어를 표기하기도 하였지만 가장 중요한 목표는 하나의 발음을 표기하여 한어漢語의 학습을 위한 것이었다. 팍스파 문자를 만들면서 바로 중국의 표준 한자음의 운서인 《예부운략禮部韻略》을 이 문자로 번역하여 《몽고운략蒙古韻略》을 편찬하였기 때문이다.

이러한 전통은 한반도에도 전달되어 조선의 건국과 더불어 새 문자인 훈민정음이 제정된다. 역시 한자음의 표기를 위하여 새 문자를 제정한 것이다. 이 문자를 만든 조선의 세종은 중국의 동북방언이었던 원대元代 북경北京 지역의 한아언어漢兒言語에 의하여 전혀 다른 한자음으로 바뀐 우리 한자음, 즉 동음東音을 고쳐서 중국의 한어음漢語音에 맞추려고 하였다. 소위 동국정운식 한자음이라고 하는 새로운 한자음을 만들고 이 한자음이 바로 백성들에게 가르쳐야 하는 올바른 발음으로 보았다. 그리고 이것이 훈민정음訓民正音, 즉 백성들에게 가르쳐야 하는 올바른 한자음이며 이를 우리말을 표음하는 글자로 만든 것이 바로 언문諺文이었다.

2.1.5 따라서 제1장에서 언급한 대로 동아시의 여러 민족들이 사용한 문자는 대체로 세 부류로 나눌 수 있다. 첫째는 한자를 변형시켜 만든 문자를 들 수 있고 둘째는 불경의 범자를 본받아 전혀 새로운 표음문자를 창제한 문자이며 셋째는 서양의 표음문자를 수입하여 자국어를 표기한 문자를 들 수 있다.

　첫째에 속하는 문자로 고구려와 발해의 수이자殊異字들, 일본의 가나假名 문자, 그리고 거란契丹과 여진女眞, 서하西夏 문자가 있다. 둘째에 속하는 문자로는 토번의 서장 문자, 원의 파스파 문자가 있다. 그리고 한글이 여기에 속한다고 본다. 셋째에 해당하는 문자는 몽고-위구르 문자와 만주 문자가 있다. 모두 중국의 한자문화를 벗어나려는 노력으로 만들어진 표음문자들이다.

　이 장에서는 동아시아의 이러한 문자의 제정과 사용을 검토하고 상호 영향 관계를 추적하여 동아시아 여러 민족들의 문화적 교류와 우리의 한글을 제정한 배경을 밝히려고 한다. 한민족의 언어를 표기하기 위한 한글은 이러한 동아시아 제 문자의 영향을 받아 제정된 것이지 절대로 무無에서 유有를 창조한 것처럼 기적적으로 발명된 것은 아니라고 보기 때문이다.

2. 고구려와 발해, 일본의 문자

2.2.0 한자를 변형시켜 자민족의 언어를 기록하기 시작한 것은 고구려라고 필자는 생각한다. 오늘날에 발굴되는 고구려의 여러 유물 가운데 한자를 변형시킨 것으로 볼 수 있는 수이자殊異字들이 많이 발견된다. 그러나 자료의 부족으로 체계적인 연구가 어렵다.[1] 다만 김육불金毓黻 (1934), 이강李强(1982), 위국충魏國忠·주국침朱國忱·학경운郝慶云(2006), 그리고 졸고(2010a)에서 고구려가 사용한 몇 개의 수이자殊異字들을 소개하여 한자를 변형시킨 고구려의 문자가 있었을 가능성을 주장하였다.

고구려의 유민들이 고구려의 고토故土에 나라를 세운 발해의 유물에서도 같은 수이자殊異字들로 발해어를 기록한 흔적이 많이 발견된다. 역시 자료가 부족할 뿐만 아니라 발해의 언어가 고구려어를 이어받은 것이 아니라 말갈靺鞨의 언어가 주류를 이루었을 것이라는 추정도 있어 그 해독은 더욱 어렵다. 다만 김육불金毓黻(1980)에서 발해가 한자를 변형시켜 만든 것으로 추정되는 수이자들을 여러 개 제시하였다(金毓黻,《渤海國志長編》권16,〈族俗考〉, 1934, pp. 377).

---

1) 고구려어에 대해서는 많은 연구가 있다. 그 가운데 졸저(2011)에서는 Beckwith(2004)의 연구를 비판하고 수백 개의 고구려 어휘를 재구하였다. 주로 명사들이고 간혹 동사와 부사의 어휘도 있으나 지명을 통한 연구여서 문법 형태들의 재구는 매우 미흡하다. 문헌 자료가 거의 없어 비교언어학의 방법에 의존해야 하는 고대한국어 연구의 한계라고 할 수 있다. 특히 표음문자로 기록된 고구려어의 자료가 없다는 것이 한층 더 연구를 어렵게 한다(졸고, 2007, 2008c 및 졸저, 2011).

고구려, 또는 백제의 영향인지는 확인할 수 없어도 일본에서는 4세기경부터 망요가나萬葉假名라는 한자 변형의 문자를 사용하기 시작한다. 특이한 것은 이 가나假名 문자 'いろは'에서의 한자는 표음문자로 변했다는 점이다. 거기다가 개음절인 일본어 음운 구조의 특성으로 이 문자는 자음과 모음의 음절문자가 되었다. 음절문자인 가나는 아마도 범어의 실담장悉曇章의 영향으로 볼 수 있고, 후대에 역시 범자의 반자론半字論에 영향을 받아 오십음도五十音圖로 발전하였다(졸고, 2016a). 이제부터 이 각각의 한자 변형 문자에 대하여 살펴보기로 한다.

1) 고구려의 언어

2.2.1.0 고구려高句麗는 부여夫餘의 후예인 주몽朱蒙이 기원전 38년경에 세운 나라다. 한반도의 북반부와 만주 일대를 지배하면서 중국의 수隋·당唐과 대적하다가 당에 멸망한 고구려는 우리 민족의 선조다.[2] 고구려어에 대한 연구는 이 언어를 기록한 고문헌의 서지학적 탐색으로부터 이루어져야 한다. 고구려어에 대한 단편적이고 피상적인 기록들이 중국의 고사서古史書와 고려시대에 편찬된 《삼국사기》, 《삼국유사》, 《고려사》 등 한반도에서 편찬된 사서史書에 흩어져 있다.

그러나 고대 고구려어 자료에 대한 문헌학적 연구는 1950년대까지 정식으로 연구된 바가 없다. 왜냐하면 역사적 자료로부터 추출한 고구려 지명 및 고유명사의 표기에 사용된 한자의 발음 연구가 당시에는

---

2) 중국의 동북공정에서 고구려를 자신들의 변방 국가로 보려는 노력이 있었다. 필자는 2004년 12월에 고구려재단이 주선하여 중국 동북공정의 실제 실무자들과 함께 벌인 워크숍에서 고구려의 언어와 문자의 사용으로 볼 때에 우리말의 조상임을 강조하면서 교착적인 고구려어는 고립적 문법구조의 한어와 어떠한 친족관계도 없음을 역설하였다. 이 워크숍은 北京 怡生園 國際會議中心(만리장성 근처에 있으며 Secret Garden이라고도 불림)에서 열렸는데 워크숍이 끝나고 필자의 발언 때문에 몇 시간 억류되었던 기억이 있다(졸고, 2004b 및 2005, 2010a).

그야말로 초보적인 수준이어서 언어학자들이 이 한자음을 이용하여 고구려어를 분명하게 파악하기 어려웠기 때문이다.

2.2.1.1 그러던 중에 이기문(1961)에서는 먼저 한국어의 역사에 관해 쓴 한국어사의 개설서에서 고구려어와 신라어가 서로 다르고 중세한국어는 신라어를 기반으로 한 것이며, 고구려어는 중세 한국어에서 저층(substratum)을 형성했다는 가설을 처음으로 언급하였다. 특히 이기문 교수는 《삼국사기》에 등장하는 지명地名들의 코퍼스에 기초하여 고구려어는 "언어의 계통적 관점"에서 일본어와 가장 가까운 언어임을 강조하였다(이기문, 1963:97). 그 후 고구려어에 대한 이러한 주장을 한국어의 역사와 형성을 다룬 그의 또 다른 책들에서 자세히 다루었다(이기문, 1967, 1983).

이러한 연구는 일본의 알타이어 연구자인 무라야마村山七郎 교수에게 전달되었고 그는 바로 고구려어에 대한, 그리고 고구려어와 일본어, 한국어와의 관계에 관한 연구들을 발표하기 시작하였다(村山七郎, 1962, 1963). 물론 무라야마 교수가 후에 자신의 주장을 최소한 두 번이나 바꾸긴 했지만(村山七郎, 1966, 1976), 이전 연구에서 그는 고구려어 코퍼스의 상당 부분이 일본어와 밀접한 관계가 있음과 동시에 일본어만큼 가깝지는 않으나 한국어와도 상당 부분 연결되어 있다는 이기문 교수의 연구에 의견을 같이 하였다(이기문, 1983; 村山七郎, 1963). 이러한 무라야마 교수의 논문들은 일본의 관심을 고구려어 자료에 집중시키게 되었고, 이기문 교수의 연구는 한국어의 언어적 친족관계를 연구하는 많은 연구자들 사이에서 가장 큰 지지를 얻는 기초가 되었다.

2.2.1.2 이렇게 1960년대에 화려하게 출발한 고구려어의 연구는 그 이후에 한국에서 매우 지지부진하였다. 특히 훈민정음 창제 이후 15세기

부터 표음문자에 의한 한국어 표기가 가능하였던 이유로 많은 소장학
자들이 15세기 이후의 연구에 집중하였으며, 상대적으로 어려운 한자자
료나 없어진 주변 민족의 언어로 작업해야 하는 고대한국어, 특히 고
구려어에 대한 연구는 인기 없는 분야가 되어 방치되었다고 해도 과언
이 아닐 정도로 연구가 쇠퇴하였다.

　더욱이 1970~80년대를 풍미한 미국의 변형생성문법에 대한 열기와
연구의 광풍은 우리 학계에도 많은 영향을 미치어 우수한 연구자들이
여기에 몰두하였다. 그 결과 한국어학의 많은 분야에서, 특히 한국어의
역사적 연구에서 관심의 소홀과 연구자의 결핍, 연구 분야의 편중偏重
이라는 몸살을 앓게 되었다.3) 당연히 한국어사의 연구도 쇠퇴하였고
고대한국어의 형성에 대한 관심은 멀어졌다.

2.2.1.3 고구려어의 연구는 2000년대에 들어와서 외국학자들에 의하여
활발하게 연구되면서 국내학자들의 관심을 끌게 되었다. 변형생성문법
의 광풍에 비교적 초연하였던 일본 학계에서는 1980~90년대에도 꾸준
히 고구려어에 대한 연구가 고대 일본어와의 관계를 중심으로 연구되
었다. 그리하여 많은 업적이 발표되어서 고구려를 자신들의 조상으로
여기는 한국의 고구려어 연구와는 매우 대조가 되었다.

　그리고 이러한 일본의 연구를 접한 미국의 역사언어학자들이 고구
려어의 연구에 관심을 갖게 되었다. 한국어와 일본어의 관계에 대하여
논의한 Martin(1966)을 발표한 마틴(Samuel E. Martin)과 그 이후의 휘
트만(John B. Whitman), 응거(J. Marshall Unger), 보빈(Alexander Vovin)

---

3) 이에 대하여는 서울대학교에서 정년 퇴임하셨던 鸤師 李崇寧 선생님의 1973년 9월
　15일에 행한 정년퇴임 기념강연과 졸고(2009c)를 참조할 것. 특히 졸고(2009c)는
　국어학회 창립 50주년을 기념하는 학술대회에서 '국어학의 새 지평'이란 제목으로
　의뢰된 기조 강연이었으며 이 강연에서 미국 언어학에 경도된 한국어학의 병폐를
　조목조목 지적하였다.

등의 미국학자들이 고구려어에 대하여 계속적으로 논고를 발표하더니 급기야 인디아나 대학의 벡위드(Christopher I. Beckwith) 교수가 《고구려어 – 일본어를 대륙과 연결시켜주는 언어(Koguryo, The language of Japan's Continental Relatives)》(Leiden·Boston: Bril, 2004)를4) 단행본으로 간행하였다. 이어서 Unger(2008), Vovin(2010)도 유사한 고구려어의 연구서를 단행본으로 출판하였다.

2) 고구려의 문자

2.2.2.0 고구려어는 한자로 기록되었다. 졸저(2011)에서는 한사군漢四郡 시대에 통치 문자로서 본격적으로 유입된 한자가 고구려에서는 국가나 개인이 경영하는 학교에서 교육되었다고 보았다.5) 소수림왕小獸林王 2년(372)에 설립한 태학太學은 관학官學이었고 그 이후에 설치된 경당扃堂은 사학私學으로서 유교 경전을 교재로 하여 한자를 교육한 것이라고 주장하였다(졸저, 2011:43).

또 같은 시기에 불교가 고구려에 들어오면서 불경을 통한 한문 교육이 있었다. 후자의 불경을 번역한 중국어는 중고어(中古語, Ancient Chinese)라고 불리는 통어(通語, 또는 凡通語)의 교육이었고 사서오경의 유교 경전에 보이는 전자의 중국어는 상고어(上古語, Archaic Chinese)로 불리는 아언雅言의 교육이었다.6)

---

4) 이 책은 필자에 의하여 《고구려어 – 일본을 대륙과 연결시켜 주는 언어-》(고구려연구재단, 2006)로 번역되었다.
5) 한반도에 한자가 들어온 시점은 고조선의 衛滿朝鮮까지 거슬러 올라갈 수 있다고 보았다. 위만조선의 지배층은 이미 한문을 능숙하게 사용한 것으로 추정되기 때문이다(졸저, 2011:95).
6) 중국어의 역사에서 東周의 서울인 洛陽의 말을 기반으로 하는 雅言이 있고 이어서 漢唐의 長安語를 기초로 하는 通語가 1천 년 동안 中原에서 통용되었다. 다만 雅言이 四書五經의 경전에 쓰인 언어여서 通語에 견주어 권위가 있었다. 그러나 元의 건

고구려에서 유경儒經과 불경佛經을 통한 중국의 언어와 한자의 교육은 한문으로 자국의 역사를 기록할 정도로 보급되었다. 국초에 간행된 《유기留記》라든지 태학太學 박사 이문진李文眞이 편찬했다는 《신집新集》은 모두 한문으로 된 고구려의 역사서로 추정된다. 따라서 고구려인들은 한자를 매우 익숙하게 사용한 것으로 보아야 할 것이다. 즉, 일찍부터 한문을 배워서 지식인들은 이를 문어文語로 사용하였는데 이때에 배운 한자를 변형시켜 자국의 언어를 표기하였다는 것이다.

2.2.2.1 그러나 고구려 문자가 별도로 있었다는 주장도 있다. 《삼국사기》(권11) '헌강왕憲康王'조에 "十二年春, 北鎭奏: 狄國人入鎭, 以片木掛樹而歸。遂取以獻, 其木書十五字云: 寶露國與黑水國人, 共向新羅國和通。- [헌강왕] 12년 봄에 북진에서 주奏하기를 오랑캐 나라 사람이 들어와서 편목을 나무에 걸어놓고 돌아가서 나아가 집어다가 바쳤다. 그 나무 조각에 쓰여진 15자에서 "보로국이 흑수국 사람들이 함께 신라에 가서 화통화려고 한다고 하였다"라는 기사가 있어 고구려 문자로 편목片木에 쓴 글을 신라의 북진北鎭에서 보내왔음을 말하고 있다. 이러한 기사를 보면 고구려인들이 사용한 글자는 한자를 변형시킨 수이자殊異字이겠지만 상당한 수준이었던 것으로 별도의 문자로 취급할 수 있을 것으로 보인다.

오늘날 고구려에서 사용된 한자의 모습을 분명하게 보여주는 자료로 먼저 〈광개토왕비문〉을 들 수 있다. 이 비문의 서체로 필획筆劃은 전서篆書, 결구結構는 해서楷書, 필세筆勢는 예서체隷書体라고 하지만 종합적으로는 고구려식 고예체古隷体라고 보기도 한다(李鍾學 외,

---

국과 北京으로의 都邑은 중국어의 역사에서 새로운 언어를 탄생시켰으니 이를 漢兒言語라고 한다. 雅言과 通語와는 다른 언어라고 할 정도의 새로운 말이다(졸저, 2004 및 2010).

1999:223). 이 비문에 약체略體 문자가 사용되기도 하였지만 고구려의
독자적인 자체가 적지 않게 보인다. 물론 탁본拓本으로 본 것임으로
그로 말미암은 오류도 없지 않겠지만 당시 중국에서 사용한 서체와 확
연하게 다른 글자들이 보인다.[7] 이 수이자殊異字들은 고구려의 다른
금석문이나 벽돌, 기와 등의 명문銘文에서 발견된다.

3) 발해의 문자

2.2.3.0 고구려에서 한자를 변형시켜 자국어를 표기하는 데 사용하는
방법은 발해에 그대로 전해진 것 같다. 발해의 언어에 대한 연구는 거
의 이루어지지 않았고 그 계통에 대한 연구도 확실한 것은 없다.

몇 가지 가설 중에서 그래도 납득할 수 있는 것은 《일본기략日本紀
略》의 홍인弘仁 원년(810) 5월 27일 조 기사에[8] 근거하여 발해어는
한어漢語도 아니고 말갈인靺鞨人들이 전통적으로 사용하던 언어도 아
니며 말갈어靺鞨語를 모체로 하여 탄생한 '새로운 언어'라는 가설이다.
즉, 발해족이 형성됨에 따라 말갈어를 중심으로 한어와 고구려어, 기타
언어들이 융합된 새로운 복합 언어라는 주장이다(魏國忠·朱國沈·郝慶
云, 2006: 393).

그러나 발해의 건국을 이룩한 고왕高王 대조영大祚榮은 고구려의 신
하였고 발해의 권력층이 고구려의 유민이었음을 감안할 때에 발해어의
상층부(superstratum)는 고구려어였다고 추정하게 된다. 따라서 비록 언
어 저층(substratum)은 말갈어靺鞨語였더라도 발해어의 핵심부는 고구
려어로 볼 수밖에 없다.

---

7) 이종학(1999:212-226)에서는 상당한 수효의 殊異字를 찾아 이체자로 제시하였다.
8) 이 기사는 "渤海 使臣 중에 首領인 高多佛이 사절단에서 벗어나 [일본의] 越前國에
   머물자 史生 羽栗馬長과 학생들로 하여금 渤海語를 배우게 하였다"라는 내용이다.

이에 대하여 魏國忠·朱國沈·郝慶云(2006)에서는 "이상의 추론을 통하여 발해의 거주민들 가운데 기본이 되는 민중들은 고대 퉁구스 계열의 만주족 언어를 사용하였고, 그 언어가 바로 발해 왕국의 국어였다는 결론을 얻을 수 있다"라고 하여 발해어가 알타이어 계통의 북방계 언어임을 주장하였다.

2.2.3.1 이러한 발해어渤海語를 표기한 발해의 문자 사용에 대하여는 서로 극명하게 대립되는 두 가지 학설이 있다. 하나는 발해가 고유한 문자를 제정하여 자국의 언어를 표기하였다는 것이고, 또 하나는 고유한 문자가 없었고 한자를 사용하여 자국의 언어를 기록하였다는 주장이다.

후자는 《구당서舊唐書》〈발해전渤海傳〉과 《책부원구册府元亀》 등에 "발해는 문자와 서기書記가 없다"라는 기사가 있고 《신당서新唐書》〈발해전〉, 《동국사략東國史略》, 《동국통감東國通鑑》 등에 발해에는 문자가 없었다고 하였기 때문에 고유의 문자를 제정하거나 그를 이용하여 발해어를 기록한 흔적이 없다는 것이다.

전자의 발해 문자설은 《유취국사類聚國史》에 "발해는 글자를 알았다"라고 기록하고 《거란국지契丹國志》에도 발해는 "글자를 알았으며 고금제도를 배워 해동성국海東盛國이 되었다"고 하여 글자, 즉 한자를 알고 있었던 것으로 보았다(李强, 1982, 김정배·유재신, 2000: 160). 발해인들이 한자를 배워 자신들의 언어를 기록한 것은 중국어로 번역하여 한자로 쓴, 즉 한문漢文으로 기록한 것을 말한다.

그러나 발해의 유적지에서 발굴된 기물과 와당瓦當 가운데 문자가 새겨진 것이 있고 그 문자들 가운데 중국의 한자로 보기 어려운 수이자殊異字가 있어 발해에서는 고유한 문자를 제정하여 사용하였다는 주장이 제기되었다. 소위 '문자 기와'로 명명된 발해의 와당은 지금까지 중국에서 수집된 것만도 400여 개나 되고[9] 그로부터 250여 개의 문자와 부호를 추출할 수 있다고 한다. 이 가운데는 한자와 구별되는 수이자殊異字가 있고 문자로 보기 어려운 부호도 적지 않다.

이에 대하여 金毓黻(1980)은 발해의 문자 기와에 나타난 수이자殊異字에 대하여 "그 서체가 특이하여 분명 발해와 관련이 있고 … 대개 발해는 이미 한자를 익혀 사용하였으나 그 언어 중에 분명 한자로 표현할 수 없는 음이 있어 따로 글자를 만들어 그것을 표현하였는데 매우 기이하여 알 수 없는 문자가 바로 이러한 연유로 나타나게 된 것이다"(金毓黻, 《渤海國志長編》 권20, 〈補遺〉 사화과학전선 잡지사 1980년 번각본 pp.578)라고 하였다.[10]

4) 한반도 지명의 한자 표기

2.2.4.0 필자는 얼마 전부터 고구려의 언어와 문자사용을 검토하면서 고구려인들이 자국의 언어를 기록하기 위하여 이용한 독특한 한자 표기 방식에 대하여 관심을 갖게 되었다. 여기서 말하는 독특한 한자 표기 방식이란 고유어로 된 인명人名, 지명地名, 관직명官職名과 같은 고유명사, 그리고 조사나 어미와 같이 표의문자인 한자로 표기하기 어려운 형태부를 한자의 형形과 음音으로 표기하는 방법을 말하며 현재로

9) '문자 기와'는 옛 발해의 三京, 즉 上京인 龍泉府(지금 흑룡강성 영안현 동경성), 東京인 龍原府(지금의 길림성 훈춘현 팔련성), 中京인 顯德府(지금의 길림성 화룡현 서고성)의 유적지에서 주로 출토되고 있으며 한국에서 수집하여 보존한 문자기와 수효는 400여 개에 이른다고 한다. 또 1939년에 편찬된 《東京城−渤海國上京龍泉府址の發掘調查》에 수록된 '문자기와'와 한국 金毓黻 선생의 《발해국지장편》에 수록된 것까지 합하여 계산한다면 그에 새겨진 문자부호는 모두 250여 개가 된다고 한다 (李强, 1983, 김정배·유재신, 2000:143에서 인용).

10) 霍明琨(2013)에서는 金毓黻의 논저를 대부분 정리하였다. 그러나 여기에서는 金毓黻(1980)의 번각본이 목록에 들어 있지 않았다. 아마도 鉛印本의 번각본이 이미 이를 대신하여 널리 사용되었음을 알 수 있다.

는 고구려어의 고유명사와 형태부 표기가 현재 남아 있는 가장 이른 시기의 것이다.

고립적인 문법구조의 중국어를 표기하기 위하여 고안된 한자는 한 자字가 형形, 음音, 의義를 모두 갖춘 표의문자지만 음절 단위로 쓰이기 때문에 교착적인 문법구조를 가진 고구려어의 형태부, 즉 조사와 어미까지 한자로 표기하기가 어려웠다(졸고, 2005). 그리하여 고구려인 들은 한자의 자형字形만을 빌리거나 또는 조금 변형시켜 고구려어의 표기에 맞는 새 문자를 제자制字하였으며 때로는 한자의 자의字義를 빌려 고구려어를 표기하기도 하였고 또는 자음字音만을 빌려 표음적으로 표기하는 데 사용하였다.

2.2.4.1 자형을 빌려 다른 뜻, 다른 발음으로 사용하거나 자형을 변형시켜 표기하는 경우에 이를 수이자殊異字라고 한다. 자의字意를 빌려 표기하는 경우 이렇게 사용된 한자를 훈독자訓讀字, 석독자釋讀字로 부르며 자음字音만을 빌려 표음적으로 표기하는 경우 이를 음독자音讀字라 하여 한자의 차자표기에서는 이들을 구별한다. 이러한 고구려의 독특한 한자 사용법은 한반도에 그대로 전달되어 신라의 향찰鄕札 표기로 이어진다고 필자는 생각한다.

신라의 향찰에서는 형태부인 어미語尾와 조사助詞는 물론이고 의미부까지도 석독釋讀의 글자로 표기하는 경우가 있으며 형태부 표기인 구결-토에서는 약자略字를 사용하는 경우도 있었다. 특히 고려시대에 구결-토의 약자는 매우 왕성하여 자칫하면 고려어를 이 약자로 표기할 수도 있었다. 아마도 훈민정음이 제정되지 않으면 우리말도 고려시대에 발달한 구결의 약자로 적었을 것이다.

고구려의 문화를 이어받은 발해도 고구려의 이러한 독특한 한자 사용을 전수받았을 가능성은 매우 크다. 그러나 현재까지의 자료들, 주로

문자가 새겨진 와당瓦當 자료만 가지고 발해의 고유 문자를 연구하기
에는 미흡하기 짝이 없다. 그보다는 좀 더 많은 자료를 남겨둔 요遼와
금金에서 한자를 변형시켜 새 문자를 제정한 것에 대하여 검토하여 발
해의 문자에 대한 연구의 기초를 삼을까 한다. 왜냐하면 발해의 고토故
土에서 뒤를 이어 북방 유목민족을 통합하고 중앙아시아의 스텝에 새
로운 국가를 건설한 것이 몽골계의 요나라이고 그 뒤를 이은 것이 퉁
구스 계통의 여진족이 세운 금나라이기 때문이다.

5) 일본의 가나假名 문자

2.2.5.0 일본에서도 한자를 변형시켜 자국어를 표기하였다. 일본에서의
한자 교육은 고구려나 백제와 같이 학교 교육에서 이루어졌다. 일본
오진應神 16년(285)에 백제의 아직기阿直岐와 왕인王仁에 의하여 한자
의 초보교과서인 〈천자문〉과 유학의 기본서인 〈논어〉가 전수되었다. 그
후 계속해서 한반도와 중국으로부터 많은 문인文人들이 도일渡日하여
한자의 사용을 촉진시켰고 유학을 흥륭興隆하게 하였다.[11]

드디어 리츄履中 4년(403)에는 제국(諸國, 日本의 各藩國을 말함)에 서
인(書人, ふみひと)을 두고 언사言事를 글로 써서 사방에 전달하였다
는 기록이 있어[12] 이때에 한자가 널리 사용되었음을 알 수 있다. 또
킨메이欽明 13년(552)에 일본에 불교가 전래되고 그것이 토착 신앙인
신도神道와 통합되면서 급격하게 번성하였다.[13] 일본의 학교교육은 본

---

11) 文部省(1910)에 따르면 王仁의 後裔를 文氏라 하고 王仁보다 4년 後에 渡日한 阿知
使主(アチオミ)를 漢氏(アヤ氏)라고 불러 구별한다고 하였는데 漢氏는 大和에서, 文
氏는 河內에서 각각 대대로 文筆을 관장하여 왔으므로 이들을 東西(ヤマトムチ)의
史部(フヒトベ)라고 불렀다고 함(文部省, 1910:11~12).

12) 《日本書記》(권9) 第十二 '履中天皇'조에 "四年秋八月, 辛卯朔戊戌 始之於諸國置國史 記
言達四方志"라는 기록 참조.

13) 佛敎가 전래된 지 半世紀도 못된 推古代(593-627)에는 벌써 寺院이 46곳, 僧侶가

래의 신도와 외래의 유교·불교의 교육에서 시작되었다(文部省, 1910:37).[14]

4세기경까지 소급할 수 있는 일본의 문자 망요가나萬葉假名는 한자를 간략하게 줄인 수이자殊異字로 일본어를 표기한 것이며, 《고지키古史記》(712), 《니혼쇼키日本書紀》(680~720) 등에서 일부 사용되다가 《고킨슈古今集》(905)에서는 모두 이 문자로 표기되었다. 후대에는 한자의 편방偏旁을 떼어 문자로 사용하였다. 이로부터 한자와는 완전히 다른 문자로 일본의 가나假名 문자가 태어난 것이다.

2.2.5.1 일본에서의 한자 교육은 앞에서 고찰한 바와 같이 백제의 왕인王仁 박사가 《논어》와 《천자문》을 일본에 갖고 가서 왕자인 우지노와키이라쓰코(菟道稚郎子, うじのわきいらつこ)에게 한문을 가르치면서 시작되었다고 보는 것이 지금까지의 일반적인 통설이다. 우리의 경우와 같이 한자 교육은 문자의 독법과 뜻을 알게 하는 것이 중심이 되어 음독과 훈독의 방법을 집중적으로 교육하였다. 우리의 한자 교육이 《천자문》에서 '천天'과 '지地'를 "하늘 천, 따 지"식으로 훈訓과 음을 가르치는 것과 같이 일본에서도 같은 방법을 취했다.

그러나 일본어 표기에 한자를 변형시킨 문자를 사용하면서 일본의 한자 교육은 변형 이전의 한자로 표기하는 방법을 아울러 교육하게 되었다. 즉, 일본인들은 우리의 이두吏讀와 같이 한자의 훈과 음을 차용하여 일본어를 기록하였으며, 이때에 훈차訓借, 또는 음차音借된 한자

816人, 比丘尼가 569人을 헤아리게 되었다고 한다.
14) 일본의 사료에 보이는 最古의 학교는 '法隆學問所'로서 推古 15년(674)에 聖德太子가 創建한 것이다. 그러나 이것은 佛家의 교육을 위한 것이므로 일반인의 교육기관으로 가장 오랜 것은 天智代(662-671)에 백제에서 渡來한 鬼室集斯가 세운 학교로서 그가 처음으로 學職頭(ガクショクノカミ)가 되었던 官學이었다. 天武代(673~686)에는 大學寮이라고 불렀다. 또 이 때에 지방에는 府學과 國學을 두어 크게 학문이 장려되었다(졸저, 1988:77~79).

들을 약화시켜 원래의 한자와 다르게 되었다. 그리하여 일본어를 표기하기 위하여 차용된 한자를 마나(眞字, まな)라고 부르고 일본인들이 스스로 변형시킨 한자를 가나(假字, かな)라고 불렀으며, 후일 이와 동일한 발음이 가나(假名, かな)로[15] 바뀌었는데 이는 진서眞書인 한문에 대하여 한글을 언문으로 겸양한 것과 같은 맥락으로 생각할 수 있다.

일본어 표기에 차용된 한자, 즉 약화되기 이전의 것을 마나眞字, 또는 마가나(眞假字, まがな), 망요가나(萬葉假名, まんようがな)라고 불렀다. 그리고 같은 발음을 표기하는 데 나타나는 개인적 차이나 지역적 차이에 따라 여러 개의 한자를 혼용하여 후일 간략하게 만든 히라가나(平假名, ひらがな)나 가타가나(片假名, かたかな)의 원래 한자를 찾는 것은 대단히 중요한 일본어 문자 연구의 하나가 되었다.

따라서 20세기 이전의 근대시대에는 당시 사용되던 가나 문자의 원류를 찾는 작업이 중요한 일본어의 역사적 연구가 되었다. 이것은 한국어학사에서 〈훈민정음〉의 연구가 한국어의 역사적 연구에서 중요한 위치를 차지하였던 것과 같은 과정을 겪었던 것으로 보이며 두 나라 국어학의 발달에서 기묘하게도 동일 현상이 보이는 것 같다.

2.2.5.2 또 실제로 초급단계의 문자교육에서는 이 가나 문자의 교육이 중심을 이루게 되었으며 여러 형태로 된 가나 문자 정서법의 교과서가 간행되었다. 일본에서의 문자교육은 한자보다는 이를 약화, 또는 변형시켜 일본어 표기에 사용한 48자의 가나 문자교육으로 시작된다. 그

---

15) 假名의 '名'은 訓讀하여 'na'로 읽혀 假字와 假名의 일본어 발음은 동일하게 'kana'가 된다. 眞字에 대한 假字가 후대 사람들에 의하여 假名으로 바뀌었음을 쉽게 알 수 있고, 19세기 말까지는 半字, 假字의 술어도 많이 사용되었다. 漢文에 대하여 한글을 諺文이라 했던 것과 같은 맥락이다. 佛家의 半字論으로부터 영향을 받은 것이다(졸고, 2016b).

최초의 교재는 우리의 〈천자문〉에서 유래한 것으로 보이는 〈아메쓰지 노고도바阿女都千ノ詞〉라고 할 수 있다.16)

大矢透(1918)에서는 이에 대해서 "上代에 常用하는 假名를 幼童에게 가르치기 위한 것"(필자 번역)으로 보았다. 이 〈阿女都千ノ詞〉가 처음 으로 문헌에 나타나는 《우쓰호모노가타리宇津保物語》에서는 이미 남자 체男子體의 '오토고데(男手, 草假名, 諧書體)'와 여자체女子體인 '온나데 (女手, 略草假名, つづけ書き)'로 나누어 그 정서법을 설명하고 있다. 이에 의하여 大矢透(1918)에서는 나라奈良 말기(8세기 말)에 창작되었 다고 보았으나 橋本進吉(1949)에서는 헤이안平安 초기(9세기 초)에 시 작되어 헤이안 중기(9세기 말 – 10세기 중)에 성황을 이루었다고 보 았다.

마나가나(眞字假名, 또는 萬葉假名)에서 가타가나片假名가 이용된 것도 훨씬 후대의 일이다. 오십음도五十音圖의 창시자로 알려진 나라奈 良 시대의 기비노마기비(吉備眞備, 693/695~775)가 가타가나片假名도 만들었다는 가설도 있으나 텐안 연간(天安年間, 857~858)까지는 가타 가나片假名의 일정한 자체가 정해지지 않았으므로 믿기 어렵다.17) 橋本 進吉(1949)에 부록된 가타가나片假名 조에는 이러한 자체가 헤이안 초 기에 마련된 것으로 보았다.

---

16) 伊呂波(또는 以呂波, 伊路波는 이의 異稱)의 歌가 나오기 이전에 假名文字의 手習詞 歌(假名文字를 모두 한 번씩 넣어 하나의 줄거리를 갖게 한 歌詞)로서는 〈阿女都千ノ 詞〉 이외에 〈大爲爾伊天詞〉가 있었다. 高橋愛次(1974)에 의하면 〈阿女都千ノ詞〉는 王 仁의 作으로 알려졌고 그 외에 〈難波津の歌〉는 《原氏物語》의 〈若紫〉에 보인다고 한 다. 또 〈淺香山の歌〉라는 手習詞歌도 있어서 전술한 〈難波津の歌〉와 더불어 假名文字 의 手習이 시작된다는 기록이 《古今集》의 序文에 보인다(졸고, 1991).

17) 吉備眞備(きびのまきび)의 원래 본명은 下道(しもつみち) 眞吉備(まきび)로 下道가 성이다. 奈良 시대 사람으로 養老 원년(717)에 遺唐 유학생으로 당나라에 들어가서 天平 7년(735)에 귀국하였다. 후에 遺唐副使로 다시 入唐한 일이 있다. 아마도 당에 유학할 때에 毘伽羅論을 배운 것 같고 고대 인도의 半字論에 의거하여 五十音圖를 작성한 것으로 보인다.

〈아메쓰지阿女都千〉 이전의 가나 문자는 처음에는 아무런 규범이 없이 같은 음에도 서로 다른 여러 한자음을 대응시켜 어떤 때에는 하나의 음흡에 수십 종의 서로 다른 문자로 표기된 예가 있다. 그러나 〈아메쓰지〉 이후에는 일음일자一音一字의 대응이 가능하여졌고 가나문자가 한자로부터 독립하여 하나의 문자로 정립되었다.

또 가타가나片假名를 소가나(草假名, ソウカナ)와 히라가나平假名보다 먼저 학습하는 예는 《쓰쓰미츄나곤모노가타리堤中納言物語》를 위시하여 전술한 《우쓰호모노가타리宇津保物語》, 《사고로모모노가타리狹衣物語》, 그리고 《우지슈이모노가타리宇治拾遺物語》 등이 있어 가타가나가 어느 시대에 어느 정도 보급되었는가를 말해 주고 있다. 橋本進吉(1949)의 부록, 가타가나 〈연혁沿革〉조에서 "片假名가 쓰임에 따라서 漢文의 옆에 토를 달아 쓰던 것을 漢字 사이에 끼워 넣게 되고, 이어서 本文 중의 어휘들도 사이사이 가타가나로 쓰도록 되었다. 한자와 가타가나를 섞어 쓴 문장이 院政時代부터 나타나서 鎌倉時代의 新興文字에도 쓰이게 되었다. …"(필자 번역)라고 하여 가타가나의 문자화 과정을 설명하고 있다.

〈아메쓰지〉의 뒤를 이어 마련된 가나문자 학습은 〈이로하우타いろは歌〉에 의존하게 된다. 다카다高田與淸의 《마쓰야힛기松屋筆記》(卷107, 手習의 조)에 "〈なにはづ難波津〉, 〈アサカヤマ淺香山〉보다 먼저 〈いろは歌〉가 있었고, 48자의 가나문자로 노래를 부른 이 〈いろは歌〉에 '一, 十, 百, 千' 등의 숫자를 붙여 어린이들에게 가르친 것은 사가嵯峨시대(809~823)일 것"이라고 추측하였다.

이에 대해서 大矢透(1918)에서는 〈いろは歌〉가 이루어진 것은 870~984년경으로 보았으나, 오늘날은 일반적으로 헤이안시대 말(1108) 무렵으로 생각한다. 더욱이 'いろは'가나 문자에 一, 十, 百, 千, 萬 등의 숫자를 붙여 교육하는 습관은 〈나니하쓰難波津〉에 숫자를 붙여 교육하던 것보다 훨씬 후대의 일로 무로마찌室町시대의 초기(14세기 말~15세기 초)에 일어난 것으로 보고 있다. 'いろは'의 끝에 '京'자를 붙이는 습관은 고안弘安 10년(1287) 료손了尊의 《싯단린랴구쇼悉曇輪略抄》에서 처음 발견된다고 한다(大矢透, 1918:70).

2.2.5.3 일본 가나 문자의 오십음도五十音圖는 불가의 실담장悉曇章에서 왔을 가능성이 있다. 졸고(2016a)에서 불경의 《대반열반경大般涅槃經》(권8) 〈문자품文字品〉에 "… 善男子, 有十四音, 名爲字義。所言字者, 名曰涅槃。常故不流, 若不流者則爲無盡, 夫無盡者, 卽是如來金剛之身. 是十四音名曰字本。"라는 기사를 들어 마다摩多와 체문体文에 대하여 설명하였다. 그리고 14개의 마다, 즉 모음이 범자의 기본이라고 하였으며 이어서 36 체문, 즉 자음을 소개하여 모두 50음을 소개하였다. 그러나 실제로 예를 들은 마다는 중복되어 20음이 넘었으며 체문도 글자를 예로 들었으나 수효가 불분명하다. 아마도 후대에 혼란이 있었던 것으로 보인다.

당唐의 지광智廣이 편찬한 《실담자기悉曇字記》(권1)에서는 마다摩多와 체문体文을 12 기본 모음과 35 자음으로 나누어 모두 47자를 다음의 〈표 2-1〉과 같이 분류하였으나 다른 곳에서는 14 마다와 36 체문으로 모두 50음도를 보인 것도 있다(졸고, 2014b).

고대인도에서는 비가라론(毘伽羅論, Vyākaraṇa)이라는 베다Veda 경전의 범어梵語에 대하여 음운과 문법을 공부하는 분야가 있었으며 오늘날 일부 남아 있는 파니니Pāṇini의 《팔장Aṣṭādhyāyī》에서 그 이론의 정수精髓를 볼 수 있다.[18] 원래 범어를 기록하는 범자는 실담悉曇으로

---

18) 毘伽羅論과 《팔장》에 대하여는 졸고(2016a)에서 자세하게 논의되었다. 특히 〈삼장법사론〉에 소개된 파니니와 〈記論〉, 즉 《팔장》에 대한 연구는 이제까지 아무도 시도한 바가 없다.

〈표 2-1〉《실담자기悉曇字記》의 마다摩多와 체문体文

摩多	阿[a], 阿[ā], 伊[i], 伊[ī], 歐[u], 歐[ū], 藹[e], 藹[ai], 奧[o], 奧[au],暗[aṃ], 疴[aḥ]
体文	迦[ka], 佉[kha], 誐[ga], 伽[gha], 哦[nga], 者[tsa], 車[tsha], 惹[za], 社[zha], 若[ɲa], 吒[ṭa], 他[ṭha], 茶[ḍa], 茶[ḍha], 拏[ṇa] 多[ta], 他[tha], 陀[da], 陀[dha], 那[na], 波[pa], 頗[pha], 婆[ba], 婆[bha], 磨[ma], 也[ja], 羅[ra], 囉[la], 縛[va], 奢[śa], 沙[ṣa], 紗[sa], 訶[ha], - 遍口聲 濫[llam], 乞灑[kṣa] - 重字 - 졸고(2016b:9)

불렸는데 이 문자는 음절문자로서 자음과 모음이 결합된 형태다. 이
각각의 자음과 모음의 글자를 배워서 문자의 사용을 익히는 것을 반자
교半字教라고 하고 음절 단위의 실담과 그의 정서법을 배우는 것을 만
자교滿字教라 한다.

2.2.5.4 다음의 제5장에서 논의하겠지만 반만이교半滿二教라 불리는 반
자교半字教와 만자교滿字教는 결국 실담悉曇 문자의 교육이라고 할 것
이다(졸고, 2016a:139). 《삼장법사전》에[19] 등장하는 반만이교半滿二教
라는 것은 반만교半滿教, 또는 반만이자교半滿二字教라고도 하며 반자
론半字論과 만자론滿字論의 교육을 말한다.

반자론半字論의 반자半字란 원래 범어의 산스크리트 문자, 즉 범자
梵字의 자음[体文]과 모음[摩多]을 가리키고 만자교滿字教의 만자滿字는
자모를 합성한 실담悉曇의 음절문자를 말하며 모두 범자의 교육을 의
미한다.

고대인도에서 실담장悉曇章은 글자의 자모를 가르치는 반자교半字教

---

19) 원명은 《大唐大慈恩寺三藏法師傳》으로 西域을 다녀온 당의 高僧 玄奘의 일대기다.

이고 만자교滿字教는 음절 단위의 문자인 범자의 연구와 비가라론毘伽
羅論의 문법을 가리킨다. 즉, 현대 언어학에서 음운과 문법으로 구별하
는 것과 비슷하게 반자교는 음운을 연구하고 비가라론은 음운의 결합
으로 얻어지는 여러 언어 단위들을 연구하는 분야다(졸고, 2016a:
135~139).

일본 가나 문자의 오십음도五十音圖의 50음은 ア행음行音의 5자의
모음 글자들은 실담悉曇의 모음인 마다摩多를 반영한 것이고 ア행음에
이어지는 カ、サ、タ、ナ、ハ、マ、ヤ、ラ、ワ의 9행의 45음을 합친 50음을 말한
다. 마지막 'ン'은 50음에 넣지 않았다. 51음임에도 50음으로 보는 것
은 《대반열반경大般涅槃經》(권8) 〈문자품文字品〉에서 제시한 실담悉曇
의 50자에 맞춘 것이다.[20]

또 조선 사역원司譯院의 왜학倭學에서 일본어 가나 문자 교재로 편
찬한 《이로파伊路波》(弘治 5년, 1492 판)에서 いろは(伊路波) 47자의
사체자四體字를 보였다. 이것은 송대宋代에 지광智廣이 지은 《실담자기
悉曇字記》의 〈실담장悉曇章〉에서 마다 12자, 체문 35자, 도합 47자에
맞춘 것이다. ごじゅおんず(五十音圖)의 51자이던지 いろは의 47자이
던지 일본의 가나 문자가 〈실담장〉의 영향임을 알 수 있다.

---

20) 가나문자의 五十音圖에서 실제로는 마지막의 'ん'을 합치면 51자이다. 그럼에도 50
   음으로 한 것은 아무래도 悉曇의 50음에 맞춘 것으로 보아야 할 것이다.

3. 거란契丹과 여진女眞 문자

2.3.0 7세기 중반에 티베트의 토번 왕국에서 송첸감포(Srong–btsan sgam–po) 왕이 톤미 아누이브(Thon mi Anu'ibu)를 시켜 서장西藏 문자를 제정한 이후에 유라시아대륙의 북방 민족들이 중국의 한자문화에 대응하여 표음적인 새 문자를 제정하는 전통이 생겨났다(졸저, 2009). 북방민족들 사이에는 서장 문자 제정의 영향으로 나라를 세우면 바로 새 문자를 제정하여 반포하였다.

이러한 전통은 토번吐蕃 왕조를 대신하여 세력을 갖고 국가를 건립한 유라시아 동북부의 여러 유목민족 사이에서도 그대로 유지되었다. 새로 제정한 문자를 새 왕조에 추종하는 세력들에게 교육하고 이 문자로 시험을 보아 관리로 임명하면 통치 계급의 물갈이를 도모할 수도 있기 때문이었다(졸고, 2005). 새 국가의 건설은 새 문자의 제정이라는 관례가 생긴 것은 이러한 통치계급의 물갈이를 위한 것이다.[21]

유라시아 대륙의 북방민족들은 중국의 선진先秦 시대의 여러 문헌에 나타나는 '귀융貴戎, 견융犬戎, 험윤獫狁, 산융山戎, 적(狄, 翟), 숙신肅愼, 예穢, 맥貊, 동호東胡, 월씨月氏' 등이 있어 한족漢族과는 다른 언어를 사용하였고 문화도 달랐을 것으로 추정된다. 한족이 주로 황하黃河와 양자강揚子江 주변에서 농경문화를 향유했다면 북방 민족은 스텝

---

21) 중국 공산당의 주도로 중국 본토에서 전면적으로 실현된 한자의 簡体字의 사용도 그런 예의 하나로 볼 수 있다.

의 유목遊牧문화를 가졌다고 역사학자들은 기술한다. 이 두 문화는 기본적으로 패턴이 달랐으며 서로 대치되는 문화였으며 후자는 치우蚩尤, 전자는 황제黃帝로 상징된다.

후대에 한漢과 대치하던 흉노匈奴, 그리고 이들의 뒤를 이은 오호십육국五胡十六國 시대에 각기 자신들의 왕조를 세운 모용慕容, 걸복乞伏, 독발禿髮의 세 선비鮮卑족과 흉노계의 저거沮渠, 혁련赫連 부족, 갈羯, 저氐, 강羌의 오호五胡, 또한 남북조 시대의 북위北魏를 세운 척발(拓拔, 托跋), 북주北周를 세운 자문字文, 그리고 같은 시대에 막북漠北에 가한可汗국을 세운 유연柔然, 이 유연을 멸망시키고 당唐과 대치했던 돌궐突厥, 그리고 당唐 이래로 독자적인 문화를 형성했던 토번(吐蕃, 西藏) 등이 있었다.

2.3.1 이외에도 중국의 변방에서 스스로 부여夫餘, 고구려高句麗, 발해渤海, 서하西夏, 남조국南詔國을 세웠던 부여, 고구려, 말갈靺鞨, 당항黨項, 오만烏蠻이 있었고 화북華北 지방을 지배하던 요遼와 금金의 왕조를 세운 거란契丹과 여진女眞족이 있으며 동북방에서 흥기하여 중국까지 석권한 다음에 그곳에 원元과 청淸을 세운 몽고족과 만주족이 북방민족의 대표라고 할 수 있다.

이들은 중국의 한족漢族과는 언어와 문화, 그리고 종교가 달랐으며 그들 스스로는 거대한 중국의 한자문화에 흡수되어 소멸되지 않으려고 자신들의 언어를 지키려고 노력하였고 한자가 아닌 새로운 문자를 제정하여 사용하였다. 그리하여 많은 비문碑文과 같은 금석문에 자신들의 언어를 기록하여 남겨놓았으며 또 적지 않은 사료史料에서 그들의 언어와 문자의 흔적을 볼 수 있다. 이 언어들의 대표적인 사료로《화이역어華夷譯語》와 같은 어휘 대조의 문헌을 들 수가 있다.

이들이 중국의 한자문화와 쉽게 동화同化되지 않은 것은 그들의 언

어와 한어漢語가 기본적으로 문법이 달랐기 때문이다. 즉, 문장 속에서
의 모든 형태가 어순에 의존하는 고립적인 문법 구조의 한어와 어순보
다는 형태의 첨가에 의존하는 교착적 문법구조의 여러 언어들, 우리가
흔히 알타이어라고 부르는 북방민족의 언어는 문법의 유형이 서로 다
른 언어였다.

　　소위 고립어(isolating language)로 알려진 중국어에 대하여 교착어(膠
着語, agglutinate languages)인 알타이 제어는 표의문자인 한자로 자신들
의 언어를 기술하기가 어려웠다. 다만 한자문화의 영향이 너무 강력하
였기 때문에 일시적으로 한자를 빌려 쓰기도 하였지만 어느 시간이 지
나면 스스로 문자를 제정하여 자신들의 언어를 기술하였다.

2.3.2 표의문자인 한자를 벗어나 표음적인 새로운 문자를 처음 시작한
북방민족은 앞에서 거론한 토번 왕국이다. 7세기 중반에 토번의 송첸
감포(松贊干布, Srong-tsan sgam-po) 왕은 당唐 태종의 여식인 문성文
成공주를 부인으로 취하여 한漢문화를 받아들였지만 문자는 역시 문법
구조가 다른 토번의 티베트어를 기록하기 위하여 새로운 표음문자를
제정하였다.

　　오늘날 서장西藏 문자라 불리는 티베트 문자는 고대 인도의 비가라
론毘伽羅論의 성명기론聲明記論에 의거하여 표음적인 문자로 제정된 것
이다. 그리고 이 문자가 성공하여 주변의 다른 언어들도 이 문자를 사
용하게 되면서 북방민족들 사이에는 새 국가를 세우면 새 문자를 제정
하는 전통이 생겨났다.

　1) 거란契丹의 언어와 문자

2.3.1.0 지금까지 알려진 가장 이른 시기의 새 문자 제정은 7세기 중

반의 토번 왕조 이후 10세기 초에 이 지역과 중국 화북華北 지역을 석
권한 거란족의 요遼나라가 문자를 제정한 것을 들 수 있다.

　　중국의 역사에서 당唐왕조 말년에 중원이 분란하여 번진藩鎭이 할
거割據하였고 발해도 쇠약하여 스텝의 강자들이 난립하게 되었는데 거
란契丹 귀족의 수령인 야율아보기耶律阿保機가 이 기회를 타서 각 부
족을 통일하고 나라를 세웠으며 서기 907년에 황제皇帝라 칭하고 신책
神册 원년(916년)에 건국한 것이 요遼나라다. 이것이 역사상 '거란(契
丹, Khitan)'이라고 부르기도 하는 '요遼'왕조다.

　　거란 왕조인 요遼는 오대五代에 이어 북송北宋에 이르기까지 한족漢
族과는 남북으로 대치한 국가다. 이 왕조의 역사를 기록한 《요사遼史》
는 〈이십사사二十四史〉의 하나로 요국遼國이 극성할 때에는 그 영토가
서쪽으로 금산金山과 유사流沙에 이르고 남쪽으로는 하북성河北省 중
부, 산서성山西省 북부에 이르며 북으로는 외흥안령外興安嶺에 이르렀
다. 오경五京을[22] 설치하고 6부(臨潢府, 大定府, 遼陽府, 析津府, 大同部,
興中部)를 두었다. 주(州)와 군(郡), 성(城)이 156개, 현(縣)이 209개,
부족이 52개, 속국이 60개였다(淸格爾泰 外 4人, 1985).

　　요는 태조(太祖, 耶律阿保機), 태종(太宗, 耶律德光), 세종(世宗, 耶律
阮), 목종(穆宗, 耶律璟), 경종(景宗, 耶律賢), 경종(經宗, 耶律隆緖), 흥
종(興宗, 耶律宗眞), 도종(道宗, 耶律洪基), 천조황제(天祚皇帝, 耶律延
禧)의 9제帝를 거쳤고 1125년에 금金에게 망하였다. 금이 바야흐로 요
를 멸하려고 할 때에 요의 종실인 야율대석耶律大石이 스스로 왕이 되
어 서쪽으로 부족을 이끌고 가서 기올만(起兀漫, 현재 舊蘇聯 境內의
사마르칸트 부근)에서 황제皇帝라 칭하고 호사알이타(虎思斡耳朶, 지금

---

22) 五京은 上京, 中京, 東京, 南京, 西京을 말한다. 上京은 臨潢으로 지금의 林東을 말
　　하고 中京은 大定으로 지금의 寧城 경내를 말하며 東京은 遼陽, 南京은 析津으로 지
　　금의 北京이고 西京은 大同을 말한다.

구소련의 타크마크 以東)에 도읍을 정하였으니 이것이 서요西遼다.

영토는 지금의 신강新疆 및 그 부근 지역을 포함하였다. 1211년 왕
권을 나이만乃蠻의 왕인 굴출율屈出律에게 빼앗겼어도 서요西遼의 국호
를 계속 사용하다가 1218년에 몽고에게 멸망하였다. 당唐이 망하고 후
량後梁의 개평開平 원년(907)부터 계산하면 311년간 왕조가 계속된 것
이다.

거란 왕조는 중국역사에서는 말할 것도 없고 세계 역사에서도 큰
영향을 주었는데 오로지 유라시아대륙의 서쪽을 통제하여 중국과 서역
의 교통을 이어주는 중요한 길을 터 주었다. 이로 인하여 거란이란 하
나의 국가, 또는 민족이 중국 전체를 지칭하기에 이르른 것에 대하여
는 유명한 마르코 폴로의 《동방견문록東方見聞錄》에 자세하게 기록되
었다.

매우 흥미 있는 것은 15세기 콜럼버스가 신대륙을 발견한 일도 거
란契丹과 관계가 있다. 콜럼버스는 마르코 폴로의 《동방견문록》의 영향
을 많이 받아서 스페인 국왕의 지령을 얻고 거란과 인도를 방문할 수
있는 빠른 길을 찾아 서쪽으로 갔으며 대서양을 건너서 아메리카 신대
륙을 발견한 것이다. 콜럼버스는 당시에 그곳을 거란契丹, 또는 인도印
度로 믿었다. 오늘날에 이르러는 어느 국가, 또는 한 민족의 언어에서,
예를 들면 러시아어와 칼카 몽고어(蒙古人民共和國) 등에서는 거란契丹
이란 단어의 발음만 바꾸어 중국을 부르는 데 사용한다.23)

2.3.1.1 거란어는 알타이어족으로 분류되는 몽골계의 언어로 오늘날 없
어진 언어다. 문자는 말을 기록하는 부호이어서 거란 문자를 연구하려

---

23) 고려 말기에 편찬된 중국어 교과서 '老乞大'의 '乞大'도 契丹을 지칭하는 것이다.
    이 말은 '중국 통', 또는 '중국인'이란 의미를 갖는데(졸저, 2004, 2010) 이 시대의
    한반도에서도 중국을 '乞大'라는 契丹의 별칭으로 불렀음을 알 수 있다.

고 한다면 반드시 먼저 거란어를 알아야 한다. 그것도 거란어의 역사 적 연구가 있어야 하기 때문이다. 그러나 요어遼語, 즉 거란어는 아직 그 전모를 알 수 없고 그에 대한 연구도 이렇다 할 것이 없다. 요遼의 거란인들이 사용한 언어 자료가 보존되어 내려온 것은 많지 않기 때문 이다.

거란어의 자료로는 《요사遼史》의 〈국어해國語解〉에 수록된 200여항 정도가 가장 객관적인 자료인데 그 가운데 일부는 한어漢語의 어휘에 포함될 것으로 인명人名, 지명地名 등 고유명사를 제거하면 겨우 100항 에도 미치지 못할 것이다. 100항도 안 되는 이 어휘 가운데는 또 많은 관직, 또는 관부官府의 명칭이 있어서 진정한 의미의 거란어의 기본 어휘는 겨우 40여 개 항이 남을 뿐이다.24) 또 청대淸代에 편찬한 《삼 사어해三史語解》의 〈요사어해遼史語解〉는 비록 수록한 어휘는 많지만 단어 해석에 너무 주력하여 증거가 없거나 매우 적을 뿐만 아니라 예 문의 인용도 부족하다.

북송北宋 유반劉攽의 《중산시화中山詩話》에는 "契丹으로 가는 두 使 臣이 胡語에 능하였네"라는 칠언七言 율시律詩 한 수가 있는데 송나라 사신 여정余靖이 거란어와 한어를 섞어서 지은 것이다.25) 이 시는 "夜 宴設還(厚盛也) 臣拜洗(受賜), 兩朝厥荷(通好) 情感勤(厚重), 微臣雅魯 (拜舞) 祝若統(福祐), 經壽鐵擇(崇高) 俱可忒(無極)."(汲古閣 《津逮秘書》 제5집)이라 하여 거란어와 한어를 대작하여 섞어 지은 시詩로서 "設還 (厚盛也), 拜洗(受賜), 厥荷(通好), 感勤(厚重), 雅魯(拜舞), 若統(福祐), 鐵擇(崇高), 可忒(無極)"과 같은 대작어對作語에서 거란어를 추출할 수 있다(淸格爾泰 外 4人, 1985).

---

24) 예를 들면 '女古'(金), '孤稳'(玉), '阿斯'(大), '監母'(遺留), '耐'(首), '耶魯碗'(興旺), '陶里'(兔), '捏褐'(犬), '爪'(百), '達剌干'(縣官), '幹魯朶'(官) 등이 있다.
25) 이 시는 叶隆禮의 《契丹國志》(권24)에도 수록되었으나 양자에는 글자의 차이가 있다.

또 같은 책에서 심괄沈括의 《몽계필담夢溪筆談》에도 북송北宋의 사신이었던 조약刁約의 유사한 대작시對作詩가 있다고 하며 그러한 시詩로부터 몇 개의 거란어를 건질 수가 있다. 즉, "押燕移离畢、看房賀跋支、錢行三匹裂、密賜十貔貍."라는 시의 말미에 주註를 붙이기를 "移离畢, 官名, 如中國執政官. 賀跋支, 如執衣防閤。匹裂, 小木罌, 以色棱木爲之, 如黃漆. 貔貍, 形如鼠而大, 穴居, 食果穀, 嗜肉狄人爲珍膳, 味如㹠子而脆."이라 하여 "移离畢, 賀跋支, 匹裂, 貔貍" 등의 거란어를 추출할 수 있다. 이 때의 이 어휘들은 한자의 음흡을 빌어 표기한 것으로 볼 수밖에 없다.

2.3.1.2 거란어와 한어漢語의 차이는 어휘만이 아니다. 기본적으로 고립적인 문법구조의 중국어에 비하여 차이가 난다. 교착어인 거란어는 어간語幹이 문법적 차이에 의하여 어형이 변할 뿐만 아니라 다른 문법요소들이 첨가된다. 어순도 거란어가 'S(主語) + O(目的語) + V(敍述動詞)'의 문장구조를 가진 반면 중국어는 'S(主語) + V(動詞) + O(目的語)'의 구조를 보인다. 따라서 거란어로 중국 한문을 읽으려면 목적어를 먼저 읽고 서술동사를 읽어야 하기 때문에 거꾸로 읽게 된다. 이에 대하여는 다음과 같은 증언이 있다.

송대宋代 홍매洪邁의 《이견지夷堅志》(권18) 〈병지丙志〉에 "契丹小兒初讀書, 先以俗語顚倒其文句而習之, 至有一字用兩三字者.- 거란의 어린 아이들이 처음 글을 읽을 때에 먼저 속어(거란어를 말함)를 거꾸로 하여 그 문구를 배운다. 한 글자에 두 석자를 쓰기도 한다."라 하여 거란어로 한문을 풀이할 때에 중국어의 뒷부분을 먼저 읽는 문장 구조임을 밝히고 있다.

그리고 이 책에서는 이어서 추고, 또는 퇴고推敲의 고사로 유명한 가도賈島의 오언율시의 "鳥宿池中樹 僧敲月下門"의 두 구를 거란의 아이들은 "月明里和尙門子打, 水底里樹上老鴉坐 — 달 밝은데 스님이 문을 두드리고 물 밑 나무 위에 늙은 갈가마귀가 앉았다"라고 읽는다고 하는 이야기를 그가 송의 사신으로 금金나라에 갔을 때에 접반사接伴使이었던 비서소감秘書少監 왕보王補가 우스갯소리로 했다고 썼다. 이 왕보는 금주錦州 사람으로 거란인이었다.

거란어는 알타이어족에 속하는 몽골 계통의 언어다. 따라서 위의 소화笑話는 한자의 어순을 거란어에 맞추어 읽은 것을 말하는 것이다. 이것은 한반도의 신라에서 임신서기석壬申誓記石의 한자 표기와 향찰鄕札 표기에서, 그리고 일본의 망요가나萬葉假名 등에서도 흔히 발견되는 예들이다. 이렇게 거란어를 한자로 기록하는 데는 많은 어려움이 따랐고 그들은 새 나라의 건국과 더불어 자국의 언어를 표기하기 쉬운 새로운 문자를 만들었는데 이를 거란 문자라 한다.

2.3.1.3 거란의 요遼 왕조가 선 다음에 정치, 군사, 경제, 문화 발전의 수요에 부응하고 한자문화로부터의 독자성을 유지하려는 민족적 자각에서 거란대자大字와 거란소자小字를 제정하였다. 무엇보다도 고구려와 발해의 고토故土에 세워진 요遼가 그들의 전통을 이어간 것으로 보아야 할 것이다. 이 문자는 서로 유형적으로 같지 않으며 그 해독이나 이해가 아직도 부족하다.

거란 문자(Khitan script)는 대자(large)와 소자(small)가 있다. 서기 916년에 요 태조 야율아보기耶律阿保機가 나라를 세운 뒤에 얼마 되지 않은 신책神册 5년(920) 정월에 거란대자大字를 만들기 시작하여 9월에 완성하고 이를 반행頒行하라는 조칙詔勅을 내렸다고 한다.[26] 이때에 요遼 태조를 도와 거란대자를 만든 사람은 돌려불突呂不과 야율노불고耶律魯不古인 것 같다.

---

26) 《遼史》(권2) 〈太祖紀〉에 "神册, 春正月乙丑, 始制契丹大字. … 九月壬寅大字成,詔頒行之."이란 기사 참조.

즉, 《요사遼史》(권75) 〈돌려불전突呂不傳〉에 "突呂不, 字鐸袞, 幼聰敏
嗜學, 事太祖見器重. 及制거란大字, 突呂不贊成爲多. 未几爲文班林牙, 領
國子博士, 知制誥.- 돌려불은 자字가 탁곤鐸袞이며 어려서 총민하고 학
문을 좋아하였다. 태조〔遼 太祖 耶律阿保機를 말함〕가 그릇이 무거움을
알았다. 거란 문자를 지을 때에 도와서 이룬 것이 많았고 문반에 들어
가 한림에 이르지는 못하였으나 국자학 박사, 지제고를 지냈다."는 기
사와 같은 책(권75) 〈야율노불고전耶律魯不古傳〉조에 "耶律魯不古, 字信
貯, 太祖從侄也 初太祖制契丹國字, 魯不古以贊成功, 授林牙, 監修國史.-
야율노불고는 자字가 신저信貯이고 태조의 종질從姪이다. 처음에 태조
가 거란 국자를 만들 때에 도와서 성공시켜서 임아林牙를[27] 주고 국사
國史를 감수하게 하였다."는 기사를 보면 그들이 태조의 신문자 제정을
도운 것임을 알 수 있다. 신책神册 5년(920) 9월에 요 태조의 조칙詔
勅으로 반포된 거란 국자國字가 바로 '거란대자'이다.

2.3.1.4 거란소자小字는 이보다 몇 년 후에 요 태조의 황제皇弟인 질랄
迭剌이 위구르의 사절들을 만나 그들의 표음적인 위구르 문자를 배워
서 만든 문자다. 즉, 원대元代 탈탈脫脫이 찬수한 《요사遼史》(권 64)
〈황자표皇子表〉에 "迭剌, 字云獨昆. … 性敏給, … 回鶻使至, 無能通其語
者. 太后謂太祖曰: 迭剌聰敏可使, 遣迓祉. 相從二旬, 能習其言與書, 因制
거란小字, 數少而該貫.-질랄은 자字가 독곤獨昆이다. … 성격이 총민하
고 원만하였다. 위구르回鶻의 사신이 도달하였는데 그 말에 능통한 사
람이 없었다. 태후가 태조(遼의 太祖 아보기를 말함)에게 말하기를 '질
랄迭剌이 총민하니 가히 쓸 만합니다'하니 〔그를〕 보내어 〔使臣들을〕 맞
이하게 하였다. 서로 상종하기를 20일 동안 하여서 능히 그 말과 글을

---

27) 林牙는 遼나라의 관직으로 翰林에 해당함.

배워 거란소자小字를 제정하였는데 글자 수는 적으나 모두 갖추고 꿰뚫었다."라고 하여[28] 위구르 사신들에게 위구르 문자를 배워 거란소자를 지었음을 말하고 있다.

현재 잔존하는 자료 가운데 어느 것이 소자小字인지 분명하지 않았으나 최근 하나의 방법을 개발하였다. 거란 문자에 대하여는 송대宋代 왕이王易의 《연북록燕北錄》과 도종의陶宗儀의 《서사회요書史會要》에 기재된 "朕, 勅, 走, 馬, 急"에 해당하는 5개의 거란자 자형 이외에는 알려진 것이 없었는데 1920년 전후로 중국 몽고 자치구 적봉시赤峰市 파림우기巴林右旗 경내의 백탑자白塔子 부근에서 경릉慶陵이 발굴되고 1922년 여름에 역시 적봉赤峰 일대에서 선교하던 게르빈(L. Kervyn)에 의하여 중릉中陵의 묘실墓室에서 발견된 요遼 제7대 흥종(興宗, 在位 1031~1055)의 비문과 그의 비妃인 인의황후仁懿皇后의 비문('哀冊'으로 불림)이 초사抄寫되어 학계에 보고된 다음부터 거란 문자의 실체가 확실해졌다.

이때에 발굴되어 공개된 '애책哀冊' 등의 거란문契丹文 자료는 대부분 거란소자의 것으로, 거란대자는 1951년 여름 요녕성遼寧省 금서현錦西縣 서고산西孤山의 요묘遼墓에서 출토된 거란문 묘지명墓誌銘이 대표적이다.[29] 흔히 북대왕北大王 묘지(墓志, 契丹大字)로 알려진 이 묘지명의 사진을 보이면 위와 같다.

거란소자의 자료로는 금金 천회天會 12년(1134)에 제작된 〈대금황제도통경략낭군행기석각大金皇弟都統經略郎君行記石刻〉(이하 〈낭군행기〉로 약칭)이 널리 알려졌다. 원래 이 비문碑文은 여진 문자가 공포된 1119년 이후의 것이어서 여진 문자로 인식되었으나 전술한 거란문 자료 애책哀冊의 자형과 일치하므로 거란 문자의 자료로 알려졌다.

---

28) 清格爾泰 외 4인(1985:4)에서 재인용함.
29) 예를 들면 〈사진 2-1〉의 '北大王墓志' 등을 말한다.

〈사진 **2-1**〉 북대왕北大王 묘지(墓志, 거란대자)

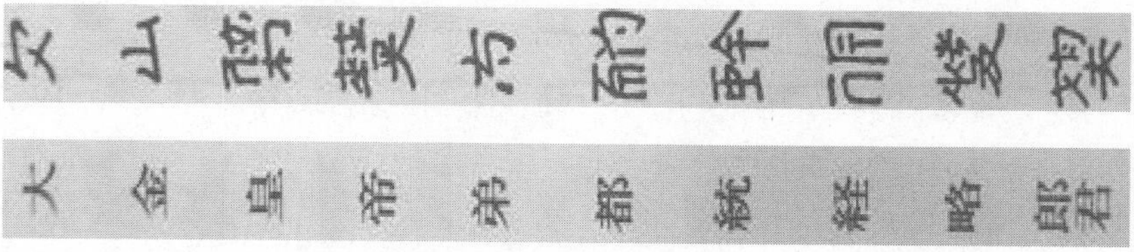

〈사진 **2-2**〉 〈낭군행기〉의 '大金皇弟都統經略郎君'에 해당하는 거란소자

〈사진 2-1〉의 북대왕北大王 묘지에서 본 바와 같이 거란대자는 한자의 필획筆劃을 줄여서 표기하였지만 역시 표의문자이며 약 1800여 자가 있었던 것으로 추정된다. 〈사진 2-2〉의 〈낭군행기〉의 위쪽에 보보이는 거란소자는 표음문자의 형태를 갖고 있어서 한자가 한 음흡, 또는 한 음절흡節을 표시한다. 현재 인정되는 거란소자는 378자 정도이다. 거란대자는 물론이고 거란소자의 해독도 아직 완전하지 못하다.

2.3.1.5 거란대자의 해독은 1980년대에 다수의 자료가 발굴되고 나서 많은 진전이 있었으나 아직도 핵심 부분의 해독은 이루어지지 않았다.

지금까지 알려진 여진대자女眞大字의 자료로는 1980년 무렵 중국 요녕
성遼寧省에서 발굴된 야율연녕묘지(耶律延寧墓志, 986년 제작), 북대왕
묘지(北大王墓志, 1041), 고태사명석기(故太師銘石記, 1056), 소효충묘지
(蕭孝忠墓志, 1089), 소포로묘지(蕭袍魯墓志, 1090), 야율습열묘지(耶律
習涅墓志, 1114)가 있으며 이를 대상으로 하는 해독이 활발하게 진행되
었다. 그러나 여러 차례 시행착오를 거쳐 어느 정도의 성과를 얻었지
만 해명되는 범위는 한정되어 있고 아직 문자 해독의 중핵中核 부분은
알지 못한다(河野六郎・千野榮一・西田龍雄, 2001:306).

거란대자는 어디까지나 한자와 같은 표의문자로써 신라 향찰鄕札의
석독자와 같이 거란어로 읽어야 하는 부분도 있고 또 중국어의 동북
방언음으로 읽어야 하는 음독자도 많기 때문에 그 연구와 해독은 지지
부진하다.[30) 또 거란 사회조직의 특수성에 따라 여러 다른 계급과 관
직, 부족명 등의 고유명사가 있어서 이들의 명칭도 향찰과 같이 음독
자와 석독자를 섞어서 표기하였다.

그런데 거란소자는 거의가 음독자를 변형한 것이기 때문에 그 해독
은 거란대자에 비하여 비교적 용이하다. 거란소자의 자형이 약간 돌궐
突厥 문자와 유사하고 표음적 성격을 가졌다는 점에서 상술한 바와 같
이 요遼 태조의 동생 질랄迭剌이 위구르의 사자使者들과 만나서 위구
르의 말과 글을 배운 후에 만들었다는 내용을 뒷받침한다.

거란대자의 해독과 연구는 1920년대의 발굴에서 시작되어 1930년대
이후 중국에서의 羅福成, 羅福頤, 王靜如, 厲鼎煃 와 일본의 山路廣明,
愛宕松男, 田村實造, 長田夏樹, 村山七郎, 豊田五郎 등의 연구가 있었으
며 구소련에서는 В. М Наделяев, В. С Стариков의 연구가 있었
으나 이때의 연구는 탐색의 단계에서 이루어진 실험적인 연구였다.

---

30) 1996년에 거란대자가 표음적인 음절문자라는 주장이 제기되었다. 劉鳳翥; "契丹大
字中若干官名和地名之解讀,"《民族語文》4期(1996), 北京 참조.

〈사진 **2-3**〉 거란소자《도종애책道宗哀册》의 책 덮개(탁본)[31]

1970년대에 중국의 내몽고대학 몽고어문蒙古語文 연구실과 사회과학원 社會科學院 민족연구소民族研究所가 중심이 되어 거란 문자에 대한 본격적인 연구가 이루어졌다.[32]

　1985년에 간행된 칭걸타이淸格爾泰 外 4人(1985)의 연구, 즉《거란소자연구契丹小字研究》(中國社會科學院出版社, 北京)가 거란 문자에 대한 연구의 한 획을 그었다. 이후 이에 대한 연구가 지금까지 계속되고 있다. 거란 문자는 요遼가 멸망(1125)한 이후에도 사용되었으며 금金의 명창明昌 2년(1191)에 이 문자를 폐지하라는 조령(詔令, 詔罷契丹字)이 있기 전까지 300여 년 동안 북방 지역의 문자로 사용되었다.

　2) 여진女眞 문자

2.3.2.0 다음으로 여진족의 금金에서 제정된 여진 문자(Jürchin or

---

31) 요 제8대 道宗(재위 1056~1100)의 墳墓에서 발견된 '哀册' 뚜껑의 탁본이다. 淸格爾泰 외 4인(1985 : 권두)에서 재인용한 것이다.
32) 內蒙古大學 蒙古語文연구실에는 淸格爾泰, 陳乃雄, 邢复禮 등의 契丹語文의 전문가가 있었고 社會科學院 民族研究所에는 劉鳳翥, 于寶林 등의 연구자가 있었다.

Jurchen script)에 대하여 살펴보기로 한다. 전술한 바와 같이 스텝의 여진 지역에서는 거란 문자가 통용된 지 수백 년 후에도 여진족은 각전(刻箭, 화살대에 새김을 말함)의 방법으로 통신하였으며 여진의 일족이 금金나라를 세운 후에도 초기에는 문자가 없었다.

즉, 李德啓(1931:1)에 의하면

… 自建國稱金之後, 始漸知契丹文及漢字. 王圻續文獻通考一八四卷三一頁云; "金初無字, 及獲契丹漢人, 始通契丹漢字. 太祖遂命谷神依漢人楷字, 因契丹字制度, 合本國語, 製女眞字行之. 後熙宗製女眞小字, 谷神所製爲大字."

나라를 세워 금金이라 칭한 다음부터 〔여진족은〕 점차 거란 문자 및 한자를 알기 시작하였다. 왕기王圻의 《속문헌통고續文獻通考》(권184:31)에 말하기를 "금나라는 처음에 글자가 없었으나 거란인과 한인漢人을 얻어 거란 문자와 한자로 소통하기 시작하였다. 〔금〕 태조가 명을 내려 곡신谷神으로 하여금 한인漢人들의 해자楷字에[33] 의거하고 거란 문자의 제도에 따르며 본국의 말에 맞추어 여진 문자를 만들어 사용하였다. 후에 희종熙宗 때에 여진소자小字를 만들었는데 곡신이 지은 것은 대자大字라고 하였다"라고 한다.[34]

라고 하여 여진대자와 소자가 금金의 국초에 만들어졌음을 알 수 있다.

2.3.2.1 여진족의 완안부完顔部 추장酋長이었던 아구다阿骨打가 주변 여러 부족을 통합하여 나라를 세우고 금金이라 하였으며 태조가 되었다. 위의 기사에 따르면 금 태조는 통치를 위한 문자가 없어 완안희윤(完顔希尹, 本名은 谷神)에게 명하여 한자의 해서자楷書字를 변형하여

---

33) 한자의 자체 가운데 楷書体를 말함.
34) 비슷한 내용이 陶宗儀의 《書史會要》에도 전한다. 그것을 옮겨보면 "金人初無文字,國勢日強, 與隣國交好, 迺用거란字. 太祖命完顔希尹〔本名谷神〕, 撰國字. 其後熙宗亦製字並行. 希尹所製謂之女眞大字,熙宗所製之女眞小字."와 같다.

표음적인 여진자를 만들게 하였는데 이것이 여진대자女眞大字라는 것이다.

즉, 《금사金史》(권73) 〈완안희윤전完顔希尹傳〉에 "太祖命希尹撰本國字備制度. 希尹依漢人楷字, 因契丹字制度, 合本國語, 制女眞字. 天輔三年八月字書成, 太祖大悅命頒行之- 태조[阿骨打를 말함]가 〔완안完顔〕 희윤希尹에게 명하여 금나라의 글자를 만들게 하여 제도를 마련하게 하였다. 희윤希尹이 한인漢人들의 해서楷書 글자에 의거하고 거란契丹 글자의 제도에 의거하며 금나라의 말에 맞추어 여진자를 만들었다. 천보天輔 3년(1119) 8월에 글자가 완성되니 태조가 크게 기뻐하고 반포하여 행하게 하였다."라 하여 위와 사실을 확인할 수 있으며 거란자에 맞추어 만들어진 여진대자(Jurchen large script)가 천보天輔 3년(1119)에 글자가 만들어져서 칙명勅命으로 반포頒布되었음을 알 수 있다.

2.3.2.2 희윤希尹이 만든 것이 여진대자이다("希尹所撰謂之女眞大字," 《金史》, 권73 같은 곳). 이 문자는 한자와 유사하지만 한자가 아니어서 여진인들은 이 글자를 읽기가 어려웠고 배우기도 어려웠다. 19년 후인 제3대 희종(熙宗, 在位 1135~1149)이 천권天眷 원년(1138) 정월에 대자大字를 간략화한 다른 여진자를 만들어 공포하였으니 이를 여진소자小字라 한다.

역시 《금사金史》(권4) 희종熙宗 천권天眷 원년 정월조에 "頒女眞小字. 皇統五年五月戊午, 初用御製小字.- 여진소자를 반포하다. 황통皇統 5년 5월 무오에 처음으로 어제 소자를 사용하다"라는 기사가 있어 천권 원년(1138)에 처음으로 어제御製 소자小字를 썼음을 알 수 있고 이것이 여진소자(Jurchen small script)이며 모두가 거란 문자의 대·소자를 따른 것임을 알 수 있다.

2.3.2.3 이 여진 문자에 대한 연구는 이 문자에 대한 몇 개의 자료, 즉 명대明代에 편찬된 여진어와 한어漢語의 대역對譯 어휘집이며 예문집인 《여진관역어女眞館譯語》(이하 《여진관역어》로 약칭)를35) 위시하여 금대金代의 〈대금득승타송비大金得勝陀頌碑〉(1185), 명대明代의 〈노아한도사영녕사비奴兒汗都司永寧寺碑〉(1413) 등의 비문碑文과 부패符牌, 동경銅鏡의 문자들이 있다. 이들은 여러 변형變形이 있지만 기본적으로 거의 같은 종류의 자형字形으로 쓰였다.

여진자에 대한 연구는 거란 문자에서 언급한 바 있는 천회天會 12년(1134)에 섬서성陝西省의 당唐 건릉乾陵에 세운 〈대금황제도통경략낭군행기大金皇弟都統經略郎君行記〉(앞에서 〈낭군행기〉로 약칭해 왔음)에 쓰인 문자를 여진대자로 판단하고 〈여진관역어〉 등의 자료에 있는 문자를 여진소자로 추정하였다.

이러한 주장은 청대淸代 도광道光 연간에 류시루劉師陸로부터 시작되어 린칭麟慶 등의 청대 학자들에 의하여 이어졌다. 그러나 1962년에 당시 내몽고대학 교수이었던 진광핑金光平 "從契丹大小字到女眞大小字"란 논문을 발표하면서 전게한 〈낭군행기〉의 문자가 거란 문자임을 밝혔다(金光平·金啓綜, 1980).36)

또 진광핑은 《금사金史》의 "策用女眞大字, 詩用女眞小字。— 책策에는 여진대자를 쓰고 시詩에는 여진소자를 썼다."라는 기사에 근거하여 만일에 여진문女眞文의 시가 있으면 여진소자로 쓰였을 것임을 추정하였다. 다행히 1960년대에 〈오둔양필시각석奧屯良弼詩刻石〉(〈사진 2-4〉)이 발견되어 여진소자로 쓰인 시를 찾을 수가 있었는데 여기에 쓰인 여진자女眞字들은 모두 〈여진관역어〉의 것과 크게 다르지 않았다. 이로부터

---

35) 이 자료는 明代 四夷館에서 간행한 《華夷譯語》의 하나로 '永樂女眞譯語'라고도 불린다.
36) 金光平은 상술한 慶陵에서 발견된 '哀册'이 거란소자로 쓰인 것이 밝혀짐에 따라 같은 문자로 기록된 〈낭군행기〉가 거란소자의 표기임을 밝힌 것이다.

〈사진 **2-4**〉 산동성山東省에서 발굴된 오둔양필奧屯良弼 여진자 시각詩刻[37]

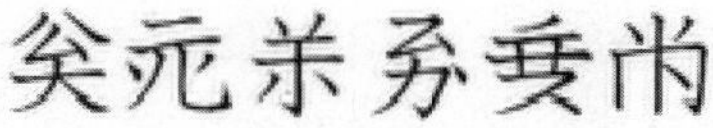

关苑美芳耒尙

〈사진 **2-5**〉 여진 문자[옴마니반메훔]
（淸格爾泰 외 4인(1985:5~6)에서 발췌）

여진대자와 소자의 구별이 비로소 가능하게 되었다.

여진 문자는 금 제4대 왕인 세종世宗 때에 대대적인 보급정책을 펼쳤다. 산서山西의 서경西京 대동부大同府와 상경上京 회녕부會寧府에 여진학女眞學을 설립하고 각처에서 수재秀才를 입학시켜 여진 문자를 교육하였다. 또 과거시험에 여진진사과女眞進士科를 두고 관리를 선발하였다. 《논어論語》, 《사기史記》, 《정관정요貞觀政要》를 위시한 많은 한적漢籍들이 여진어로 번역되어 여진문자로 기록되었다.

3) 거란 대소大小자와 조선 구결자

2.3.3.0 앞에서 거란대·소자와 여진대·소자가 한자漢字를 변형시켜 만

---

37) 옴마니반메홈(唵嘛呢叭銘吽, oṃ mani padme hūṃ)은 티베트 불교의 신자가 외우는 呪文이다. 蓮華菩薩에게 귀의하여 왕생극락을 기원하는 내용으로 이를 부르면 죽은 뒤에 六趣에 들어가서 輪回를 벗을 수 있다고 한다.

든 문자임을 고찰하였다. 한자는 고립적인 문법구조의 고대 중국어를 표기하기 위하여 만든 표의문자로 각 글자가 '형形, 음흡, 의義'를 갖고 중국어를 표기한다. 즉, 한자는 육서六書에 의하여 만들어진 자형字形이 있고(-形) 그에 해당하는 발음이 있으며(-音) 각 글자가 하나 또는 몇 개의 의미를 갖는다(-義). 이 한자로 교착적인 거란어나 여진어를 비롯한 북방민족의 언어를 표기할 때에 많은 불편이 따르고 역시 교착적인 문법구조의 조선어와 일본어를 표기할 때에는 적지 않은 불편이 따른다.

　예를 들어 '사람(ひと)'이나 '먹다(食べる)'는 중국어에서는 '人'과 '食'이라는 한자 표기로 족하지만 교착적인 언어에서는 "사람-은(人は), 사람-이(人が), 사람-을(人を), 사람-에게(人に), 사람-으로(人で)", "먹-다(食べる), 먹-고, 먹-으니, 먹-으며"와 같이 문법적 기능에 따라 첨가되는 요소가 있다. '사람'과 '먹다'는 한자 '人'과 '食'의 형음의形音義로 표기할 수 있지만 나머지 요소들(-은, -이, -을, -에게, -으로, -다, -고, -으니, -으며)은 한자 표기가 어렵다. 즉 한자의 형음의에서 '의'가 명확하지 않은 것이다. 이를 위하여 한반도에서 한자를 빌려 자국의 언어를 표기할 때에 구결자口訣字를 따로 만든 이유가 있다.

　거란어와 여진어의 문자 표기에서도 같은 현상이 예상된다. 현재 밝혀진 거란 문자나 여진 문자의 제자制字는 그 근원을 한자에 두고 이를 다음의 방법으로 변형하여 언어 표기에 사용하였다. 먼저 거란어의 표기에 이용된 경우를 예로 하여 살펴본다.

　1) 한자의 형음의形音義를 모두 빌려서 표기하는 경우 - 皇帝, 太后, 太王
　2) 한자의 형形과 의義만을 빌리는 경우 - 一, 二, 五, 十
　3) 한자의 형形만을 빌리는 경우 - 仁, 往, 弟, 田, 有, 行, 未, 高, 面, 全, 乃,

淸格爾泰 外 4人(1985:5~6)

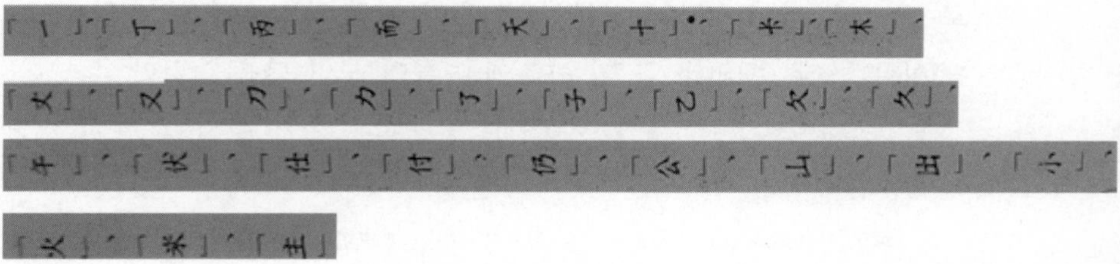

〈사진 **2-6**〉 한자와 완전히 다른 거란 문자(淸格爾泰 외 4인, 1985:5~6에서 발췌)

그러나 대부분의 거란대·소자는 한자와 같지 않고 한자를 변형하여 개조하였다. 한자와 다른 거란문자를 보이면 다음과 같다.

그러나 거란어를 표기하는 음절 단위의 문자로 한자를 그대로 빌려 쓴 경우도 없지 않다. 현재까지 알려진 거란문자로 한자와 같은 것은 다음과 같다.

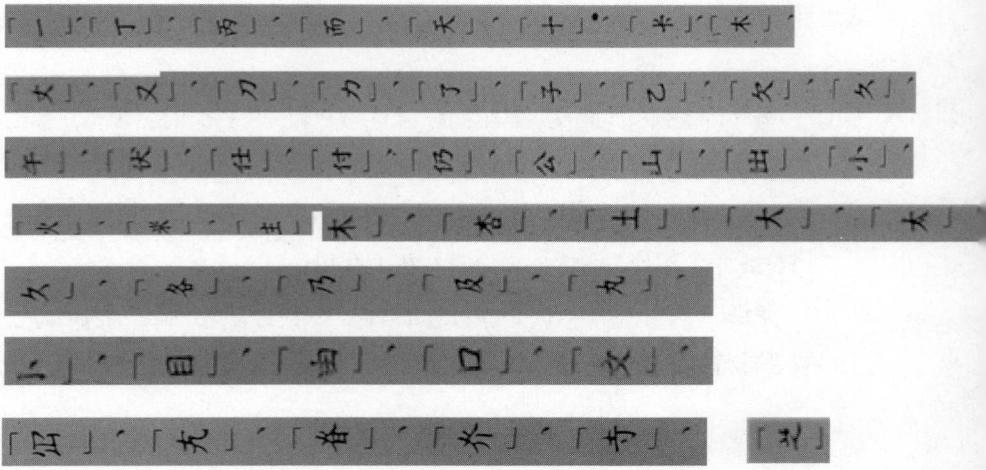

〈사진 **2-7**〉 한자를 그대로 이용한 거란자

2.3.3.1 이러한 거란대자의 한자 차용借用은 한반도에서의 구결자 사용과 혹사酷似하다. 구결자를 넣어 이두식吏讀式으로 한국어를 본격적으

로 표기한 예는 《대명율직해大明律直解》(30권)와38) 《양잠경험촬요養蠶
經驗撮要》(1권)39)인데 그 가운데 예를 들어 보면 다음과 같다.

《대명율직해》의 예
　[漢文] 凡奴婢毆家長者皆斬, 殺者皆凌遲處死. 過失殺者絞, 傷者杖一百, 流三千里.
　　　(卷20, 刑律, '奴婢毆家長')
　[吏讀] 凡奴婢亦, 家長乙, 犯打爲在乙良, 並只斬齊, 致殺爲在乙良, 並只車裂處死齊.
　　　失錯殺害爲在乙良, 絞死齊.
　[諺解] 凡奴婢이 家長을 犯打ᄒᆞ견을랑 다모기 斬ᄒᆞ졔, 致殺ᄒᆞ견을랑 다모기 車裂
　　　處死ᄒᆞ졔.

《양잠경험촬요》의 예.
　[漢文] 蠶陽物, 大惡水, 故食而不飲.
　[吏讀] 蠶段, 陽物是乎等用良, 水氣乙, 厭却, 桑葉叱分, 喫破爲遣, 飲水不冬.
　[諺解] 蠶ᄃᆞᆫ(른) 陽物이온들쓰아 水氣를 厭却 桑葉쑨 喫破ᄒᆞ고 飲水안들

　　이 이두문에서 "亦, 乙, 爲在乙良, 並只, 齊, 段, 是乎等用良, 叱分, 爲遣,
不冬"과 같은 구결口訣을 찾을 수 있고 여기에 쓰인 구결자口訣字는
모두 한자의 자형字形과 동일하다. 그러나 고려시대에 들어오면 한자를
간략화시킨 약체자略體字의 구결자가 나타난다.
　　주로 고려시대의 석독구결釋讀口訣에서 나타나는 한자의 약체略體는
다음과 같다.

─────────────

38) 《대명율직해》는 조선시대 高士褧, 金祗 등이 明의 《대명율》을 吏讀로 直解하고 鄭
　　道傳, 唐誠 등이 이를 潤色하여 태조 4년(1395)에 鑄字로 刊行한 것이다.
39) 《養蠶經驗撮要》는 朝鮮 太宗 15년(1415)에 韓尙德이 元의 司農寺에서 편찬한 《農桑
　　輯要》(卷4)〈養蠶〉條를 拔萃하여 吏讀로 번역한 것이다. 《大明律直解》보다 더욱 整齊
　　된 吏讀表記의 모습을 볼 수 있다.

〈표 **2-2**〉 고려시대의 구결자

原字 略體〔發音〕		原字 略體〔發音〕		原字 略體〔音價〕		原子 略體〔音價〕	
口訣字		口訣字		口訣字		口訣字	
去	ㅗ[kə]	在*	ㅑ[kyə]	古	ㅁ[ko]	果	ㅅ[kwa]
彌*	ㅊ[kɯm]	中*	ㅏ[kɯi, hɯi]	只	ㅅ[ki]	尼	ㄴ[ni]
隱	ㄱ[eun]	飛*	ㅌ[na]	多	ㅣ[ta]	羅	ㄸ[ra]
入*	ㅇ[tɐ]	是*	ㅖ[i]	乎	ㅅ, ノ[o, ho]	爲	ㅆ[hɐ]

* 표시는 訓讀字를 말함.

위의 예를 보면 고려시대의 약체略體 구결자는 한자를 변형시켰는데 주로 원자原字의 한 부분을 따온 것으로 볼 수 있다. 〈사진 2-6〉에 보이는 한자와 다른 거란자와 유사하다고 볼 수 있다. 반면에 한자와 동일한 구결자도 없지는 않다. 다음의 예들은 구결자가 한자를 그대로 차용한 예이다.

加可去巨溫西要應衣伊齊他土吐下何爲牛打好其古昆羅麻慶㢱底
丁陳田刀都巴

이러한 예는 위에서 〈사진 2-7〉로 살펴 본 바와 같이 거란 문자에서도 볼 수 있었는데 한자를 그대로 차용하여 표기한 것이다.

2.3.3.2 그러나 거란소자의 경우는 표음적이 표기이어서 구결자口訣字와 표기 방식이 다르다. 전술한 바와 같이 거란어契丹語와 고려어, 조선어는 교착적인 문법구조를 가졌기 때문에 한 어간(stem)이 문장 속에서 문법적 특성에 의하여 형태가 첨가된다. 이것을 구결口訣로 표기하면 다음과 같다.

> ᄒᆞ다(爲)의 굴절, ( )안은 구결자의 약체자略體字
> ᄒᆞ고, ᄒᆞ니, ᄒᆞ며, ᄒᆞ라 — 爲古(ㅆㅁ), 爲尼(ㅆㄴ), 爲㢱(ㅆㅅ), 爲羅(ㅆㄸ)

이에 대하여 거란소자에서도 역시 같은 방법으로 어미語尾와 조사

助詞와 같은 형태부의 표기를 한자로 하였는데 거란소자의 경우 다음
과 같은 예를 들 수 있다.

　　먼저 거란어의 소유격조사는 '-n'이었으며 매개모음에 다라 "-ən.
-in, -un, -ɔn, -an, -ün"의 6개 이형태異形態가 있다. 거란소자는 이
들을 모두 표기하였는데 이를 사진으로 보이면 다음과 같다.

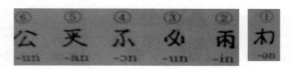

〈사진 2-8〉 거란어의 소유격 조사 표기 거란소자

　　여기에 보이는 한자 변형의 거란소자는 모두 표음문자로 거란어의
소유격 "①-ən. ②-in, ③-un, ④-ɔn, ⑤-an, ⑥-ün"를 표기한 것이다.
이들은 어간語幹 다음에 붙어 〈사진 2-9〉와 같이 표기된다.

唐의(①) 皇帝의(②) 皇太后의(③) 大王의(④) 駙馬의(⑤) 耨斡麼(皇后)의(⑥)
〈사진 2-9〉 거란어의 어간에 붙은 소유격 조사 6개[40]

　　이러한 거란소자의 표기와 구결자는 기본적으로 그 표기 방식이 다
르다고 볼 수 있다. 다만 한반도의 한자 표기에 '돌ㅎㄷ'과 같은 표기가
거란소자의 표기에서 발달하였을 가능성이 전혀 없는 것은 아니다. 신
라 향가鄕歌의 표기에 쓰인 소위 '훈주음종訓主音從, 또는 '역상불역하譯
上不譯下'의 말음첨기末音添記와 같은 향찰 표기와 관련이 있을 것이다.

_____

40) 〈사진 2-8〉과 〈사진 2-9〉는 河野六郞·千野榮一·西田龍雄(2001:302~303)에서 발
　췌한 것임.

김완진 외 2인(1990:154)에서는 중국의 성운학聲韻學에 입각하여 한자음의 발음 표기방식에서 성聲과 운韻으로 나누고 이를 하나의 음절로 인식한 사실을 현대 생성음운론의 복선음운론(non-linear phonology)에서는 다음과 같이 분석하여 인식한다고 보았다. 그리하여 다음과 같은 음절 구조를 상정하고 발음을 표기한 것으로 보았다.

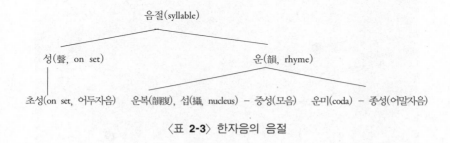

〈표 2-3〉 한자음의 음절

실제로 거란소자에서는 표음적인 문자를 만들어 사용하였는데 〈사진 2-8〉을 보면 음절초 자음子音인 성(聲, on set)에 운(韻, rhyme)을 결합시키는 방법을 택하였다. 거란어에서 '-ing'을 운韻으로 가진 예를 사진으로 보이면 다음과 같다.

	king	景
	ping	兵
	ning	寧
	ling	令

〈사진 2-10〉 "景, 兵, 寧, 令"의 거란자와 성모聲母(오른쪽)

〈사진 2-10〉을 보면 /⿱/가 성모聲母의 오른쪽에 붙어 [-ing]의 운韻을 표시하고 있다. 이와 같이 한자를 변형시킨 음절 표음문자를 성모(聲母, on set)에 붙여 표음적인 거란소자를 만들었으며 380개 정도의 성聲와 운韻을 표시하는 음절 단위의 표음문자를 만들어 사용하였

다. 이제 淸格爾泰 외 4인(1985)에서 이제까지 추출된 거란소자의 음절
문자 378개를 사진으로 보이면 〈사진 2-11〉과 같다.

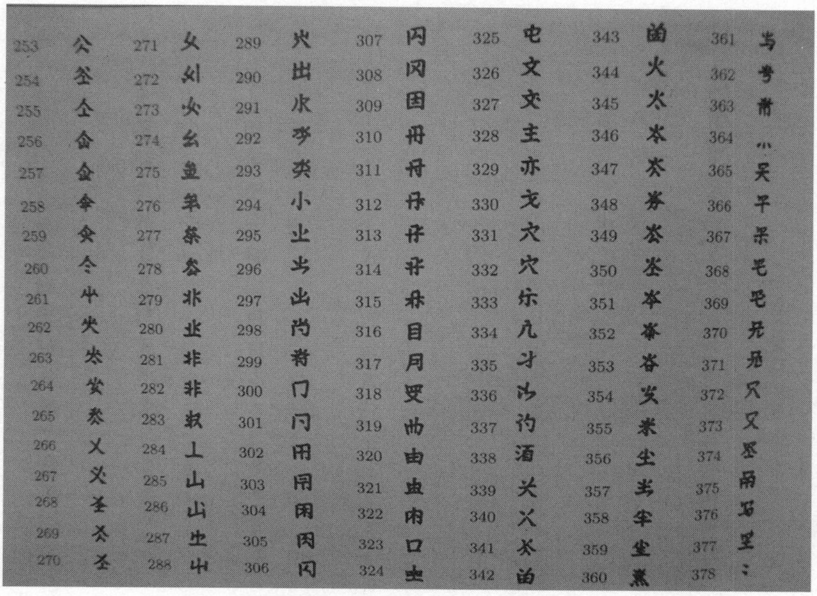

〈사진 2-11〉 거란소자의 378 원자原字

따라서 거란소자는 성(聲, 어두 자음, on set)과 운(韻, 모음과 음절 말 자음, rhyme)을 표기하는 280여 개의 원자原字를 만들고 이를 조합組合하여 거란어를 표기한 것으로 보인다.

한반도의 구결자도 아직 정확한 수효는 알지 못하나 어미와 조사로 사용할 수 있는 음절 표기의 한자를 규정하고 그들을 반복하여 사용하여 한자로 표기하기 어려운 형태부를 표기한 것으로 이해된다. 앞으로 이러한 방향으로 구결자 연구가 진행되기를 바라는 마음 간절하다.

4) 정리

2.3.4.0 이상 거란 대소자와 여진 대소자의 제정을 살펴보면서 이들이 한자에 근거하여 문자를 제정하였으며 한자를 그대로 차용한 것도 있

지만, 이를 변형하여 거란어나 여진어의 어미語尾와 조사助詞를 표기하였음을 고찰하였다. 고립적인 중국어의 표기에 이용된 한자는 교착적 문법구조의 거란어나 여진어, 그리고 한국어에서 어간의 변화형을 표기하기가 어려웠다. 여기서 한자를 변형하여 음독자로써 어미와 조사를 표기하였고 그것은 거란어와 여진어의 전면적 표기에도 사용되기에 이르렀다.

이러한 거란과 여진 문자의 제정은 발해에서 시작되었을 가능성이 있다. 발해 역시 교착적 문법구조의 언어이기 때문에 위의 두 문자와 같이 한자를 변형시키거나(=殊異字) 새로 만든 부호를 이용하여 발해 어를 전면적으로 표기하려고 시도하였을 가능성은 매우 크다. 이에 대하여 김육불이 "거란이나 여진은 글자를 따로 만들었으나 오랜 시간을 이어오지 못하고 곧 없어졌다. 그러나 발해는 당나라의 문화교육에 빠져 한자를 익히고 사용하였으며 드물게 새로운 글자를 만들었기 때문에 거란이나 여진의 예로 볼 수 없다"(金毓黻, 《渤海國志長編》 권16, 〈族俗考〉, pp. 377, 필자 초역)는 주장에는 동조할 수 없다.

2.3.4.1 오히려 러시아의 샤프크노프가 주장한 바와 같이 "6세기 말 신라에서 사용했던 소위 이담吏談, 문자에서 나온 것으로 … 훗날 신라의 북쪽에 인접했던 발해인들 역시 같은 목적으로 일부 한자의 외형을 바꾸어 이담, 즉 이두吏讀의 표기 원칙에 따라 스스로 문자를 창조한 것으로 보아야 할 것이다(3. В 샤프크노프 저, 林樹山 역, 《渤海國及其在濱海邊區的文化遺存》, pp. 79~80, 필자 초역)"라는 주장이 좀 더 사실에 가깝다. 다만 이러한 전통은 신라가 아니라 고구려의 문자 사용을 발해가 이어 받았고 신라 역시 졸고(2003a)의 주장대로 향찰鄕札의 표기 방법을 고구려로부터 배운 것으로 보아야 할 것이다.

4. 몽고-위구르 문자와 만주자滿洲字

2.4.0 원래 위구르 문자는 7~10세기에 우즈베키스탄의 사마르칸트를 중심으로 한 소그디아나(Sogdiana, 索格代)의 소그드어를[41] 표기하던 소그드 문자(Sogdian script)로부터 발달하였고 이 문자는 아람 문자(Aramaic script)에 소급된다.

고대 페르시아의 아케메네스 왕조에서 공문서의 작성에 사용되던 아람 문자는 기원 전 2세기경에 제국帝國이 멸망하여 더 이상 공용 문자로 사용되지 않았으나 이 문자를 사용하던 서기書記들은 각 지방에 흩어져 아람어(Aramaic)가 아닌 여러 방언을 이 문자로 기록하게 되었다. 이 문자는 소그디아나의 소그드 방언도 표기하게 되었는데 이렇게 소그드의 언어를 기록하던 아람 문자를 소그드 문자라고 한다.

따라서 아람 문자 이외에도 소그드 언어를 기록하던 아베스타 문자(Avestan script), 코레즘 문자(Choresmian script)도 소그드 문자에 속한다. 이들 모두 북셈(Northern Semitic) 문자 계통이어서 첫 글자가 aleph, 그리고 이어서 beth, gimel, daleth 등의 순서다. 라틴어의 로마자 alpha, beta, 그리고 영어의 a, b와 같은 순서다. 소그드인들은 중앙아시

---

41) 소그드어는 인구어족의 이란어파에 속하는 중세시대의 언어로 현재는 사용되지 않는 死語다. 사마르칸트Samarkand를 중심으로 하는 소위 소그디아나Sogdiana에서 사용하던 언어였는데, 실크로드에서 소그드인들의 활발한 상업 활동으로 말미암아 중앙아시아에서의 상용어로 등장하였고 이슬람 세력에 의하여 정복되기 이전에는 이 언어가 널리 사용되었다.

아와 중국의 본토에까지 들어와서 장사를 하였다. 이들과 같은 지역에
서 활약하던 위구르인들이 이 문자로 자신들의 언어를 기록하였다.

이렇게 위구르인들이 사용하던 문자를 칭기즈 칸이 몽고어의 표기
를 위하여 수입하였고 이것이 후대에 만주족의 누르하치奴兒哈赤가 다
시 사용하여 만주 문자가 되었다. 이 절에서는 소그드 문자와 그로부
터 발달한 위구르 문자, 그리고 이를 차용하여 몽고어를 기록한 몽고-
위구르 문자에 대하여 살펴보고 후일 만주 문자와 비교하기로 한다.

1) 위구르 문자

2.4.1.0 중앙아시아의 소그디아나에서 사용되던 아람 문자는 전술한 바
와 같이 소그드어를 표기하는 소그드 문자로 변천하였다. 이 문자는
중앙아시아 일대, 그리고 중국의 본토의 서북 지방에서도 사용되었다.
이 지역에서 함께 살던 위구르인Uighur들은 소그드인과 교류하면서 이
문자를 접하게 되었고 급기야 자신들의 언어를 기록하는 데 이 문자를
사용하기 시작하였다.

그리하여 중국 신강성新疆省 위구르 자치구와 감숙성甘肅省의 위구
르인들의 거주지에는 위구르어를 소그드 문자로 기록한 위구르 문헌이
남아 있으며 이를 기록한 문자를 위구르 문자라고 한다. 현재 위구르
인들은 아라비아 문자로 된 신新 위구르 문자를 사용한다. 소그드 문
자에는 해서체楷書体와 초서체草書体의 두 서체가 있었는데 위구르인
들은 주로 초서체의 소그드 문자를 빌려 자신들의 언어를 기록하였다.
그러나 현재 남아 있는 위구르 문헌에는 매우 조금이지만 해서체의 소
그드 문자로 기록한 위구르어 자료들이 남아 있다.[42]

---

42) 이에 대하여는 Poppe(1965:65)에 "By far the larger number of Ancient Turkic
texts, namely those of later origin(IX~X centuries), are written in the so-called

2.4.1.1 위구르 문헌에는 위구르 문자의 리스트를 표시한 것이 남아 있다. 거기에는 18종의 문자로 맨 처음에 aleph(로마자의 alpha에 해당함)에서 17번째의 tau에 이르기까지 소그드 문자의 배열순서와 대부분 일치하고 맨 마지막의 *resh만이 위구르인들이 따로 만든 것이다. 그것을 여기에 옮겨 보면 다음과 같다.[43]

<표 2-4> 위구르 문자 18자의 명칭과 음가

① aleph /ʼ/	② beth /β/	③ gimel /γ/	④ vau /w/	⑤ zain /z/
⑥ cheth /x/	⑦ jod /y/	⑧ caph /k/	⑨ lamed /δ/	⑩ mem /m/
⑪ nun /n/	⑫ samech /s/	⑬ pe /p/	⑭ tzaddi /c/	⑮ resh /r/
⑯ schin /š/	⑰ tau /t/	⑱ *resh /l/		

앞에서 언급한 대로 마지막의 ⑱ *resh /l/는 위구르어의 표기에서 만들어진 것으로 ⑮ resh /r/을 가공한 것이다. 다음의 <사진 2-11>에서 ⑮의 resh 글자와 ⑱의 *resh 글자를 비교하면 이 사실을 알 수 있다. 뿐만 아니라 소그드 문자에 있었던 수사나 표의 문자, 혹은 어말에만 사용되던 특수 문자 5개가 위구르 문자에서는 보이지 않는다. 위구르어 표기에는 필요가 없었기 때문이다(河野六郎·千野榮一·西田龍雄, 2001:119).

Uighur script. The latter developed from the Sogdian alphabet, to be exact, from what the German scholars called 'sogdishe Kursivschrift', i.e., Sogdian speed writing. the Uighur transmitted to the Mongols. — 매우 많은 고대 투르크어 자료, 다시 말하면 후기 자료(9~10세기)가 소위 말하는 위구르 문자로 쓰였다. 후자 [위구르 문자는] 소그드 문자의 자모에서, 정확하게 말하면 소그드 문자의 속기체(速記体, Kursivschrift)에서 발달한 것이다. 위구르 문자는 후대에 아마도 12세기 후반을 지나서 몽고에 전달되었다."라는 언급을 참조할 것. 졸저(2009:112)에서 재인용. 여기서 '속기체'는 草書体를 말한다.

43) 소그드 문자는 음절 초에 16개 문자, 음절 가운데에 18개 문자, 음절 말에 17개 문자를 사용하였다(졸저, 2009:113).

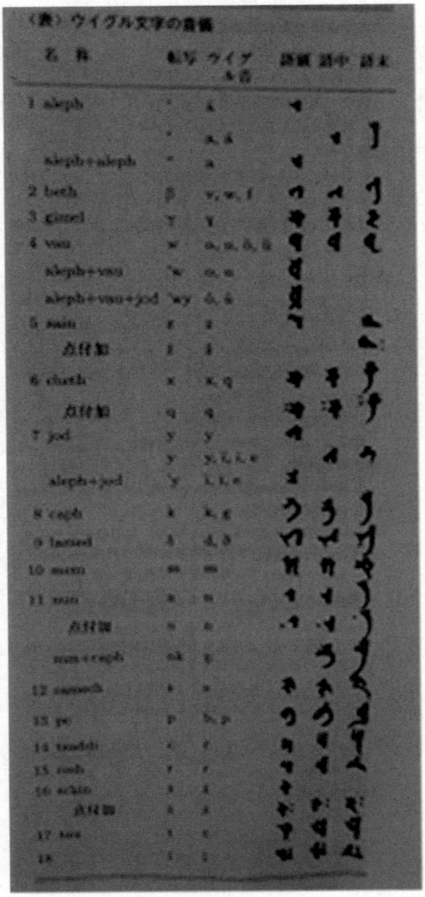

〈사진 **2-12**〉 위구르 문자[44]

2.4.1.2 위구르 문자가 소그드 문자에서 온 것이고 문자의 배열순서는 같지만 그 글자의 음가와 정서법은 서로 달랐다. 거기다가 소그드 문자

---

44) 〈사진 2-12〉의 문자표는 河野六郎·千野榮一·西田龍雄(2001:119)에서 庄垣內正弘씨가 집필한 것에서 인용하였다. 庄垣內씨와는 오랜 친구였으나 얼마 전에 유명을 달리 하였다. 삼가 고인의 명복을 빈다.

는 오른쪽에서 왼쪽으로 횡서橫書하였지만 위구르 문자는 한자의 영향을 받았는지 주로 종서縱書로 썼다. 초기의 위구르 문자는 횡서한 것도 있었다고 하지만 남아 있는 위구르 문헌들은 거의 모두 종서된 것이다. 다만 한문과 다르게 왼쪽에서 바른 쪽으로 행을 이어갔다. 위구르 문자는 처음에는 소그드 문자와 거의 같은 정서법을 가졌으나 시대의 변천에 따라 문자의 자형과 음가, 그리고 사용법이 달라졌다. 〈사진 2-1〉에서 보이는 ⑫ samech의 /s/와 ⑯ schin의 /š/의 자형이 동화되어 본래의 /š/를 표음하기 위하여 오른 쪽 옆에 2점을 찍었다. 또 ③ gimel /γ/과 ⑥ cheth /x, q/의 자형이 어말語末의 위치에서만 구별되었는데 ⑥ cheth의 아랫부분을 길게 하고 ③ gimel의 윗부분을 짧게 하였으나 서서히 gimel의 형태로 바뀌어 갔다.

⑤ zain /z/는 소그드 언어에서는 ⑪ nun /n/과 구별하기 위하여, 또는 /ž/를 표음하기 위하여 1점, 또는 2점을 붙였다. 위구르어에서도 초기 문헌에는 /z/에 점을 더하기도 하고 /ž/를 분명하게 표음하기 위하여 2점을 붙이기도 했다. ① aleph /a, ä/와 ⑪ nun /n/의 자형은 초기 문헌에서 변별하기가 어려웠다. 더욱이 어중語中의 위치에서 ⑥ cheth, ③ gimel과의 구별도 어려웠다. 그로부터 ⑪ nun의 자형에 점차 1점을 붙이게 되었다.

2.4.1.3 위구르 문자는 원래 다음자성多音字性의 큰 문자였다. 문자 간의 구별도 비교적 확실했었는데 후기에 들어와서 초서체의 문자가 발달함에 따라 문자간의 구별이 매우 애매해져서 사본에 따르면 aleph, nun, gimel의 돌기突起 부분이 생략되어 1본의 봉선棒線이 여러 개의 문자를 대신하기도 한다. 예를 들면 /s--l/, /bwr--n/이 /saqal/ '수염', /burxan/ '부처'와 같이 한 줄의 선이 /aqa/, /xa/을 표기한다(河野六郎・千野榮一・西田龍雄, 2001:120). 후기의 위구르 문자는 한자의 영

향을 받아 문자로서는 분석이 불가능하게 하나의 문자가 하나의 의미를 표하기도 한다.

이 시대에는 위구르 불경에서 한자를 섞어 쓴 위구르 문장이 발견된다. 한자는 음독音讀하는 것과 석독釋讀하는 것이 있지만 대체로는 석독하였다. 석독 한자에다가 위구르어의 접사接辭가 덧붙여서 마치 우리 한문과 한글이 섞여 쓰인 문장과 같다. 당시 위구르에는 위구르 한자음이라는 것이 있었는데 이것 역시 우리가 별도의 한자음을 가졌던 것처럼 그들도 자신들의 한자음을 가졌던 것과 같다.

위구르 문자는 소그드 문자를 차용하여 사용하여서 초기에는 소그드의 언어적 특색을 많이 보였으나 한문 불경을 대량으로 번역하면서 한자 표기의 영향을 받게 되었다. 일반인들의 민속民俗 문서에는 개인적인 특징이 드러난 치졸한 표기가 많이 남아 있다.

2) 몽고–위구르 문자

2.4.2.0 졸저(2009:106~109)에서는 위구르인들에 대하여 다음과 같이 고찰하였다. 전통적으로 위구르족으로 불리는 종족이 8세기 중엽에 돌궐突厥을 쳐부수고 몽골 고원에 위구르 카한국可汗國을 세웠다. 그러나 이 나라는 9세기 중엽에 이르러 키르기스(Kirgiz)족의 공격을 받아 궤멸하였고 위구르족은 남쪽과 서쪽으로 나뉘어 패주敗走하였다. 남쪽으로 도망간 위구르족은 당唐으로의 망명이 이루지지 않아서 뿔뿔이 흩어졌다. 서쪽으로 향한 위구르족의 일부가 현재 중국의 감숙성甘肅省에 들어가 그곳에 왕국을 세웠다가 11세기 초엽에 이원호李元昊의 서하西夏에 의해 멸망하였다.

한편 현재의 신강성新疆省 위구르 자치구에 들어간 별도의 일파는 9세기 후반 당시의 언자焉耆, 고창高昌, 북정北庭을 중심으로 한 지역

에 '서위구르 왕국'으로 일반에게 알려진 국가를 건설하였다. 이 나라
들도 13세기 전반 몽골족의 발흥으로 멸망을 길을 걷게 되었고 결국은
사라지게 되었다. 이것이 다음에 언급할 나이만乃蠻으로 보인다. 우수한
문명을 가졌던 이 나라는 몽고문화에 지대한 영향을 주었다.

2.4.2.1 몽고의 칭기즈 칸은 나이만(乃蠻, Naiman)을 정복하고 포로로
잡아온 위구르인畏兀人 타타퉁아(塔塔統阿, Tatatunga)로 하여금 위구르
문자畏兀文字로 몽고어를 기록하는 방법을 고안하여 태자太子 오고타
이窩闊臺와 제한諸汗에게 가르쳤다. 즉《원사元史》에 다음과 같은 기사
가 있다.

> 塔塔統阿畏兀人也，性聰慧、善言論、深通本國文字。乃蠻大敭可汗尊之爲傅，掌其金印
> 及錢穀。太祖西征，乃蠻國亡，塔塔統阿懷印逃去，俄就尵龕。帝詰之曰："大敭人民疆土悉
> 歸於我矣，汝負印何之？"對曰："臣職也，將以死守,欲求故主授之耳,安敢有他？"帝
> 曰："忠孝人也,問是印何用？"對曰："出納錢穀委任人才，一切事皆用之，以爲信驗
> 耳"。帝善之，命居左右,是後凡有制旨，始用印章，仍命掌之。帝曰："汝深知本國文字
> 乎？"塔塔統阿悉以所蘊對，稱旨遂命敎太子諸王，以畏兀字書國言。

타타퉁아는 위구르 사람이다. 천성이 총명하고 지혜로우며 언론言論을 잘 하였
고 자기 나라 글자(위구르 문자를 말함-필자)를 깊이 알았다. 나이만乃蠻의 대양
가한(大敭可汗-나이만의 황제를 말함))이 존경하여 스승을 삼고 금인金印 및 돈과
곡식을 관장하게 하였다. 태조(칭기즈 칸을 말함)가 서쪽으로 원정하여 나이만의
나라를 멸망시켰을 때에 타타퉁아가 금인金印을 안고 도망갔다가 끝 잡혔다. 황제
(칭기즈칸을 말함-필자)가 따져 물었다. "대양大敭의 인민과 강토가 모두 나에게
로 돌아왔거늘 네가 금인을 갖고 무엇을 하겠는가?" [타타퉁아가] 대답하여 말하
기를 "신臣의 직분입니다. 마땅히 죽음으로써 지켜서 옛 주인이 주신 바를 구하려
고 한 것일 뿐 어찌 다른 뜻이 감히 있겠습니까?" 황제가 말하기를 "충효忠孝한
인물이로다. 묻고자 하는 것은 이 인장印章을 무엇에 쓰는 것인가?" 대답하기를

"전곡錢穀 출납을 위임받은 사람이 일체의 일에 모두 이것을 사용하여 믿고 증명하려는 것일 뿐입니다." 황제가 좋다고 하고 [타타퉁아를 황제의] 곁에 두도록 명하였다. 이후로부터 모든 제도를 만드는 명령에 인장을 사용하기 시작하였고 [타타퉁아개 명을 받들어 이를 관장하였다.45) 황제가 말하기를 "네가 너의 나라의 문자를 깊이 아느냐?" 하였더니 타타퉁아가 모두 알고 있다고 대답하였다. [그는] 황제의 뜻으로 태자와 여러 왕들에게 위구르 문자로 나라의 말(몽고어를 말함-필자)을 쓰는 것을 가르치는 명령을 수행하였다(《元史》 권124권, 〈列傳〉 제11 '塔塔統阿' 조). 졸저(2009:107~8)에서 재인용.

이에 따르면 나이만乃蠻의 타타퉁아에 의하여 그 나라의 문자인 위구르 문자로 몽고어를 기록하게 되었음을 알 수가 있다. 이것이 몽고 위구르자(畏兀字, Mongolian Uighur alphabet)라고 불리는 몽고인 최초의 문자로 초기에는 웨올(維吾爾-위구르) 문자라고 불리기도 하였다.46)

2.4.2.2 조공趙珙의 《달달비록蒙韃備錄》에 "其俗旣朴, 則有回鶻爲隣, 每於兩{說郛本作西}河博易販賣於其國。迄今文書中自用於他國者, 皆用回鶻字, 如中國笛譜字也。今二年以來, 因金國叛亡降附之臣無地容身, 願爲彼用, 始敎之文書, 於金國往來却用漢字. – [몽골은] 그 풍속은 순박하고 위구르回鶻가 이웃에 있어서 매번 그 나라에 물건을 널리 판매하였다. 지금까지의 문서 가운데 타국에 보내는 것은 모두 위구르 문자를 썼는데 중국의 적보笛譜의 문자와 같다. 이제부터 2년 이래에 금나라가 모반을 일으켰다가 망하여 항복한 다음에 그 신하들이 용신容身할 곳이 없어서 그들을 고용하여 문서를 만드는 것을 가르치기 시작하였으며, 금나라와

---

45) 몽고의 제2대 황제 오고타이 칸(窩闊臺汗, Ogödäi, 후일 元 太宗) 시대에도 印璽를 만들어 耶律楚材와 田鎭海에게 나누어 관장시켰는데 용처는 漢人과 色目人의 군사에 관한 일에 국한하였다.

46) 몽고어의 문자 표기에 대하여는 Vladimirtsov(1929:19), Poppe(1933:76)를 참고.

의 왕래에서는 한자를 썼다"라는 기사가 있어 몽고가 그들과 이웃한 위구르인이 사용한 위구르 문자를 빌려서 서역의 여러 민족과 통교하고 금나라와는 한자로 통교하였음을 알 수가 있다(졸저, 2009:108).

몽고-위구르 문자는 원의 쿠빌라이 칸이 파스파 문자를 제정한 다음에도 서역西域으로 퍼져나간 몽고의 여러 칸국汗國에서 그대로 사용되었고 원제국帝國에서도 한동안 사용되었다. 그리고 후대에 만주족의 청淸나라에서 이 문자를 차용하여 만주어를 기록하여 만주문자로 변신한다.

3) 만주滿洲 문자

2.4.3.0 만주 문자는 청淸 태조 누르하치奴兒哈赤가 에르데니額爾德尼 등을 시켜 몽고-위구르 문자를 빌려 만주어를 기록하도록 만든 문자다. 만력萬曆 27년(1599)에 만들었다가 청淸 태종이 숭정崇禎 5년(1632)에 몇 개의 문자를 더 첨가하고 권점을 붙여 수정하였으며 달해達海 박사 등에 명하여 많은 중국의 서적을 만주어로 번역하고 이 문자로 기록하게 하였다. 후자가 신 만주 문자이고 전자가 구 만주 문자이다.

이 문자는 조선 사역원에서 병자호란 이후에 만주어 학습을 위하여 교육되었다. 이미 이때에는 여진족의 금나라에서 한자를 변개시켜 만든 여진자(大字, 小字)가 사용되지 않고 몽고-위구르 문자를 수정한 만주 문자가 널리 사용되었기 때문이다. 만주어 학습의 초기에는 여진학관 신계암申繼黯이 여진학서女眞學書를 만주어 학습 교재로 재편하여 상요하였다. 아마도 여진학서도 위구르 문자로 표기되었을 것이다. 여진의 금金이 제정한 여진 문자는 금金이 망한 이후에 사용되지 않았고 조선 사역원에 여진학女眞學이 설치된 것은 금이 멸망한 한참 후의 일이기 때문이다.

만주족은 여진족의 일부로서 건주여진建州女眞과 해서여진海西女眞을 기초로 하여 여진 각부를 통일한 것이며 청조淸朝 안에는 야인여직野人女直, 한인韓人, 한인漢人, 몽고인, 시버錫伯, 달알이達斡爾 등의 여러 민족이 흡수되어 있었다. 조전趙展씨[47]의 보고서에 따르면 만주족은 16세기 말부터 17세기 초에 걸쳐 누르하치奴兒哈赤에 의하여 여진 각부가 통일되고 1636년에 여진의 호칭을 만주라고 고치도록 명령하였다. 이어서 이들은 산해관山海關을 넘어 중원에 들어가 명明을 멸망시키고 청조淸朝를 건립하였으며 청조 일대를 통하여 통치민족이 되었다. 이러한 정치적 지위를 이용하여 학교를 건립하고 만주어를 보급하면서 만주족은 문화적 발전을 거듭하였으며 만주 문자도 보급되었다.

그리하여 순치順治·강희康熙·옹정雍正의 3대에는 대부분의 군사·정치상의 중요사항이 만주 문자로 기록되었고 공문서도 만문滿文으로 작성되었다. 그러나 만주족이 세운 청淸의 언어와 문화는 몽고족의 원元과 마찬가지로 점차 한화漢化되어 건륭乾隆·가경嘉慶·함풍咸豊의 3대에는 공문서가 만한滿漢 합벽合璧의 형식이 많았으며, 함풍咸豊·동치同治 이후에는 만문滿文의 사용이 현저하게 줄어들게 되었다. 드디어 청淸의 멸망으로 만주 문자의 사용도 종지부를 찍게 된다.

---

47) 趙展씨는 1931년 중국 黑龍江省 寧安縣에서 출생한 滿洲族으로 伊爾根覺羅(이르겐 교로)가 그 만주어 이름이다. 鑲紅旗人에 속하고 있으며 1957년 東北人民大學 歷史系를 졸업하고 그 해부터 北京의 中央民族學院에 근무하면서 滿洲族의 歷史 文化에 관한 연구를 담당하였다. 1985년 中央民族學院 民族硏究所 東北蒙古硏究所 副主任으로 있을 때에 일본에 와서 〈中國에 있어서 滿洲學의 復興에 대하여〉라는 제목의 보고서를 《天理大學學報》에 실었다. 趙展(1985) 참조.

5. 서장 문자와 파스파 문자

2.5.0 한자를 변형시켜 표음문자로 사용하여 자민족의 언어를 기록하는 것에는 일정한 한계가 있었고 여러 가지 제약이 있었다. 우선 한자의 편방偏旁을 떼어내어 그 각각을 표음 기호로 사용할 때에 각 민족의 언어마다 음운 체계가 달라서 한자의 편방만으로는 체계적인 기호 체계를 구축하기가 어렵고, 원래 그 한자가 원래 가졌던 의미와 발음이 겹쳐져서 많은 표기상의 제약을 가져왔다.

이러한 한계와 제약을 극복하기 위하여 자민족어의 음운에 맞춘 새로운 기호를 만들어 사용하기에 이르렀다. 이때에 모델이 된 것은 오래 전부터 베다Veda 경전의 범어를 기록하고 불경佛經의 문자로 이들에게 알려진 범자梵字, 곧 산스크리트 문자였다. 비록 음절문자였지만 범어梵語를 표음문자로 표기함으로써 수천 년의 역사를 가진 범자梵字는 불교를 받아들인 모든 민족들에게 익숙하게 되었다. 그러면서 이 문자를 통하여 표음문자에 대한 이해와 추종이 뒤를 이었다.

1) 서장西藏 문자의 제정

2.5.1.0 범자와 같이 표음문자를 만들어 자민족의 언어를 표기하는 데 성공한 것은 기원후 650년 무렵에 토번吐蕃 왕국의 송첸감보 왕의 시대였다. 앞에서 살펴본 바와 같이 당唐 태종의 황녀皇女 문성文成공주를 왕비로 맞이하여 중국의 문물을 수용한 것으로 유명한 송첸감보

(Srong-btsan sgam-po, 松贊干布) 왕은 톤미 아누이브(Thon-mi Anu'ibu)를 비롯한 여러 명의 신하를 중국에 파견하여 비가라론毘伽羅論과 그의 성명기론聲明記論, 그리고 범자梵字의 문자교육, 즉 만자론滿字論, 반자론半字論을 배우게 하였다.[48] 그들이 돌아와서 토번의 티베트어를 표기하기에 적합한 문자로 만든 것이 서장西藏 문자다.

문자의 모습은 카시미르Kashmir 문자를 본떴고 라사르 성城에서 수정한 다음 문자와 문법의 《팔장八章》을 본떠서 《팔론八論》을 만들었으며 왕은 4년 동안 이것을 배웠다고 한다. 카시미르 문자란 인도의 서북부 카시수미르 지역의 언어인 카시미르 언어를 표기한 사라다Sarada[49] 문자를 말하는 것으로 8세기경에 당시 갠지스강 중류 지역과 동인도, 서북 인도, 카시미르 지역에 보급되었던 쉬다마드리카Siddhamātṛkā 문자의 서부파西部派에서 만들어진 것이다(Narkyid, 1983).

카시미르의 카르코다카Karkoṭaka 왕조는 3세기에 걸쳐 이 지방을 지배하였고 이 세력에 의거하여 사라다 문자는 카시미르에서 펀자브, 서인도, 북인도에 널리 퍼져 나갔다(졸저, 2015: 62~63).

2.5.1.1 티베트 문자는 고대인도의 성명기론과 반자론의 음운 연구에 의거하여 제정된 것이므로, 음절 초(onset) 자음은 29개의 문자로 표기되었고 모음은 /a/를 표기하는 글자만 하나를 만들어 모두 30개의 문자를 만들었다. 이들은 각기 발음 위치와 발음 방법에 따라 연구개 정

---

48) 티베트의 사료에 의하면 티베트에는 문자가 없었기 때문에 톤미 아누이브 (Thon-mi Anu'ibu)와 함께 16인을 인도에 문자 연수를 위하여 파견하였으며, 이들은 인도의 판디타 헤리그 셍 게(Pandita lHa'i rigs seng ge) 밑에서 인도 문법을 배워서 티베트어에 맞도록 子音 문자 30개, 母音 기호 4개를 정리하여 티베트 문자를 만들었다는 기사가 있다(졸저, 2015:62).
49) 사라다(Sarada)라는 명칭은 카시미르 지역의 守護 女神인 사라다 데뷔(Śāradā Devi)에서 온 것이다. '사라다'는 시바神의 부인 '파라웨디'를 말한다(졸저, 2009:144).

지음 [ka, kha, ga, nga], 경구개 마찰음 [ca, cha, ja, nya], 치경 정지음
[ta, tha, da, na], 양순 정지음 [pa, pha, ba, ma], 경구개 파찰음 [tsa,
tsha, dza, wa], 동 유성음 [zha, za, 'a, ya], 유음 [ra, la, sha, sa], 후음
[ha, a]의 순서로 정리되었다. 이를 사진으로 보이면 〈사진 2-13〉과 같
고, 로마자로 정리하면 〈표 2-5〉와 같다.

 གསལ་བྱེད་སུམ་ཅུ་ (sal-ye süm-chü).

The thirty consonants :

ka, kha, ga, ña.   ca, cha, ja, ña.   ta, tha, da, na.

pa, pha, ba, ma.   tsa, tsha, dsa, wa.   sha, za, ha, ya.

ra, la, ça, sa.   ha, a.

〈사진 2-13〉 티베트의 서장 문자

〈표 2-5〉 티베트 문자의 중국 성운학적 배열

발음위치 발음방법	西藏 문자 (로마자전사)	중국 聲韻學과의 對音	五音
연구개음	ka, kha, ga, nga	牙音의 全淸, 次淸. 全濁, 不淸不濁 음에 해당	牙音
경구개음	ca, cha, ja, nya	齒音의 위와 같음	齒音
치 경 음	ta, tha, da, na	舌頭音의 위와 같음	舌音
양 순 음	pa, pha, ba, ma	脣音의 위와 같음	脣音
파 찰 음	tsa, tsha, dza, wa	齒頭音의 위와 같음	齒音
마 찰 음	zha, za, 'a, ya	부분적으로 正齒音의 위와 같음	齒音
유 음	ra, la, sha, sa	半舌半齒의 不淸不濁	半舌半齒
후 음	ha, a	喉音의 次淸, 불청불탁에 해당	喉音

이러한 문자의 제정은 파니니 문법으로 대표되는 고대인도의 비가
라론毘伽羅論과 반자론半字論의 음운 연구에서 영향을 받은 것으로 비

가라론의 음성 연구, 즉 성명기론聲明記論으로부터 조음 위치의 '아牙, 설舌, 순脣, 치齒, 후喉'와 조음 방식의 전청全淸, 차청次淸, 전탁全濁, 불청불탁不淸不濁에 따라 자음 문자를 배치하는 방법에 따른 것이다.

그리고 모음을 표음하는 30번째 글자 /ɑ/와 네 개의 구분부호 (diacritical mark)를 만들어 자음과 더불어 결합하여 범자梵字와 같은 음절문자로 사용하였다. 즉, 모음의 표기를 위하여 〈표 2-5〉의 마지막에 위치한  [ɑ] 1자밖에 만들지 않았으나 4개의 구분부호로 위의 〈사진 2-14〉와 같이 모음을 표기하였다.

ka   ki   ku   ke   ko

〈사진 **2-14**〉 서장 문자의 모음자와 모음 표시 구분부호

이 문자 역시 고대인도의 반자론半字論에 의거하여 제자한 것으로 (졸고, 2016b:27) 서장 문자는 후일 원대元代 팍스파 라마에 의하여 몽고어와 한자음 표기의 파스파 문자로 발전한다.

2) 파스파 문자의 제정

2.5.2.0 남송南宋을 멸망시키고 중원中原에 몽고의 원을 세운 쿠빌라이 칸은 새 국가에는 새 문자의 전통에 따라 파스파 문자를 제정하였다. 파스파 문자의 제정은 《원사元史》의 기사에 따르면 원元 지원至元 6년 (1269)에 팍스파八思巴 라마가 파스파 문자 41개 자모를 만들었다고 기록하였다. 즉, 《원사》(권202) 〈전傳〉 89 '석로釋老 팍스파八思巴'조에

中統元年, 世祖卽位, 尊他爲國師, 授給玉印。令他製作蒙古新文字, 文字造成後進上。這種文字祇有一千多個字, 韻母共四十一個, 和相關聲母造成字的, 有韻關法; 用兩個、三個、四個韻母合成字的, 有語韻法; 要點是以諸音爲宗旨。至元六年, 下詔頒行天下。

　　중통中統 원년에 세조가 즉위하고 [파스파를] 존경하여 국사를 삼았다. 옥인玉印을 수여하고 몽고 신문자를 제작하도록 명령하였고 그는 문자를 만들어 바쳤다. 문자는 일천 몇 개의 글자이었고 운모韻母는 모두 41개였으며 성모聲母가 서로 관련하여 글자를 만들고 운이 연결하는 법칙이 있어 두 개, 세 개, 또는 네 개의 운모가 합하여 글자를 이루며 어운법語韻法이 있어 요정은 음이 화합하는 것이 근본 내용이다. 지원至元 6년(1269)에 반포하여 천하에 사용하라는 조칙詔勅을 내리다.

라는 기사가 있어 파스파 문자가 운모韻母, 즉 어두 자음에 대한 글자로 41개를 만들었으며 지원至元 6년에 황제의 조령詔令으로 반포되었음을 알 수 있다.[50]

　　《원사元史》(권6) 〈세조기世祖紀〉에 "至元六年二月己丑, 詔以新製蒙古字, 頒行天下. ─지원 6년 2월 기축己丑일에 새로 만든 몽고자를 천하에 반포하도록 조칙詔勅을 내리다"라는 기사에 의거하면 파스파 문자는 원 세조, 즉 쿠빌라이 칸에 의하여 지원至元 6년(1269)에 황제皇帝의 조령詔令으로 반포되었음을 알 수 있다(졸저, 2015:303)

2.5.2.1 원元 세조의 칙명으로 파스파 문자를 제정한 팍스파 라마(八思巴 喇嘛, ḥP'ags-pa Lama, Tib. 　　　　　, ḥP'ags-pa bLa-ma)는 토번 출신으로 사라사가인(薩斯嘉人, Sa-skya, Tib. 　　, Sa-skya)이며 장족藏族인 사키야 판디타(Sakya Pandita, Tib. 　　　　,

---

50) 그 詔令은 "詔令說 : "朕認爲用字來書寫語言, 用語言來記錄事情, 這是從古到今都采用的辨法。我們的國家在北方創業, 民俗崇尙簡單古樸, 沒來得及制定文字, 凡使用文字的地方, 都沿用漢字楷書及畏兀文字, 以表達本朝的語言。查考遼朝, 金朝以及遠方各國, 照例各有文字, 如今以文敎治國逐漸興起, 但書寫文字缺乏, 作爲一個朝代的制度來看, 實在是沒有完備。所以特地命令國師八思巴創制蒙古新字, 譯寫一切文字, 希望能語句通順地表達淸楚事物而已。從今以後, 是須發詔令文書, 都用蒙古新字, 幷附以各國自己的文字。"와 같다. 졸저(2015:304~5)에서 전문을 번역하고 그 요지를 정리하였다.

sa-skya paṇḍita)의 조카다.[51] 원 이름은 로도이 쟬트산(Lodoi Ĵaltsan, Tib. ḅLo-gros rgyal- mts'an, [티베트 문자])이고 쟌쟈 소드남 쟬트산(Ĵanĵa Sodnam- ĵalsan, Tib. Zaṅs-ts'a bsod-nams rgyal-mts'an [티베트 문자])의 아들이며 姓은 [티베트 문자](mK'on)이다. 팍사파八思巴는 '성동聖童'이란 뜻이다(Poppe, 1957: 3).[52] 이미 7세 때에 경서經書 수십만 언言을 능히 외웠으므로 국인國人이 그를 성스러운 아이라는 뜻의 '팍스파(八思巴, 八思馬, 帕克斯巴)'로 불렀다고 한다(《元史》 권202, 〈傳〉 第89 '釋老 八思巴'조, 졸저, 2009:133~134).

팍스파八思巴 라마는 자신의 모국인 티베트 글자를 증감增減하고 자양字樣을 개정하여 몽고신자蒙古新字를 만들었다.[53] 이렇게 만들어진 파스파 문자는 원元 세조世祖, 즉 쿠빌라이 칸에 의하여 지원至元 6년 (1269)에 황제의 조령詔令으로 반포한다. 보통 파스파자八思巴字, 몽고 신자蒙古新字, 국자國字라고 하여 몽고-위구르 문자畏兀字와 구별한다. 또 모양이 사각四角이므로 첩아진帖兒眞, 첩아월진(帖兒月眞, dörbelĵin) 으로 불리기도 한다. 원래 몽골어로는 dörbelĵn üsüg, 외국어로는 영어 ḥPags-pa script, 프랑스어 écriture carrée, 독일어 Quadratschrift, 러시아 어 квадратная письменность로 불린다(Poppe, 1957:1). 그러나 최근의 영어에서는 구분부호(diacritical mark)를 모두 없애고 팍 스파 문자(Phags-pa Script)로 통일하여 부른다(졸저, 2009). 현대 중국 의 부퉁화普通話로 '八思巴'는 '파스파'로 발음되므로 이 책에서는 '파스

---

51) 몽고 문학에서 널리 알려진 작품 *Subhāṣitaratnanidhi*는 사키야 판디타의 저작이 며 여러 번 몽고어로 번역되어서 지금도 판본이 많이 남아 있다. 이에 대하여는 Vladimirtsov(1921:44), Ligeti(1948 :124)를 참고할 것.

52) Poppe(1957)의 팍스파에 대한 소개는 G. Huth가 번역하여 편찬한 티베트의 [티베트 문자] hor-č'os-byuṅ(religious doctrine, 傳)에서 인용한 것이다. 이 책은 비 교적 상세하게 팍스파 라마의 일대기가 소개되었다.

53) 몽고 畏兀字에 대하여 파스파자를 蒙古新字라고 한 것이다.

파' 문자로 통일하였다.54)

2.5.2.2 파스파 문자는 중국 전통의 절운계切韻系 운서에서 인정한 36 성모聲母를 서장 문자의 30자모字母에 의거하여 새 기호로 만들어 대응시키는 방법으로 새 문자를 제정하였다. 그리고 유모喩母에 속한 모음 7자를 추가로 제자하고 이를 36자모와 합하여 모두 43자의 파스파 문자로 간주하였다. 이로부터 원대元代 성희명盛熙明의 《법서고法書考》와 도종의陶宗儀의 《서사회요書史會要》에서 43자의 파스파 문자라고 소개되었다.55)

파스파 문자에서 중세몽고어의 7개 모음을 표음하기 위하여 7자를 제정하고 이를 유모喩母에 속한 것으로 본 것은, 그동안 세계의 파스파 문자를 연구하는 학계에서 미처 살펴보지 못한 것으로 졸고(2011b)에서 처음으로 밝혀내었다. 그동안은 Poppe(1957)의 연구를 대표로 하는 서양연구자들에 의하여 파스파자는 8개의 모음자를 제정한 것으로 보아왔다. 이에 대하여는 다음의 2.5.2.2에서 다시 논의한다.

반절상자, 즉 성聲의 표음으로 중국 전통의 36성모聲母를 글자를 상정하였다. 즉 〈광운廣韻〉의 36성모를 문자화한 파스파 문자의 자음 표기 글자에 대하여는 졸고(2011a)에서 {증정}《몽고자운蒙古字韻》의 런던 초본鈔本에 의거하여 반절상자反切上字의 성聲 36모를 권두의 〈자모字母〉라는 제목 다음에 나열하였다.

---

54) 필자의 '파스파 문자'란 명칭이 일본어의 'パスパ'에서 왔다는 억측이 있다. 그러나 핫토리 시로服部四郎의 논문에서는 パクパ(pakupa)라 하여 오히려 パスパ(pasupa)로 쓰지 않았다. 일본어의 パスパ나 필자의 파스파가 모두 '八思巴'의 현대 중국 普通話의 발음에 의거한 것이다. 모든 것을 倭色으로 몰아붙이려는 몇몇 국수주의 연구자들의 풍토에 아연실색하지 않을 수 없다.

55) 그러나 《法書考》와 《書史會要》에 제시된 파스파자는 43자에서 한 자가 모자란 42자였다. 왜냐하면 36자모에 이미 포함된 喩母 /ᘐ, ꡧ[α]/가 7자 속에 다시 포함되어 이중으로 계산되었기 때문이다(졸고, 2011b).

이 부분은 이 책의 제5장 5.2.1.1에서 〈사진 5-1〉으로 보였고 졸저 (2009:187)에서는 이를 《사성통해》에 전재轉載된 〈홍무운洪武韻 31자모〉에 맞추어 도표로 보였다. 즉, 제5장의 5.2.1.2에 보인 〈표 5-1〉은 5.2.1.1의 〈사진 5-1〉에 의거하여 도표로 만든 것이다. 이것을 보면 《광운廣韻》계 운서의 전통적인 36자모를 각기 파스파 문자로 대응시켰지만 같은 글자가 있어서 실제로는 32개만이 새 기호를 제시하였음을 알 수 있다. 다시 말하면 당시 한어음漢語音에 따르면 설상음舌上音 4음을 정치음正齒音과 동일한 글자로 표음하여 설상음과 정치음의 차이를 인정하지 않아서 같은 글자로 표시한 것이다. 따라서 파스파 문자에서는 반절상자反切上字, 즉 성聲으로 모두 32음만을 서로 다른 글자로 표기한 셈이다.

이 32자모는 훈민정음의 〈언해본〉에서 제시한 한음漢音 표기를 포함한 32자의 초성初聲과 일치한다. 즉, 훈민정음 〈예의例義〉의 초성 17자에 각자병서, 즉 쌍서자雙書字 6개를 더하고 훈민정음의 〈해례본〉에서 추가한 순경음 4개를 더한 27자에다가 한음漢音 표기를 위하여 제정한 치두齒頭와 정치正齒의 구별의 5자를 추가하여 모두 32자를 제시한 것과 일치한다. 이 {증정}《몽고자운蒙古字韻》의 런던 초본鈔本에서 보여준 32자의 반절상자反切上字가 얼마나 훈민정음의 제정에 영향을 주었는가를 말한다.

2.5.2.3 파스파 문자는 티베트 문자와 달리 음절문자가 아니며 또 모음자를 별도로 제정한 자음과 모음의 음소문자다. 파스파 문자의 모음자는 원말元末에 주종문朱宗文이 증정增訂한 《몽고자운》(1301)의 청대淸代 필사본인 런던 초본에 보인다. 즉, 이 운서의 권두 '자모字母'라고 보인 36자모도의 오른 쪽에 "ꡠ ꡜ ꡯ ꡆ ꡑ ꡈ 此七字歸喩母"라는 기사가 있다. 즉, 이 책의 제5장 5.2.2.1에 〈사진 5-1〉으로 보인 {증정}《몽

고자운》런던 초본 권두의 〈자모〉 우단右端의 쓰인 것이다.

이것은 "여기에 보인 [i, u, ü, o, ö, e]의 7자가 유모喻母에 속하다"는 내용으로 유모喻母에 속하는 글자, 즉 모음자로서 실제로는 모두 6개만 제시하였다. 그동안 학계에서는 이것이 모음자를 표시한 것인지도 몰랐다. 그리고 여기서 7자라고 한 것은 36 자모도에 들어 있는 유모喻母의 /ᡓ, ᡃᡍ[a]/를56) 포함하여 'ᡠ[i], ᡆ[u], ᡓ[i+o/u, ü], ᡐ[o], ᡐ[e+o/u, ö], ᡐ[e]'의 7개 모음을 표기한 글자를 말한 것인 줄도 몰랐다. 파스파 문자에서 모음의 표기를 위하여 7자를 제정한 것은 졸고(2011b)에서 처음으로 주장하였다.57)

훈민정음에서도 중성자中聲字, 즉 모음자를 11개 제정하였으나 실제로는 단모음의 문자로는 기본자 3자와 초출자初出字 4자의 7자만을 제정한 것이다. 그리고 이 모음자들은 음양陰陽으로 나누어 서로 같은 계통의 모음끼리만 연결되는 것을 설명하였다. 지금까지는 이 중성자, 즉 모음자들이 당시 한국어의 모음체계를 반영하고 음양陰陽은 한국어의 모음에 존재하는 모음조화로 생각하여 왔다. 그러나 이러한 연구는 파스파 문자의 유모喻母자에 근거하여 제정한 훈민정음의 중성자를 만든 것을 미처 이해하지 못하여 일어난 오해라고 주장하였다(졸저, 2015:350~355).58)

---

56) 이 두 문자는 서로 異體字로 몽고어 [a]를 표기한 모음자이다.
57) 필자로서도 이러한 주장이 조심스러워서 파스파 문자의 모음자에 관한 논저를 가장 많이 발표한 일본의 服部四郎 교수의 모교이고 또 그가 수학했던 東京大學 언어학과에서 간행하는 《東京大學言語學論集》에 투고하였다. 1년 넘는 기간에 걸쳐 철저한 심사 끝에 제31호의 권두 논문으로 게재되었다. 졸고(2011b).
58) 西陂 柳僖는 〈諺文志〉(1824, 《文通》 전100권의 제19권)의 "全字例"에서 "諺文雖刱於蒙古, 成於我東, 實世間至妙之物 - 언문은 비록 몽고에서 시작하여 우리나라에서 이루어졌지만 실제로 세간에 지극히 오묘한 것이다"라고 하여 파스파 문자가 몽고에서 시작하였지만 조선의 諺文으로 완성된 표음문자임을 밝히고 있다.

2.5.2.4 다음은 파스파 문자의 사용과 전파에 대하여 살펴보기로 한다. 지원至元 6년(1269)에 반포된 파스파 문자는 '몽고신자蒙古新字', '몽고자蒙古字', 그리고 '국자國字'로 불리면서 몽고-위구르 문자와 구별되었다. 이 문자는 원제국의 공식 문자로 인정되어 같은 해 7월에는 모든 지역에서 몽고자 학교가 설치되었다.[59] 이어서 지원至元 8년 12월에는 국자國字 사용을 증가하라는 포고령이 내렸고 지원至元 10년 정월에는 이후의 모든 명령서에 국자를 사용하라는 칙령勅令이 있었다.

그러나 이러한 노력에도 불구하고 중국인 관리의 자제子弟들은 파스파 문자의 교육을 받지 않았고 위구르畏兀 문자, 즉 몽고-위구르 문자를 사용하는 데 익숙하였다. 이에 대하여 화례곽손和禮霍孫의 상소가 있었으며 이에 따르면 신문자의 전파는 매우 더뎠다는 것을 알 수 있다(Poppe, 1957:6). 드디어 지원至元 16년(1279)에는 중서성中書省이 관문官文이나 상소上疏에 위구르, 즉 외올畏兀 문자 사용을 금지시켰으나 이 명령은 지켜지지 않았고 중서성은 5년 후인 지원 21년 5월에 다시 같은 명령을 내리게 된다.[60]

원대元代에 중국의 사서史書들도 몽고어로 번역되어 파스파 문자로 기록되었다. 예를 들면 《자치통감資治通鑑》은 몽고어로 번역되어 파스파 문자와 외올문자, 즉 몽고-위구르 문자로 간행되었다는 기사가 있다. 뿐만 아니라 《효경孝經》도 당시 한아언어漢兒言語로 번역된 것을 다시 몽고어로 번역하여 파스파 문자로 기록한 〈국자효경國字孝經〉이 간행되었다는 기사가 있다(Pauthier, 1862:21).[61]

---

59) 至元 7년에는 10월에 皇帝 祖上을 祭祀하는 寺院에서 祈禱文의 문자로 파스파 문자를 지정한다는 布告가 내려졌다. 졸저(2009) 참조.
60) 조선시대의 馬牌에 해당하는 牌字(몽고어 gerege)의 글도 至元 15년(1278) 7월에 황제의 칙령으로 위구르 문자로부터 파스파 문자로 바꾸도록 하였다. 그러나 실제로 이것이 시행된 것은 몇 년 후의 일이다.
61) 《孝經》의 漢兒言語 번역과 그 간행에 대하여는 졸고(2006b)를 참고할 것.

이 외에도 《대학연의택문大學衍義擇文》, 《몽고자모백가성蒙古字母百家姓》, 《몽고자훈蒙古字訓》 등 파스파 문자로 쓰인 책들의 서명이 《팔사경적지八史經籍志》의 〈원사예문지元史藝文志〉에 보인다. 그러나 오늘날 현존하는 파스파 문자의 기록물은 전적으로 된 것이 거의 없고 금석문이 조금 남아 있을 뿐이다. 명 태조에 의해서 시행된 철저한 호원胡元의 말살 정책의 첫 번째 대상이 바로 파스파 문자였기 때문이다.

6. 마무리

2.6.0 이상 동아시아의 여러 알타이 민족들이 스스로 문자를 제정하여 자민족의 언어를 기록한 것에 대하여 살펴보았다. 지금까지 논의된 내용을 요약하여 정리하기로 한다.

중국 주변에 흩어져 살고 있는 알타이 민족들은 교차적 문법 구조를 가진 언어를 사용하였다. 소위 알타이어족이라고 불리는 이들의 언어는 교착어로서 문장의 구성이 어순語順보다는 다른 문법 요소의 결합으로 이루어진다. 따라서 문장 속에서 각 단어들의 관계를 밝혀주는 어미와 조사가 상대적으로 중요하였다. 이러한 언어를 표기하는 데 표의 문자인 한자는 적합하지 않았다.

한자는 문장의 구성이 주로 어순語順에 의존하는 고립적 문법구조의 상대上代 중국어를 표기하기 위하여 발달한 문자다. 이 언어에서는 문장 속에서 각 단어들의 관계를 나타내는 어미와 조사가 발달하지 않았고 각 단어들은 어순에 의거한다. 언어학의 유형론類型論에서 고립적

인 문법 구조의 언어로 알려진 중국어를 표기하기 위하여 자생적으로
발달한 문자가 한자라고 볼 수 있다.

한자는 황하黃河 문명의 발달과 더불어 동아시아의 가장 강력한 문
자로 등장한다. 중국 주변의 교착어인 알타이 제어도 역사가 시작할
때에는 한자로 기록되었다. 이 민족들은 유교儒敎의 경전을 통하여 한
자의 한문을 배우고 그것으로 자민족의 언어를 기록하였다. 다시 말하
면 자신들의 언어를 중국어로 번역하여 한자로 기록한 것이다. 당연히
많은 불편이 따르게 된다. 그리하여 그들은 새로운 문자를 제정하여
자신들의 언어를 기록하기 시작하였다.

2.6.1 처음에 새로운 문자를 제정할 때에는 당시 가장 널리 알려진 한
자를 이용하는 방법이 일반적이었다. 주로 한자를 변형시켜 자신들의
언어를 표기하는 데 알맞은 문자를 표기하였다. 이러한 방법을 이용한
문자로는 고구려를 비롯하여 발해渤海의 수이자殊異字들, 일본의 가나
假名, 거란, 서하西夏, 여진 문자가 있었다. 고려의 구결 약자도 그러한
계통의 문자로 볼 수 있다.

또 한 가지 방법은 서양의 표음문자를 빌려 사용하는 방법이다. 서
양의 북셈(Northern Semitic) 문자의 하나인 고대 아람 문자(Aramaic
script)에서 발달한 소그드 문자(Sogdian script)가 동아시아에 유입되어
위구르 문자(Uighuric script)가 되었다. 이를 몽고의 칭기즈 칸成吉思汗
이 차용하여 몽고어를 적게 하여 몽고-위구르(Mongol-Uighuric) 문자
가 시작된다. 이 문자는 초기 몽고의 여러 칸국汗國에서 사용하여 널
리 퍼져나갔으며 오늘날에도 내몽고에서 공식문자로 사용한다. 그리고
후일 만주족의 누르하치奴爾哈赤가 받아들여 청淸의 만주어를 기록하
는 문자가 되었다.

세 번째의 방법으로는 스스로 새로운 표음문자를 제정하는 것이다.

여기에는 불교의 유입으로 일반화된 불경의 문자인 범자梵字의 영향이 컸다. 고대인도의 범자는 베다 경전의 산스크리트어, 즉 범어梵語를 기록하던 문자였으나 불경이 이 문자로 기록되면서 불교를 받아들인 동아시아의 모든 민족에게 친숙한 문자가 되었다. 이 문자는 한자와 달리 표음문자였고 이로부터 한자 표기가 어려운 여러 민족들이 표음문자를 스스로 제정하게 된다.

2.6.2 범자梵字의 영향을 받아 새로운 표음문자를 처음으로 만든 것은 7세기 중엽 토번 왕국의 송첸감보(Srong-btsan sgam-po) 왕이었다. 그는 신하 가운데 톤미 아누이브(Thon mi Anu'ibu) 등을 시켜 서장西藏 문자 30개를 만들었는데 이 문자는 불가佛家의 비가라론毘伽羅論과 성명기론聲明記論에 의거하여 매우 과학적으로 만들어진 표음문자여서 당시 주변의 다른 민족들의 언어도 이 문자로 표기되었고 오늘날에도 사용되고 있는 티베트의 음절문자이다.

　　이 서장 문자를 음소문자로 바꾸어 원제국의 모든 언어와 한자를 표음할 수 있는 문자로 만든 것이 파스파 문자다. 칭기즈 칸의 몽골 제국에서 중국만을 분리하여 원元이란 새로운 국가를 세운 쿠빌라이 칸은 팍스파 라마로 하여금 서장 문자와 같은 표음문자를 만들게 하여 제국의 국자로 삼았다. 이 문자는 중국 성운학聲韻學에 의거하여 36성모聲母의 자음 글자를 만들고 당시 몽고어의 모음 체계에 맞추어 7개의 모음 글자를 만들어 모두 43개의 음소문자를 만들었으나 실제로는 41개의 문자만 사용하였다.

2.6.3 한글도 파스파 문자와 같이 표음문자로 제정되었다. 처음에는 우리 한자음, 즉 동음東音의 표기를 위하여 28자를 만들었으나 동국정운식 한자음 표기를 위하여 초성, 즉 반절상자로 27자를 만들고 한음漢

音을 표기하기 위하여 32자까지 자음을 표음하는 글자를 만들었다. 여기에 중성 11자를 더하면 43자로 앞에서 살펴본 파스파 문자의 글자수와 같아진다. 그러나 실제 우리말과 우리 한자음, 그리고 동국정운식 한자음을 표기하기 위하여 많은 글자를 더 만들어 사용하였다.

　이상의 논의를 종합하면 동아시아의 여러 민족들, 특히 교착적 문법 구조의 알타이 제어를 사용하는 민족들은 한자문화에 동화되어 소멸되는 것을 두려워하였고 한자가 자신들의 언어를 표기하기에 적당하지 않기 때문에 새로운 문자를 만들어 사용하였다. 이러한 전통은 알타이 제 민족에서 서로 교류하였고 영향을 주었으며 한글도 이러한 영향 아래에 제정된 표음문자로 보아야 한다.

제2장의 영문 요약

On the Historical Context of Altaic Peoples Making and Using their
Own Scripts —Focused on the Phags—pa and Hangul scripts—

The languages of the Altaic peoples who lived scattered around China
belonged to the Altaic language family with the agglutinative grammatical
structure, and were classified as agglutinative languages. In the early historic
eras, the languages were partially recorded in Chinese, which was the most
powerful writing system in the East Asia region. However, it was difficult
to record Altaic languages in Chinese characters which were ideographs
created to record Chinese, an isolating language, and thus it caused a lot of
discomfort. Therefore, the Altaic peoples began to record their own
languages by creating new scripts different from Chinese characters.

When a new script was created, it was a general method to employ the
best—known Chinese characters. The letters suitable for representing their
own languages were made mainly by transforming the Chinese characters.
Among the writing systems created by this method are letters of Bohai(渤
海), Japan, Khitan(거란), Xīxià(西夏), and Jurchen(女眞), as well as
Koguryo script. Koryo's Kugyeol abbreviation is also seen as such a writing
system.

Another method was to borrow and use phonetic symbols of the West.
The Sogdian script, which derived from the ancient Aramaic script, one of

the Northern Semitic scripts, entered East Asia and became the Uighur script. The Uighur script was later borrowed by Chingiz Khan of Mongolia, and thus, the Mongol–Uighuric script was created by including less Mongolian language. This writing system was used in several Khan States(汗國) of early Mongolian Empire, became widespread, and later adopted by Nurhachi of Manchu–race and became the Manchu alphabet for recording the Manchu language of the Qīng(清) dynasty.

A third method was to establish a new phonetic alphabet of their own. It was greatly influenced by Sanskrit characters of Buddhist scriptures generalized by the influx of Buddhism. Sanskrit characters of ancient India was letters for recording the language of Vedic scriptures, that is, Sanskrit, but became characters of Buddhist scriptures, and thus became familiar to all the nations of East Asia which embraced Buddhism. These letters was a phonetic alphabet unlike Chinese characters, and they affected the establishment of their own phonetic alphabets by many ethnic groups whose languages were difficult to record by means of Chinese characters.

A new phonetic alphabet was first created   by King Srong–btsan sgam–po of Tǔfan(吐蕃) Kingdom in the mid–seventh century under the influence of Sanscrit characters(梵字). He made Thon mi Anu'ibu to create 30 Tibetan(西藏) characters, and since they were very scientifically designed phonetic symbols, languages of other ethnic groups during the period were also written in the script, and it is the Tibetan syllabic writing system still used today.

The Tibetan(西藏) script was changed into the letters which could transcribe all the languages of Yuan Empire and Chinese characters, and these letters are referred to as the Phags–pa script.   Khubilai Khan, who separated only China from Chingiz Khan's vast Mongolian empire and established a new nation called Yuan, made ḫP'ags−pa Lama of Tŭfan(吐 蕃) to create the Phags−pa script employing a phonetic alphabet such as Tibetan characters, and established the letters as the national script of Yuan Empire. On the basis of Chinese Phonology, consonant letters for 36 onsets were created, and 7 vowel letters were created according to the vowel system of the Mongolian language of the period. Consequently, 43 phonemic symbols in total were created, but only 41 of them were actually used.

Hangul was also established as a phonetic alphabet, like the Phags−pa script. Initially, 28 characters were made in order to represent Korean pronunciation of Chinese characters, that is, the Sino−Korean Pronunciation. However, in order to represent the Sino−Korean pronunciation based on Tongguk−jeongun, 27 letters were created as symbols for onsets, that is, initial consonantal letters, and eventually, 32 letters for consonant phonemes were made to represent the Chinese Pronunciation of Chinese characters. When 11 middle vocalic letters are added to them, they are 43 letters in total, and thus equal the Phags−pa script discussed previously in the number. However, more letters were additionally made and used in order to transcribe our language, the traditional Sino−Korean pronunciation, and the Sino−Korean pronunciation based on Tongguk−jeongun.

제3장

성명기론聲明記論과 반자론半字論

1. 들어가기

3.1.0 졸저(2015)에서 주장한 고대인도의 비가라론毘伽羅論이 대장경大藏經을 통하여 고려에 들어왔고, 졸고(2019a)에서는 신미信眉대사에 의하여 세종에게 전달되어 새 문자 제정에서 중요한 역할을 하였다고 보았다. 이러한 주장은 훈민정음을 제정한 배경 이론의 탐색에도 매우 중요할 뿐만 아니라 세계의 언어학사에서도 현대 언어학을 이해하는 데 빠질 수 없는 이론이지만, 이제까지 어느 누구도 그런 생각을 한 일도 없고 그에 대한 논저를 발표한 일이 없었다.

그것은 훈민정음을 연구하는 대부분의 연구자들이 세계 문자학의 연구 결과에 관심이 없었고 서양의 언어학사를 연구하는 사람들에게는 불경을 참고할 안목이나 의식이 없었기 때문이다. 따라서 서양 언어학에서 언급도 되지 않은 비가라론毘伽羅論이나 그의 음성 연구인 성명기론聲明記論을 훈민정음 연구에서 참고할 리가 없었다.

고대인도의 비가라론에 대하여 우리 국어학계가 얼마나 무지한가를 보여주는 일화가 있다. 2015년 8월에 오스트리아 비엔나에서 열린 제12차 ISKS 국제학술대회에서 한글에 대하여 고등학교 수준의 예찬론을 발표한 어떤 중진 국어학자가 청중들로부터 심한 반발을 받고 학회 참가를 중단하고 일찍 귀국하였다.

현장에서 지켜 본 필자가 그가 너무 상심이 큰 것 같고 또 왜 그런 비판을 받는지 제대로 이해하지 못한 것 같아서 한글과 관련된 비가라론毘伽羅論의 연구인 졸고(2016a)를 보내주었다. 그랬더니 논문을 받고 보내온 이메일의 서두에는 고맙다는 말에 앞서서 "나도 이미 곤가라론을 잘 압니다"였다. 비가라론毘伽羅論의 첫 글자 비毘를 '곤毘'으로 읽은 것이다. 이로 보면 비가라론이 범어의 'Vyākaraṇa'를 한자로 전사한 것조차 알지 못한 것임을 알 수 있었다. 따라서 그 내용을 제대로 알 리가 없을 것이다.

다만 그의 학문 수준으로 보아 이 이론이 훈민정음의 제정의 기반이 되는 것은 즉시 이해할 수 있으므로 이것도 모른다고 하기에는 차마 체면이 서지 않으니 '곤가라론'을 이미 알고 있다고 강변한 것이다. 그는 그동안 훈민정음에 대한 많은 연구 업적을 발표하였고 국어학 분야와 훈민정음 연구에서 널리 알려진 중견 학자였으며 현재에도 여러 학회의 수장을 맡으며 활약하고 있다. 그런 형편에서 비가라론을 이해하지 못한다는 것은 본인 스스로도 납득이 안 됐을 것 같다.

그럼에도 불구하고 비라가론에 대하여 그 이름조차 제대로 이해하지 못하니 우리 국어학계가 이에 대하여 어떤 수준의 이해를 하고 있을까 추측하기 어렵지 않다. 필자의 훈민정음, 즉 한글에 대한 연구서인 졸저(2015)가 제대로 된 비평이 없이 여러 동학同學으로부터 그저 감정적으로 배척하고 무시하는 이유가 여기에 있는 것 같다.

자신들이 한 번도 들어본 일이 없는 새로운 이론으로 훈민정음에 대하여 논의하자고 하니 누군들 거부감을 느끼지 않을 수 있겠는가? 따라서 훈민정음의 기반 이론에 대하여 좀 더 자세하게 설명할 필요를 절실하게 느낀다. 특히 우리 학계에 아직 소개되지 않은 고대인도의 언어 연구, 특히 음성 연구에 대하여 구체적으로 알려야 할 의무가 있음을 절감한다.

이 장에서는 고대인도의 문법 연구인 비가라론毘伽羅論과 그의 음성 연구인 성명기론聲明記論에 대하여 구체적으로 살펴보기로 한다.

2. 고대인도의 비가라론毘伽羅論

3.2.0. 비가라론毘伽羅論은 범어梵語의 'Vyākaraṇa'를 한자로 전사轉寫한 것으로 '비가라毘伽羅, 비가라나毘伽羅那, 비가라남毘伽羅諵'으로 쓰기도 하며 한역漢譯하여 '기론記論'이라 한다. 범어에서 'Vyākaraṇa'는 "분석하다"에서 온 말로 산스크리트어의 문장을 분석하여 각 단위별로 문법적 특성을 밝히는 '분석문법'이란 뜻이다. 고대인도의 베다 경전의 언어인 산스크리트어, 즉 범어梵語를 각 단위별로 분석한 문법이다.[1)

졸저(2015)에서는 고대인도의 범어 문법인 비가라론이 불가佛家에서 외지外智에 속하는 것으로 본다고 하였다. 외지(bāhyaṃ jnanam)는 '외도外道의 지식'이란 뜻으로 불법佛法 이외의 사법邪法에서 얻은 지식을 말한다. 즉, 석가釋迦의 가르침이 아니고 세속적인 지식을 말하는 것이다.

세친世親과 관계가 있는 《금칠십론金七十論》에 "何者名爲智? 智有二種: 一外智, 二內智. 外智者, 六皮陁分: 一式叉論, 二毘伽羅論, 三劫波論, 四樹底張履及論, 五闡陁論, 六尼祿多論。此六處智名爲外. - 무엇이 지식인가? 지식에는 두 종류가 있는데 하나는 외지外智요 둘은 내지內智다. 외지란 여섯의 피타경皮陁經, 즉 베다 경전을 이해하는 데 보조적인

---

1) 베다 경전의 언어인 산스크리트어, 즉 梵語는 불교만이 아니라 힌두교, 시크교, 자이나교의 경전에서 사용된 언어이며 3,500년의 역사를 갖고 있다. 원래 Samskruta Bhasha(Sanskrit language)로 불리는 이 언어는 Sam (refined) + krita (done)의 합성어로 된 명칭으로 雅言이라는 뜻이다.

학문이 있다. 첫째는 식차론式叉論, 둘째는 비가라론, 셋째는 겁파론劫
波論, 넷째는 수저장리급론樹底張履及論, 다섯째는 천타론闡陁論, 여섯째
는 니록다론尼祿多論이다. 이 여섯을 외지外智라 한다"고 정리하였다.[2]

　　이 기사로 보면 비가라론은 바라문의 베다Veda 경전과 불경을 이해
하기 위하여 배우는 문법 지식이었음을 알 수 있다. 이렇게 굴절어인
범어의 문법인 비가라론은 서양에 파니니Pāṇini가 저술한 *Aṣṭādhyāyī*
(《八章》, 이하 《팔장》으로 약칭로 소개되었다. 또 《팔장》으로 대표되는
비가라론이란 고대인도의 문법이 고려대장경을 학습한 신미信眉라는
학승學僧에 의하여 한글을 발명하고 있던 세종에게 전달되었다(졸고,
2019a).

1) 불경의 비가라론과 성명기론

3.2.1.0 비가라론은 고대인도에서 널리 퍼져 있는 기론記論, 즉 문법이
다. 그 가운데 성명聲明을 밝히는 성명기론聲明記論이 역경승譯經僧들
에게 관심이 많았지만, 이를 석가釋迦가 저술한 것은 아니며 그가 이
비가라론으로 말미암아 적지 않은 오해가 있었음을 여러 불경에서 언
급하고 있다. 즉, 《대반열반경》(권5)에서는 부처가 비가라론을 비밀한
지식으로 여겨 이를 숨기고 말하지 않은 것으로 오해하지 말기를 당부
하는 다음과 같은 기사가 있다.

---

2) 이에 대하여는 《大般涅槃經》(권21)에 "復有不聞, 所謂一切外道經書: 四毘陁論,毘伽羅
論,衛世師論,迦毘羅論,一切呪術,醫方,伎藝,日月博蝕,星宿運變,圖書讖記. 如是等經, 初未曾聞
秘密之義, 今於此經而得知之 – 또 듣지 못하던 것이 있으니, 모든 외도들의 경전으
로서 사비타론四毘陀論·비가라론毗伽羅論·위세사론衛世師論·가비라론迦羅論·모든 주
문(呪術)·의방醫方·기예伎藝·일식과 월식·별들(星宿)의 운행·도서圖書·참기讖記 따위
가 있다. 이러한 경들에 대해 애초부터 듣지 못하던 비밀한 뜻을 이 경전에서 듣게
되며 알게 된다"라고 하여 《大般涅槃經》에서는 비가라론을 外道라 하였다.

善男子, 譬如長者唯有一子, 心常憶念憐愛無已, 將詣師所, 欲令受學, 懼不速成, 尋便將還. 以愛念故, 晝夜慇懃教其半字, 而不教誨毘伽羅論, 何以故? 以其幼稚力未堪故. 善男子, 假使長者教半字已, 是兒卽時得能了知毘伽羅論不? 不也. 世尊. 如是長者於是子所, 有秘藏不? 不也. 世尊, 何以故? 以子年幼故. 不爲說不以秘恪, 而不現示. 所以者何? 若有嫉妒秘恪之心, 乃名爲藏. 如來不爾, 云何當言如來秘藏. 佛言: 善哉, 善哉! 善男子, 如汝所言. 若有瞋心、嫉妒、慳恪, 乃名爲藏. 如來無有瞋心、嫉妒, 云何名藏? 善男子, 彼大長者謂如來也. 言一子者謂一切衆生. 如來等視一切衆生, 猶如一子. 教一子者謂聲聞弟子. 半字者謂九部經. 毘伽羅論者, 所謂方等大乘經典. 以諸聲聞無有慧力, 是故如來爲說半字九部經典, 而不爲說毘伽羅論方等大乘. 善男子, 如彼長者子旣長大, 堪任讀學, 若不爲說毘伽羅論, 可名爲藏. 若諸聲聞有堪任力, 能受大乘毘伽羅論, 如來秘惜不爲說者, 可言如來有秘密藏. 如來不爾, 是故如來無有秘藏. 如彼長者教半字已, 次爲演說毘伽羅論. 我亦如是, 爲諸弟子說於半字九部經已, 次爲演說毘伽羅論, 所謂如來常存不變.

"선남자여, 어떤 장자가 외아들을 두고 항상 사랑하고 그리워서 스승에게 보내여 공부하게 하려다가 빨리 성취하지 못할까 염려하여 도로 데려다가 밤낮으로 반쪽 글자만(半字) 가르치고 성명론聲明論은 가르치지 못하나니, 나이가 어려서 감당하지 못할까 두려워하는 연고니라. 선남자여, 그 장자가 반쪽 글자만 가르쳐도 그 아들이 능히 성명론을 알 수 있겠느냐?" "그렇지 않습니다, 세존이시여." "그 장자가 아들에게 비밀히 감추는 것이 있겠느냐?" "그렇지 않습니다. 왜냐 하면 아들의 나이가 어려서 말하지 않았을지언정, 아끼느라고 보이지 않는 것은 아니오니, 만일 아끼고 질투하는 마음이 있으면 멈춘다 하려니와, 여래는 그렇지 아니 하옵거늘, 어찌 여래의 비밀한 장이라 말하오리까?" "훌륭하고 훌륭하다. 선남자여, 그대의 말과 같이 미워하고 질투하며 아끼는 마음이 있으면 감춘다 하려니와, 여래는 그런 마음이 없거늘 어찌 감춘다 하겠느냐. 선남자여, 장자는 여래를 비유한 것이, 외아들은 모든 중생을 비유한 것이니, 여래가 모든 중생을 외아들처럼 생각하느니라. 외아들을 가르친다는 것은 성문 제자를 말함이요, 반쪽 글자는 아홉 종류 경전을 말함이요, 성명론이란 것은 방등方等 대승경전을 말함이니, 성문들이 지혜가 없으므로 여래가 반쪽 글자인 아홉 종류 경전만을 말하고, 성명론인 방등 대승경전은 말하지 아니하였느니라. 저 장자의 아들이 자라서 글을 배울 만하여도 성명론을 가르치지 않으면 장藏이라 하는 것과 같이, 성문들이 대승 성명론을 배울 만한 힘이 있어도 여래가 아끼고 가르치지 않는다면 여래는 비밀한 장이 있다고 말하려니와, 여래는 그렇지 아니하므로 여래는 비밀한 장이 없느니라. 그 장자가 반쪽 글자를 가르치고 다음에 성명론을 말하듯이, 나도 그와 같이 제자들에게 반쪽 글자인 아홉 종류 경전을 말하고, 다음에 성명론을 연설하노니, 그것이 여래가 항상 머물고 변하지 않는다 하는 것이니라(《대반열반경》 권5, P0762b18L~P0762c23L).

이 기사를 보면 비가라론을 석가가 비밀리에 감춰둔 것이 아니고 반자론半字論을 먼저 익힌 다음에 비가라론을 말하고자 하였음을 알 수 있다. 또 반자론은 구부九部 경전이고 비가라론은 대승大乘 경전과 같아서 제자들이 지혜가 있으면 비가라론을 가르치고 그렇지 않으면 반자半字를 가르침을 비유적으로 말하고 있다. 앞에서 어린이에게는 비가라론이 아니라 반자론을 가르쳤다는 《대반열반경大般涅槃經》(권5:38)의 기사를 상기하게 한다.

3.2.1.1 비가라론을 기론記論으로 한역漢譯하고 그 가운데 성명聲明, 즉 음성의 연구를 성명기론聲明記論이라 하였다. 중국에서 후한後漢 이후에 불경의 번역이 유행하였고 또 중국의 고승高僧들이 스스로 불경을 찬술하기도 하여 한역漢譯 불경과 더불어 이들을 모두 대장경大藏經이라 불렀으며 이들이 고려대장경에 그대로 포함되어 한반도에도 수입되었다.

이 대장경 가운데는 비가라론은 비가라毘伽羅, 비가라나毘伽羅那, 비가라남毘伽羅諵이란 이름으로 인용되었고 앞에서 언급한 《팔장》도 적지 않게 소개되었다. 비가라론은 한역 불경에서 기론記論으로 번역되었고 이 가운데 음성학에 관한 것만을 성명기론聲明記論, 성명처聲明處, 성명聲明으로 특별히 관심을 가졌다.

천축의 승려 축불념竺佛念이 한역漢譯한 《보살영락본업경菩薩瓔珞本業經》(하권)에는 옛 불도佛道에서 배워야 하는 십이부경十二部經의 하나로 비가라나毘伽羅那를 들었다.[3] 또 측천무후則天武后 때에 당唐에 들어와 활약하던 가섭迦葉도 12살에 외도外道에 출가하여 파라사라波羅奢羅에게서 성명聲明, 즉 비가라론의 음성학을 배웠다는 기사가 있다.

남인도인으로 60세에 삼장三藏을 만나 불교에 귀의한 가섭迦葉, 즉, 보리류지(菩提流志, Bodhiruci, 672~27)는 《대보적경大寶積經》(1권)의 자서自序에서 비가라론毘伽羅論은 인도의 지식인들에게 필수의 학문이었다고 주장한다.[4] 인도에 유학한 수隋, 당唐의 승려들도 이를 모두 학습하였고 특히 이 이론의 성명학聲明學, 또는 성명기론聲明記論을 한자음 연구와 더불어 많이 참고하였다.

또 하나의 예를 들면 《삼장법사전》에서 당唐의 승려 현장玄奘은 그의 스승인 계현戒賢법사도 이미 비가라론毘伽羅論을 배웠다고 적었다. 즉 《삼장법사전》에 "[戒賢法師] 兼學婆羅門書、印度梵書, 名爲記論.- [계현법사가] 바라문의 책과 인도의 범서(산스크리트어로 된 책을 말함)를 배웠는데 이름을 기론이라 한다(K1071V32P0673a10L~0673b 04L, 《삼장법사전》)"라는 기사는 계현법사戒賢法師가 기론記論, 즉 비가라론을 배웠음을 밝히고 있다.[5]

---

3) 《菩薩瓔珞本業經》(하권)의 "佛子, 光慧信忍, 修習古佛道所謂十二部經, 修多羅、祇夜、毘伽羅那、伽陀、憂陀那、尼陀那、阿波陀那、伊帝目多伽、闍陀伽、毘佛略、阿孚陀達摩、憂波提舍, 以此法度衆生, 光光變通故, 名明地."(V14P0384a10L)이란 기사와 《釋摩訶衍論》(1권)의 "所以立名曰: 藏焉也.已說藏差別, 次說經差別.經有幾數幾經? 所攝今摩訶衍論何等經爲依? 頌曰: 摠百洛叉數, 十二部經攝, 修多羅祇夜及毘伽羅那."(V37P0989c~1001a)를 참조.
4) 菩提流志의 自序에서 "南天竺國淨行婆羅門種, 姓迦葉氏也. 年十有二, 外道出家, 事波羅奢羅, 學聲明,僧法等論并曆數、呪術及陰陽等. 年踰耳順, 遽乃心歸, 知外法之乖違, 悟釋教之深妙, 隱居名嶽, 積習禪陀, 初窺邪舍, 瞿沙三藏, 學經論, 其後遍遊五天竺國."(K0022V06P0001b04L~07L, 《大寶積經》 1권)라는 기사 참조.
5) '記論'이 바로 毘伽羅論인 것에 대하여는 《一切經音義》(권23)에 보이는 "記論外道卽毗伽羅論是也.(V32p0316a03L)"라는 기사를 참조할 것.

3.2.1.2 비가라론은 불경의 대장경 속에 들어 있었고 고려대장경高麗大藏經에 포함되어 한반도에도 수입되었다. 대장경은 불가의 경전經典을 집합하여 일컫는 말로 일체경一切經이라고도 하고 장경藏經이라고 약칭하기도 한다. 원래 불경佛經을 총칭하는 전통적인 용어는 삼장三藏이라 하며 불가佛家에서 세 분야의 경전을 말한다. 즉, 불가에서 말하는 삼장三藏은 경장(經藏, Sutla-pitaka)과 율장(律藏, Vinaya-pitaka)과 논장(論藏, Abhidhamma-pitaka)을 가리킨다.[6]

'경經'이라고 하는 불전佛典들을 총칭하여 경장經藏이라고 한다. 그리고 경經은 원칙적으로는 부처님의 설법을 위주로 하여 이루어진 경전에 붙이는 명칭이지만, 간혹은 불제자가 주인공이 되는 것도 경으로 불리는 경우가 있다. 따라서 대장경은 불경만이 아니라 후대에 불자佛子들의 저술이나 불교의 사서史書와 전기傳記와 사전辭典, 기타 불교학 관련의 주요 저술과 자료를 총망라한다. 그런데 중국에서는 기원후 1세기 무렵의 후한後漢 이후에 불교의 수입과 더불어 인도에서 성립한 삼장三藏을 한역漢譯한 것에다가 중국에서 성립한 약간의 문헌들을 포함시켜 이것들을 대장경大藏經이라고 불렀고 남북조南北朝 시대 이후에는 일체경一切經이라고도 불렀다.

따라서 대장경은 원래 중국에서 번역되거나 저술된 불전佛典들의 총칭이었다. 그러나 근세 이후에는 인도와 중국 밖에서 성립된 불전들까지 포함하여 대장경이라는 명칭으로 집합하게 되었다. 이제 대장경은 부처의 경전뿐만 아니라 후대 불교도의 저술, 불교의 사서史書와 전기傳記와 사전辭典, 기타 불교학 관련의 주요 저술과 자료를 총망라한다. 대장경은 불교의 역사가 유구한 만큼 점차 방대해진 것이다.

---

6) 律藏은 계율의 제정과 실행에 관한 내용으로 이루어진 경전이고, 論藏은 경장과 율장에 속하는 경전들을 해설하거나 교리를 연구한 불제자들이 지은 논저를 말하며, 經藏은 부처님의 가르침을 가리킨다.

3.2.1.3 이 대장경은 여러 언어로 번역되어 불교의 전파에 이용되었다. 전통적인 팔리Pāli어의 삼장三藏과 대표적인 한역漢譯 대장경 및 티베트어로 번역된 대장경을 비롯하여 몽고어와 만주어의 대장경이 현존한다. 이 밖에 서하어西夏語로 번역된 대장경도 있었으나 지금은 거의 사라져 일부가 남아 있을 뿐이다. 물론 대장경은 한반도에도 들어와서 고려대장경高麗大藏經으로 종합되었으며 한글 제정 이후에 우리말로 번역된 불경도 다수 전해온다.

한국의 고려대장경은 한역漢譯 대장경에 속한다. 대장경 또는 일체경一切經이라는 이름으로 불전佛典들이 방대한 규모로 집합되기 시작한 것은 중국에서부터지만 그 전통은 팔리어로 번역한 삼장三藏에서 유래한 것으로 본다. 그러나 더 거슬러 올라가면 석가모니 부처님의 설법을 종합하여 확정한 결집結集에서 비롯된다. 고려대장경은 전술한 중국에서의 한역 대장경을 거의 망라하였고 이를 통하여 한반도에 대부분의 불경과 불제자佛弟子의 논저가 수입되어 불교 연구에 이용되었다.

중국에서 최초의 대장경의 간행은 북송北宋의 태조가 칙령勅令으로 개보開寶 4년(971)에 간판하도록 지시하여 송대 태종의 태평흥국太平興國 8년(983)에 완성한 개보 칙판勅板의 것을 말한다. 이후 거란契丹의 요遼에서도 대장경을 간행하였다. 고려대장경은 중국의 송, 또는 요에서 작성되었거나 한역漢譯한 대장경을 모두 결합하여 간행한 것이다. 고려 현종顯宗 2년(1011) 무렵에 시작한 대장경의 간행 사업은 현종 20년(1029)에 거의 완성되었으며 그 후에 소강상태였다가 고려 문종文宗 때에 거란의 대장경이 수입되면서 이것도 포함시켜서 간행되었다.

고려 문종 때에 간행된 고려대장경을 초조初雕대장경이라 한다. 고려 후기에 몽골의 침입에 시달리던 고려는 몽골군의 재차 침입에서 대구 부인사符仁寺에 보관하던 초조대장경의 책판이 모두 소실되었다. 이를 다시 간행하기 시작하여 고종 35년(1248)에 완성된 고려대장경을 재조再雕대장경이라 부른다.

비가라론毘伽羅論도 후한시대부터 중국에 유입된 범어梵語 불경佛經들과 그의 한역漢譯으로 중국에 널리 알려졌으며 동진東晉 이후에 자본론字本論, 기론記論, 또는 성명기론聲明記論으로 번역되어 학승들 사이에 많은 연구가 있었다. 신라와 고려에서도 이 성명기론을 접하게 되었고 이에 대하여 언급된 불경들이 대부분 고려대장경에 포함되었다.

3.2.1.4 이 성명기론은 불가의 오명五明 가운데 인간 언어의 음성을 연구하는 성명聲明, 즉 섭타필태(攝拖必馱, śabda-vidyā)를 밝히는 것이다.[7] 원래 성명기론의 '성명聲明'은 5명(明, pañca-vidyā-sthāna)의 하나로 오명五明은 다섯 가지 학문이나 기예를 발한다. 여기서 '명(明, vidyā)'은 배운 것을 분명히 한다는 뜻이다. 보통은 첫째 성명聲明, 둘째 공교명工巧明, 셋째 의방명醫方明, 넷째 인명因明, 다섯째 내명內明으로 나눈다.

오명五明에 대하여는 《유가사지론瑜伽師地論》(권2)의 "何等名五明處? 謂內明處、醫方明處、因明處、聲明處、工業明處. - 무엇이 오명처인가? '내명처', '인명처', '성명처', '공업명처'를 말한다"라는 기사와 《어제비장전御製秘藏詮》(권2)의 "瑜伽論云: 一內明處、二因明處、三聲明處、四醫方明處, 五功巧明處、五地初得九地圓滿. - 유가론에 말하기를 '하나는 내명처, 둘은 인명처, 셋은 성명처, 넷은 의방명처, 다섯은 공교명처라 하였으니 오지五地에 이를 얻으면 구지九地가 원만하다'고 하였다"란 기사가 있어 역시 다섯 가지의 학문과 기예를 말함을 알 수 있다.

---

7) 《南海寄歸內法傳》(권4)에 "… 夫聲明者梵云攝拖苾馱, 攝拖是聲 苾馱是明, 卽五明論祉一明也. - … 대체로 성명을 범어로 말하기를 '섭타필태'라고 하는데 攝拖(śabda)는 聲이고 必馱(vidyā)는 明이라고 할 수 있다"라는 언급을 참고할 것. 이 불경은 당나라 義淨 법사가 기원후 670년경에 인도를 비롯하여 南海의 여러 곳을 돌아보고 尸利佛逝國에 머물면서 자신이 순례했던 여러 나라의 견문 내용을 정리한 경전이다.

오명은 다시 내오명(內五明, 불교도로서의 학예)과 외오명(外五明, 세속 일반의 학예)으로 나누고 성명聲明은 언어와 문자를 연구하는 음성학으로 내오명에 속한다고 보았다. 오명의 둘째인 공교명工巧明은 모든 기술과 공업, 산수와 책력 등을 밝힌 것이고 셋째인 의방명醫方明은 의학을 밝힌 것이며, 넷째의 인명因明은 참과 거짓을 분별하는 논리학이었다. 마지막 다섯째의 내명內明은 자기 종파의 종지宗旨를 밝힌 것으로 불교는 3장 12부교가 내명이다.[8]

3.2.1.5 《보행왕정론寶行王正論》의 〈출가정행품出家正行品〉 제오第五에 "如毘伽羅論, 先敎學字母, 佛立敎如此 約受化根性. - 비가라론처럼 먼저 자모를 배워 불교가 세워진 가르침을 배우고 이를 합쳐서 근성이 되도록 받아들인다"라는 기사처럼 비기라론을 통하여 먼저 자모字母, 즉 문자를 배우고 다음에 불교의 교리를 배운다고 하여 비가라론의 교육은 불가에서 가장 기초적이었음을 말하고 있다.

7세기 중엽에 인도 출신으로 《이구혜보살소문예불법경離垢慧菩薩所問禮佛法經》을 한역한 학승學僧 나데(那提, Nadii, 한어명 福生)는 성명학聲明學에 통달하였으며, 《유사자장엄왕보살청문경唯師子莊嚴王菩薩請問經》과 《아타나지주경阿陀那智呪經》을 한문으로 번역하였다. 나데那提는 당唐 고종高宗 6년(655)에 장안長安에 왔으며 경經, 율律, 론論의 1,500여 부에 달하는 불경을 가져왔다.

황제의 칙명勅命으로 현장玄奘과 함께 대자은사大慈恩寺에 거주하면서 불경의 한역에 몰두하였다. 따라서 그가 당唐에서 성명학聲明學을 포함한 비가라론毘伽羅論을 전파하였을 가능성은 크다. 현장도 성명학

---

8) 五明에 대하여는 《瑜伽師地論》(권2)의 "何等名五明處? 謂內明處、醫方明處、因明處、聲明處、工業明處."라는 기사와 《御製秘藏詮》(권2)의 "瑜伽論云: 一內明處、二因明處、三聲明處、四醫方明處、五功巧明處、五地初得九地圓滿."이란 기사 참조.

을 배웠음은 《대당서역기大唐西域記》의 기사에서 확인할 수 있다. 따라서 많은 당승唐僧들이 비가라론과 성명기론을 배워서 알고 있었음을 미루어 알 수 있다.

다만 비가라론이란 범어의 문법은 굴절어屈折語인 산스크리트어의 문법이므로 고립적孤立的인 문법구조의 중국어에는 잘 맞지 않아서 한자음 연구에 도움이 되는 성명기론이 더욱 인기가 있었다. 이 이론은 중국에 들어와서 성명학聲明學으로 발전하여 중국 성운학聲韻學의 기반이 되었다. 그리고 고려의 대장경에 포함되어 한반도에 전달되었고 조선의 초기에 세종과 그의 주변의 신미信眉와 같은 학승들에게 전달되어 훈민정음 제정의 이론적 배경이 된 것으로 졸저(2015), 《한글의 발명》에서 주장하였다.

2) 파니니의 《팔장》

3.2.2.0 비가라론毘伽羅論과 성명기론聲明記論은 서양의 언어학에서 기원전 5~4 세기에 파니니Pāṇini가 저술한 *Aṣṭādhyāyī*, 《팔장八章》(이하 《팔장》으로 약칭)으로 소개되었다. 이 책은 세계 언어학사에서 최초의 굴절어屈折語의 문법서로 알려졌으며 세계 삼대三大 고전문법서로 언어학사에 등재되었다. 이 문법서의 이론 속에는 현대 음성학과 비견되는 고도로 발달된 조음 음성학이 포함되었다.

《팔장》에 포함된 성명기론의 음성학은 그 일부가 서양에 전달되어 19세기의 조음음성학을 낳게 하였고 20세기 후반에 언어학계를 풍미한 촘스키의 변형생성문법이나 생성음운론生成音韻論이 모두 이 《팔장》의 영향을 받았다고 서양언어학계는 인정한다(R. H. Robins, A Short History of Linguistics, Longman Linguistic Library, 4th edition, 1997, 이하 Robins, 1997로 약칭). 《팔장》에는 범어의 형태론과 통사론만이 아니라 인간의 발화에 쓰이는 음성의 연구가 들어 있었기 때문이다.

3.2.2.1 먼저 《팔장》의 저자인 파니니에 대하여는 앞에서 현장玄奘의 《삼장법사전》에 소개되었음을 살펴보았다. 그러나 서역 여행기인 현장의 《대당서역기大唐西域記》에서는 좀 더 구체적으로 언급되었다. 즉, 《대당서역기》(권3)에 다음의 기사는 파니니에 대하여 좀 더 많은 사실을 알려준다.

毘摩天祠東南行百五十里, 至烏鐸迦漢茶城, 周二十餘里, 南臨信度河, 居人富樂, 寶貨盈積, 諸方珍異, 多集於此. 烏鐸迦漢茶城西北行二十餘里, 至娑羅睹邏邑, 是製聲明論波你尼仙本生處也.　　逐古之初文字繁廣, 時經劫壞世界空虛, 長壽諸天降靈道俗, 由是之故, 文籍生焉. 自時厥後, 其源泛濫, 梵王天帝作則隨時, 異道諸仙各製文字, 人相祖述, 競習所傳, 學者虛功, 難用詳究.

人壽百歲之時, 有波你尼仙, 生知博物, 愍時澆薄, 欲削浮僞, 刪定繁猥, 遊方問道, 遇自在天, 遂申述作之志. 自在天曰:　盛矣哉. 吾當祐汝. 仙人受教而退. 於是研精覃思, 探撫群言, 作爲字書, 備有千頌, 頌三十二言矣.　究極今古, 摠括文言, 封以進上, 王甚珍異, 下令國中, 普使傳習, 有誦通利, 賞千金錢. 所以師資傳授, 盛行當世. 故此邑中, 諸婆羅門碩學高才, 博物强識.

娑羅睹邏邑中, 有窣堵波, 羅漢化波你尼仙後進之處.　如來去世垂五百年, 有大阿羅漢, 自迦濕彌羅國遊化至此, 乃見梵志捶訓稚童, 時, 阿羅漢謂梵志曰:　何苦此兒? 梵志曰: 令學聲明論, 業不時進. 阿羅漢迺爾而笑. 老梵志曰:　夫沙門者慈悲爲情, 愍傷物類, 仁今所笑, 願聞其說. 阿羅漢曰:　談不容易恐致深疑, 汝頗嘗聞波你尼仙製聲明論, 垂訓於世乎? 婆羅門曰: 此邑之子, 後進仰德, 像設猶在. 阿羅漢曰:　今汝此子, 卽是彼仙, 猶以强識, 翫習世典, 唯談異論, 不究眞理, 神智唐捐, 流轉未息, 尚乘餘善, 爲汝愛子.

　　비마천사毘摩天祠에서 동남쪽으로 1백 50리를 가다 보면 오탁가한다성烏鐸迦漢茶城에 이르게 된다. 성의 둘레는 20여 리이며 남쪽으로는 신도하信度河에 접해 있다. 성에 사는 사람들은 풍요로우며 재물과 보화가 넘쳐난다. 여러 지방의 진귀한 물건들이 대부분 이곳에 모인다. 오탁가한다성에서 서북쪽으로 20여 리를 가다 보면 사라도라읍娑羅覩羅邑에 이른다. 이곳은 성명론聲明論을 지은 파니니(波儞尼, 波你尼) 선인이 태어난 곳이다. 아주 먼 옛날에는 문자가 아주 많았지만 장구한 세월이 흐른 뒤 세계가 공허하게 황폐해졌다. 장수제천長壽諸天이 하늘에서 내려와 사람들을 교화하여 이로 말미암아 문적文籍이 생겨나게 되었다. 이때 이후로 자원字源이 범람해지자 범왕梵王과 천제天帝 규칙을 만들어서 그때를 맞추었다. 그런데 이도異道의 여러 선인仙人들이 각기 문자를 만들어 내자 사람들은 서로 그 뜻을 서술하고, 앞 다투어 전해진 문자를 익히게 되었다. 그러나 배우는 자가 아무리 노력하여도 그 언어를 쓰고 자세하게 연구해 내는 일은 여간 어렵지 않았다.

한편, 사람들의 수명壽命이 백세가 되었을 때에 파니니 선인이 세상에 났다. 그는 태어날 때부터 세상의 사물에 두루 통하였는데 시대가 경박한 것을 가슴 아프게 생각해서, 근거 없고 거짓된 것은 깎아내고 어지럽게 뒤섞인 것은 삭제하고 정리하여 바로잡고자 하였다. 그리하여 세상을 노닐며 도를 묻다가 자재천自在天을[9] 만나게 되었다. 그가 마침내 술작述作의 뜻을 말하자 자재천이 말하였다. "갸륵한 일이다. 나도 마땅히 그대를 도우리라." 선인은 가르침을 받고서 물러갔다. 그리하여 이에 정밀하게 연구하고 깊이 사유하며 모든 언어들을 두루 모아서 선별하였다. 마침내 자서字書를 만들었는데 이 책은 천 개의 각 게송이 갖추어져 있으며, 게송은 32개의 말로 이루어져 있다. 고금의 모든 문자와 언어를 살펴서 총괄한 것이다. 그가 이것을 왕에게 진상하자 왕이 매우 진기하게 여겨서 두루 익히고 전할 것을 전국에 명하였다. 그리고 잘 외우고 쉽게 익히는 자에게는 1천 금전을 상으로 내렸다. 스승과 제자 사이에 서로 전수하여 당시에 성행하였다. 그런 까닭에 이 도읍에 사는 모든 바라문들은 학문이 뛰어나고 재주가 비범하였으며 사물에 두루 박식하도록 뛰어났다.

사라도라읍[10] 가운데에 솔도파窣堵波가 있는데 나한羅漢이 파니니波你尼 선인의 후진을 교화하던 곳이다. 여래께서 세상을 떠나신 후 5백 년이 흘러 큰 아라한이 나왔는데 가습미라국迦濕彌羅國에서 유화遊化하다가 이곳에 이르렀다. 그런데

---

9) 自在天은 大自在天(Maheśvara), 즉 大千世界의 主神이다. 원래 인도 바라문교의 神으로 만물 창조의 최고의 神을 말한다.
10) 한글대장경의 번역문에는 "파라도라읍"으로 잘못 기재되었다.

그는 범지梵志가[11] 어린 아이를 때리며 훈계하는 것을 보고서 범지에게 물었다. "무슨 까닭에 이 아이를 괴롭히십니까?" 범지가 답하였다. "성명론聲明論을 익히게 하였는데 학업이 일정하게 진전되지 않기 때문입니다." 아라한이 빙그레 웃자 늙은 범지가 말했다. "무릇 사문이란 자비로써 중생을 위하고 만물이 다치는 것을 가슴 아파해야 합니다. 그런데도 그대는 지금 웃고 있으니 그 이유를 설명해 주십시오." 아라한이 말했다. "이야기가 쉽지 않을 것이니 자칫 깊은 의혹에 이르게 될까 두렵습니다. 그대는 일찍이 파니니 선인이 성명론을 지어 세상에 가르침을 낭겼다는 이야기를 듣지 않았습니까?" 바라문이 답하였다. "이 고을의 아이들은 파니니 선인의 후진이며, 그의 덕을 추앙하여 상像을 세웠으니 그것은 지금도 있습니다." 아라한이 말했다. "지금 그대가 때리는 이 아이가 곧 그 선인입니다. 뛰어난 기억력으로 세상의 전적을 반복하여 탐독하였지만 그것은 다만 이론異論을 말한 것이었을 뿐 진리를 궁구하지는 못하였으며, 신령스러운 지혜를 헛되이 버려두고 정처 없이 흘러 다니면서 쉬지 못하다가 이제야 다른 선한 일 덕분에 이렇게 그대의 사랑스런 아이가 된 것입니다.[12]

이 기사에 따르면 파니니는 인도 간다라의 오탁가한다(烏鐸迦漢茶, udakakhāṇḍa, 현재 인도의 the State of Uttarakhand) 성城의[13] 사라도라읍娑羅覩邏邑에서 태어났고 어려서부터 박학하여 문자를 배우고 언어를 연구하였으며 자서字書를 만들었다고 한다. 여기서 '자서'는 아마도 문법서인 파니니의 《팔장》을 말하는 것으로 보인다. 천 개의 게송偈頌이 갖추어졌고 32개의 말로 이루어졌으며 고금의 문자와 언어에 적용될 수 있다고 한 것은, 바로 그가 《팔장》에서 제시한 문법 규칙, 앞에

---

11) 범어로는 Brahmacārin이며 梵士라고도 쓴다. 淨裔·淨行이라고 번역한다. 바라문의 생활 가운데 4期의 하나로 제1기는 스승에게 가서 수학하는 동안을 말한다. 梵天의 법을 구하는 사람을 梵志라고 하니 여기서는 助敎를 말하는 것으로 보인다.
12) 한글 번역은 한글대장경 《대당서역기》(권3:92~95)를 참고하였다.
13) 북인도 간다라의 도성이 있던 곳으로 지금의 편잡Panjab 주의 북부, 라왈핀디 Rawalpindi의 서북쪽에 해당하는 곳이다. 인더스강과 카불강의 합류지점으로 옛날에 信度河의 渡船場으로 유명했다.

서 언급한 수드라sūtra를 말한 것이다.

이 책을 왕에게 진상하였고 왕은 이를 나라의 문자 교과서로 삼았음을 알 수 있다. 또 파니니가 고향인 사라(娑羅, Śalārura)의 솔도파窣堵波에서 그가 편찬한 《팔장》으로 후진을 교육하였고 그 때문에 후대에 그곳에 그의 동상이 세워져 있었음도 증언하고 있다. 또 그가 죽은 후에도 비가라론毘伽羅論의 교육은 계속되었으며 또 학교에서는 아동들을 매질까지 하면서 이 기론記論을 가르쳤음을 알 수 있다.

3.2.2.2 그러나 현대의 서양 언어학사에서 파니니에 대하여는 그렇게 많이 언급되지 않았다. 다만 그가 간다라 사람이며 기원전 5~3세기 사람으로 그의 《팔장》만이 오늘날 전해 와서 고대인도의 음성학이 얼마나 발달되었는가를 알려줄 뿐이라고 하였다(Robins, 1997). 그런데 이 《대당서역기》의 위에 소개한 기사를 보면 그의 출생지와 그가 활동한 지역을 분명하게 밝혀놓았다. 그리고 그의 사후에도 《팔장》은 면면하게 교육되었음을 알 수 있다.

대장경의 여러 불경에서 비가라론毘伽羅論, 또는 기론記論으로 소개된 파니니의 문법서 Aṣṭādhyāyī는 산스크리트어에서 Aṣṭā(8) + adhyāyī(章, section)를 결합하여 *Aṣṭādhyāyī*(《팔장》)로 서명書名을 삼았던 고대 범어梵語 문법서다. 베다 경전의 산스크리트어에 대한 음운, 형태, 어형성, 통사, 방언을 논한 것으로 《팔장》에서는 잠언(箴言, aphorism)의 형식으로 짧게 언급된 규칙(sūtra-'실')으로 설명하였다. 모두 8장 32절로 되었고 3,983개의 규칙을 세워서 이 언어의 음운, 문법의 변화를 정리한 것이다.

3.2.2.3 이 책은 대략 600~300 B.C.에 편찬된 것으로 보고 있으며 (Robins, 1997:171) 아직 명확한 편찬 연대를 밝힌 연구서는 없다. 고

려대장경에 포함된 《대당대자은사삼장법사전大唐大慈恩寺三藏法師傳》(이하 《삼장법사전》으로 약칭)에서도 이 책의 근원을 알 수 없고 누가 지었는지도 모른다고 하였으며, 구역舊譯, 즉 옛날 번역에서 비가라론毘伽羅論이라 한 것이 이것이라고 하는 기사가 있어 이 책의 편찬 연대가 분명하지 않음을 지적하였다.[14] 또 이 책을 저술한 파니니에 대해서도 별로 알려진 것이 없었다.

일찍이 미국에서 공시共時언어학을 시작한 L. Bloomfield는 파니니의 《팔장》에 대하여 "인간 지성의 이룬 최고의 기념비"(Bloomfield, 1935)라고 극찬하였다. 이 책은 O. Böhtlink에 의하여 독일어로 번역되었고 1887년에 간행되어 서양에 알려졌다. 원래 이 책은 원래 산스크리트어를 교육하는 교사들의 참고서였으며 일반인들이 읽을 책은 아니었다. 따라서 본고장에서도 해설서가 뒤를 이었는데 가장 유명한 해설서로는 기원전 2세기 무렵에 인도에서 편찬된 파탄잘리Patañjali의 《대주석(Mahā-bhāṣya, great commentary)》이 가장 중요하고 기원후 7세기쯤에 다시 집필된 바르트르하리(Bhartṛhari)의 《문장단어론(Vākya Padīya)》도 넓은 의미에서 《팔장》의 해설서라고 할 수 있다(졸저, 2015:255~256).[15]

3) 《팔장》의 비가라론

3.2.3.0 고려대장경의 여러 경전에서 언급된 '비가라론毘伽羅論'이나 '기론記論'은 바로 범어梵語의 문법으로 형태론과 통사론이 중심이다.

---

14) 《삼장법사전》(권3)에 " … 兼學婆羅門書,印度梵書, 名爲記論. 其源無始, 莫知作者. 每於劫初, 梵王先說, 傳授天人. 以是梵王所說,故曰梵書. 其有百萬頌. 卽舊譯云毘伽羅論者是也."를 참조.

15) 파탄잘리와 바르트르하리는 "개개 언어체계 속에서 발화로 실현되는 모든 變異는 항구불변의 기층에서는 동일한 것이다"라고 함으로써 20세기 초에 소쉬르(F. de Saussure)가 제안한 랑구langue를 이미 2천 년 전에 인정한 것으로 소개하였다.

즉, 《삼장법사전》(권3)의 다음 기사는 이에 대하여 다음과 같이 비가라론에 대하여 언급하고 있다.16)

> … 兼學婆羅門書, 印度梵書, 名爲記論。其源無始, 莫知作者。每於劫初, 梵王先說, 傳授天人。以是梵王所說, 故曰梵書。其言極廣, 有百萬頌, 即舊譯云毘伽羅論者是也。然其音不正, 若正應云毘耶羯剌諵〈音女咸反〉, 此翻名爲聲明記論, 以其廣記諸法能詮, 故名聲明記論。昔成劫之初, 梵王先說, 具百萬頌, 後至住劫之初, 帝又略爲十萬頌。其後北印度健馱羅國, 婆羅門睹羅邑波膩尼仙又略爲八千頌, 即今印度現行者是。近又南印度婆羅門爲南印度王, 復略爲二千五百頌。邊鄙隅諸國多盛流行。印度博學之人, 所不遵習。

> … 〔戒賢 법사는〕 바라문의 글도 겸하여 배웠다. 인도의 범서梵書는 이름을 기론記論이라고도 한다. 그 기원과 작자에 대해서는 알지 못하나 겁초劫初에17) 범왕梵王18)이 먼저 천인天人에게 전수한 것으로써 범왕이 설했기 때문에 범서라고 한다. 그 글은 매우 광범위하여 백만 송頌이나 되며, 구역舊譯에 비가라론毘伽羅論이라는 것이 바로 이것이다. 그러나 이 〔번역의〕 음음은 바른 것이 아니다. 만약 바르게 말하자면 비야갈라남(毘耶羯剌諵: Vyākaraṇa)이고19) 중국말로 번역하면 성명기론聲明記論이다. 널리 모든 〔언어의 뜻〕법을 상세히 기록했으므로 성명기론이

---

16) 《삼장법사전》은 원명을 《大唐大慈恩寺三藏法師傳》이라고 하며 당나라 때 大慈恩寺의 고승, 현장玄奘법사(602~664)에 대한 전기이다. 현장은 일찍이 洛陽의 淨土寺에서 출가하여 서기 629년 8월부터 645년 2월까지 17년 동안에 걸쳐서 서역 지방을 비롯하여 인도 여러 나라들을 순례한 뒤 《大唐西域記》 12권을 저술하였다. 그는 귀국한 뒤에 譯經에 몰두하여 총 75부 1,338권을 漢譯하였다. 대자은사의 慧立이 현장 스님의 출생부터 인도에서 귀국한 때까지의 이야기를 5권으로 저술해 놓고 미처 편찬하지 못하고 입적하였는데, 그 후에 역시 그의 제자였던 彦悰이 그것을 토대로 그 뒤의 일까지 보충하여 10권으로 완성한 것이 《삼장법사전》이다. 慧立은 664년부터 683년에 걸쳐서 기록하였고, 彦悰이 이를 편찬한 때는 688년이다.

17) 劫初란 劫이 만들어진 처음이란 뜻으로, 세계가 형성되던 초기의 시대를 말한다.

18) 大梵天王을 말하는 것으로, 사바세계를 지키는 色界 初禪天의 왕이다.

19) 산스크리트어의 Vyākaraṇa는 "분석하다"는 뜻이니 인간의 언어를 분석하고 이를 기술하는 기론記論을 말한다. 특히 인간 발화를 분석하여 각 문법 단위와 음운의 단위를 연구하는 학문을 말한다. 이것을 비가라론이라 통칭하였는데 제대로 한자로 번역하여 적으려면 '毘耶羯剌諵'이라 해야 한다고 《삼장법사전》에서 주장한다. 모두 Vyākaraṇa의 漢譯이다.

라고 이름을 한 것이다. 옛날 성겁成劫[20] 초에 범왕이 먼저 설하여 백만 송을 만들었다고 한다. 그 뒤 주겁住劫 초에 제석천帝釋天이 다시 줄여서 10만 송으로 하였다. 그 뒤 북인도의 간다라국健馱羅國의 바라문 도라읍覩羅邑에[21] 사는 파니니(波膩尼: Panini) 신선이 또 줄여서 8천 송이 되었는데, 지금 인도에서 행해지고 있는 것이 바로 이것이다. 근래 또 남인도의 바라문이 남인도의 왕을 위해서 다시 줄여서 2천 5백 송으로 만들었는데, 이것은 주변 여러 나라에서는 많이 유행하고 있다. 그러나 이것은 인도의 박학博學한 사람들은 배우지 않는다(《상장법사전》 권 3:673).

이 기사를 보면 산스크리트어의 문법을 정리한 기론記論이란 비가라론毘伽羅論이 있었고 이 문법서는 인도 간다라국 출신의 파니니의 범서梵書에서 8천 개의 규칙으로 설명한 것이라는 말이다.

여기서 말하는 비가라론, 즉 기론記論은 범어의 문법이론을 말하며 범서梵書는 파니니의 《팔장》을 말하는 것으로 당시 인도의 유식자들에게도 매우 어려운 이론이었음을 말하고 있다.[22] 앞에서 인용한 기사의 끝 부분의 "남인도의 왕을 위해서 2천 5백송으로 만들었다"는 것은 《팔장》의 문법에 필요한 규칙, 즉 sūtra의 수효를 말하는 것으로 8천 송에서 줄인 것임을 말한다. 아마도 파니니의 《팔장》에 게재한 4천에

---

20) 成劫은 成住壞空의 네 가지의 劫을 말하는 것이다. 成劫은 世界가 이루어져서 인류가 살게 된 최초의 시대를 말하고, 住劫은 이 세계가 존재하는 기간을 말하고, 壞劫은 이 세계가 괴멸하는 기간을 말하고, 空劫은 괴겁 다음에 이 세계가 완전히 없어졌을 때부터 다시 다음 성겁에 이르기까지의 中劫을 말한다.

21) 《대당서역기》(권3:92)에 "오탁가한다성烏鐸迦漢茶城에서 서북쪽으로 20여 리를 가다보면 사라도라읍娑羅覩邏邑에 이른다. 이곳은 〈聲明論〉을 지은 파니니 선인이 태어난 곳이다."라는 기사가 있어 娑羅(Śālārura)의 覩邏邑임을 알 수 있다.

22) 《婆藪槃豆法師傳》(권1:6)에 "馬鳴菩薩是舍衛國婆枳多土人. 通八分毘伽羅論及四皮陀六論, 解十八部, 三藏文宗學府允儀所歸. − 마명馬鳴 보살은 사위국舍衛國 파지다토婆枳多土 사람이다. 〈팔분비가라론八分毘伽羅論〉과 〈사피타육론四皮陀六論〉을 통하고 십팔부十八部를 해석하니, 삼장三藏의 문종학부文宗學府가 위의를 갖춰 귀의하였다"라는 기사가 있어 《팔장》을 '八分'의 毘伽羅論으로 불렀음을 알 수 있다.

가까운 sūtra도 여러 차례 수정을 거듭한 것임을 알 수 있다.

3.2.3.1 《삼장법사전》에 '범서梵書'로 소개된 《팔장》은 앞에서 살펴본 바와 같이 산스크리트어의 문법서다. 이 책은 산스크리트어의 동사 활용(活用, conjugation)과 명사 곡용(曲用, declension) 등 형태론에 의거한 어형 변화에 대하여 설명하였는데 이 가운데 《삼장법사전》에 소개된 동사의 활용과 명사의 곡용에 대한 것을 소개하면 다음과 같다.

> 此竝西域音字之本,其支分相助者,復有記論。略經有一千頌。又有八界論八百頌, 此中略合字之緣體。此諸記論辯能詮所詮有其兩例, 一名底〈丁履反〉彦多聲, 有十八囀, 二名蘇漫多聲, 有二十四囀。其底彦多聲, 於文章壯麗、處用, 於諸汎文, 亦少用。

> 이 책은 서역西域 여러 나라의 음자音字의 기본으로 세부를 나누어 도움을 주는 것이며 다시 기론記論과 약경略經에서 천 개 규칙이 있다. 또 팔장으로 나누어 논하면서 8백 개의 규칙으로 이 안에서 생략되거나 합해진 글자의 연유와 자체字体가 들어 있다. 이러한 모든 기론記論들을 능동과 수동의 두 가지 예로 나누어 밝혔는데, 그 하나는 '디[정리반丁履反 ti] – 디低 발음의 반절]언다성底彦多聲이라 하여 18변화가 있고, 또 하나는 소만다성蘇漫多聲이라 하여 24변화가 있다.[23] 디[ti]언다성은 문장이 장려壯麗한 데에 쓰고 여러 일반 문장에는 아주 드물게 사용된다. 그러나 24변화라는 것은 일체 모든 문장에 공통으로 사용되는 것이다.《삼장법사전》 권3: K1071V32P0673b18L ~673c04L).[24]

---

23) 底彦多聲은 산스크리트어의 굴절에서 동사의 변화, 즉 活用(conjugation)을 말하고 蘇漫多聲은 명사의 변화, 즉 곡용(declension)을 말한다. 이 언어는 중국어와 달리 굴절어임을 강조한 것이다.

24) 이 부분의 불경은 필자의 번역으로 한글대장경의 오역을 수정하였다. 그리고 인용 부분을 표시한 K1071V32P0673b18L와 같은 숫자는 고려대장경연구소에서 제공한 불경자료의 번호로 앞의 K로 시작되는 네 자리 수자는 경의 번호이고 V로 시작하는 번호는 권수, 나머지 P로 시작하는 번호는 쪽수, L 앞의 수자는 행수다. 이하 같다.

이 기사는 앞에서 소개한 《삼장법사전》의 것에 이어진 것으로 반절反切로 '丁履反'로 표시된 '디언다성(底彦多聲, Tinnata)'이란 동사의 활용과 '소만다성(蘇漫多聲, Subanto, '蘇槃多'로 적기도 함)'이란 명사의 곡용에 대하여 언급하였다. 저언다성底彦多聲이라고 하는 동사의 활용에서는 자동사(般羅颯迷, Parasmai)와 타동사(阿答末泥, Ātmane)에 각기 9개의 변화가 있어 도합 18 변화가 있음을 제시하였다.

또 자동사와 타동사에는 각각 3변화가 있고 이들은 다시 단수, 쌍수, 복수의 변화가 있어 모두 9변화가 있다는 설명이다. 그리고 인칭에 따른 동사의 변화도 자세하게 설명하였다.[25]

3.2.3.2 예를 들면 범어의 수(數, number)를 일언성一言聲, 즉 단수(單數, singular)와 양수(兩數, dual), 그리고 다언성(多言聲, plural)으로 구별하였고 설자유(說自有, 1인칭), 설타유(說他有, 2인칭), 그리고 당체유(當體有, 3인칭)의 동사 변화를 규칙으로 설명하였다. 디언다(底彦多, Tinnata)성聲에 의한 'Bhavati(일어나다)'의 세 변화는 다음과 같다.

> 3인칭 단수 - Bhavati, Bhavataḥ, Bhavanti
> 2인칭 양수 - Bhavasi, Bhavataḥ, Bhavata
> 1인칭 복수 - Bhavāmi, Bhvāvaḥ Bhavāmaḥ

소만다(蘇漫多, Subanto)성聲이란 명사의 곡용을 말하는데 산스크리트어의 격 체계를 주격, 대격, 구격具格, 위격爲格, 종격從格, 속격屬格, 어격於格, 호격呼格의 8격으로 나누었고 이에 의한 명사의 변화를 포로

---

25) 數에 의한 변화에 대하여 《瑜伽師地論》(권15)에 "數를 施設建立한다고 하는 것은 무엇인가? 세 가지 數로 된 聲相의 차별을 말한다. 첫째는 하나의 數(단수)이며, 둘째는 두 가지의 數(양수)이며, 셋째는 많은 數(복수)다. … 聲明處를 설하였다."로 산스크리트어 명사의 수에 대하여 聲明記論으로 밝혀놓았다.

	단수	양수	복수
主格	布路殺(Puruṣās)	布路筲(Puruṣāu)	布路沙(Puruṣās)
對格	布路芟(Puruṣām)	布路筲(Puruṣāu)	布路霜(Puruṣāh)
具格	布路鍛拏(Pruṣeṇa)	布路窆(Puruṣābhyām)	布路鍛鞞 혹은 布路鍛咽(Puruṣāisr)
爲格	布路廈(Puruṣāya)	布路沙窆(Puruṣābhyām)	布路鍛韵(Puruṣebhyas)
從格	布路沙哆(Puruṣāt)	布路鍛窆(Puruṣābhyām)	布路鍛韵(Puruṣebhyas)
屬格	布路鍛(Puruṣasya)	布路鍛窆(Puruṣayos)	布路鍛誦(Puruṣanam)
於格	布路膡(Puruṣe)	布路殺論(Puruṣayos)	布路鍛縐(Puruṣeṣu)
呼格	系布路殺(hepuruṣa)	系布路稍(hepuruṣāu)	系布路沙(hepuruṣās)

사(布路沙, Puruṣa, 丈夫)를 예로 하여 설명하였다. 즉, 산스크리트어의 명사에서는 수(數, numbers)에 의한 곡용이 있어서 위와 같이 굴절한다.

단수, 양수, 복수에 따른 포로사(布路沙, Puruṣa)의 굴절은 위 표와 같다. 이를 보면 이 불경에서는 산스크리트어에서의 격변화를 포로사(布路沙, Puruṣa, 사람)를 예로 하여 설명한 것임을 알 수 있다. 《삼장법사전》에 소개된 《팔장》이 얼마나 상세한 범어의 문법서인가를 말해준다.[26]

3.2.3.3 《팔장》은 문법의 형태론이나 통사론, 어휘론만을 다룬 것이 아니다. 다른 고전문법서에서 소홀하게 보았던 음성학에 대한 연구가 있었던 것이 가장 큰 특징이라고 할 수 있다. 언어학사에서 고전 3대 문법서로는 파니니의 《팔장》을 위시하여 기원전 2세기 무렵 헬레니즘시대의 드락스(Dionysus Thrax)의 《문법기술(文法技術, Téchnē Grammatikē, Τέχνη γραμματική)》이나 기원후 6세기쯤 Pax Romana 시대에 활약한 프리스키아누스(L. Priscianus, 영문명 Priscane)의 《문법교정(文法敎程, Institutiones Grammaticae)》을 들고 있다.

---

26) 실제로 어린이에게는 毘伽羅論을 교육하지 못한다는 내용이 경전에 담겨 있다. 즉, 《大般涅槃經》(권5:38)에 "教其半字,而不教誨毘伽羅論。何以故? 以其幼稚,力未堪故。─ 비가라론은 가르치지 못했다. 나이가 어려서 감당하지 못할까 두려웠던 까닭이다" 라는 기사를 참조할 것.

흔히 《팔장》을 범어梵語문법, 〈문법기술技術〉을 희랍문법, 〈문법교정
敎程〉을 라틴문법으로 부르며 이 세 문법서는 굴절어屈折語에서 보이
는 문법의 기초를 완성하였다.

4) 성명기론聲明記論

3.2.4.0 파니니의 범어梵語 문법서인 《팔장》에는 음성과 음운에 대하여
도 많이 논의하였다. 파니니는 언어의 각 단위들이 체계적으로 파악되
어야 한다는 생각을 2천 3~5백 년 전에 알고 있었던 것이다. 그리하
여 언어의 추상적인 단위의 기본형으로 'sthānin'을 설정하고 여기에 형
태음소론적인 변화의 규칙을 적용하면 내적 'saṃdhi(sandhi)'에 의하여
실제 형태인 'ādeṣa'로 전환된다고 보았다. 현대 언어학으로 보면 '형태
소(morpheme)'로부터 형태음운론적인 변화에 의하여 실현되는 이형태
(allomorph)의 개념과 같다.

음성은 조음음성학적인 관점에서 기술되었는데 음성 기술은 첫째
조음 과정(processes of articulation), 둘째 분절음(segments), 셋째 음운
론적 구조에서 분절음의 조립(syllables)으로 파악하였다. 즉, 변별적 자
질, 음운, 음절 단위로 언어음을 인식한 것이다. 이것은 오늘날의 현대
음운론보다 더 앞선 분석적인 방법이다.

3.2.4.1 먼저 조음 과정을 설명하기 위한 조음기관으로는 내구강(內口
腔, intra buccal)과 외구강(外口腔, extra buccal)으로 나누고 외구강은
다시 성문(聲門, glottis), 폐(肺, lungs), 비강(鼻腔, nasal cavity)으로 나
누어 이들이 각각 발음에 참여한다고 보았다. 이 세 기관에서 언어음
의 유성voiced과 무성voiceless, 유기aspirates와 무기non-aspirates, 비음(鼻
音, nasal)과 비비음(非鼻音, non-nasal)의 구별이 이루어진다는 것이다.

이것에 대하여 훈민정음에서 전청(全淸, non-aspirates, voiceless)과 차청(次淸, aspirates), 전탁(全濁, voiced), 불청불탁(不淸不濁, voiced, nasal)으로 구분한 것은 바로 비가라론의 이러한 이론에 의거한 것이다.

실제로 산스크리트어에서는 이러한 조음 방식의 차이에 의하여 5항의 대립체계를 인정하였다. 즉, 순음脣音을 예로 하면 /b, p, bʰ, pʰ, m/의 유성, 무성, 유성유기, 무성유기, 비음의 대립을 인정하였다.[27] 훈민정음에서는 이 가운데 유성유기를 인정하지 않은 4항 체계, [ㅂ, ㅍ, ㅃ, ㅁ/를 인식하여 동국정운식 한자음 표기에 사용하였다. 예를 들면 아음牙音, 즉 연구개음(velar sounds)을 예로 하면 /ㄱ(君), ㅋ(快), ㄲ(虯), ㆁ(業)/의 4항, 즉 /k, kʰ, g, ng/의 음운 대립을 인정하여 문자를 제자制字한 것이다.

3.2.4.2 성명기론聲明記論의 음성학에서는 조음의 매카니즘에 관여하는 기관을 조음 위치와 조음체로 나누어 후자를 'karaṇa'라고 하여 혀(tungue)와 아랫입술을 들었고 전자로는 'sthāna'라고 하여 '이, 잇몸, 경구개, 연구개'를 들었다.[28] 이를 근거로 하여 중국의 성운학聲韻學에서는 '아牙, 설舌, 순脣, 치齒, 후喉'의 5개 조음 위치를 구별해 내었는데 훈민정음에서는 여기에 '반설半舌, 반치半齒'를 추가하여 7개의 조음 위치, 즉 칠음七音으로 나누었다.

훈민정음에서 아음牙音의 'ㄱ(君字初發聲)'을 첫 글자로 한 것은 지금까지 많은 국어학자들이 주장한 바와 같이 발음기관의 순서, 즉 가장 깊숙한 곳에서 발음되는 'ㄱ[k, g]'를 우선한 것이 아니라 고대인도

27) 산스크리트어에서는 유성유기음(voiced-aspirate) 계열이 있어 순음에서 [bh]을 인정한 것이다.
28) 현대음성학에서의 조음체(articulator)와 조음점(point of articulation), 또는 조음 위치(place of articulation)와 같다.

음성학에 근거한 비가라론의 조음 매카니즘에 따른 것이다. 서장 문자와 이를 모방한 파스파 문자가 모두 /k, kʰ, g, ng/의 순서로 문자를 제정하여 이 문자도 동일한 방법을 취하였다(졸저, 2009 및 졸고, 2011a).

내구강內口腔에서는 조음 위치로 전前·후後와 혀끝, 협착狹窄의 구분을 인정하여 4등급으로 나눴다. 예를 들면 전구강前口腔과 후구강後口腔에서 정지음과 비자음이 생성되고 마찰 협착음, 반모음 협착음, 비非 협착음(모음 등)이 생성된다고 보았다. 훈민정음의 중성中聲에서는 전후의 위치에 따라 전설 대 후설의 대립은 인정하여 후자를 양陽, 전자를 음陰으로 구분하였다. 그리고 후설의 양陽으로 'ㅇ, 아, 오', 그리고 전설의 음陰으로 '으, 어, 우'의 음운 대립을 인정하였다.

모음의 조음 위치인 전후前後 이외에 중앙의 위치를 인정하여 성심(聲深, 후설, back), 불심불천(不深不淺, 중앙, central), 성천(聲淺, 전설, front)의 3단계로 나누어 'ㅇ, 으, 이'를 기본자로 제정하였다.[29] 여기에 원순round과 비원순unround을 구별하는 '구축口蹙'과 '구장口張'을 구별하여 '오, 아, 우, 어'를 원순 [오, 우] : 비원순 [아, 어]의 대립을 인정하여 글자를 만들고 중성, 즉 모음을 조음 방식과 위치로 파악하였다.

3.2.4.3 뿐만 아니라 《팔장》에서는 자음과 모음으로 이분二分한 것이 아니라 자음을 음절 초(onset)와 음절 말(coda)의 것으로 다시 나누어 3분하였다. 이러한 구분은 바로 한자漢字에서 하나의 발음을 하나의 음절로 이해하는 중국의 성운학聲韻學에서 유용하게 이용되었다. 그리하여 성모聲母의 음절 초 자음과 운미韻尾의 음절 말 자음이 구분되었고 성조聲調의 사성四聲에서 입성入聲은 폐음절의 음절 말 자음(coda)을

---

29) 이것을 생성음운론의 위치 자질로 설명하려면 높이 자질에의 [±high, ±low] 표기처럼 [±back, ±front]와 같이 두 개의 자질을 인정하여 聲深은 [+back, −front], 不深不淺은 [−back, −front], 不淺은 [−back, +front]로 표기해야 할 것이다.

가르치게 되었다. 훈민정음에서 모든 자모를 초성初聲, 중성中聲, 그리
고 종성終聲으로 나눈 것을 떠오르게 한다.

　이러한 비가라론의 음절의 분석적 이해는 어두와 어말에서 자음의
연접(連接, sandhi)에 따른 음운변화를 이해하였기 때문이다. 더욱이 어
말 위치에서 일부 음운의 중화(中和, neutralization) 현상도 파악한 것
으로 보인다. 훈민정음 〈해례본〉의 '종성해終聲解'에서 "八終聲可足用 −
8개의 종성으로 충분하게 쓰이다"는 규정은 어말 위치에서 유기, 성문
긴장 자질이 중화됨을 인식한 것이다. 이렇게 음운을 음절 단위로 인
식하는 방법은 중국 성운학에서 크게 발전했다. 왜냐하면 모두 한자는
범자와 같이 일음절一音節 형태로 인식하기 때문이다. 그리하여 비가라
론에 입각한 중국 성운학에서는 음절 구조를 다음과 같이 이해하였다.

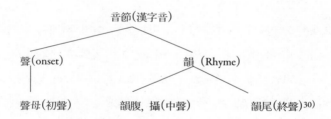

音節(漢字音)

聲(onset)　　　　　韻 (Rhyme)

聲母(初聲)　　韻腹, 攝(中聲)　　韻尾(終聲)30)

　이에 대하여 파스파 문자를 제정한 티베트의 팍스파 라마는 성모,
즉 자모를 36개, 운복韻腹의 섭攝을 유모喩母로 인식하여 7개의 모음자
를 만들어 모두 43개의 문자를 보였다(졸저, 2009). 그러나 음운론적으
로 구별하기 어려운 순경음 전청 [b]와 전탁의 [v]를 같은 글자로 표시
하고(다음의 3.5.1.3의 〈표 3-2〉 참조) 1자가 줄고 모음 표시의 유모喩
母가 이중으로 포함되어 1자가 줄어서 파스파 문자에서는 실제로 모두

---

30) 이 분류는 김완진 외 2인(1997)에 의하여 현대음운론의 비단선 음운론(non-linear
　　phonology)을 소개하면서 음절음운론(syllable phonology)으로 제시된 것이다.

41개의 문자만을 만든 것이다.[31] 여기서 음절 초 자음(onset), 즉 성모
聲母의 수효는 흔히 자모字母로 불리면서 한 언어에 나타나는 자음의
숫자로 인정되었다.

훈민정음에서는 이를 초성初聲으로 보았고 운미韻尾의 자음을 종성
終聲으로 구분하여 초성, 중성, 종성의 3분법을 택한다. 그리고 모두
28개의 자모를 문자화하였다. 파스파 문자에서도 입성入聲이 성조를 나
타내지 않고 음절 말 자음으로 간주하여 성모 36 가운데 6개만이 입성
운미入聲韻尾에서 변별적임을 원말元末 주종문朱宗文의 {증정}《몽고자
운》에서 '총괄변화지도總括變化之圖'로 밝혀놓았다(졸고, 2012a). 훈민정
음에서와 같이 파스파자도 음절 초의 자음(onset)과 음절 말의 자음
(coda)을 구별한 것이다.

3.2.4.4 《팔장》의 비가라론과 성명기론은 이미 티베트 문자의 제정에서
그 이론이 이용된 바가 있다. 이 문자는 앞에서 거론한 바와 같이 기
원 후 650년경에 토번吐蕃의 송첸감포(Srong-btsan sgam-po, 松贊干布)
왕이 그의 신하였던 톤미 아누이브(Thon-mi Anu'ibu)와 함께 16인을
문자 연수를 위하여 인도에 파견하였으며 이들은 인도의 판디타 헤리
그 셍 게(Pandita lHa'i rigs seng ge) 밑에서 인도의 비가라론을 배워서
티베트어에 맞도록 자음子音 문자 30개, 모음母音 기호 4개를 정리하여
티베트 문자를 만들었다고 한다(앞의 2.5.1.1 참조).

그러나 티베트 문자를 만든 사람은 톤미 삼보다(Thon-mi Sam-
bho-ṛa)라는 주장도 있다(김민수, 1990). 그는 문자만이 아니라 인도
파니니의 문법서인 《팔장》을 본따서 티베트어 문법서 《삼십송(三十頌,
Sum-cu-pa)》와 《성입법(性入法, rTags-kyi 'jug-pa)》을 편찬한 것으로

---

31) 《元史》(권) '釋老八思巴'조에는 41개의 문자를 제정했다고 명시되었다(졸저, 2012).

알려진 인물이다(山口瑞鳳, 1976).[32] 이 일로 인하여 그는 톤미 아누이
브를 대신하여 서장 문자를 제정한 인물로 알려진 것 같다. 그러나 그
는 9세기경의 인물로 7세기의 송첸감포 왕 시대에 대신大臣이 될 수가
없다.[33] 다만 이들에 의하여 《팔장》이 티베트 문자의 제정에 이용되었
음을 확인할 수 있다.

훈민정음의 모델이 된 원대元代의 파스파 문자는 7세기 중엽에 티
베트의 토번 왕국에서 제정한 티베트 문자, 즉 서장 문자에서 온 것이
다. 이 서장 문자는 주변의 한자나 산스크리트문자, 로마자 등과 경쟁
해서 살아남은 우수한 문자다. 원元 세조世祖 때에 팍스파 라마가 제
정한 파스파 문자는 바로 이 서장 문자에 근거한 것으로 두 문자는 자
형도 유사하다. 다만 서장 문자가 모음자를 별도로 제정하지 않은 음
절문자였으나 파스파 문자는 모음을 유모喩母에 속한다고 하면서 7개
의 모음자를 제정하였다. 파스파 문자가 음절문자가 아니고 음소문자임
을 알려주는 중요한 지적이다.

3. 반자론半字論과 반절反切

3.3.0 앞에서 살펴본 《대반열반경》의 기사를 보면 실담悉曇이란 범어梵
語의 문자를 성명기론에 앞서 배워야 하기 때문에 반자半字를 먼저 가

---

32) 톤미 삼보다의 문법은 파니니의 《八章 Aṣṭādhyāyī》에 맞추어 《八論》으로 되었지만
《三十頌(Sum-cu-pa)》와 《性入法(rTags-kyi 'jug-pa)》, 또는 《添性法》의 2권에 완결되
어 전해진다. 내용은 파니니의 《팔장》과 같은 짧은 운문으로 된 티베트어의 문법서다.
33) 敦煌 출토의 문헌에는 토번 왕국에 대하여 얼마간의 상세한 大臣이나 官吏의 명단
이 있지만 어디에도 톤미 삼보다(Thon-mi Sam-bho-ṭa)의 이름은 보이지 않는다.

르친 것이라 하였다. 여기서 반자半字란 무엇인가? 반자론의 반자란 원래 범어의 산스크리트 문자의 마다摩多와 체문体文이라는 범자梵字의 자모를 가리킨다.

불경에 자주 등장하는 반만이교半滿二敎는 반만교半滿敎, 또는 반만이자교半滿二字敎라고도 하는데 반자론半字論과 만자론滿字論의 교육을 말한다. 만자교滿字敎의 만자滿字는 자모를 합성한 음절문자, 즉 실담悉曇의 교육을 말한다. 범자梵字의 교육에서 〈실담장悉曇章〉은 글자의 자모를 가르치는 반자교半字敎이고 만자교滿字敎는 실담悉曇 자체를 가르치는 문자 교육이다.

즉, 한자음을 어두 자음의 성聲과 후속하는 모음과 자음의 운韻으로 나누어 인식하는 것처럼 음운과 문자로 구별하여 반자론은 음운을 연구하고 만자론는 음운의 결합으로 얻어지는 음절 단위의 실담자悉曇字를 연구하는 분야로 나눈 것이다. 불가佛家에서는 이런 의미를 확대시켜서 반자론은 소승성문小乘聲聞의 구부경九部經을 말하고 만자론은 대승방등大乘方等의 경전을 망라한다고 비유하였다.

1) 《대반열반경半字論》의 반자론半字論

3.3.1.0 원래 반자론半字論은 범어 문자의 자모를 지칭했던 것으로《대반열반경大般涅槃經》(권8)에는 다음과 같은 기사가 있다.

> 迦葉菩薩復白佛言: 世尊云: 何如來說字根本? 佛言: 善男子、說初半字、以爲根本,持諸記論、呪術・文章・諸陰・實法, 凡夫之人學是字本, 然後能知是法非法。迦葉菩薩復白佛言: 世尊所言字者, 其義云何? 善男子有十四音, 名爲字義。所言字者, 名曰涅槃。常故不流、若不流者則爲無盡: 夫無盡者、卽是如來金剛之身、是十四音名曰字本。

> 가섭보살이 다시 여쭌 것에 대하여 부처님께서 말씀하셨다. "세존이시여, 어떤

것이 여래께서 말씀하신 글자의 근본입니까?" "선남자야, 처음에 반쪽 글자(半字)를 말하여 근본을 삼아 가지고 모든 언론과 주술과 문장과 5음의 실제 법을 기록하게 하였으므로, 범부들은 이 글자의 근본을 배운 뒤에야 바른 법인지 잘못된 법인지를 알 것이다." "세존이시여, 글자라는 것은 그 뜻이 어떠합니까?" "선남자야, 열네 가지 음을 글자의 뜻이라 이름하고, 그 글자의 뜻을 열반이라 한다. 그것은 항상 있는 것이므로 흘러 변하지 않는다. 만일 흐르지 않는다면 그것은 다함이 없는 것이며, 다함이 없는 것은 곧 여래의 금강 같은 몸이다. 이 열네 가지 음을 글자의 근본이라고 하는 것이다.34)

이 불경의 기사에서 기본자라고 한 14음은 아마도 모음인 마다摩多의 12음, 또는 16음을 말한다.

3.3.1.1 이에 대하여 《대반열반경》(권3)에서 다음과 같이 구체적으로 12음을 제시하였다. 즉, "아(噁, a: 짧은 음의 아), 아(阿, ā: 장음의 아), 이(億, i, 짧은 음의 伊), 이(伊, ī, 장음의 이), 우(郁, u: 짧은 음의 憂), 우(憂, ū, 긴 음의 우), 예(咽, ĕ), 애(嘢, ai), 오(烏, o), 오(炮, ō, 긴 오), 아우(菴, au), 아(俄 ä)"를 들었는데 여기서 기본자라고 한 것은 모두 모음자를 말한다.

이어서 아阿 모음과 연결된 음절문자로 "迦[ka], 佉[kha], 伽[ga]"를 들고 역시 아俄와 연결되는 '遮[tsa], 闍[sya], 膳[zen], 喏[ɲya], 咤[da], 侘[ta], 茶[ḍa], 祖[zho], 挐[ṇa], 多[ta], 他[tha], 陁[da], 彈[dhan], 那[na], 波[pa], 頗[pha], 婆[bha], 滼[ba], 摩[ma], 蛇[za], 囉[ra], 羅[la], 和[ha], 奢[śa], 沙[ṣa], 娑[sa], 呵[xa], 睍[ɣa]35)'을 들었다.

---

34) 한글대장경의 역문을 참조하였으나 오역은 수정한 것임.
35) '睍'은 정자본에는 없고 이체자본에서 찾은 글자다. 아마도 [간]으로 발음된 것으로 보인다.

아마도 연구개음(velar, [g, k])으로 시작하여 경구개마찰음(palatal fricative,[z, s]), 그리고 치경음(dental-alveolar, [d, t, th, n]), 경구개 마찰음(palatal-africative, [dz, ts]), 순음(bilabial stop, [b, p, m]), 유음(liquid, [r, l]), 성문음(glottal, [h])의 순서로 /아/와 결합된 음절들을 보여준 것 같다.

특히 '로魯·류流·로盧·루樓'의 4자를 들어 모음의 나머지 4음을 설정하고 이에 대하여 "魯·流·盧·樓如是四字, 說有四義. 謂佛·法·僧及以對法. … 吸氣舌根隨鼻之聲. 長短超聲,隨音解義. 皆因舌齒,而有差別. 如是字義能令衆生,口業清淨. 衆生佛性則不如是假於文字, 然後清淨.- 魯[rö], 流[rü], 盧[ro], 樓[ru]에 보인 [ö, ü, o, u]의 네 글자는 네 가지 뜻을 말하는 것이니 이른바 부처, 교법, 승가와 대법이다. … 숨을 들이키는 소리〔吸氣〕는 혀의 뿌리가 코를 따르는 소리이다. 긴 소리, 짧은 소리, 두드러진 소리 따위로 음에 따라서 뜻을 해석하는 것이 모두 혀와 이로 말미암아 차별이 생긴다. 이런 글자의 뜻들이 중생의 구업(口業, 발화를 말함)을 깨끗하게 한다. 중생의 불성은 그렇지 않아서 문자를 빌린 뒤에야 깨끗해지는 것이 아니다."라 하여 설근舌根, 즉 혀의 뒷부분에서 나는 후설모음임을 밝혀놓았다. 앞에 든 12음에 이를 합쳐서 16음이 된다.

3.3.1.2 이어서 3.3.1.1에 제시된 36자음을 들은 것은 모두 실담悉曇의 만자滿字에 대하여 모두 반자半字로 본 것이다.

이러한 《대반열반경》의 반자半字에 대한 설명은 바로 이것이 범어의 자음과 모음을 말하는 것임을 알 수 있다. 원래 반자교半字敎는 범어 문자의 자모의 교육을 지칭했던 것으로 앞의 《대반열반경》(권8)에서 인용한 부분에 "迦葉菩薩復白佛言: 世尊云何如來說字根本? … 是十四音名曰字本 - 가섭보살이 다시 여쭌 것에 대하여 부처님께서 말씀하셨다. "세존이시여, 어떤 것이 여래께서 말씀하신 글자의 근본입니까?

… 이 열네 가지 음을 글자의 근본이라고 하는 것이다."라고 하여 14개의 글자가 기본이라고 하였다.

이 불경의 기사에서 기본자라고 한 14음은 아마도 마다(摩多, 모음)의 12음, 또는 14음, 혹은 16음을 말하는 것 같다.

3.3.1.3 원래 범어의 실담悉曇에서는 47자의 범자를 제시하였다. 《실담자기》의 〈실담장悉曇章〉에서는 이 가운데 12자를 마다(모음)로 하고 체문(자음)을 35성聲으로 구분하여 모든 47개의 글자를 제시하였다. 당唐의 지광智廣이 편찬한 《실담자기》(권1)에서는 마다와 체문을 해설하고 그 합성법을 18장으로 나누어 설명하였다. 여기에 소개된 마다 12음과 체문 35성의 〈실담장〉은 제2장의 2.2.5.3.의 〈표 2-1〉로 제시하였다.

오늘날 범어의 알파벳으로 볼 수 있는 반자半字는 바로 문자의 교육이고 이것이 우선임을 이 불경에서 강조하고 있다.[36] 《대반열반경》(권8)의 〈문자품文字品〉(第四之五)에서 이 반자교半字教의 중요성을 계속해서 강조한다.

이러한 불경의 '반자半字'에 대한 설명은 이것이 범자梵字의 모음과 자음의 글자를 말하고 '만자滿字'는 이들이 결합하여 형성된 음절이거나 형태, 도는 단어, 문장임을 분명하게 알려준다.[37] 여기서 우리는 반자半字는 알파벳이며 만자滿字는 실담悉曇이며 비가라론毘伽羅論, 즉 기론記論은 이러한 언어 단위의 결합을 연구하는 학문이라는 결론에

---

36) 언어의 음운을 이해하는 데 자모의 수, 즉 음운의 수효가 매우 중요하다. 산스크리트어의 음운은 47개로 보아 悉曇의 字母로 체문(자음)의 35음, 마다(모음) 12음을 정하고 47자모를 정하였다.

37) 《大唐西域記》(권2)에 "그 문자(梵字를 말함)를 상고해 보면 梵天의 제작이라고 한다, 原始를 則으로 하여 47言이나 된다"라고 하여 47자로 하였으나 《大莊嚴經》〈示書品〉에서는 '濫[r]'자를 제외하여 46자를 들었고 《金剛頂經》〈字母品〉에서는 阿[a]에서 시작하여 乞灑[ks]로 끝나는 50자를 들었다. 즉, 16마다에 34체문을 들어 역시 濫[r]을 제외하였다.

도달하게 된다. 그리고 반쪽 글자의 교육에서 벗어나 완전한 글자의
교육, 그리고 이의 종합 연구로 갈 것을 석가釋迦는 비유에 의거하여
설명하였다.

2) 한자음 표기의 반절反切

3.3.2.0 한자의 발음을 한자로 표음하는 방법으로 반절反切이라고 불리
는 이 방법은 다음의 제4장에서 논의한 바와 같이 중국 성운학聲韻學
에서 음절을 2분법으로 이해한 것에서 연유한다.

한자음의 음절을 둘로 나누고 음절 초의 자음(onset), 즉 반절상자
反切上字를 체문体文의 성모聲母로 보고 반절하자反切下字의 나머지 부
분에 해당하는 운모(韻母, rhyme)는 마다摩多와 음절 말 자음의 운미韻
尾로 분해하여 성모聲母에 해당하는 한자와 운모韻母에 해당하는 한자
로 발음을 표기하는 방법이다. 예를 들면 '東'을 "德紅切"로 하여 '德'의
성모聲母 [d]와 '紅'의 운모韻母 [ong]을 결합하여 [dōng]으로 표음하는
방식이다. 이 반절의 방식은 중국에서 후한後漢 시대에 불교가 들어오
면서 성명기론聲明記論도 수입되어 그에 의한 범어梵語 불경의 한역漢
譯에서 사용되었다.

원래 한漢 이전에는 직음법直音法이라 하여 유사한 발음의 한자로
모르는 한자의 발음을 설명하는 방법밖에 몰랐으나 후한 시대에 불교
의 수입으로 반자론半字論이 들어오면서 반절의 방법이 발달하였다. 직
음법에서 유사한 발음으로 다른 글자의 발음을 표음할 때에 이를 '반
反'이라 하였고 이는 아마도 "바꾸다"는 의미의 '번飜'에서 온 것으로
보인다.

직음법에서는 한 글자의 발음을 다른 글자로 바꾸어 표음하는 방식
이지만 반절反切은 이를 둘로 나누어 성聲과 운韻의 두 글자로 바꾸어

표음하는 방식이다. 반절의 '절切'은 둘로 끊어서 나눈다는 뜻이며 따라서 반절은 '반어反語, 반음反音, 반뉴反紐'로도 쓰인다.[38]

3.3.2.1 성모聲母와 운모韻母를 분리하여(切은 이런 의미일 것임) 한자의 발음을 표음하는 반절법은 중국 삼국시대 위魏의 손염孫炎이 지은 《이아음의爾雅音義》에서 처음 사용하였다고 한다.[39]

그러나 동한東漢 시대 복건服虔이 주석했다는 《한서漢書》에 "惴, 音章瑞反"이 있어 이미 후한 때에 반절이 있었음을 알 수 있다. 수대隋代에 이르러서는 육법언陸法言이 《절운切韻》(601)이란 운서韻書를 편찬하게 된다. 이것은 이 운서의 서명이 '절운切韻'임을 보더라도 바로 반절법反切法에 의한 것임을 이해할 수 있는데 현전하는 중국의 운서韻書 가운데 가장 오래된 것이다.[40]

그러나 동진東晉 때에 활약한 인도의 승려 담무참(曇無讖, 385~433)이 번역한 {북본北本}《대반열반경》의 한역漢譯에서 한자음의 표기를 고심한 흔적이 보인다. 수隋나라 때에 이미 다량의 불경이 들어와서 유행하였고 한역漢譯도 활발하게 이루어졌음을 의식하지 않을 수 없다. 서인도 우선니(優禪尼, ujjayanī)국[41] 파라문婆羅門 출신의 승려로서 중

---

38) 唐 玄度의 《九经字样》의 서문에 "避以反言, 但细四声, 定其音旨。其卷内之字, 盖字下云公害翻, 代反以翻, 字下云平表纽, 代反以纽。是则反也, 翻也, 纽也, 一也。"라는 기사를 참조.
39) 北齊 顔之推의 《安氏家訓》〈音辭篇〉에 "孙叔然创尔雅音乂, 是汉末人独知反语, 至于魏世, 此事大行。"이라 하여 漢末까지는 反語, 즉 直音法만이 있었음을 알 수 있다. 인용문 가운데 倣然은 孫炎의 字이다.
40) 중국의 한자를 찾는 사전으로는 뜻으로 한자를 배열하는 類書와 字劃으로 구분하는 字書, 그리고 발음으로 분류하는 韻書가 있다. 類書는 周代의 周公이 시작하여 漢代에 완성된 《爾雅》가 그 시작이며 字書는 後漢의 許慎이 찬술한 《說文解字》로부터 시작되었다. 韻書는 발음으로 한자를 분류하여 그 의미와 자형을 보인 辭書를 말하는데 현재로는 무엇으로부터 시작되었는지 알 수 없다(졸고, 2012c). 현전하는 운서로는 隋代에 陸法言이 저술한 《切韻》(601)이 가장 오래다.
41) 優禪尼(ujjayanī)국은 서인도 Vindhya 산맥 북쪽에 인접해 있던 고대국가를 말한다.

국에 와서 섭론종攝論宗의 개조開祖가 된 삼장법사 진체(眞諦, 499~
569)는 범어명梵語名으로 Paramārtha이고 일명 Gunarata라고도 부르며
불가佛家의 유명한 《바수반두법사전婆藪盤豆法師傳》을 한역漢譯하였다.

3.3.2.2 진체 법사는 중국 양梁나라의 무제武帝가 대동大同 연간(535~
545)에 부남扶南에[42] 사신을 보내어 고승高僧과 대승大乘 경전을 구하
자 이에 응하여 중국으로 떠났으며 중대동中大同 1년(546)에 중국의
해남海南에 이르렀다. 태청太淸 1년(548)에 불가佛家의 경經·논론을 많
이 가지고 양梁의 서울 건강(建康, 현재의 南京)에 도착하여 양梁 무제
武帝의 존경을 받았던 인물이다.

진체가 번역한 《바수반두법사전》은 유식학唯識學 분야의 많은 저술
을 남긴 불승佛僧 바수반두(婆藪槃豆, Vasubandhu)의 전기다. 바수반두
는 구역舊譯에서는 천친天親, 신역에서는 세친世親이라고 번역되었는데
북인도 부루사부루국富婁沙富羅國의 브라만족 출신인 교시가憍尸迦의
둘째 아들이다. 진체眞諦는 그의 형인 아승가阿僧伽, 즉 무착無着에 이
끌려 대승 불교로 전환하였고 많은 업적을 남긴 인물인데 이 전기傳記
에서 그의 이러한 이력을 잘 보여주고 있다.

《바수반두법사전》에서는 특별히 다르게 발음되는 한자를 반절反切로
표음한 예가 보인다. 다음은 반절이 보이는 부분이다.

> … 此阿修羅有妹名波羅頗婆底〈知履反〉, 波羅頗譯爲明, 婆底譯爲妃. 此女甚有形容.
> 阿修羅欲害毘捜紐天, 故將此妹詆之. …(K1038V30P0660b14L~17L)

> 이 아수라에는 이름이 파라파파디波羅頗婆底{底는 知履의 반절이다}라고 하는

---

42) 扶南은 서기 2C~7C 무렵에 인도차이나 반도 남동쪽의 메콩강 하류에 있었던 고대
   국가다. 扶南(Funan)이란 말은 '山'이란 뜻의 크메르어 'phnôm'의 음사로 보인다. 건
   국 시조는 女王 柳葉이며, 3세기 초에는 타이와 말레이 반도까지 세력을 확장하였다.

누이가 있었는데 파라파波羅頗는 밝다(明)로 번역하고 파디婆底는 왕비라고 번역한
다. 이 여인은 매우 아름다웠다. 아수라가 유천을 찾아 해하려고 하여서 이 누이를
유혹하고자 하였다.

이 구절에 들어 있는 '底〈知履反〉'은 반절 표기로서 '底'의 발음이
'知'의 반절상자인 성모聲母와 반절하자인 '履'의 운모韻母가 결합한 발
음이라는 뜻이다. 당시의 발음은 알 수가 없고 우리 한자음으로 '[저]'
이지만 아마도 당시 이 글자의 발음을 "知[t] + 履[i] = 底[ti]"로 써서
반절反切의 방법으로 발음이 [디]임을 표시한 것이다.[43] '知履反'이 '知
履切'로 바뀐 것은 아마도 《절운》 이후 당대唐代의 일이다.

이러한 한자음의 반절 표음은 후대에 더욱 발달하여 수대隋代에 육
법언陸法言의 《절운》(601년, 仁壽 1년)으로 발전하게 되었다. 중국 한
자음에 보이는 음절 초 성모聲母를 반절상자로 표음하고 이에 연속하
는 운모韻母를 반절하자로 표음하는 방식으로 운서를 정리한 것이 바
로 《절운》이다. 이것은 당대唐代에는 승려인 수온守溫이 30성모聲母를
정리하여 이를 기초로 한 〈당운唐韻〉이 있었고,[44] 송대宋代에 《대송중
수광운大宋重修廣韻》(이하 《광운》으로 약칭)에서 36자모字母와 206운韻
으로 집대성된다.

3) 불경 한역漢譯과 반절 표기

3.3.3.0 천축天竺의 역경승譯經僧들이 반절로 한자음을 표기하게 된 것

---

43) 이것이 인도인 眞諦가 창안한 방법인지 후대에 漢人들이 보유補遺한 것인지 확인
할 길은 없다. 다만 이 불경에서는 이것 이외의 다른 반절 표시가 없어 후대의 보
유로 보기 어렵다. 만일 후대에 끼워 넣은 것이라면 이런 반절 표시가 한군데에 국
한되지 않았을 것이다.
44) 〈唐韻〉은 唐代의 모든 운서를 말하기도 하고 孫愐의 《唐韻》만을 가리키기도 한다.

은 아무래도 고대인도의 반자론半字論으로부터 영향을 받은 것으로 보아야 할 것이다. 앞에서 고찰한 반자론의 이론에 의하면 반절법反切法에 쓰이는 한자들은 하나의 음소문자이었으며 이들을 조합하여 하나의 음절을 표음한 것으로 이해한 것이다.

이러한 반절反切의 한자음 표기는 당대唐代에 들어와서 더욱 발달하였다. 당唐의 고승高僧으로 서역西域에 다녀와서 불경의 한역에 종사한 현장(玄奘, 602~664) 법사法師의 일대기를 그의 제자 혜립慧立과 언종彦悰이 정리한 《삼장법사전》(권3)에서 다음과 같이 반절법을 구사하여 어려운 한자의 발음을 표음하였다.

① 底 〈丁履反〉(K1071V32P0673c01L)[45]
　哆 〈他我反〉(K1071V32P0674a11L)
② 誦 〈音女咸反〉(K1071V32P0673b09L[46])
　渧[47]〈音鞞僭反〉(K1071V32P0674a08L)
③ 韵 〈鞞約反〉(K1071V32P0674a11L)
　縭 〈所劦反〉(K1071V32P0674a15L)

이것은 당대唐代의 반절법으로 그 이전에 서역의 역경승譯經僧들이 구사한 것과 차이가 있다. 즉, ①의 예와 같이 자음과 모음이 결합한 한자의 발음을 반절법으로 표기한 것이다. 또 '底'는 원래 [djə]이었으나 여기서는 丁[t] + 履[i] = 底[di]의 발음을 표기한 것이고 '哆'의 발음

---

45) '底〈知履反〉'은 이미 《婆藪盤豆法師傳》의 漢譯에서 天竺人 眞諦(Paramārtha, 일명 Gunarata)가 보인 反切이다. 이로써 한자음 표기의 反切은 天竺人들이 시작하였으며 半字敎의 영향을 받은 것으로 볼 수 있다.
46) 여기에 보이는 숫자들은 경명이나 권수임. 엽수가 같은 경우에는 생략하였음. 이하 모두 같음.
47) 전산 입력된 《삼장법사전》(권3)에서는 이 한자가 실현되지 않았다. 아마도 '蹉'일 수도 있는데 범어를 음역한 것이어서 어떤 한자인지 확인할 수 없다.

도 [chi]가 아니라 他[ta]임을 보여준 것이다.

이러한 반절의 표기는 ②와 같이 '諵'의 발음을 '女咸反', 즉 "女[n] + 咸[am] = 諵[nam]", 그리고 '湴'의 발음을 '鞞僭反', 즉 "鞞[p] + 僭[am] = 湴[pam]"으로 표기한다는 것이다. '諵(남)'이나 '湴(밤)'은 모두 범어梵語의 한역漢譯에서 범어를 표기하기 위하여 사용된 특수 문자들이다. ③의 한자들도 '餺, 縐'과 같이 잘 사용하지 않는 벽자僻字들이다. 따라서 그 발음을 '餺[pak] = 鞞[p] + 約[ak], 縐[su] = 所[s] + 芻[u]'와 같이 반절의 방법으로 표시하였다.

3.3.3.1 불경의 한역에서 가장 어려운 것은 범어梵語의 음역音譯이다. 《삼장법사전》(권3)의 "自此漸去, 至伊爛拏國, 伽藍十所, 僧徒四千餘人, 多學小乘說一切有部義. 近有鄰王, 廢其國君, 以都城施僧, 於中竝建二寺, 各有千僧, 有二大德, 一名怛他揭多鞠多{此云如來密}, 二名羼底僧訶{此云師子忍也}, 俱善薩婆多部((K1071V32P0674c01L~07L).

〔법사는〕 이곳을 떠나서 이란나국伊爛拏國에 이르렀다. 이곳에는 가람이 10여 개나 되며 4천여 명의 승려들이 거의가 소승의 학설인 일체유부一切有部를 배우고 있다. 근래에 이웃나라의 왕이 이 나라의 왕을 폐위시키고 도성都城을 승려들에게 보시하고 그 안에다 두 개의 절을 세워 각각 천 명의 승려를 살게 했다. 그 중에 두 사람의 대덕大德이 있었는데 한 사람은 달타게다국다(怛他揭多鞠多, Tarthaga-tagupta){이 말은 '여래밀如來密'을 말한다}, 두 번째 사람은 찬디승가羼底僧訶{이 말은 사자인師子忍을 말하다}이라 하는데 모두 살파다부(小乘 20부의 하나)를 잘했다."라는 기사에서 '羼底僧訶'는 범어梵語의 [kṣāntisaṁgha]를 한자로 대역對譯한 것으로 [kṣānti - 忍辱]의 [ti]를 '底'가 표음한 것이다.[48]

48) '羼底僧訶(kṣāntisaṁgha)'는 "此云師子忍也- 이것은 師子의 忍辱行을 말하다"를 참조할 것.

3.3.3.2 이것은 범어梵語의 [Prajñā]를 '반야般若'으로 번역하고 [hrdaya]를 '흘리제야(紇哩第野 – 經)'로 그리고 [sutra]를 '소달라(素怛羅 – 心)'로 번역하여 'Prjñā hrdaya sutra'를 '반야심경般若心經'으로 적는 것과 같다. 다음은 송대宋代의 일이지만 불경의 한역에서 다음의 9단계를 거쳐 역문譯文이 이루어짐을 보인 것이다. 불경 번역의 아홉 단계란 졸고(2012c)에 따르면 다음과 같이 이루어진다.

① 역주譯主 – 범문梵文의 원문을 낭송한다. 인도에서 온 승려가 하는 것이 보통임.
② 증의證義 – 역주譯主의 왼쪽에 있어 역주와 함께 범문의 의미 내용을 토의함.
③ 증문證文 – 역주譯主의 오른쪽에 있어 역주가 낭송하는 범문에 잘못이 없는지 검토함.
④ 서자書字 – 범학승梵學僧이 역주가 낭송하는 범문의 발음을 한자로 표기한다. 범어를 한자로 음성적인 표기를 한다.
⑤ 필수筆受 – 한자로 쓰인 범어梵語를 중국어로 번역한다.
⑥ 철문綴文 – 단어 단위로 한역漢譯한 것을 중국어 문법에 맞게 문장을 만들어 한문漢文이 되게 함.
⑦ 참역參譯 – 범문梵文과 한문漢文을 비교하여 잘못을 고침.
⑧ 간정刊定 – 번역된 한문의 용만冗漫한 곳을 삭제하여 경전의 문장으로 바꿈. 범문梵文의 표현은 자세하고 길게 되는 경향이 있지만 한문의 경전 문체는 고문과 같이 간결함.
⑨ 윤문관潤文官 – 역문譯文의 한문이 적절하도록 윤색함.

이러한 과정을 거쳐 한역된 불경은 북송北宋과 거란契丹을 거쳐 고려에 유입된다. 그러나 위에서 살펴본 바와 같이 반절의 표음이 "底〈知履反〉, 誦〈音女咸反〉, 約〈鞞約反〉"과 같이 '反'이었다가 "東〈德紅切〉, 丽〈郎计切〉"과 같이 '切'로 바뀐 것은 손면孫愐의 《당운唐韻》에서 부터라고 한다.[49] 당대唐代 안사安史의 반란反亂 이후 '反'자를 기휘忌諱하여

'切'로 바꿨다고 본다.50) 그러나 수隋, 당唐 이전에도 '反'과 함께 '切'
도 사용되었다는 주장이 있다.

4. 성명기론聲明記論의 고려 유입

3.4.0 성명기론聲明記論, 즉 성명聲明에 비가라론毘伽羅論의 연구가 언
급된 불경은 "대반열반경大般涅槃經, 대승장엄경론大乘莊嚴經論, 반야등
론석般若燈論釋, 보행왕정론寶行王正論, 별역잡아함경別譯雜阿含經, 금칠
십론金七十論, 바수반두법사전婆藪槃豆法師傳, 일체경음의一切經音義" 등
이 있고 이 가운데《대반열반경大般涅槃經》에서 비가라론毘伽羅論에 대
하여 가장 많이 언급하였다.51)

이밖에도 앞에서 거론한《대당대자은사삼장법사전大唐大慈恩寺三藏法
師傳》(앞에서《삼장법사전》으로 약칭하였음. 이하 같음)과《대당서역기
大唐西域記》,《남해기귀내법전南海寄歸內法傳》에서 자세하게 비가라론과
《팔장》, 그리고 이를 저술한 파니니波你尼에 대하여 설명하였다.《삼장
법사전》과《대당서역기》는 모두 당唐의 고승 현장玄奘의 서역 여행기

---

49) 顧炎武의《音學五書》〈音論〉에 "反切之名, 自南北朝以上皆谓之反, 孫愐《唐韵》谓之切,
  盖当时讳反字"라는 주장을 참조
50) '安史의 亂'은 唐 玄宗 때에 安祿山과 史思明이 일으킨 叛亂을 말한다. 天寶 연간에
  일어난 일이라 天寶의 亂이라고도 한다.
51)《대반열반경》은 중국의 晉나라 때에 法顯(337~422)이 번역한〈대반열반경〉(3권)
  이 있다. 그러나 東晉 때에 활약한 인도의 曇無讖(Dharmarakṣana, 385~433, 曇摩懺,
  曇無懺으로도 씀)이 姑藏, 즉 후일의 高昌에서 沮渠蒙遜의 후한 접대를 받으며 北涼
  10년(421)에〈Mahāparinirvāṇa, 摩訶般涅槃那〉을 번역한 것을 원본으로 여기는데 이
  를 北本 涅槃經(40권)이라고 부른다. 후에 劉宋 慧觀과 謝靈運이 北本을 참고하면서
  다시 번역한 것을〈南本 열반경〉(36권)이라고 한다. 여기서는 北本을 참고하였다.

를 주된 내용으로 하고 있다.

또 《남해기귀내법전南海寄歸內法傳》은 역시 당승 의정(義淨, 635~713)
이 인도를 비롯하여 면전(緬甸, 미얀마), 안남安南 등을 돌아본 뒤에
시리불서국尸利佛逝國에 머물면서 순례巡禮했던 나라들에서 견문한 것
을 정리한 것이다. 세 경전은 비록 인도에서 저술된 것이 아니고 중국
당唐의 고승들이나 그들의 여행기이지만 모두 고려대장경에 포함되어
한반도에 전해졌다.

　여기서는 앞에서 언급한 고려대장경의 비가라론과 성명기론, 《팔장》
과 파니니에 대하여 살펴보고 이를 통하여 비가라론과 파니니의 《팔
장》, 그리고 성명기론이 어떻게 한반도에 전해졌는지 고찰하고자 한다.

1) 고려의 불경 수입과 간행

3.4.1.0 고려시대에 한역 불경의 수입은 매우 성행하였다. 고려에서는
국초國初부터 학교를 설치하고 유학儒學을 교육하였으며 과거제도가
실시되어 경서經書의 강독과 시문詩文의 작성을 시험하여 인재를 등용
하였다. 따라서 유교儒敎의 경전을 공부하는 유생儒生들은 중국의 운학
韻學과 자학字學에 관심이 많았다. 한편 불교가 흥륭興隆하여 많은 사
찰이 건립되었으며 다수의 학승學僧들이 불경을 학습하였다.

　더욱이 승과僧科가 설치되어 몇몇의 불경은 유교의 경전만큼 자세
한 강해講解와 심오한 주해註解가 있었고 그에 따라 일부 불경은 석독
釋讀과 주석註釋이 끊임없이 이루어졌다. 따라서 고려에서는 유학儒學
의 경서經書와 불가佛家의 경전經典을 교육하기 위하여 상당한 수준의
한자를 알아야 하였으며 시문詩文의 작성을 위하여 운학적韻學的 지식
과 운서韻書의 필요성이 더욱 증대되었다.

3.4.1.1 고려에서는 앞서 살펴본 바와 같이 송宋과 요遼로부터 많은 서적을 수입하였고 이를 고려에서 재간, 복각, 중간하였다.《고려사》의 기록에 따르면 고려 선종宣宗 8년(1091)에 이자의李資義 등이 송宋으로부터 돌아와서 송제宋帝가 고려에 좋은 책이 많으니 구서목록求書目錄을 만들어 보내라는 명령을 내렸다고 한다(《高麗史》권10〈世家〉10 宣宗 8년 6월 丙午조). 이 목록에는 127종 5천여 권의 서적이 들어 있었으며 이 목록에 따라 송宋에 보낸 서적 가운데는 이미 중국에도 없는 진본珍本이나 완질完帙이 있었다.[52]

고려는 요遼로부터도 적지 않은 서적을 구입하였다.《삼국유사》(권3)〈탑상塔像〉(제4) '전후소장사시前後所藏舍利'조를 보면 "본조(고려) 예종睿宗 때에 혜조국사慧照國師가 명을 받들어 서역西域에 유학留學하여 요遼나라 판본인 대장경 3부를 사 가지고 와서 그 한 부가 지금의 정혜사定慧寺에 있다{해인사海印寺에도 한 부가 있고 허許 참정參政댁에 한 부가 있다}."라는[53] 기사가 있어 요遼로부터 요판遼版 대장경을 구입하여 고려에 가져왔음을 알 수 있다. 문종文宗 16년(1062)에 요판遼版 대장경이 고려에 들어온 이래 다섯 차례에 걸쳐 대장경을 구입하였다(김한규, 1999:495).

3.4.1.2 졸고(2012c)에 따르면 고려 예종睿宗 2년(1107)에 요遼의 천조

---

52) 예를 들면 陸游의《渭南文集》(권27)〈跋說苑〉에 宋의 어떤 文翰官署에 소장된《說苑》20권 가운데〈反質篇〉1권이 落帙되었는데 曾肇이 이를 보완하고 고려에서 보내온 것으로 이를 완전하게 하였다고 한다(張東翼, 2000:434).

53) 원문은 "本朝睿廟時, 慧照國師奉詔西學, 市遼本大藏經三部而來。一本今在定慧寺。{海印寺有一本, 許參政宅有一本。}"이다. 이어서 "大安二年, 本朝宣宗代, 祐世僧統義天入宋, 多將天台敎觀而來。此外方册所不載, 高僧信士往來所賷, 不可詳記。– 대안 2년, 고려 선종宣宗 시대에 우세祐世 승통僧統 의천義天이 송나라에 들어가 천태교에 관한 책을 많이 가지고 왔다. 이밖에는 문헌에 기록된 것이 없으므로 고승과 독실한 신자들이〔송나라를〕내왕하면서 가져온 서적을 자세하게 기록하는 것이 불가능하다"(《삼국유사》권3〈塔像〉'前後所將舍利'조)라는 기사를 참고할 것.

황제天祚皇帝가 탄신을 축하하러 간 고려 사신使臣 고존수高存壽에게 대장경을 하사한 일이 있고(《고려사》 권12 〈世家〉 제12 睿宗 2년 정월 戊子조), 예종 8년(1113) 2월에는 요의 사신 야율고耶律固 등이 《춘추석례春秋釋例》와 《금화영주집金華瀛洲集》을 고려에 요구하여 받아간 일이 있었다(《고려사》 권13 〈世家〉 13 睿宗 8년 2월 庚寅조). 이러한 대장경의 유입과 교환은 급기야 고려에서 대장경을 간행하기에 이른다.

2) 초조初雕대장경

3.4.2.0 고려에서 초조初雕대장경의 간행이 완성된 것은 고려 선종宣宗 4년(1087)의 일로 본다. 중국의 대장경으로 가장 먼저 간행된 북송北宋의 개보開寶 칙판(勅板, 971~983)이 고려에 도입된 것은 고려 성종 10년(991)의 일이다.

이것을 고려에서 판각板刻하기로 한 것은 현종顯宗 2년(1011)의 일이다. 그리고 현종 20년(1029)에는 상당한 수량의 대장경이 판각되었고 이를 경축하는 대장大藏 도량道場이 회경전會慶殿에서 대대적으로 베풀어졌다.[54] 현종의 재위 연간에 판각된 장경藏經은 의천義天의 《대각국사문집大覺國師文集》에 따르면 "근 5천축軸"에 이른다고 하니 고려 대장경의 거의 대부분이 판각된 셈이다. 이때에 판각된 것을 국전본國前本이라고 부른다.

후에 요遼에서 들여온 거란의 대장경이 문종文宗 17년(1063)에 도입되어 초조初雕대장경의 국전본에 추가된다. 거란대장경은 그 뒤에도 숙종肅宗 4년(1099)과 예종睿宗 2년(1107)에도 들어 왔지만, 그 거란대장경에 의해 초조의 판각이 이루어진 것은 첫 번째의 수입 이후의 일

---

54) 《고려사》(권6) 〈世家〉(제5) 顯宗 20년 4월 庚子일에 "庚子設藏經道場於會慶殿, 飯僧一萬于毬庭"이란 기사 참조.

로 본다. 그 판각은 북송의 개보판開寶板에 수록되어 있지 않거나 본
문에서 전도顚倒된 것, 착사錯寫한 것, 또는 누락, 오류, 이역異譯을 가
려내어 보족補足하거나 대체 또는 추가하였다. 이렇게 새겨낸 것을 초
조初雕의 국후본國後本이라 한다.

3.4.2.1 이밖에도 고려에 다른 경로로 전해진 송조宋朝의 대장경을 국
전본과 국후본에 추가한 것이 있다. 이들은 역시 개보판開寶板과 거란
대장경에 수록되지 않은 것을 보완하거나 오류를 바로 잡는 데 사용하
였다. 이것은 재조再雕대장경을 판각할 때에 수기守其 법사가 면밀하게
고증한 바가 있어 알려지게 된 것이다.[55] 북송北宋 초기에 간행된 개
보판開寶板 이외에 송宋에서 후대에 간행한 대장경을 송조대장경宋朝大
藏經이라 한다.

《고려사》에 따르면 문종文宗 37년(1083) 3월에 송조宋朝대장경이
들어와서 개국사開國寺에 안장되었다고 한다. 개보開寶대장경에 비하여
송조宋朝대장경은 개보판에 누락된 부분을 추가하고 새로 한역漢譯한
경전들이 포함되었다.[56] 추가된 경전의 권수를 의천義天은 전술한 그
의 문집에서 "육천래권六千來卷"으로 표현하였다.

초조初雕대장경은 몽골군의 침입으로 소실되었다. 고종高宗 18년
(1231) 8월에 몽골군은 압록강을 건너 침범하기 시작하더니 내지로 침
입하여 백성을 살육하고 유린하면서 그해 12월에는 개경開京의 사문四
門 밖까지 쳐들어와 압박하였다.

사태가 이렇게 급박해지자 당시 고려의 무인武人 정권은 이듬해인

---

55) 守其法師의《高麗國新雕大藏校正別錄》을 참고할 것.
56) 송조대장경에 새로 수록된 경전으로는《開元釋敎錄》과《續開元釋敎錄》·《貞元新定釋
    敎錄》·《續貞元釋敎錄》등이 있고 새로 漢譯한 경전으로는《大中祥符錄》과《景佑新修法
    寶錄》등이 있다.

고종 19년(1232) 6월에 강화江華로 천도하여 몽골의 침략에 대항하였
다. 고종 23년(1236) 6월에 있었던 제3차 침입에서 몽골군은 전라도와
경상도를 유린하여 대구 부인사符仁寺에 간직해온 초조初雕대장경의
책판册版을 모두 불태웠다.

3) 재조再雕대장경

3.4.3.0 옛날 현종顯宗이 거란契丹의 외침을 당해 거국적인 발원으로
판각하여 그 침략을 물리쳤다고 생각하던 초조初雕대장경의 경판經板
을 몽골군의 병화兵火로 일시에 소실한 고려인의 충격은 이만저만이
아니었다. 그리하여 몽골군의 외침外侵도 전과 같이 대장경을 판각하여
부처님의 가호를 비는 것이 최상의 방책으로 여겨서 다시 대장경의 간
판을 추진하게 된다. 이렇게 두 번째로 판각한 것이 재조再雕대장경이
고 이것이 오늘날에도 전해지는 고려대장경이다.

재조再雕대장경은 강화江華로 천도한 이후 고종 23년(1236)에 설치
된 대장도감大藏都監의 본사本司에서 무신武臣 정권의 우두머리였던 최
이(崔怡, 구명은 瑀)가 연재捐財하여 간판한 것이 있고, 고종 30년
(1243)에 남해南海의 대장도감 분사分司에서 정안(鄭晏, 구명은 奮)이
재물을 내어 판각한 것이 있다.

후자의 남해 분사分司에서 간판한 대장경판은 108,621판이어서 전자
의 강화江華의 본사本司에서 판각한 45,675판에 비교하면 절대 다수가
분사에서 판각하였음을 알 수 있다. 따라서 이들을 모두 합하면 재조
대장경으로 간행한 책판이 154,296판이고 그의 70%를 남해의 분사에서
간판한 것이다.

3.4.3.1 대장경 본문의 교정 작업은 대장도감大藏都監의 수기법사守其

法師가 중심이 되어 교정할 승려들을 동원하여 수행하였고, 정자正字들이 교정 원고를 종이에 써서 판목에 붙이면 각수刻手들이 이를 새기는 방법으로 대장경판의 판각은 진행되었다. 고종 24년(1237)에 강화의 본사에서 책판을 내기 시작하여 고종 25년(1245)까지 계속되었다. 남해의 분사分司에서는 고종 30년(1243)부터 책판을 간판하여 고종 35년(1248)까지 계속해서 책판을 내었다.

재조대장경에는 장외판藏外板의 보유補遺를 말미에 붙였다. 이 보유는 분사도감에서 새긴 7종 183권 4,623판과 본사本司도감都監에서 훗날 새긴 4종 16권 543판이 있다. 그밖에 고려 말과 조선 전기 사이에 새긴 4종 32권 1,186판을 앞의 것과 합치면 대장경판은 모두 160,648판이 된다. 이 장외판藏外板의 보유補遺는 조선 고종 2년(1865)에 재조대장경에 합쳐졌다.

3.4.3.2 남해의 대장경 분사分司에서는 앞에 언급한 대장경의 보유補遺판 이외에도 고종 31년(1244)에 《금강명경金剛明經》을 간판刊板하고 다음 해에는 《금강반야파라밀경金剛般若波羅密經》, 《화엄경보현행원품(華嚴經普賢行願品)》, 《천태삼대부보주天台三大部補註》 등을 간행하였다. 그리고 대장목록을 마지막으로 고종 35년(1248)에 분사도감이 운영을 마감한 후에도 이곳 관리들이 여업餘業으로 판각을 계속하였다고 한다 (고려대장경 연구소 〈재조대장경 소개〉 참조).

재조再雕대장경은 초조初雕의 인본印本을 바탕으로 본문에 교정을 가하였다. 교정을 담당한 수기법사守其法師는 대장도감 설치 이후 초조본初雕本에 오역이 심한 것, 경론經論이 누락된 것, 그리고 중요도의 인지가 낮은 것 등을 가려 교정과 게재 여부를 계속 검토하여 왔는데 그것이 분사도감分司都監의 후반기에 정리되어 재조대장경의 판각에서 삭제와 대체가 이루어졌다.

4) 대장경의 판각板刻과 소장所藏

3.4.4.0 고려의 무신정권에서 고종 36년(1249)에 강화江華로 천도를 주도한 최이崔怡가 죽고 그의 아들 최항崔沆이 그의 직을 계승하자 남해南海 분사分司에서 판각한 것과 강화江華 본사本寺의 것을 모두 강화江華의 대장경판당大藏經板堂으로 옮겨 보관할 것을 계획하였다.

최항은 남해南海 분사分司의 정안鄭晏을 강화로 불러 문하성門下省의 참지정사參知政事로 임명하고 남해의 분사 대장경을 강화로 이송하여 본사本司의 것과 함께 봉안奉安할 것을 명하였다. 정안鄭晏은 이 명을 제대로 수행한 것으로 보이며 고종 38년(1251) 9월 임오壬午일에 왕이 서문 밖에 있는 대장경판당에 가서 백관을 거느리고 분향을 하였다.

현종顯宗 때에 새겼던 판본은 임진壬辰년에 몽고의 병화로 모두 소실되었으므로 왕이 여러 신하들과 함께 다시 발원發願하여 도감都監을 설치하고 16년 만에 〔대장경판을〕 준공하였다는 기사가 고려사에 전한다.57) 강화江華의 대장경판당大藏經板堂은 서문西門 밖에 위치하였고 해로海路에 가까운 곳에 두어 언제라도 이송할 수 있게 하였다.

3.4.4.1 강화江華에서의 대장경판당을 관리하는 것은 선원사禪原寺에서 담당하도록 하였으며 이때에 모아 놓은 장경판藏經板과 장외판藏外板의 보유補遺를 합치면 모두 16만 648판이다. 하나의 목판에 전면과 후면의 두 판의 판각이 가능함으로 이를 수록한 판목板木의 수효는 모두 8만여 개가 된다. 이로부터 팔만대장경八萬大藏經이란 명칭이 만들어진 것이다.

조선 태조 때에 대장경판의 안전한 보관을 위하여 해인사海印寺로

---

57) 《고려사》(권24) 〈世家〉(제24) 고종 38년 9월 조에 "壬午幸西門外大藏經板堂, 率百官行香, 顯宗時板本燼於壬辰蒙兵, 王與群臣更願立都監, 十六年而功畢"이란 기사 참조.

옮기는 계획이 세워졌다. 태조 7년(1398) 5월에 강화에서 서울의 용산龍山으로 옮겨오고 서대문 밖의 지천사支天寺에 임시로 두었다가 이를 해인사로 옮긴 것은 태조가 아들인 정종定宗에게 선위禪位하기 이전이다.

3.4.4.2 조선왕조의 제2대 정종 원년(1399) 정월 9일에 태조의 명으로 대장경을 인출印出하고 경상감사가 인경승印經僧들에게 음식을 주었다는 기사가 《정종실록》(권1) 1년 1월 9일조의 기사에 보인다. 태조가 재위할 당시에 대장경판이 해인사로 이송된 일은 이미 끝난 것으로 보아야 할 것이다.[58] 해인사에 보관된 고려대장경, 일명 팔만대장경은 국보 32호로 지정되었고 유네스코 세계 기록문화 유산으로 등재되었다.

   이렇게 고려와 조선 전기에 수입된 대장경 속에는 고대인도의 비가라론毘伽羅論과 그의 음성 연구인 성명기론聲明記論이 포함되어 전달되었으며 세종 때에 신미信眉대사에 의하여 세종에게 전달되어 훈민정음 제정의 기본이론이 되었다. 뿐만 아니라 중국에서도 성명기론은 한자음 연구에 이용되어 성명학聲明學으로 발달하였다.

5. 성명학聲明學으로 본 훈민정음

3.5.0 고려대장경에 포함되어 들여온 많은 불경에는 반자론半字論와 만

---

58) 《정종실록》(권1) 정종 1년 1월 庚辰(9일) 조의 "○命慶尙道監司, 飯印經僧徒于海印寺。太上王欲以私財, 印成《大藏經》, 納東北面所畜菽粟五百四十石于端、吉兩州倉, 換海印寺傍近諸州米豆如其數。"라는 기사를 참고할 것.

자론滿字論은 물론이며 비가라론毘伽羅論의 성명기론聲明記論도 함께 유입되었다. 후자가 음성학을 포함한 문법이론이라면 전자는 음운과 그에 대한 문자의 이론을 전달해 준 것이다.

고대인도에서 발달한 문자 및 음성학과 문법론이 불경 속에 포함되어 전달되면서 중국에서는 자학字學과 성운학聲韻學이 발달하고 한반도에서는 한자음 표기의 반절反切이 성행함과 더불어 훈민정음이 제정되기에 이른다.[59] 특히 반자론半字論에 의거하여 한자음을 반절로 표시하는 방법이 서역의 역경승들에 의하여 창안되면서 중국에서 한자음 표음의 방법은 그동안 성조聲調에 의하여 운서韻書를 편찬하는 방법으로부터 벗어나서 새로운 운서의 편찬 방법이 생겨나게 된다.

고대인도의 반자론의 이론에 의거하여 반절법反切法으로 한자의 발음을 표기하는 방법은 한자음을 하나의 음절로 보아 음절 초 자음의 반절상자上字와 그 이하의 운모를 하자下字로 나누고 이를 연결하여 한 음절의 한자음을 표음하게 된다. 그러나 이보다 더 심오한 비가라론毘伽羅論의 성명기론聲明記論에서는 반절상자와 하자가 표음한 음운을 여러 가지 방법으로 분석하고 중국어에서 분석 가능한 성모聲母, 즉 어두 자음子音과 운모韻母에 대하여 조음음성학의 방식으로 기술하였다.

그리고 이 음운들을 분류하여 체계적으로 파악하였는데 이러한 음운의 이해는 오늘날의 조음음성학 이론으로 보아도 전혀 손색이 없었다. 훈민정음은 이러한 음운 분석의 방법으로 우리 한자음의 음운을 찾아내어 분류하고 그들을 체계적으로 파악하여 그 하나하나를 기호로 대응하여 만든 음소문자이며 범자梵字 같이 음절 단위로 모아쓰기를

---

59) 契丹의 遼에서 行均이 《龍龕手鏡》을 편찬한 것도 이러한 字學의 발달에 따른 것이다. 《龍龕手鏡(鑑)》에 대하여는 藤本幸夫(2015) 및 여기에 게재된 졸고(2015a)를 참고할 것.

한 것이다.

　고려대장경에 포함되어 한반도에 전달된 비가라론의 성명기론聲明記論은 당시 학승學僧들에 의하여 깊이 연구되었고 조선 초기에 세종이 새 문자를 제정할 때에 중요한 이론적 근거가 되었다.[60] 따라서 고도로 발달한 음성학의 이론에 의거하여 우리 한자음, 즉 동음東音을 분석하고 음운을 추출하였으며 이를 체계적으로 정리하여 그 하나하나를 표기하는 과학적인 문자를 제정하게 된 것이다.

　이 절에서는 이미 졸고(2002b, 2008c, 2011b, 2011c)와 졸저(2015)에서 여러 차례 언급한 바 있는 훈민정음의 제정에 끼친 비가라론毘伽羅論의 성명기론聲明記論으로부터 받은 영향에 대하여 고찰하고자 한다. 다만 이미 발표된 내용과 중복을 피하기 위하여 되도록 요약하여 서술할 것이다.

　1)《광운》의 36자모

3.5.1.0 고대인도의 반자론半字論과 성명기론은 중국에 들어와서 한자의 발음 표기에서 반절로 발달하였다. 그리하여 고대중국어(Ancient Chinese)에서 실담悉曇의 36 체문体文에 의거하여 반절상자反切上字, 즉 성聲으로 36개 자모를 분석하여 이에 따라 한자를 정리하는 운서가 편찬되었다. 그 시작은 앞에서 언급한 수隋의 육법언陸法言 등이 편찬한《절운切韻》(이하《절운》으로 약칭)이다.

　이 운서는 서명으로 보아도 반절과 관련되어 편찬된 것임을 알 수

---

60) 세종의 훈민정음 창제에 도움을 준 佛家의 十僧으로 信眉, 守眉, 雪峻, 弘濬, 曉雲, 知海, 海超, 斯智, 學悅, 學祖를 들 수 있다. 이들은《월인석보》를 편찬하는 데 많은 공헌을 했으며(박병채, 1991:308) 이 가운데 信眉와 그의 동생 金守溫의 역할이 가장 컸다고 본다.

있으며 그러한 방법은 당대唐代의 〈당운唐韻〉으로 이어지고 드디어 송대宋代의 《대송중수광운大宋重修廣韻》(이하 《광운》으로 약칭)에서 집대성된다. 이 《광운》은 宋의 과거시험에서 기본 운서로 인정되어 과거시험을 관장하는 예부禮部에서 이를 간략화한 《예부운략禮部韻略》이 간행된다.[61]

이 《예부운략》의 36자모, 즉 반절상자를 도표로 보이면 다음과 같다.

〈표 3-1〉 《예부운략》의 36자모도

角	淸音	次淸音	次淸次音	濁音	次濁音	次濁次音
角	見	溪		群	疑	魚
徵	端	透		定	泥	
宮	幫	滂		並	明	
次宮	非	敷		奉	微	
商	精	淸	心	從		邪
次商	知	徹	審	澄	娘	禪
羽	影	曉	ㄠ	匣	喻	合
半徵商				來		
半商徵				日		

《광운》 계통의 《예부운략》은 송대宋代의 과거시험에서 기본 운서가 되었으며 후대에 수정에 의한 많은 이본異本이 간행된다. 또 이것을 원대元代에 파스파 문자로 표음한 《몽고운략蒙古韻略》이 편찬되는데 이 몽고운서는 표음문자인 파스파 문자로 발음을 적어놓았기 때문에 몽고인들만이 아니라 색목인色目人들을 포함한 주변의 여러 민족들이 한자 교육에 널리 이용하였다. 조선에서도 이 몽운蒙韻이 이용되어 신숙주의

---

61) 졸저(2015:340)의 "《예부운략》은 과거시험을 관장하는 禮部의 간행이어서 표준적인 운서로 宋代에 널리 이용되었다. 《몽고운략》은 이 《예부운략》을 파스파 문자로 飜譯한 것, 즉 파스파 문자로 이 운서의 한자음을 표음한 것으로 본다. 이것은 《몽고운략》이 현전하지 않기 때문에 이 두 운서를 비교할 수 없는 지금의 형편에서는 하나의 추정이겠지만, 유창균(1973)의 再構나 《사성통해》에 인용된 蒙古韻을 통하여 어느 정도 추정할 수가 있다."를 참조.

《사성통고》를 이어받은 최세진의 《사성통해》에서 이 《몽고운략》의 서명
이 '범례凡例' 26조의 첫 항에 보인다.

3.5.1.1 이 《예부운략》은 송宋의 황공소黃公韶가 북방 한자음을 정리한
《고금운회古今韻會》에 의하여 수정되어 《신간운략新刊韻略》으로 간행되
었고 이것도 파스파 문자로 번역하여 《몽고자운蒙古字韻》이 간행된다.
이 《몽고자운》도 원제국의 말년에 주종문朱宗文이 증정增訂하였는데 이
증정본增訂本의 청대淸代 건륭乾隆 연간에 필사한 초본鈔本이 현재 대
영도서관(British library)에 소장되었다(졸저, 2009).

조선 중종 때의 《사성통해》를 비롯한 많은 운서에서 '몽운蒙韻'이라
지칭한 《몽고운략蒙古韻略》, 《몽고자운蒙古字韻》, {증정}《몽고자운》은 파
스파자로 반절상자反切上字인 성聲을 표기하였다. 반절상자를 표기한
파스파 문자는 실담장悉曇章의 36 체문体文에 맞추어 모두 36자모로
하였는데 송대宋代에 절운계 운서를 집대성한 《광운》에서도 이를 따랐
다. {증정}《몽고자운》의 런던 초본(이하 《몽운》의 런던 초본으로 약칭)
의 권두에 〈자모字母〉라는 제목으로 실려 있던 파스파 글자의 36 성모
聲母는 졸저(2009:187)에서 《사성통해》에 첨부된 〈홍무운 31자모도〉에
맞추어 보기 쉽게 도표로 정리하였다. 그것을 여기에 옮겨 보면 〈표
3-2〉[62]와 같다.

졸저(2009)에 따르면 《몽운》의 런던 초본에서 권두에 첨재添載된
'자모字母'에서 당시 한자의 한음漢音에서 성모聲母, 즉 반절상자를 정
리한 것이라고 하였다. 보통 '삼십육자모지도三十六字母之圖'로 불리는

---

62) 이 자모도는 〈禮部韻略七音三十六母通攷〉에 의거하여 수정된 36자모를 추출하고
   거기에 파스파 문자를 하나씩 대응시킨 것이다. 또 〈표 3-2〉는 졸저(2009:187)에
   서 《사성통해》의 〈홍무운 31자모도〉에 의거하여 도표로 작성한 것이다. 제5장
   5.2.1.1~3의 〈사진 5-1〉과 〈표 5-1〉을 참고할 것.

<표 3-2> {증정}《몽고자운》런던 초본의 36자모도

	牙音	舌音		脣音		齒音		喉音	半音	
		舌頭音	舌上音	脣重音	脣輕音	齒頭音	正齒音		半舌音	半齒音
全清	見 ㄱ	端 ㄷ	知 ㅌ	幫 리	非 ㆆ	精 ㄖ	照 ㅌ	曉 ㅎ		
次清	溪 ㄷ	透 ㅂ	徹 ㅂ	滂 리	敷 ㆆ	淸 ㄖ	穿 ㅂ	匣 冏,ㄖ		
全濁	群 ㄲ	定 ㄻ	澄 ㅂ	並 리	奉 ㆆ	從 ㅁ	床 ㅂ	影 ㄻ,ㅆ		
不清不濁	疑 ㄹ	泥 ㅀ	娘 ㄼ	明 리	微 ㅁ			喩 ㄻ,ㅆ	來 리	日 ㄻ
全清						心 ㅋ	審 ㅋ			
全濁						邪 ㅌ	禪 ㅋ			

이 도표는 앞에서 언급한 《몽고운략》이나 《몽고자운》과 주종문朱宗文의 증정본에는 물론이고 당시에 간행된 《오음집운五音輯韻》, 《고금운회거요古今韻會擧要》 등의 운서에 모두에 부재附載되었을 것으로 추정된다.

그러나 명明의 건국과 더불어 실시된 호원胡元의 잔재殘滓를 없애는 태조 주원장朱元璋의 끈질긴 노력으로 파스파 문자로 36자모를 표음한 자모도字母圖는 모두 제거되었다. 현전하는 일부 《고금운회거요》에서는 <예부운략칠음삼십육모통고禮部韻略七音三十六母通攷>라는 제목만 남아 있을 뿐 정작 자모도는 삭제되었는데 오로지 《몽고자운》의 런던 초본에만 유일하게 그 자모도가 남아 있다(졸저, 2015:252~253).[63]

실제로 초기의 언문 자모, 즉 세종 25년 12월 말에 《세종실록》(권103)의 기사에 등장하는 "諺文二十八字"는 원래 '언문 27자'였던 것을 후대에 고쳐서 실록이 편찬될 때에 붙인 것이다. 이 기사가 후대의 추가됐다는 주장은 임홍빈(2006)에서 자세하게 논의되었다. 그리고 12월의 이 기사가 실린 지 2개월 후인 세종 26년 2월에 최만리崔萬理의 반대상소문에는 '언문 27자'로 나타나는 것을 보아도 세종 25년 12월의 '언문 28자'는 실제는 '언문 27자'임을 알 수 있다(졸고, 2019a).

---

63) 그러나 졸저(2009)에서 이 자모도가 학계에 소개되기 전에는 아무도 돌아보지 않았으며 이를 이용한 논고는 거의 없었다. 제5장 5.2.1.1의 <사진 5-1> 참조

이 '초기의 언문 27자'는 졸저(2019a)에서 다음과 같이 도표[64]로 재구되었다.

<표 **3-3**> 초기의 언문 27자

	牙音	舌音	脣音		齒音	喉音	半音	
			脣重音	脣輕音			半舌音	半齒音
全清	見 ㄱ	端 ㄷ	幫 ㅂ	非 ㅸ	精 ㅈ	曉 ㆆ		
次清	溪 ㅋ	透 ㅌ	滂 ㅍ	敷 ㆄ	淸 ㅊ	影 ㆆ		
全濁	群 ㄲ	定 ㄸ	並 ㅃ	奉 ㅹ	從 ㅉ	匣 ㆅ		
不清不濁	疑 ㆁ	泥 ㄴ	明 ㅁ	微 ㅱ		喩 ㅇ	來 ㄹ	日 ㅿ
全清					心 ㅅ			
全濁					邪 ㅆ			

이 '초기의 언문 27자'는 《훈몽자회》의 〈언문자모諺文字母〉의 부제副題인 "俗所謂反切二十七字"에 보이는 '반절 27자'이기도 하다. 다만 〈언문자모〉에서 초성 16자와 중성 11자를 반절反切 27자로 한 것은 중성中聲만으로는 반절하자反切下字가 될 수 없는데 원래 반절상자反切上字만을 27자를 언문이라 한 것이 와전訛傳된 것이다. 초성 16자와 중성 11자와 합한 반절 27이라고 하였기 때문에 '속소위俗所謂'라는 말을 앞에 얹은 것이다(졸고, 2016b, 2017a).

또 〈표 3-3〉에 의해서만 '이영보래以影補來'를 이해할 수 있다. 즉, 동국정운식 한자음 표기에 등장하는 '發벓'의 받침 'ㅀ'은 이영보래以影補來한 것이라고 설명하였다. 즉, '發'은 원래 입성入聲이지만 'ㄹ'이 입성의 특징인 촉급促急하지 못해서 'ㄹ'에 'ㆆ'을 보충하여 입성을 표시한다는 것이다. 만일 〈표 3-3〉이 아니고 동국정운 23자모에 의한다면 '이영보래以影補來'가 아니라 '이읍보려以挹補閭'가 되어야 할 것이

---

64) 이 도표는 졸고(2019a)에서 재인용하였으며 이 자모도에 의거하여 東國正韻字와 《사성통해》'凡例'에 등장하는 '以影補來'와 影母를 설명할 수 있고 喉音의 次淸字를 雙書하여 全濁字를 만든 이유를 알 수 있다고 하였다.

다. 왜냐하면 훈민정음이나 동국정운에서는 운목韻目 한자를 바꾸어서
'ㄹ'은 '려閭'모이고 'ㆆ'은 '읍挹'모라고 하였기 때문이다. 〈표 3-3〉으
로 보인 '초기의 언문 27자'의 존재를 알려주는 대목이다.

3.5.1.2 다만 '초기의 언문 27자'에 한음漢音의 표음을 위하여 정치正齒
와 치두齒頭를 구별하는 5자를 더하면 모두 32자가 되어 훈민정음 〈언
해본〉에서 제시하고 해설한 32자와 일치하며, 〈표 3-2〉에서 서로 다른
파스파자로 표음한 32음과 일치한다.

〈표 3-2〉를 보면 같은 글자로 표음한 것이 4개나 있어서 이를 빼
면 32음만 인정하여 글자를 만든 것임을 알 수 있다. 따라서 《몽운》의
런던 초본에 제시된 자모도에 맞추어 우리 한자음의 표음을 위하여 훈
민정음의 〈언해본〉에서는 파스파 문자를 훈민정음 글자로 바꾼 것이
바로 "운회韻會"의 번역임을 알 수 있다.

즉, 〈표 3-4〉[65]를 보면 훈민정음 〈언해본〉의 32자모도는 정치음正
齒音의 파스파자와 동일한 문자로 표기된 설상음舌上音의 전청全淸과
전탁全濁의 글자가 없어지고 후음喉音에서 전청과 차청의 순서만 뒤바
뀌었을 뿐 《몽고자운》 런던 초본의 〈자모字母〉의 자모도와 거의 완전
하게 일치함을 알 수 있다. 이렇게 정음正音과 파스파 문자의 일대일
대응을 결정하면 〈고음운회〉에 의거하여 수정한 《몽고자운》을 쉽게 번
역할 수 있다.

---

65) 〈세종어제훈민정음〉, 즉 〈언해본〉에서는 脣輕音에 대하여 "ㅇ를 連書脣音之下ᄒ면
則爲脣輕音ᄒᄂ니라 - ㅇ를 입시울 쏘리 아래 니ᅌᅥ 쓰면 입시울 가ᄇᆡ야ᄫᆞᆯ 소리
ᄃᆞ외ᄂᆞ니라"라고 하여 /ㅸ, ㆄ, ㅃ, ㅹ/의 4개 脣輕音字를 더 만들었고 그 末尾에는
"漢音 齒聲은 有齒頭正齒之別ᄒ니 - 中國 소리옛 니쏘리ᄂᆞᆫ 齒頭와 正齒왜 ᄀᆞᆯ히요미
잇ᄂᆞ니, ㅈㅊㅉㅅㅆ 字ᄂᆞᆫ 用於齒頭ᄒ고 ㅈㅊㅉㅅㅆ 字ᄂᆞᆫ 用於正齒ᄒᄂ니, ㅈㅊㅉㅅㅆ
字ᄂᆞᆫ 齒頭ㅅ소리예 ᄡᅳ고 ㅈㅊㅉㅅㅆ 字ᄂᆞᆫ 正齒ㅅ소리예 ᄡᅳᄂᆞ니"라 하여 漢音의 齒音
에서 齒頭와 正齒를 구별하는 5자를 더 만들어 결국은 32개의 문자를 만든 셈이 된
다(졸저, 2015).

〈표 3-4〉 세종어제훈민정음의 32자모도

七音\四聲	牙音	舌音	脣音		齒音		喉音	半舌音	半齒音
			脣重音	脣輕音	齒頭音	正齒音			
全淸	ㄱ見	ㄷ端	ㅂ幇	ㅸ非	ㅈ精	ᅎ照	ㆆ影		
次淸	ㅋ溪	ㅌ透	ㅍ滂	ㆄ敷	ㅊ淸	ᅔ穿	ㅎ曉		
全濁	ㄲ群	ㄸ定	ㅃ並	ㅹ奉	ㅉ從	ᅏ床	ㆅ匣		
不淸\不濁	ㆁ疑	ㄴ泥	ㅁ明	ㅱ微			ㅇ喩	ㄹ來	ㅿ日
全淸					ㅅ心	ᄼ審			
全濁					ㅆ邪	ᄽ禪			

다만 《몽고자운》의 런던 초본에서는 순경음의 경우 전청과 전탁의 파스파 글자가 /非 ꡤ/와 /奉 ꡤ/로 서로 같은 문자이지만 훈민정음의 〈언해본〉에서는 한글의 자모가 /非 ㅸ/과 /奉 ㅹ/으로 각기 다른 문자로 표기되었다. 아마도 {증정增訂}《몽고자운》 이전의 것, 즉 《몽고운략》이나 《몽고자운》에 의거한 것일 수도 있다.

그러나 《사성통해四聲通解》의 권두에 부재된 〈홍무운삼십일자모지도洪武韻三十一字母之圖〉에서는 순음경脣音輕의 차청次淸 /敷 ㆄ/이 공란이다. 아마도 /非 ꡤ/와 /奉 ꡤ/를 /非 ꡤ/와 /敷 ꡤ/처럼 동일한 것으로 보아 'ㆄ 敷'를 삭제하여 공란으로 둔 것 같다. 순경음의 전청, 차청, 전탁의 구별에서 일부 혼란이 있었던 것으로 추정되며 전술한 바와 같이 {증정增訂}《몽고자운》 이전의 자모도字母圖가 훈민정음 〈언해본〉의 근거가 된 것으로 예상된다(졸저, 2015)

2) 파스파자의 유모喻母와 정음의 욕모欲母

3.5.2.0 고려대장경의 《대반열반경大般涅槃經》에서 비가라론毘伽羅論의 성명기론에서는 '아[a]' 모음과 연결된 자음의 순서를 연구개음[ka, kha, ga, gha, nga], 치조음[ta, tha, da, dha, na], 순음[pa, pha, ba, bha, ma],

경구개음[sa, ts,a tsha, dza, dzha], 성문음[ha, ɦa], 권설음[ra, la]으로 하였다. 이것은 파스파 문자의 《몽운》에서 '아牙, 설舌, 순脣, 치齒, 후喉'로 나누었는데 이것은 바로 조음 위치(place of articulation)로 음운을 배열한 것이다.

설음舌音에서는 설두음舌頭音과 설상음舌上音으로, 그리고 순음脣音에서 순중음脣重音과 순경음脣輕音으로, 치음齒音에서는 치두음齒頭音과 정치음正齒音으로 다시 세분하였다. 미세한 조음 위치의 변동과 그로 인하여 생겨나는 유성有聲, 권설捲舌의 특징을 반영하여 분류한 것이다. 이것은 오늘날의 생성음운론의 술어로 보면 조음 방식(manner of articulation)에 의한 분류로 보인다.

훈민정음에서도 앞에서 든 〈세종어제훈민정음〉을 보면 성모聲母, 즉 음절 초 자음(onset)을 조음 위치로 분류하여 '아牙, 설舌, 순脣, 치齒, 후喉, 반설半舌, 반치半齒'의 칠음七音으로 나누었다. 그리고 순음脣音에서 순경음脣輕音을 분리시켰고 치음齒音에서 치두齒頭와 정치正齒를 구분하였으나 이것은 엄밀한 의미의 조음 위치에 의한 변별은 아니고 오히려 조음 방식에 의한 구별로 보인다. 즉, 순경음은 유성음으로 실현되고 파찰破擦을 수반하는 음운을 지칭한 것이며 정치正齒는 권설음捲舌音을 표음한 것으로 보인다. 따라서 훈민정음의 제자에서도 파스파 문자를 통하여 불가佛家의 비가라론毘伽羅論, 그 가운데 성명기론聲明記論의 영향을 받은 것이 분명하다(졸고, 2016a).

3.5.2.1 졸저(2009)에서는 파스파 문자가 티베트의 서장 문자에 근거하여 문자를 만든 것임을 밝혔다. 티베트 문자는 파니니Pānini의 《팔장八章》의 조음음성학의 이론에 근거하여 제정된 것이고 이것은 다시 파스파 문자의 제정에서도 이론의 근거가 되었다고 본다. 파스파 문자의 영향을 받은 훈민정음의 제정에서도 역시 《팔장》의 이론이 자연스럽게

영향을 주었을 것이다.

훈민정음 제정에서 중성자中聲字, 즉 모음자의 제정은 매우 획기적인 것으로 강조되었다. 왜냐하면 반자론半字論의 반절법反切法에서는 성聲과 운韻의 이분법二分法이 사용되었기 때문이다. 훈민정음의 〈해례본〉의 〈제자해〉에서도 " … 中聲承初之生, 接終之成, 人之事也. 盖字韻之要, 在於中聲, 初終合而成音. … – … 중성은 초성을 이어받아 종성에 연결시켜 완성하니 〔天地人 가운데〕 사람의 일이다. 대체로 자운(韻母를 말함)의 요체는 중성에 있어서 초성과 종성을 합하여 음절을 형성한다. …"라고 하여 중성, 즉 모음의 중요성을 강조하였다.

훈민정음에서 모음자의 제정은 중국의 성운학聲韻學에서도 없던 일이라 한글의 특징의 하나로 자주 거론되었다. 그러나 범자梵字의 비가라론毘伽羅論에서는 이미 14개의 모음자를 마다(摩多, Mata)로 구별하였고 또 파스파 문자에서도 7개의 유모喻母자를 제정하여 모음의 표기에 사용하였다(졸고, 2011b).

그리하여 졸고(2019a)에서는 초기의 언문 27자는 반절상자의 대운大韻만을 글자로 표기한 것이고 중성中聲이 없었는데 신미대사가 훈민정음 제정에 참여하면서 반절하자, 즉 소운小韻을 중성과 종성으로 구분한 것으로 보았다. 즉, 졸고(2019a)와 이 책의 제6장 6.3.3.1에서 신미信眉는 실담悉曇의 반자론半字論에서 말하는 마다摩多 12자에 맞추어 훈민정음의 중성中聲 11자를 별도로 만든 것이라고 주장하였다.

3.5.2.2 《대반열반경大般涅槃經》(권8)에 소개된 반자교半字敎의 실담悉曇에서 사용한 14개의 모음은 파스파 문자와 훈민정음에도 모두 영향을 주었다. 다만 파스파 문자는 중세몽고어의 7모음에 맞췄고 훈민정음은 여기에 'ㅣ계 모음' 4개를 더하여 11자의 중성자中聲字를 제정한 것이다. 따라서 훈민정음의 11개 중성자는 당시 우리말의 모음과 직접

적인 관련이 없었다(졸고, 2011b).

한국어 음운의 역사적 연구에서 모음체계의 변천에 관한 것이 아직
도 논란이 되고 있는 것은 이와 관련이 있다고 보아야 할 것이다. 즉,
훈민정음의 중성中聲이 당시 중세한국어의 모음체계에 맞추어 제자制字
한 것이 아니라 파스파 문자의 7개 유모喩母의 글자에 맞춘 것이기 때
문이다. 졸저(2015:277)에서는 파스파 문자와 훈민정음의 모음자를 다
음과 같이 비교하였다.

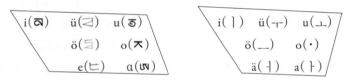

〈표 3-5〉 파스파자 모음과 훈민정음 중성자(오른쪽)

3.5.2.3 Chomsky·Halle(1968)에서 본격적으로 시작한 생성음운론
(generative phonology)에서는 음운의 변별을 가능하게 하는 변별적 자
질로 자음과 모음을 구별해 주는 기본자질(basic features)과 더불어 조
음의 위치자질(place features)과 방식자질(manner features)을 주요부류자
질(major features)로 삼았다. Robins(1997)에서 암시한 바와 같이 이러
한 생성음운론은 고대인도의 음성학으로부터 영향을 받은 것이다.

조음의 위치자질은 이미 고대인도에서 아牙, 설舌, 순脣, 치齒, 후음
喉音으로 구별하여 중국의 성운학에 전달되었으며 훈민정음의 제정에
서도 같은 순서로 음운을 이해하고 문자를 만들었다. 즉, /ㄱ, ㄴ, ㅁ,
ㅅ, ㅇ/의 5개 기본자는 아음(牙音, velar), 설음(舌音, dental−alveolar),
순음(脣音, labial), 치음(齒音, palatal, 후음(喉音, laryngeal)의 조음 위치
에 인성가획引聲加劃의 조음 방식에 따라 /ㅋ, ㄷ, ㅌ, ㅂ, ㅍ, ㅈ, ㅊ,
ㆆ, ㅎ/를 만들었고 여기에 이체자異體字로 /ㆁ, ㅿ, ㄹ/을 더하여 초

성 17자를 만들었다. 이 초성初聲에 중성中聲의 글자 11개를 더하여 훈민정음의 28자가 된 것이다.

여기서 인성가획引聲加劃의 조음 방식이란 무엇인가? 같은 조음위치에서 발음되는 음운의 글자에 조음 방식 자질에 의거하여 획을 더하는 방법이다. 예를 들면 아음牙音의 위치에서 무표(無標, unmarked) 자질의 /ㄱ/[k]에 대하여 유기음을 가진 글자를 /ㅋ/[kh]와 같이 한 획을 더 긋는 것이다.

성명기론聲明記論에서는 앞에서 살펴본 바와 같이 범자梵字에서의 유성voiced, 유기aspiration, 비음nasal의 자질을 인식하고 순음labial의 위치에서 무성무기無聲無氣의 /p/, 유성무기有聲無氣의 /b/, 무성유기無聲有氣의 /ph/, 유성유기有聲有氣의 /bh/, 비음鼻音의 /m/을 음소로 인정하여 문자를 만들었다. 즉, 유기자질과 유성자질, 비음자질을 인정하고 비음과 무표unmarked 자질의 글자를 기본자로 하고 여기에 다른 자질이 추가되면 획을 하나씩 더 긋는 방법이다.

3.5.2.4 중국의 성운학聲韻學에서는 여기에서 고대인도어에만 존재하는 유성유기 /bh/만을 인정하지 않고 그 외의 무성무기를 전청全淸, 무성유기를 차청次淸, 유성무기를 전탁全濁, 그리고 비강鼻腔과 구강口腔 공명음을 불청불탁不淸不濁으로 정리하였다. 따라서 훈민정음의 인성가획은 최불려자最不厲字, 즉 공명음 자질을 가진 글자를 기본자로 하고 여기에 유기有氣자질을 포함하여 다른 자질이 더해지면 획을 더 긋는 방식으로 문자를 만든다.

즉, /ㄱ/에서 /ㅋ/, /ㄷ/에서 /ㅌ/, /ㅈ/에서 /ㅊ/, /ㆆ/에서 /ㅎ/은 유기자질이 더 붙은 유기음의 글자들에게 한 획을 덧붙인 것이다.[66]

---

66) 훈민정음 초성의 引聲加劃은 /ㄱ/에서 /ㅋ/과 /ㄴ/에서 /ㄷ/, /ㅌ/, /ㅁ/에서 /ㅂ/, /ㅍ/, /ㅅ/에서/ㅈ/, /ㅊ/, 그리고 /ㅇ/에서 /ㆆ/, /ㅎ/으로 조음방식의 변화에

다만 훈민정음에서 최불려자最不厲字는 무기무성의 전청全淸이 아니라
불청불탁不淸不濁이었다.67)   치음齒音에는   불청불탁不淸不濁의   발음이
없었고(〈표 3-2,3,4〉 참조) 아음牙音의 경우는 후음喉音과 유사하다고
보아 후음의 기본자를 변형시킨 이체자異体字 /ㆁ/로 불청불탁의 글자
를 만들었기 때문에 기본자가 전청全淸자가 된 것이다.68) 따라서 조음
위치 자질과 조음 방식 자질이 훈민정음의 제정에서 유용하게 사용된
것이다.

3)《사성통해》의 자모도

3.5.3.0 훈민정음이란 이름의 〈해례본〉은 한글 28자에 대한 조음 위치
와 조음 방식에 대한 장황한 해설이고 그로 인하여 글자의 순서가 결
정되었음을 부연하여 설명한 것이다. 여기에다가 유신儒臣들의 성리학
性理學적인 설명을 덧붙였다. 훈민정음의 해례에 관여한 세종의 친간팔
유親揀八儒가69) 모두 유학자儒學者들임을 감안할 때에 이러한 성명기

따라 加劃하는 것을 말한다.

67) 훈민정음의 〈해례본〉 '제자해'에 "ㄴㅁㅇ, 其聲最不厲, 故次序雖在於後, 而象形制字則
爲之始. - /ㄴ, ㅁ, ㅇ/은 그 소리가 가장 거세지 않다. 그러므로 차례는 비록 뒤에
있으나 상형으로 글자를 만들 때에 첫 소리를 삼았다."라는 기사를 참고할 것.

68) 앞의 주에서 소개한 〈해례본〉 '제자해'의 설명에 이어 "而ㅅ比ㅈ聲不厲, 故亦爲制字
之始. 唯牙之ㆁ雖舌根閉喉聲, 氣出鼻而其聲與ㅇ相似, 故韻書疑與喩多相混用, 今亦象於喉,
而不爲牙音制字之始 - /ㅅ/이 /ㅈ/에 비하여 소리가 거세지 않으므로 역시 글자를
만들 대에 첫째로 하였다. 다만 아음의 /ㆁ/은 비록 혀뿌리가 목구멍을 막는 소리
(연구개 위치의 아음을 말함)이지만 호기가 코에서 나와서 /ㅇ/과 더불어 유사함
으로 운서에서는 의모(疑母, /ㆁ, ng/를 말함)와 유모(喩母, /ㅇ, null/를 말함)를 많
이 혼용하기 때문에 이번에도 역시 목구멍을 상형象形하여 만들고 아음牙音의 글자
를 만드는 기본자로 하지 않았다."라는 해설을 참고할 것.

69) '親揀八儒'는 세종이 친히 뽑은 여덟 선비를 말하는 것으로 申叔舟의 《保閑齋集》의
任元濬 서문에 '親揀名儒'라고 하였고 姜希孟의 崔恒墓誌에는 "親揀名儒八員"으로 등장
한다. 鄭麟趾, 申叔舟, 成三問, 崔恒, 朴彭年, 姜希顔, 李塏, 李善(賢)老의 8인을 말한다
(졸저, 2006 :43).

론성명기론聲明記論에 입각한 제자制字의 설명은 그들도 또한 비가라론과 성명기론을 학습하였음을 말해준다. 여기서 훈민정음 〈해례본〉의 편찬에 참여한 세종의 친간팔유親揀八儒가 정인지鄭麟趾만을 제외하고 모두 젊은 학자임을 상기하게 된다.[70]

성명기론聲明記論에 의거한 중국 성운학聲韻學의 36자모도字母圖는 아마도 신숙주申叔舟의 《사성통고四聲通攷》에서 정리된 것 같다. 왜냐하면 이 운서를 중종中宗 때에 최세진崔世珍이 그대로 모방하여 《사성통해四聲通解》를 편찬하였는데 그 안에 〈광운삼십육자모지도도廣韻三十六字母之圖〉(이하 〈광운 36자모도〉로 약칭), 〈운회삼십오자모지도韻會三十五字母之圖〉(이하 〈운회 35자모도〉로 약칭), 〈홍무운삼십일자모지도洪武韻三十一字母之圖〉(이하 〈홍무운 31자모도〉로 약칭)란 이름으로 전재轉載되었기 때문이다.

3.5.3.1 여기에서 〈광운 36자모도〉란 졸저(2009, 2015)에서는 《예부운략禮部韻略》을 기초로 하여 전통적인 중국의 36자모를 파스파 문자로 정리한 《몽고운략蒙古韻略》에 부재된 36 자모도로 보았다. 〈운회 35자모도〉는 《광운》 계통의 《예부운략》을 원대元代 황공소黃公韶가 수정하여 《고금운회古今韻會》를 편찬하였는데 이에 의거하여 《몽고운략》을 수정하고 이를 새로 편찬한 《몽고자운蒙古字韻》에 부재된 35개 자모도를 말하는 것이라고 보았다(졸저, 2015).

다만 〈홍무운 31자모도〉는 아마도 원말元末에 주종문朱宗文이 《몽고자운》을 고친 증정본增訂本에 부재된 자모도를 말하는 것으로 보이며, 이것이 바로 훈민정음을 제정할 때에 참고한 몽운蒙韻이라고 졸저(2015)에서는 추정하였다. 왜냐하면 〈세종어제훈민정음〉, 즉 훈민정음

---

70) 훈민정음의 〈해례본〉의 편찬은 이 親揀八儒가 주도하였다(졸저, 2006:40) 참조.

의 〈언해본〉에서 동국정운 23자모와 순경음 4자, 그리고 한음漢音 표
기를 위한 5자를 포함하여 제자制字한 초성初聲 32자모가 〈홍무운 31
자모도〉와 거의 일치하기 때문이다.

여기서 1자가 차이가 나는 것은 〈홍무운 31자모도〉에서는 몽운의
〈증정본〉에서 구별한 /泥 ᅘ[n]/와 /娘 ᄓ[ɲ]/을 통합하여 /ㄴ[n]/으로
했기 때문이다. 즉, 다음 3.5.3.2의 〈표 3-6〉과 3.5.3.4의 〈표 3-7〉에서
보여주는 바와 같이 〈광운 36자모도〉와 〈운회 35자모도〉에서는 이들을
구별하였지만, 3.5.3.5의 〈표 3-8〉의 〈홍무운 31자모도〉에서 이를 통합
하였다. 이들은 모두 파스파 문자 대신에 훈민정음의 글자로 발음을
표기하였다. 다만 원대元代의 《몽고자운》에서 가져온 것을 위장하기 위
하여 '홍무운洪武韻'이라고 한 것으로 추정하였다(졸저, 2015: 318).

3.5.3.2 앞에서 말한 《사성통해四聲通解》의 세 자모도字母圖는 졸저
(2015:315~318)에 사진으로 소개되었다. 그리고 각각의 자모도를 도표
로 정리하여 제시하였는데 먼저 〈광운 36자모도〉는 다음과 같이 보기
쉽게 도표로 보였다.

이 도표를 보면 조음 위치로 7음, 즉 아음, 설음, 설음, 순음, 치음,
후음, 반설음, 반치음의 7개로 나누고 그 각각에 대하여 조음 방식의
전청, 차청, 전탁, 불청불탁의 사성四聲으로 나누었다.[71)]

---

71) 四聲은 일반적으로 平, 上, 去, 入聲의 성조를 말하지만 때로는 全淸, 次淸, 全濁,
   不淸不濁을 말하기도 한다. 보통 四聲七音이라고 하면 이제 언급한 전청 등의 四聲
   과 牙, 舌, 脣, 齒, 喉, 半舌, 半齒의 7음을 말한다. 원대에 《蒙古字韻》을 增訂한 朱宗
   文의 自序에서는 " … 惟古今韻會, 於每字之首, 必於四聲釋之。由是始知見經堅爲ᄀ, 三十
   六字之母, 備於韻會, 可謂明切也。…—고금운회에서 매 글자의 첫머리에 반드시 四聲
   으로 해석하여 이로부터 '見, 經, 堅'[의 첫 발음]이 /ᄀ/임을 알게 되었다. 36자
   모는 운회에서 갖춘 것이며 가히 분명하게 바로 잡은 것이라고 말할 수 있다."라는
   설명이 있어 四聲이 全淸, 次淸, 全濁, 不淸不濁을 의미함을 알 수 있고 36자모가 원
   래 《고금운회》에서 가져온 것임도 알 수 있다.

〈표 3-6〉《사성통해》 권두의 〈광운 36자모〉

五音	角	徵		羽		商		宮	半徵半商
五行	木	火		水		金		土	半火半金
七音	牙音	舌頭音	舌上音	脣音重	脣音輕	齒頭音	正齒音	喉音	半舌半齒
全淸	見 ㄱ	端 ㄷ	知 ㅈ	幫 ㅂ	非 ㅸ	精 ㅈ	照 ㅈ	影 ㆆ	
次淸	溪 ㅋ	透 ㅌ	撤 ㅊ	滂 ㅍ	敷 ㅸ	淸 ㅊ	穿 ㅊ	曉 ㅎ	
全濁	群 ㄲ	定 ㄸ	澄 ㅉ	並 ㅃ	奉 ㅹ	從 ㅉ	狀 ㅉ	匣 ㆅ	
不淸 不濁	疑 ㆁ	泥 ㄴ	孃 ㄴ	明 ㅁ	微 ㅱ			喩 ㅇ	來 ㄹ 日 ㅿ
全淸						心 ㅅ	審 ㅅ		
全濁						邪 ㅆ	禪 ㅆ		

  이것은 앞에서 언급한 최만리崔萬理의 반대상소에 대한 세종의 비답에서 등장하는 '사성칠음四聲七音'을 말한다. 다만 설음舌音과 순음脣音, 치음齒音은 각기 둘로 다시 나누어 설음에서 설두舌頭·설상舌上, 순음脣音에서 순중脣重·순경脣輕, 그리고 치음齒音에서 치두齒頭·정치正齒로 다시 나누었다.

  그러나 이 36자모는 우리의 한자음에 관한 것이 아니고 중국의 한자음에 관한 것이어서 설상음舌上音과 정치음正齒音은 우리의 말과 한자음에 없는 음운이고 순경음脣輕音도 우리의 음운에서 변별적이지 않다. 특히 순경음에서 전청의 비非모와 차청의 부敷모가 모두 /ㅸ/인 것은 이것이 전술한 바와 같이 《몽고운략》의 파스파 문자에 대응시킨 것으로 볼 수밖에 없다.

3.5.3.3 다만 후음喉音의 순서가 〈표 3-1〉의 파스파자 순서와 다르다. 즉, "曉 ㅅ, 匣 ㄹ, 影 ㄹ, 喩(ㅿ) ㅨ(ㅿ)"의 순서로 전청全淸, 차청次淸, 전탁全濁, 불청불탁不淸不濁이 정리되었으나 〈광운 36자모도〉에서는 'ㅎ, 효모曉母'와 'ㆆ, 영모影母'의 순서가 서로 바뀌었다. 후음喉音에서 몽운蒙韻과 훈민정음이 서로 다르게 이해를 한 것이다.

이러한 서로 다른 후음의 인식은 후음 전탁자全濁字의 표시에서 차이를 낳게 한다. 보통은 모두 전청자全清字를 두 번 써서 /ㄲ, ㄸ, ㅃ, ㅆ, ㅉ/와 같이 전탁자全濁字를 만들었는데 유독 후음喉音에서는 차청자次清字 'ㅎ虛'를 두 번 써서 전탁자全濁字 'ㆅ 洪'을 만들었다. 지금까지는 이에 대한 아무런 설명도 할 수 없었다. 그러나 훈민정음의 'ㅎ虛'는 앞의 〈표 3-2〉에서 보여준 {증정}《몽고자운》의 런던 초본에 보이는 〈자모字母〉에서는 전청全清의 'ㆆ 曉'이었다. 따라서 몽운蒙韻에서 보면 전청자를 두 번 쓴 것이 된다.

따라서 훈민정음이 처음에는 몽운의 파스파 문자에 따라 글자를 만들어 앞에서 보인 〈표 3-3〉과 같은 자모로 분류하였으나, 후대에는 독자적으로 사성四聲 칠음七音을 이해하고 〈광운 36자모도〉를 작성한 것으로 이해하여야 할 것이다.

3.5.3.4 최세진의 《사성통해》에는 전술한 〈광운 36자모〉와 함께 〈운회 35자모도〉도 실려 있다. 이것은 졸저(2015)에 의하면 원대 황공소黃公紹가 편찬한 《고금운회古今韻會》(이하 《운회》로 약칭)에서 그때까지의 《광운》계 운서들이 고수했던 36자모를 수정하였는데 이에 따라 《몽고운략》을 《운회》에 맞추어 수정한 《몽고자운》의 자모도를 옮겨놓은 것으로 보인다.

그리고 〈사성통해〉에는 이 자모도에 이어서 3개 자모도의 차이에 대하여 언급하였다.

> 魚卽疑音, 孃卽泥音, 幺卽影音。敷卽非音, 不宜分二, 而韻會分之者。盖因蒙韻內, 魚疑二母音雖同, 而蒙字卽異也. 泥孃、幺、影、非、敷六母亦同。但以泥孃二母別著論辨決然分之, 而不以爲同則未可知也.

여모魚母는 곧 의모疑母의 /ㅇ/이고, 양孃모는 곧 니泥모 /ㄴ/이며 요幺모는 끝 영影모의 /ㆆ/이다. 부敷모는 끝 비非모의 /ㅸ/이니 둘로 나누어서는 안 되는 것이나 운회韻會가 나눈 것이다. 이것은 모두 몽운 내에서 어魚모와 의疑모가 비록 발음은 같지만 몽고글자가 다르기 때문이다. '泥 : 孃, ㄥ : 影, 非 : 敷' 6모도 역시 같다. 다만 '泥 : 孃'의 두 성모는 뚜렷하게 달라서 분명하게 나뉘며 같지 않은데 같은 것으로 한 것은 알 수 없다.

이에 따르면 "魚卽疑音, 孃卽泥音, ㄥ卽影音。敷卽非音, 不宜分二, 而韻會分之者"에서 언급된 것처럼 '語:疑, 孃:泥, ㄥ:影, 敷:非'를 나누어 'ㆁ, ㄴ, ㆆ, ㅸ'를 하나씩 더 만들어 설상음舌上音 3개를 줄였지만 35개의 성모聲母를 인정하였다. 《사성통해》에 부재된 〈운회 35자모도〉를 보기 쉽게 도표로 그리면 다음과 같다.

〈표 3-7〉 《사성통해》 권두의 〈운회 35자모〉

五音	角	徵	宮	次宮	商	次商	羽	半徵商	半徵商
淸音	見 ㄱ	端 ㄷ	幫 ㅂ	非 ㅸ	精 ㅈ	知 ㅈ	影 ㆆ		
次淸音	溪 ㅋ	透 ㅌ	滂 ㅍ	敷 ㅸ	淸 ㅊ	撤 ㅊ	曉 ㅎ		
濁音	群 ㄲ	定 ㄸ	並 ㅃ	奉 ㅹ	從 ㅉ	澄 ㅉ	匣 ㆅ		
次濁音	疑 ㆁ	泥 ㄴ	明 ㅁ	微 ㅱ		孃 ㄴ	喻 ㅇ		
次淸次音	魚 ㆁ				心 ㅅ	審 ㅅ	ㄥ ㆆ	來 ㄹ	日 ㅿ
次濁次音					邪 ㅆ	禪 ㅆ			

여기서는 몽고글자, 즉 파스파자가 다르면 달리 훈민정음의 자모를 역시 달리 정하였음을 알 수 있다. 또 연구개 비음의 'ㆁ[ng]'과 치경 비음의 'ㄴ[n]'이 서로 다른 것을 같은 문자로 한 것은 알 수 없다고 하여 높은 음운론적인 지식을 보여준다. 아무튼 니泥모 /ㄴ[n]/와 양(孃)모 /ㆁ[ng]/를 같이 하여 1개가 줄어서 36자모에서 35자모가 된 것이다(졸저, 2015:316~318).

3.5.3.5 《사성통해》의 마지막 도표인 〈홍무운 31자모〉는 앞의 두 자모

도와 달리 운목자韻目字와 그 발음까지 보여 앞의 두 자모도보다 상세
하다. 이것이 《사성통해》, 실은 《사성통고》이겠지만 기본적으로 인용한
몽운蒙韻의 자모도임을 말해 준다. 여기서 31자모字母로 줄인 것은 《광
운》의 36자모에서 설상음舌上音 4개와 순경음脣輕音의 차청次淸을 없애
서 5개음을 줄인 것이다.

그리고 이어서 자모도의 말미에 "時用漢音以知倂於照, 徹倂於穿, 澄
倂於牀, 孃倂於泥, 敷倂於非, 而不用故亦去之 - 이제 쓰이는 한어음에서
는 [〈광운 36자모〉에서 설상음이던] 知/ㅈ/가 [〈홍무운 31자모〉에서 정
치음의] 照/ㅈ/에 합쳐졌고 [설상음이던] 徹/ㅊ/이 [정치음의] 穿/ㅊ/
에 합쳐졌으며 [설상음이던] 澄/ㅉ/이 [정치음의] 牀/ㅉ/에, [역시 설상
음이던] 孃/ㄴ/이 [설두음의] 泥/ㄴ/에 합쳐져서 쓰이지 않기 때문에
역시 모두 없앴다"라고 하여 설명하였다. [ ] 부분은 필자가 삽입한 것.

이로 보면 〈광운 36자모도〉에서 설상음舌上音이던 "ㅈ知, ㅊ撤, ㅉ
澄, ㄴ孃" 가운데 "ㅈ知, ㅊ撤, ㅉ澄"은 정치음正齒音에 합류시켰고 'ㄴ
孃'도 그대로 정치음에 두어 〈운회 35자모도〉가 되었으나 〈홍무운 31
자모도〉에서는 이 'ㄴ孃'를 마저 삭제하여 32자모를 만들고 이어서 순
경음의 'ㆄ 敷'도 빼서 모두 31자모로 한 것임을 알 수 있다. 물론 〈운
회 35자모도〉에서 만들었던 'ㆁ魚, ㆅㅿ'도 'ㄴ 孃, ㆄ 敷'와 함께 없애
서 35자모에서 〈홍무운〉의 31자모가 된 것이다.

앞에서 살펴본 이것을 도표로 보이면 다음 쪽의 표와 같다.

이 〈홍무운 31자모〉는 앞에서 살펴본 바와 같이 훈민정음의 〈언해
본〉에서 한음漢音의 표기를 위하여 만든 32자와 일치한다. 다만 3.5.1.3
의 〈표 3-4〉에서 보인 바와 같이 훈민정음 〈언해본〉, 즉 〈세종어제훈
민정음〉에서는 순경음의 차청次淸 'ㆄ 敷'를 인정하여 1자가 늘어난 것
이 다를 뿐이다. 《몽고자운》 증정본의 런던 초본에서는 순경음의 차청
[bh]를 인정하지 않은 것에 비하여 훈민정음에서는 좀 더 고대인도의

〈표 3-8〉〈홍무운 31자모〉(졸저, 2015:319)

五音	角	徵	羽		商		宮	半徵	半商
五行	木	火	水		金		土	半火	半金
七音	牙音	舌頭音	脣音重	脣音輕	齒頭音	正齒音	喉音	半舌	半齒
全清	見ㄱ:견	端ㄷ 둰	幫ㅂ 방	非ㅸ 비	精ㅈ 징	照ㅈ·쟐	影ㆆ:힝		
次清	溪ㅋ 키	透ㅌ 틀	滂ㅍ 팡		清ㅊ 칭	穿ㅊ 쳔	曉ㅎ:햘		
全濁	群ㄲ 꾼	定ㄸ·띵	並ㅃ 뼁	奉ㅃ 뽕	從ㅉ 쭝	狀ㅉ 쫭	匣ㆅ 행		
不清 不濁	疑ㅇ 이	泥ㄴ 니	明ㅁ 밍	微ㅱ 비			喻ㅇ 유	來ㄹ래	日ㅿ·싱
全清					心ㅅ 심	審ㅅ·심			
全濁					邪ㅆ 써	禪ㅆ·쎤			

비가라론에 치중한 것으로 볼 수 있다.72)

〈홍무운 31자모도〉 다음에 이어진 설명과 같이 설상음舌上音의 /ㄴ(孃)/을 설두음舌頭音의 /ㄴ(泥)/에 통합하여 1자가 준 것이다. 즉, 앞의 〈표 3-2〉에서 보여준 {증정본} 《몽고자운》에서 /泥 ㄖ[n]/와 /娘 ㄇ [ɲ]/을 구분했던 것을 〈홍무운 31자모도〉에서는 이를 통합한 것이다. 따라서 《사성통해》의 〈홍무운 31자모도〉는 《몽고자운》 런던 초본을 그대로 반영한 것은 아님을 알 수 있다.

뿐만 아니라 《몽고자운》의 런던 초본에서는 설상음舌上音과 순경음脣輕音의 전청全清과 전탁全濁의 글자가 /ㆆ/로 같았고 차청次清이 /ㆅ/로 달랐는데 〈홍무운 31자모도〉에서는 전탁全濁 대신에 차청次清이 공란이다. 아마도 런던 초본 이외에 다른 판본이 존재했었음을 말하거나 〈자모도〉에서 음운의 이해가 서로 상충했었던 것으로 보인다.

3.5.3.6 이상 《몽고자운》 권두에 부재된 〈자모字母〉의 〈36자모도〉와

---

72) 3.3.1.4에서 살펴본 바와 같이 梵字의 悉曇에서 고대인도의 언어에서 자음의 体文은 有聲有氣音 계열을 인정하여 [gh(伽), zh(社), dh(茶), bh(婆), h(訶)]의 음운도 변별적이어서 문자로 제정하였다. 그러나 중국어를 포함하여 많은 언어에서 유성유기음은 음운으로 인정하지 못하고 서장 문자와 파스파 문자에서도 유성유기음의 [gh, zh, dh, bh]는 제외되었다.

《사성통고四聲通攷》에서 전재한 것으로 보이는 《사성통해》의 〈광운 36
자모도〉, 〈운회 35자모도〉, 그리고 〈홍무운 31자모도〉를 비교 검토한
결과 이들이 《몽고운략》, 《몽고자운》, 그리고 주종문朱宗文의 〈증정본〉
에 첨부되었던 파스파 문자의 자모도를 옮겨놓은 것이 아닌가 하는 추
측을 하게 한다. 다만 파스파자를 한글로 바꾼 것이다.

　이것은 한글이 파스파 문자처럼 한자의 발음 표기를 위하여 제정되
었음을 전제로 한 것이다. 그러나 파스파 문자가 몽고어 표기에도 사
용되었던 것처럼 한글도 우리말 표기에 사용되어 언문諺文, 언서諺書라
는 문자 명칭을 얻게 된 것이다.

6. 마무리

3.6.0 지금까지 고려대장경 속에 들어 있는 고대인도의 음성학인 비가
라론과 그의 대표적 이론서인 파니니의 《팔장》에 대하여 논의하고, 그
것이 대장경 속에서 어떻게 반영되었으며 또 어떻게 한반도에 유입되
어 훈민정음의 창제에 영향을 주게 되었는지 고찰하였다. 여기서는 지
금까지의 논의를 요약하고 정리하여 마무리하고자 한다.

3.6.1 고대인도의 고도로 발달한 음성학이 불경佛經 속에서 비가라론
이란 이름으로 포함되었는데 그 가운데 가장 대표적인 저술은 파니니
의 《팔장》임을 《삼장법사전》, 《대당서역기, 《남해기귀내법전南海寄歸內
法傳》 등의 여행기에서 찾아볼 수 있었다. 특히 《삼장법사전》과 《대당
서역기에서 파니니(Pāṇini, 波儞尼, 波你尼)의 고향과 활동 지역을 확인

할 수 있어서 그동안 서양언어학사에서 미궁迷宮의 인물로 알려진 그에 대하여 많은 새로운 사실을 밝혀내었다.

《삼장법사전》에서 성명기론聲明記論이라는 음성 이론은 기론記論이라고 한역된 비기라론毘伽羅論의 음성학으로 불가佛家의 오명(五明, pañca-vidyā-sthāna)의 하나인 '성명聲明'을 밝히는 학문이다. 오명五明은 다섯 가지 학문이나 기예를 말하며 '명明'은 배운 것을 분명히 한다는 뜻이다. 따라서 성명聲明은 언어음을 밝혀내는 음성학이며 언어음과 문자를 연구하는 학문으로 문법학도 포함한다. 원래 비가라론(Vyākaraṇa)이란 '분석하다'라는 뜻으로 문장이나 음성을 분석한다는 뜻이다. 이로부터 문법적 정확성이란 의미로 쓰기도 한다. 원래 부처님의 말씀은 아니었으나 오래 전부 외도外道의 지식으로서 베다 경전을 이해하는 보조 학문이었다.

이러한 음성의 연구가 파니니의 《팔장》에서 정리되어 왕의 명령으로 일반인들에게 교육된 것으로 언급되었다. 그리고 이 비가라론은 모든 승려와 지식인들의 필수 학문임을 여러 불경에서 강조하였다. 파니니의 《팔장》은 《삼장법사전》에 따르면 그의 고향인 오탁가한다(烏鐸迦漢茶, udakakhāṇḍa) 성城의 사라도라읍娑羅覩邏邑에서 집필되었고 그는 이 책을 통하여 후학의 교육에 전념하였기 때문이다. 사라도라읍의 솔도파窣堵波에는 그의 활약을 기념하기 위하여 동상이 세워졌음을 《삼장법사전》에서 소개하였다.

기원전 수세기경에 편찬된 《팔장》은 오늘날 서양에서 성행하고 있는 조음음성학의 연구방법과 비교하여도 손색이 없다. 현대음운론에서 볼 수 있는 음운으로 'sphoṭa'를 설정하고 오늘날의 음소phoneme에 해당하는 'varṇa sphoṭa'를 인정하였으며 이것이 여러 음운 규칙이 적용되어 실제로 언어음에 나타나는 것은 'varṇa dhvani, allophone'임을 밝혀내었다.

또 음성은 조음음성학적인 관점에서 기술되었다. 그리하여 음성 기술은 첫째 조음 과정(processes of articulation), 둘째 분절음(segments), 셋째 음운론적 구조에서 분절음의 조립(syllables)으로 파악하였다. 즉, 변별적 자질, 음운, 음절 단위로 언어음을 인식한 것이다.

비가라론의 음성학에서는 조음의 매카니즘에 관여하는 것으로 조음 위치와 조음체로 나누어 후자를 'karaṇa'라고 하여 혀(tungue)와 아랫입술을 들었고 전자로는 'sthāna'라고 하여 '이, 잇몸, 경구개, 연구개'를 들었다. 이를 이용하여 중국의 성운학에서는 '아牙, 설舌, 순脣, 치齒, 후喉'의 5개 조음 위치를 구분하였는데 훈민정음에서는 여기에 '반설半舌, 반치半齒'를 추가하여 7개의 조음 위치로 나누었다.

훈민정음에서 아음牙音의 "ㄱ 君字初發聲(ㄱ은 군자의 첫소리), ㅋ 快字初發聲(ㅋ은 쾌자의 첫소리), ㆁ 業字初發聲(ㆁ은 업자 첫소리), 글바쓰면 [ㄲ] 虯字初發聲(ㄲ는 규자 첫소리)"와 같이 아음牙音을 첫 글자로 한 것은, 지금까지 많은 국어학자들이 주장한 바와 같이 발음기관의 순서, 즉 가장 깊숙한 곳에서 발음되는 'ㄱ[k, g]'를 우선한 것이 아니라 고대인도음성학에 의지하여 비가라론의 조음 매카니즘에 의거한 실담悉曇의 글자 순서 /k, kh, ng, g/를 따른 것이다. 티베트의 서장 문자와 이를 모방한 파스파 문자가 모두 /k, kʰ, g, ng/의 순서로 문자를 제정하였으며 파스파 문자도 동일한 방법을 취하였다.

3.6.2 고대인도에서는 비가라론을 배우기 전에는 범자梵字의 학습으로 보이는 반자론半字論를 배워서 마다와 체문을 익혔다. 이러한 반자교의 교육에서 얻은 실담悉曇의 지식은 고대인도의 역경승譯經僧들로 하여금 범어梵語로 된 불경을 한역漢譯할 때에 반절反切의 방법을 사용하게 하였다. 즉, 한자를 범자梵字처럼 음절문자로 인식하고 발음의 표기에 음절 초(onset) 자음과 그 나머지 음운인 운(韻, rhyme)을 분리하여

'東(동)'을 '德[t]紅[ong]切'로 표음하는 것처럼 두 글자로 하나의 한자음을 표음하는 방법을 고안하였다.

서인도 우선니국優禪尼國 출신의 진체眞諦 법사(6세기경)는 《바수반두법사전婆藪盤豆法師傳》을 한역漢譯하였는데 이 한역에서 특별히 다르게 발음되는 한자를 반절反切로 표음한 예가 있다. 이 경전에서 '波羅頗婆底(Prabhāvati)'라는 이름을 '명비明妃'로 한역할 때에 마지막 '底'가 발음이 [ti]임을 보여주기 위하여 '底 〈知履反〉'이란 반절의 방법으로 표음한 것이다. 즉, '底'는 '知履反(知[t] + 履[i]의 반절로 [ti])'이란 표음 방식을 사용하였다. 이것이 역경譯經의 당승唐僧들에게도 전수되어 유행하게 되었고, 수대隋代 육법언陸法言의 《절운切韻》에서는 이러한 반절反切의 표음방식이 일반화되었다.

한자漢字를 실담悉曇처럼 음운의 표음문자로 인식하는 반절의 방법은 불가佛家의 반자론半字論에서 그 이론적 뒷받침을 찾을 수 있다. 이 것은 불경을 통하여 한반도에 유입되었고 조선초기의 훈민정음 제정에 기본 이론이 되었다. 최세진의 《훈몽자회訓蒙字會》의 권두에 부재된 〈언문자모諺文字母〉의 제하題下에 쓰인 "俗所謂反切二十七字 - [언문자모는] 속되게 소위 말하는 반절 27자다)"는 바로 언문諺文이 반절反切로 인식됨을 말하는 것이다.

불가佛家에서 말하는 '반만이교半滿二敎'는 반자교半字敎와 만자교滿字敎를 말하는 것으로, 반자半字가 실담悉曇과 같은 범자梵字의 문자 교육이라면 만자교滿字敎는 비가라론과 같이 음성학, 문법론의 교육이다. 따라서 불가에서는 반자교의 교육은 기초 아동교육이고 만자교의 교육은 그 후에 이루어지는 고등교육임을 불경의 도처에서 언급하였다. 우리는 이러한 불가佛家의 반자교半字敎를 통하여 반절법反切法의 시원始源을 알 수가 있다.

3.6.3 비가라론은 많은 불경에서 언급되어 대장경에 포함돼서 고려에 수입되었다. 비가라론이 언급된 불경은 "대반열반경大般涅槃經, 대승장 엄경론大乘莊嚴經論, 반야등론석般若燈論釋, 보행왕정론寶行王正論, 별역 잡아함경別譯雜阿含經, 금칠십론金七十論, 바수반두법사전婆藪槃豆法師 傳, 일체경음의一切經音義" 등이 있고 이 가운데 《대반열반경大般涅槃 經》에 가장 많이 출현한다. 이 외에도 앞에서 거론한 《대당자은사삼장 법사전大唐大慈恩寺三藏法師傳》과 《대당서역기大唐西域記》, 《남해기귀내 법전南海寄歸內法傳》 등의 여행기에서도 자세하게 비가라론과 《팔장》, 그리고 이를 저술한 파니니에 대하여 설명하였다.

《삼장법사전》과 《대당서역기》는 모두 현장玄奘의 서역 여행기를 주 된 내용으로 하고 있다. 또 《남해기귀내법전南海寄歸內法傳》은 역시 당 승唐僧 의정(義淨, 635~713)이 인도를 비롯하여 면전緬甸, 안남安南 등을 돌아본 뒤에 시리불서국尸利佛逝國에 머물면서 순례했던 나라들 에서 견문한 것을 정리한 것이다. 세 경전은 비록 인도에서 저술된 것 이 아니고 중국 당唐의 고승高僧들의 저술이거나 그들의 여행기이지만 모두 고려대장경에 포함되어 한반도에 전해졌다.

3.6.4 대장경 가운데 비가라론은 비가라毘伽羅, 비가라나毘伽羅那, 비가 라남毘伽羅諵으로 등장하거나 이를 번역하여 성명기론聲明記論, 성명처 聲明處, 성명聲明으로 소개된 《팔장》이 적지 않게 언급되었고 상세하게 소개되었다. 《삼장법사전》에는 《팔장》의 저자인 파니니를 소개하였고 《대당서역기》에서는 이에 대하여 좀 더 구체적으로 언급하였다. 모두 그가 비가라론의 음성학, 즉 성명기론을 저술하여 문자 교육에 크게 기여했다고 적고 있다.

《대반열반경大般涅槃經》 등의 불경에서는 범어梵語를 기록한 범자梵 字를 실담悉曇으로 설명하였다. 모음과 자음으로 나누어 마다(摩多, 모

음) 16자와 체문(体文, 자음) 34자를 합하여 50자이지만 당唐 지광智廣
의 〈실담장悉曇章〉에서처럼 마다摩多 12음, 체문体文 35자로 하여 47자
를 말하기도 한다. 범자의 이러한 모음과 자음의 구별은 후일 초성과
종성에 대비하여 중성을 인식하는 중요한 계기가 되었다.

3.6.5 고려시대의 한역 불경의 유입은 매우 성행하였다. 고려에서는 송
宋과 요遼로부터 많은 서적을 수입하였고 이를 고려에서 재간, 복각,
중간하였다. 대장경의 유입과 교환은 급기야 고려에서 대장경을 간행하
기에 이른다. 초조初雕대장경의 간행이 완성된 것은 고려 선종宣宗 4년
(1087)의 일로 본다. 현종顯宗 20년(1029)경에 국전본國前本이 이루어
졌고 거란契丹대장경이 수입된 이후에 이를 참고하여 국전본을 수정하
거나 보완하여 추가로 간행하였는데 이를 국후본國後本이라 한다. 후에
송조宋朝대장경도 수입하여 참고한 다음에 드디어 초조初雕대장경의
간판이 완성된다. 그러나 이 초조대장경은 몽골군의 침입으로 고종 23
년에 모두 소실되었다.

몽골군의 침입을 불력佛力을 빌려 막으려는 염원念願으로 재조再雕
대장경이 판각되었다. 몽골군의 침입을 피하려고 강화江華에 천도한 이
후에 대장도감大藏都監을 설치하고 강화의 본사本司에서 고종 24년
(1237)에 시작한 재조대장경은 대장도감의 남해南海 분사分司에서 고
종 35년(1248)까지 계속해서 간판하였다. 강화 본사와 남해 분사에서
판각한 경판經板에 장외판藏外板의 보유補遺를 추가하여 모두 160,648
판의 대장경이 조선 태조 대에 해인사海印寺로 이전되어 현재까지 보
관되고 있다.

2판을 양면에 새기게 되므로 앞과 뒤에 대장경판을 새긴 판목板木
의 수효는 모두 8만여 개가 되어 이로부터 고려대장경은 팔만대장경八
萬大藏經으로 불리게 된다. 고려에 이어서 조선에서도 이 고려대장경은

인출되어 학승들의 교리 연구에 이용되었고 이 불경 속에 포함된 비가라론毘伽羅論도 함께 연구되어 세종의 훈민정음 창제에 도움을 주게 된다.

3.6.6 비가라론의 성명기론에서는 인간의 언어음을 분석하여 음운을 추출하고 이를 음성학의 방법으로 정리하여 문자로 제정하는 이론을 갖추었다. 그 대표적인 예가 파니니의《팔장》의 이론에 근거하여 제정된 티베트 문자가 있다. 그리고 이 문자를 모델로 하여 좀 더 성명기론聲明記論의 연구 방법을 활용한 파스파 문자가 있었다. 이들은 모두 자국의 언어를 분석하여 음운을 추출하고 이를 조음방식과 조음위치로 구별하여 문자화한 것으로 첫 글자는 모두 /k, kh, g, ng/의 발음을 나타낸다.

훈민정음 〈해례본〉 '제자해'의 초성과 중성에 대한 설명은 모두 이러한 비가라론의 음성학적 이론에 의거한 설명이다. 또 〈세종어제훈민정음〉의 훈민정음 〈언해본〉에서 'ㄱ[k], ㅋ[kh], ㄲ[g], ㆁ[ng]'의 순서로 문자를 제정하여 제시한 것도 비가라론의 '아牙, 설舌, 순脣, 치齒, 후喉'의 조음 위치에 의한 순서에 따른 것이다.

한글의 발명에 이론적 근거가 된 것은 불가佛家의 비가라론에서 음성을 연구하는 성명기론聲明記論이라고 할 수 있으며 이를 대표하는 파니니의 《팔장》은 훈민정음 제정에 기본적인 이론서였다. 이《팔장》이 서양에 소개된 19세기보다 400여 년을 앞 선 것이다.

제3장의 중요내용 영문 요약

How the Creation and Proclamation of Hangul were Done?
−A Review of the Criticism against 〈The Invention of Hangul〉−

This chapter was intended to review the criticism of academia against 〈The Invention of Hangul〉(Gimm−Young Publishers, July, 2015) and provide an answer to it as the author of the book. In this book, the presenter reconsidered established academic theories on the enactment of Hangul in many respects and pointed out four important points.

First, it was argued in the book that Hunmin−jeongeum was created as phonetic symbols to transcribe the pronunciation of Chinese characters. The artificial modification of the pronunciations of Chinese characters was made so that they would match the Hànéryányu(漢兒言語) pronunciation of Chinese Characters in Yuán era, this modification led to the establishment of Tongguk−jeongun(東國正韻) style pronunciation of Chinese characters in the beginning of Joseon dynasty, and this pronunciation of Chinese characters was viewed as the correct one to be taught to the populace, so it was named Hunmin−jeongeum('the correct pronunciation which should be taught to the general public'). For this reason, it can be said that the Korean alphabet was created as a means to transcribe the pronunciation.

Second, the author denied the view that the proclamation of the new letters was done by the publishment of Hunmin−jeongeum Haerye

('Explanations and Examples of new characters') or   the Haerye Edition of Hunmin—jeongeum and argued that it was done through the official publication of the Hunmin—jeongeum—eonhaebon or its Hangul version, which was attached to the beginning of Wolin—seokbo(月印釋譜, Shining Moonlight and Buddha's Genealogy). Therefore, it was argued that Wolin—seokbo was published during the reign of King Sejong, in contrast with the widely accepted view that it was published in the 5th year(1459) of the reign of King Sejo. This claim was based on the research results of the author which showed that since the Jade Book of Wolin—seokbo with the colophon of the 12th year((1447) of the Zheng—tŏng(正統) was discovered, Wolin—seokbo was estimated to be published at least one or two years earlier than that.

Third, it was argued that the new letters were invented on the basis of the Vyākaraṇa(毘伽羅論) of Buddhist and thus it was published in the Buddhist literature such as Wolin—seokbo. To be specific, it was claimed that the theory of half character(半字論) of ancient India and Vyākaraṇa had been transmitted to the Korean Peninsula through the Tripitaka Koreana, and the new letters were invented on the basis of the theories in the early period of the Joseon Dynasty. Many learned priests of Buddhism at that time participated in the creation of Hunmin—jeongeum, and especially, the brothers of Buddhist priest Shinmi(信眉) and Kim Su—on(金守溫) greatly contributed to it. Therefore, after Hangul was enacted, the transcription and translation of Buddhist literature in the new letters were first attempted.

Fourth, it was claimed that Hunmin—jeongeum was influenced by enactment of the 'Phags—pa script of the Yuan Dynasty of China. The rationale of the creation of Hunmin-jeongeum was based on Vyākaraṇa(毘伽羅論) of ancient India, and the letters were created on the basis of the theory of articulatory phonetics of Panini's Aṣṭādhyāyi or Eight Chapters. The *Aṣṭādhyāyi* was already employed in the creation of Xīzang(西藏) letters of Tibet and also served as the theoretical basis of the 'Phags-pa script of the Yuan Dynasty.

The 'Phags-pa script was the letters created to record the pronunciation of Chinese characters and the medieval Mongolian and had a great effect on the enactment of Hunmin-jeongeum. For example, it was due to its influence that when vowel letters were used alone without any consonant, ' ㅇ' or the letter of yok-mo(欲母)('non-consonantal onset') was used as in /아, 어, 우, 오(a, ʌ, u, o)/ and that /ㆅ/ was made by repeating the ' ㆆ' letter twice, which is the letter for an aspirated sound.

This chapter reconsiders the validity of these claims once again, and reviews how the enactment of Hangul was carried out.

제4장

언문諺文과 반절反切

1. 문제의 제기

4.1.0 앞의 제3장에서는 그동안 훈민정음의 연구가 매우 피상적이며 국수주의적이었던 점을 지적하였다. 특히 주변 민족의 문자 제정에 대한 지식이 매우 부족하여 이 문자들과의 관계가 전혀 연구되지 않았음을 강조하였다. 그러면서 동아시아 여러 민족, 특히 알타이 민족들은 한자를 빌려서 표기하는 데 한계가 있음을 깨닫고 새롭게 자신들의 언어를 표기하기 편리한 표음문자를 계발하여 사용하였음을 살펴보았다.

이와 같은 문자 제정 욕구에 부응하여 고대인도의 수준 높은 음성학을 기반으로 훈민정음을 제정하였다는 필자의 주장을 좀 더 구체적으로 증명하기 위하여 앞의 제3장에서 한역漢譯 불경 속에 고대 인도의 비가라론毘伽羅論, 즉 기론記論이 얼마나 포함되었는가를 고찰하고 이것이 대장경을 통하여 어떻게 중국과 한반도에 전달되었는지 고찰하였다.

제4장 '언문諺文과 반절反切'에서는 제3장의 연구를 이어받아 고대인도의 반자론半字論에서 어떻게 중국 한자음의 반절법反切法으로 발달하였는지 살펴보고 중국의 성운학聲韻學에서는 성聲과 운韻으로 이분二分한 것을 어떻게 훈민정음에서는 초성初聲과 중성中聲, 그리고 종성終聲을 구분하게 되었는지 살펴보기로 한다.

따라서 제3장과 4장은 인용 연구 논문이나 전거가 서로 매우 유사하다. 독자 여러분의 이해를 바란다.

2. 반자론半字論으로 본 반절법反切法

4.2.0 인간이 언어를 의식하는 것은 대부분 다른 언어와의 접촉이 있을 경우이다. 중국에 불교가 전달되면서 불경佛經의 범어梵語, 즉 산스크리트어가 중국어와 접촉하게 되었다. 문법적 구조가 서로 다른 두 언어의 접촉에서 많은 언어학적 자각이 생겨난다. 특히 고도로 발달된 음성학과 문법 이론을 일찍부터 발달시켜 온 고대인도에서 베다veda 경전의 언어였던 산스크리트어(Vedic Sanskrit language), 즉 범어와 접촉하게 되면서 중국에서는 자신들의 언어에 대한 많은 문제를 깨닫게 되었다.

베다 경전의 범어에 대한 문법 연구의 핵심 이론으로 생겨난 비가라론毘伽羅論은 음성 연구도 포함되었으며 이를 성명기론聲明記論이라 하였다. 비가라론의 이론을 오늘날 전해 주는 파니니波你尼의 《팔장》에 그 이론이 전해졌는데, 여기에는 문장 구성에 대한 문법만이 아니라 음절 구성의 음운에 대한 이론도 들어 있었다. 이러한 이론이 서역西域의 역경승譯經僧들에 의하여 중국에 들어가서 중국어의 연구에 이용되었을 때에 문법 분야보다 음성 부분, 즉 한자음의 연구에 이용되었다.

고대 중국어는 고립어孤立語, 즉 굴절과 형태의 첨가에 의하지 않는 고립적 문법 구조의 언어여서 문장 속에서 단어의 문법적 역할은 거의 어순語順에 의지한다. 반면에 범어는 굴절적인 언어여서 많은 단어들이 문장 속에서 굴절하여 문법적 기능을 수행한다. 따라서 비가라론의 문법 이론은 굴절어인 범어의 것이라 고립어인 중국어에는 적용하기 어려운 이론이었다. 반면에 음성에 관한 것은 중국의 한자음 연구에서도 매우 유용하였다.

1) 실담悉曇의 마다摩多와 체문体文

4.2.1.0 앞의 제3장에서 살펴본 바와 같이 기원전 6~7세기 무렵부터 고대 인도에서는 베다 경전의 산스크리트어를 연구하는 비가라론(毘伽羅論, Vyākaraṇa)이 발달하였다. 즉, 제3장의 3,2.0과 졸고(2016b)에 의하면 비가라론은 불가佛家에서 외지外智에 속하는 것으로 보았다. 외지(外智, bāhyaṃ jnanam)는 외도外道의 지식이란 뜻으로 불법 이외의 사법邪法에서 얻은 지식을 말한다.

역시 제3장의 3.2.0에서 인용한 세친世親의[1] 《금칠십론金七十論》의 기사에 따르면 비가라론은 바라문의 베다 경전과 불경을 이해하기 위하여 배우는 문법 지식이었음을 알 수 있다. 이 《금칠십론》과 역시 제3장에서 소개한 《대반열반경大般涅槃經》(권21)에 소개된 기사를 보면 비가라론은 바라문의 베다 경전과 불경을 이해하기 위하여 배우는 보조적인 학문임을 알 수 있다.

당대唐代 삼장법사 현장玄奘의 전기인 《대당대자은사삼장법사전大唐大慈恩寺三藏法師傳》(이하 《삼장법사전》으로 약칭하였음)에서는 비가라론(Vyākaraṇa, 毘耶羯剌諵)을 기론記論, 또는 성명기론聲明記論으로 한역漢譯하였다. 원래 성명기론의 '성명聲明'은 역시 제3장의 3.2.1.4에서 구체적으로 논급한 대로 오명(五明, pañca-vidyā-sthāna)의 하나로 오명五明은 다섯 가지 학문이나 기예를 말하며 따라서 오명의 첫째인 '성

---

1) 世親은 唯識學 분야의 많은 저술을 남긴 불승 婆藪槃豆(Vasubandhu)를 말한다. 바수반두는 舊譯에서는 天親, 신역에서는 世親이라고 번역되었는데 북인도 富婁沙富羅國의 브라만족 출신인 憍尸迦의 둘째 아들이다.

명聲明'은 인간의 언어음(vocal sounds)을 연구하는 조음음성학을 말한다. 여기서 '명明'은 배운 것을 분명히 한다는 뜻이다.2)

4.2.1.1 또 제3장의 3.2.1.5에서 살펴본 바와 같이 범자의 자모를 학습하기 위하여 비가라론은 필수적으로 배워야 했던 과목이었다. 인도 출신으로 7세기 중엽에 《이구혜보살소문예불법경離垢慧菩薩所問禮佛法經》을 한역한 인도의 학승學僧 나제(那提, 한어명 福生)는3) 비가라론에 통달하였으며 《유사자장엄왕보살청문경唯師子莊嚴王菩薩請問經》과 《아타나지주경阿陀那智呪經》을 한문으로 번역하였다.

그는 당唐 황제의 칙명으로 현장과 함께 대자은사大慈恩寺에 거주하면서 불경의 한역에 몰두하였다. 당의 삼장법사 현장도 비가라론과 성명기론을 배웠음은 《대당서역기大唐西域記》의 기사에서 확인할 수 있었다. 《보행왕정론寶行王正論》의 〈출가정행품出家正行品〉에서도 비가라론이 불가에서 기초 과목이었음을 증언하고 있다.

《삼장법사전》에 등장하는 '반만이교半滿二敎'라는 것은 '반만교半滿敎', 또는 '반만이자교半滿二字敎'라고도 하며 반자론半字論과 만자론滿字論의 교육을 말한다. 반자론의 반자半字란 원래 범어의 산스크리트 문자, 즉 범자梵字의 마다(摩多, māta, 모음)와 체문(体文, vyanjana, 자음)

---

2) 五明은 다시 內五明(불교도로서의 학예)과 外五明(세속 일반의 학예)으로 나뉜다. 첫째의 聲明은 언어와 문자를 연구하는 문법학으로 내외명에 속한다고 보았다. 五明의 둘째인 工巧明은 모든 기술과 공업, 산수와 책력 등을 밝힌 것이고 셋째인 醫方明은 의학을 밝힌 것이며, 넷째의 因明은 참과 거짓을 분별하는 논리학이었다. 마지막 다섯째의 內明은 자기 종파의 종지를 밝힌 것으로 불교는 3장 12부교가 내명이다(졸고, 2016b).

3) 那提는 북인도 승려 Nadii(범어로 江, 또는 水)를 말한다. 그는 일명 Funyopāya라는 이름도 가졌는데 이를 漢譯하여 福生이라고 불렀다. 불경 1천 5백여 부를 수집하여 중국으로 와서 唐 高宗 6년(655)에 長安에 도착하였다. 칙명으로 大慈恩寺에서 불법을 전수하게 하였다.

을 가리키고 만자교滿字教의 만자滿字는 이들을 합성한 실담悉曇의 음
절문자를 말한다. 따라서 모두 범자의 교육을 의미한다.[4]

4.2.1.2 비가라론에서 〈실담장悉曇章〉은 글자의 자모를 가르치는 반자
교半字教이고 만자교滿字教는 음절 단위의 문자인 범자의 교육과 비가
라론의 연구 전체를 가리킨다. 즉, 음운과 문법으로 구별하는 것과 비
슷하게 반자교는 음운을 연구하고 비가라론은 음운의 결합으로 얻어지
는 형태와 그 결합을 연구하는 분야다. 원래 반자교는 알파벳과 같이
범어의 음운을 이해시키고 이들의 결합으로 이루어지는 범자의 교육을
지칭했던 것이다.

　　《대반열반경大般涅槃經》(권8) 〈문자품文字品〉에서 "迦葉菩薩復白佛言
世尊云: 何如來說字根本? 佛言: 善男子, 說初半字, 以爲根本, 持諸記論,
呪術·文章·諸陰·實法, 凡夫之人學是字本, 然後能知是法非法. 迦葉菩薩復
白佛言: 世尊所言字者,其義云何? 善男子有十四音, 名爲字義. 所言字者,
名曰涅槃. 常故不流, 若不流者則爲無盡: 夫無盡者, 即是如來金剛之身, 是
十四音名曰字本. - 가섭보살이 다시 여쭌 것에 대하여 부처님께 말씀
하셨다. "세존이시여, 어떤 것이 여래께서 말씀하신 글자의 근본입니
까?" 부처가 말씀하시기를 "선남자야, 처음에 반쪽 글자(半字)를 말하
여 근본을 삼아 가지고 모든 문법론의[5] 주술과 문장과 5음의 실제 법
을 연구하게 하였으므로, 범부들은 이 글자의 근본을 배운 뒤에야 바
른 법인지 잘못된 법인지를 알 것이다"라고 하셨다. "세존이시여, 말씀

---

4) 悉曇(siddhaṃ)의 의미는 'sidh(완성하다)'의 過去受動分詞인 'siddha'에 中性 명사의
　　主格單數語尾 'ṃ'를 붙인 형태로 "완성된 것"이란 뜻이다. 즉, 半字에 대하여 滿字를
　　말한다.
5) 여기서 '記論'은 비가라론을 한역한 것이다. 기론은 가끔 聲明記論의 음성학과 구별
　　하여 문법론으로 보기도 한다(졸고, 2016a).

하신 글자라는 것은 그 뜻이 어떠합니까?" "선남자야, 열네 가지 음을 글자의 뜻이라 이름하고, 그 글자의 뜻을 열반이라 한다. 그것은 항상 있는 것이므로 흘러 변하지 않는다. 만일 흐르지 않는다면 그것은 다함이 없는 것이며, 다함이 없는 것은 곧 여래의 금강 같은 몸이다. 이 열네 가지 음을 글자의 근본이라고 하는 것이다" (졸고, 2016b:139에서 재인용) 라고 하였다.

여기서 말하는 14음이란 범자의 마다摩多를 말하는 것으로 모음을 표음한 글자들이다(졸고, 2016a). 이 마다는 자음을 말하는 체문과 결합하여 음절을 형성하며 범자는 기본적으로 하나의 음절이 하나의 문자가 되는 음절문자다.6)

4.2.1.3 《대반열반경》(권8) 〈문자품〉에는 앞의 언급에 이어서 다음과 같이 구체적으로 14자의 마다摩多에 대하여 설명하였다.

善男子, 所有種種異論, 呪術, 言語, 文字, 皆是佛說, 非外道說. 迦葉菩薩白佛言: 世尊云何如來說字根本? 佛言: 善男子, 說初半字, 以爲根本, 持諸記論, 呪術, 文章, 諸陰,實法, 凡夫之人學是字本, 然後能知是法非法. 迦葉菩薩復白佛言: 世尊所言字者, 其義云何? 善男子, 有十四音, 名爲字義. 所言字者, 名曰涅槃. 常故不流, 若不流者則爲無盡, 夫無盡者, 卽是如來金剛之身. 是十四音名曰字本.

噁者, 不破壞故. 不破壞者, 名曰三寶, 喻如金剛. 又復噁者, 名不流故, 不流者卽是如來. 如來九孔無所流故, 是故不流. 又無九孔, 是故不流. 不流卽常, 常卽如來, 如來無作, 是故不流. 又復噁者, 名爲功德. 功德者卽是三寶, 是故名噁. 阿者名阿闍梨. 阿闍梨者, 義何謂耶? 於世間中, 得名聖者. 何謂爲聖? 聖名無著, 少欲知足. 亦名淸淨, 能度衆生於三有流, 生死大海, 是名爲聖. …

---

6) 범자의 여러 서체 가운데 우리에게 비교적 친숙한 것은 싯다마트리카Siddhamātrikā, 즉 悉曇字와 데바나가리Devanāgarī 문자가 있다. 실담자는 불경에 쓰여 우리에게 친숙하고 데바나가리는 가장 널리 보급된 서체로서 현대의 힌디어 표기에도 쓰이고 있다.

吸氣，舌根隨鼻之聲。長短超聲，隨音解義，皆因舌齒，而有差別。如是字義能令衆生，口業淸淨. 衆生佛性則不如是假於文字，然後淸淨. 何以故? 性本淨故。雖復處在陰界入中，則不同於陰入界也，是故衆生悉應歸依諸菩薩等。以佛性故，等視衆生，無有差別。是故半字於諸經書、記論、文章而爲根本.

[부처가 말씀하시기를] "선남자야 세계에 있는 가기각색의 다른 기론의 주술과 말과 글자는 모두 부처님의 말씀한 것이요, 외도가 말한 것이 아니니라." 가섭보살이 다시 여쭌 것에 대하여 부처님께서 말씀하셨다. "세존이시여, 어떤 것이 여래께서 말씀하신 글자의 근본입니까?" "선남자야, 처음에 반쪽 글자(半字)를 말하여 근본을 삼아 가지고 모든 기론의 주술과 문장과 5음의 실제 법을 기록하게 하였으므로, 범부들은 이 글자의 근본을 배운 뒤에야 바른 법인지 잘못된 법인지를 알 것이다." "세존이시여, 글자라는 것은 그 뜻이 어떠합니까?" "선남자야, 열네 가지 음을 글자의 뜻이라 이름하고, 그 글자의 뜻을 열반이라 한다. 그것은 항상 있는 것이므로 흘러 변하지 않는다. 만일 흐르지 않는다면 그것은 다함이 없는 것이며, 다함이 없는 것은 곧 여래의 금강 같은 몸이다. 이 열네 가지 음을 글자의 근본이라고 하는 것이다.

애應는 파괴하지 못하기 때문이니, 파괴하지 못하는 것을 이름하여 삼보三寶라고 한다. 그것은 마치 금강과 같다. 또 '애應'는 흐르지 않기 때문이니 흐르지 않는 것은 여래이다. 여래의 아홉 구멍에는 흐를 것이 없으므로 흐르지 않으며 또 아홉 구멍이 없으므로 흐르지 않는다. 흐르지 않는 것은 항상恒常하고 항상함은 곧 여래이다. 여래는 짓는 것이 없으므로 흐르지 않는다. 또 '애應'는 공덕이라 하니 공덕은 곧 삼보이다. 그러므로 '애應'라고 한다.

애阿는 이름이 아사리阿闍梨이다. 아사리란 뜻은 무엇인가? 세간에서 성인이라 하니, 어째서 성인이라 하는가? 성인은 집착이 없으니 욕심이 없어 만족할 줄을 알기 때문에 청정이라고도 한다. …

숨을 들이키는 소리(吸氣)는 혀의 뿌리가 코를 따르는 소리이다. 긴 소리·짧은 소리·뛰어난 소리 따위로 음에 따라서 뜻을 해석하는 것이 모두 혀와 이로 인하여 차별이 있다. 이런 글자들이 중생의 구업口業을 깨끗하게 한다. 중생의 불성은 그렇지 않아서 문자를 빌린 뒤에야 깨끗해지는 것이 아니다. 왜냐하면 성품이 본래 깨끗한 것이므로 비록 5음·6입·18계에 있더라도 5음·6입·18계와 같지 않다. 그

러므로 중생들은 모두 귀의하여야 하며, 보살들도 불성의 인연으로 중생들을 평등
하게 보고 차별하지 않는다. 그러므로 반쪽 글자(半)가 모든 경서經書와 기론記論
과 문장의 근본이 된다.

즉, "噁[a], 阿[ā], 億[ä], 伊[i], 伊[ī], 伊[ï], 郁[u], 郁[ū], 郁[ü], 優[o],
優[ō], 優[ö], 咽[e], 野[aj] 또는 烏[oj], 炮[ou] 또는 菴[au]"의 14 모음을
들고 마다摩多로서 그의 뜻을 설명하였다.

체문体文도 35자에 대하여 같은 방법으로 설명하고 그에 해당하는
한자를 제시하였으나 너무 장황하여 여기서는 생략한다. 졸고(2016a)에
서는 모든 체문의 글자를 그의 설명과 더불어 모두 제시하였다.

4.2.1.4 원래 범어의 실담悉曇에서는 47자의 글자를 제시하였다. 이 가
운데 12자는 마다(모음)이고 체문(자음)은 35성聲으로 구분하였다. 당
唐의 지광智廣이 편찬한 《실담자기悉曇字記》(권1)에서는 마다와 체문을
해설하고 그 합성법을 18장으로 나누어 설명하였다. 이에 의하면 마다
12음과 체문 35성은 제2장의 2.2.5.3에서 〈표 2−1〉로 제시하였다.

제2장의 2.2.5.3에 보인 〈표 2−1〉과 체문体文의 첫 글자들이 "迦
[ka], 佉[kha], 誐[ga], 伽[gha], 哦[nga]"인 것처럼 '伽[gha]'를 제외하면
훈민정음의 첫 글자 아음牙音의 "ㄱ(君字初發聲, k), ㅋ(快, kh), ㄲ(虯,
g), ㆁ(業, ng)"와 같은 순서임이 눈에 뜨인다. 티베트의 서장 문자도
이런 순서로 문자를 제정하고 이를 모방한 파스파 문자도 그러하다.

4.2.1.5 오늘날의 알파벳이라고 볼 수 있는 반자半字는 마다摩多와 체
문体文의 각각을 말하며 후자가 자음이라면 전자는 모음을 가리킨다.
반자교半字教는 바로 그러한 음운의 알파벳 교육임을 알 수 있으며 비
가라론의 교육인 만자교滿字教보다 반자교가 우선임을 이 불경에서 강

조하고 있다.7) 앞에서 언급한 《대반열반경》(권8)의 〈문자품〉에서 이
반자교의 중요성을 계속해서 강조한다.

是故半字於諸經書, 記論, 文章而爲根本. 又半字義皆是煩惱言說之本, 故名半字.
滿字者乃是一切善法, 言說之根本也. 譬如世間爲惡之者, 名爲半人修善之者, 名爲滿
人如是一切經書·記論。皆因半字而爲根本. … 善男子, 是故汝今應離半字, 善解滿字.
迦葉菩薩白佛言: 尊我等應當善學字數. 今我値遇無上之師, 已受如來慇懃誨勅, 佛讚
迦葉: 善哉善哉, 樂正法者, 應如是學.

그러므로 반쪽 글자(半字)가 모든 경서와 기론記論과 문장의 근본이 된다. 또
반쪽 글자의 뜻은 모든 번뇌를 말하는 근본이므로 반쪽 글자라 하고, 완전한 글자
는 모든 선한 법을 말하는 근본이다. 마치 세상에서 나쁜 짓 하는 이를 반쪽 사람
이라 하고, 선한 일 하는 이를 완전한 사람이라 하는 것과 같다. 이와 같이 모든
경서와 기론記論은 다 반쪽 글자로 근본을 삼는다. … "선남자야, 그대들은 지금
반쪽 글자를 여의고 완전한 글자를 잘 알아야 한다." 가섭보살이 부처님께 말씀드
렸다. "세존이시여, 저희들은 마땅히 글자의 수를 잘 배우겠습니다. 저희들이 지
금 위없는 스승을 만나서 여래의 은근한 가르침을 받았습니다." 부처님께서 가섭
보살을 칭찬하였다. "훌륭하고 훌륭하다. 바른 법을 좋아하는 사람은 그렇게 배워
야 한다.8)

---

7) 졸고(2016a)에서는 표음문자의 이해를 위해서 그 대상 언어의 음운을 분석하여 자
모의 수, 즉 음운의 수효를 찾는 것이 매우 중요하다고 하였다. 半字論에서 산스크
리트어의 음운을 47개로 보고 悉曇의 字母를 체문(자음)의 35음, 마다(모음) 12음
으로 정하여 모두 47자모라고 정하였다. 중국 聲韻學에서 聲母로 36 字母로 정한 것
은 아무래도 悉曇의 35체문에서 온 것으로 보인다. 《대반열반경》(권8) 〈文字品〉에서
는 체문을 36자로 보아 마다 14자와 더불어 모두 50자이다. 일본 가나문자의 50음
도가 연상되는 대목이다. 일본 가나문자는 ア行音(모음) 5자와 기타 자음의 46자를
합하여 모두 51자를 사용하면서 명칭은 '50음도'라고 한다. 반면에 いろは(伊呂波)
는 47자였다(졸고. 2014b).
8) 이것에 이어서 46자의 범자에 대하여 설명하였는데 첫줄에 마다 12음을 들고 다음
줄에 체문 34성을 배열하였다, 迦[ka]에서 시작하여 茶[dha]로 끝나며 다음에는 유
음 4자로 '魯, 流, 盧, 樓'를 추가하여 12음과 더불어 마다 16음을 채웠다.

이러한 불경의 '반자半字'에 대한 설명은 이것이 범자梵字를 구성하는 음운이며 '만자滿字'는 이들이 결합하여 형성된 음절의 문자를 말한다.[9] 여기서 우리는 반자는 모음과 자음이며 만자滿字는 실담悉曇으로 음절문자인 범자라는 결론에 도달하게 된다. 그리고 석가는 반쪽 글자의 교육에서 벗어나 완전한 글자의 교육으로 갈 것을 비유에 의거하여 설명하였다.

4.2.1.6 《훈몽자회》의 〈언문자모諺文字母〉에서 "俗所謂反切二十七字"라 하여 초성 16자와 중성 11자를 반절 27자로 한 것은 바로 이러한 반자론半字論의 이론에 의거한 것이다. 이 이론에 따르면 범자는 마다와 체문의 결합 문자, 즉 모음과 자음의 결합체이기 때문에 그 각각이 반자半字로 인식되었기 때문이다. 그리하여 초성 16자와 중성 11자를 '반절 27자'라고 한 것이다.

이것으로 보면 훈민정음訓民正音이란 이름으로 제정된 언문諺文은 원래 한자음 표음을 위한 글자였음을 이 '반절反切 27자'를 통하여 알 수 있다. 즉, 고대인도의 반자론半字論에서 말하는 반자半字가 바로 훈민정음의 초성과 중성, 종성을 말하며 이들이 결합하여 하나의 음절, 즉 한자음을 표기하게 된다.

훈민정음의 〈한문본〉이나 〈언해본〉에 공통적으로 실린 '예의例義'에는 말미에 "·, ㅡ, ㅗ, ㅜ, ㅛ, ㅠ, 附書初聲之下, ㅣ, ㅓ, ㅏ, ㅑ, ㅕ附書於右, 凡字必合而成音 – ㅇ, 으, 오, 우, 요, 유는 초성의 아래에 붙여 쓰고 이, 어, 아, 야, 여는 오른 쪽에 붙여 쓰며 모든 글자는 반드

---

9) 《大唐西域記》(권2)에 "그 문자[梵字를 말함]를 상고해 보면 梵天의 제작이라고 한다, 原始는 則으로 하여 47언이나 된다."라고 하여 47자로 하였으나 《大莊嚴經》〈示書品〉에서는 '濫[llam]'자를 제외하여 46자를 들었고 《金剛頂經》〈字母品〉에서는 阿[a]에서 시작하여 乞灑[ks]로 끝나는 50자를 들었다. 즉, 16마다에 34체문을 더한 것이다. 역시 위에서 언급한 일본어 가나문자의 오십음도를 연상하게 된다.

시 [초성과 중성이] 합해야 소리를 일운다."라는 해설을 붙였다.[10] 이 해설의 마지막의 '凡字必合而成音'은 반드시 초성과 중성이 결합해야 발음이 된다는 뜻이니 음절 단위의 문자로 발음됨을 말한 것이다.

　이것은 고대인도의 반자론과 만자론에 의거하여 범자가 체문(体文, vyanjana)과 마다(摩多, māta)의 반자가 결합하여 만자가 된다는, 즉 자음과 모음이 결합하여 음절 단위로 표기한다는 규정에서 온 것이다(졸고, 2016b). 그동안 훈민정음의 부서附書, 즉 '부텨쓰기'의 원리로 알려진 이 해설은 중성을 초성에 붙여 쓰는 방식이 기본자 / · , ㅡ, ㅣ/에서 / · , ㅡ/와 결합한 글자들은 초성의 아래에 쓰고 / ㅣ/와 결합한 것은 초성의 오른쪽에 붙여 쓰는 규정을 말한다. 훈민정음의 부서附書에 대한 규정과 해설은 다음 제5장의 5.3.2.2에서 자세하게 고찰하였다.

2) 성명기론聲明記論의 음성학

4.2.2.0 그러면 고대인도의 이러한 음운 분석은 언제 이루어진 것이며 어떻게 한반도에 전해졌을까? 앞의 제3장 3.2.2.0에서 고대인도의 음성 연구이며 문법 연구인 비가라론毘伽羅論은 오늘날 파니니의 《팔장八章》이란 범어 문법서로 그 이론의 일부가 전해진다고 하였다. 즉, 파니니 Pāṇini의 *Aṣṭādhyāyī*는 산스크리트어의 Aṣṭā(8) + adhyāyī(章, section)를 합성한 서명으로 《팔장八章》이라고 번역되었다. 범어의 문법서인 《팔장》은 서양의 언어학사에서 고전 3대 문법서의 첫자리를 차지한다.[11]

---

10) [ ] 안의 내용은 번역 내용의 이해를 돕기 위하여 본문에 없지만 필자가 삽입한 것이다. 이하 같음.

11) 인류 最古의 고전 문법서로는 파니니의 《팔장》을 비롯하여 기원전 2세기 무렵 헬레니즘시대에 편찬된 드락스(Dionysus Thrax)의 《文法技術》(Téchnē Grammatikē, Τέχνη γραμματική)과 기원후 6세기 무렵 Pax Romana시대에 활약한 프리스키아누스(L. Priscianus, 영문명 Priscane)의 《文法教程》(Institutiones Grammaticae)이 있다. 흔히 범어문법서, 희랍문법서, 라틴문법서로 부르는 이 세 문법서는 굴절어에서 보

이 문법서는 베다 경전에 쓰인 산스크리트어의 음운, 형태, 어형성, 통사, 방언에 대하여 논한 것으로 잠언(箴言, aphorism)의 형식으로 짧게 언급된 규칙(sūtra- '실')으로 범어의 음운과 문법, 그리고 통사론에 대하여 설명하였다. 모두 8장 32절로 되었고 3,983개의 규칙을 세워서 산스크리트어의 음운, 문법의 변화를 정리한 것이다.12) 이 책은 원래 산스크리트어를 교육하는 교사들의 참고서였으므로 일반인들이 읽을 책은 아니었다.13)

파니니의 《팔장》은 고려대장경의 여러 경전에서 언급되었으며 대체로 '비가라론毘伽羅論'이나 '성명기론聲明記論'으로 소개되었다. 즉, 《삼장법사전》(권3)의 다음 기사, 즉 제3장의 3.2.3.1에서 인용한 《삼장법사전》(권3:673)의 기사를 보면, 산스크리트어의 문법을 정리한 기론記論이란 비가라론毘伽羅論이 있었고 이 문법서는 인도 간다라 출신의 파니니(波你尼, 波膩尼)가 8천 개의 규칙으로 설명한 것이라 한다. 여기서 말하는 비가라론은 《팔장》을 말하는 것으로 언제 편찬되었는지 알지 못하며 전설에 따르면 범왕梵王이 만든 것으로 알려졌다고 한다.

4.2.2.1 이 책은 산스크리트어의 문법서로 알려졌다. 곧 이 언어의 동사 활용活用과 명사 곡용曲用 등 형태론에 의거한 어형 변화에 대하여 《대반열반경大般涅槃經》(권8)의 〈문자품文字品〉에서 설명하였다. 제3장

이는 문법의 기초를 완성하였다(졸고, 2016b).

12) 미국의 언어학자 L. Bloomfield는 파니니의 《팔장》에 대하여 "인간 지성이 이룬 최고의 기념비"(Bloomfield, 1935)라고 극찬하였다. 이 책은 O. Böhtlink에 의하여 독일어로 번역되었고 1887년에 간행되어 서방세계에 알려졌다.

13) 《팔장》에 대한 해설서는 본고장인 인도에서도 일찍이 편찬되었다. 가장 유명한 해설서로는 기원전 2세기 즈음에 인도에서 편찬된 파탄잘리Patañjali의 《대주석(Mahā-bhāṣya, great commentary)》이 있고 기원후 7세기쯤에 다시 집필된 바르트르하리 Bhartṛhari의 《문장단어론(Vākya Padīya)》도 넓은 의미에서 《팔장》의 해설서라고 할 수 있다(졸저, 2015:255~256).

의 3.2.3.1에서 살펴본 바와 같이, '저언다성(底彦多聲, Tinnata)'이란 동
사의 활용과 '소만다성(蘇漫多聲, Subanto, '蘇槃多'로 적기도 함)'이란
명사의 곡용에 대하여 언급하였다.

그리고 저언다성底彦多聲의 동사의 활용에서는 이를 다시 타동사(般
羅颯迷, Parasmai)와 자동사(阿答末泥, Ātmane)로 나누어 각기 9개의 변
화가 있어 도합 18변화가 있음을 제시하였다. 자동사와 타동사에는 각
각 3변화가 있고 이들은 다시 단수, 쌍수, 복수의 변화가 있어 모두 9
변화가 있다는 설명이다. 그리고 인칭에 따른 동사의 변화도 자세하게
설명하였다(졸고, 2016b).

그러나 《팔장》은 문법만이 아니라 고도로 발달한 인간 음성의 조음
음성학적 기술記述을 보여준다. 졸고(2016b)와 이 책의 제3장 3.2.4.2에
따르면 《팔장》의 음성 연구 부분에서는 성명기론聲明記論에 알맞게 먼
저 조음調音 과정을 설명하였다. 그리고 조음을 위한 조음기관으로는
내구강(內口腔, intra buccal)과 외구강(外口腔, extra buccal)으로 나누고,
외구강은 다시 성문(聲門, glottis), 폐(肺, lungs), 비강(鼻腔, nasal cavity)
으로 나누어 설명하였다고 한다. 이 세 기관으로부터 언어음의 유성
(voiced)과 무성(voiceless), 유기(aspirates)와 무기(non-aspirates), 비음
(nasal)과 비비음(non-nasal)의 구별이 이루어진다고 본 것이다.

4.2.2.2 비가라론의 음성학인 성명기론에서는 조음調音의 매카니즘에
관여하는 것으로 조음 위치와 조음체로 나누어 후자를 'karaṇa'라고 하
여 혀(tungue)와 아랫입술을 들었고 전자로는 'sthāna'라고 하여 '이, 잇
몸, 경구개, 연구개'를 들었다. 내구강에서는 조음 위치로 전前, 후後와
혀끝, 협착의 구분을 인정하여 4등급으로 나눴다. 예를 들면 전구강前
口腔과 후구강後口腔에서 정지음과 비자음이 생성되고 마찰摩擦 협착음,
반모음 협착음, 비非 협착음(모음 등)이 생성된다고 보았다.[14]

《팔장》에서는 음운의 개념인 'sphoṭa'를 설정하고 오늘날의 음소 (phoneme)에 해당하는 'varṇa sphoṭa'를 인정하였으며, 이것이 여러 음운 규칙에 적용되어 실제로 언어음에 나타나는 것은 'varṇa dhvani, allophone'임을 지적하였다. 또 음성은 조음음성학적인 관점에서 기술되었는데 음성 기술은 첫째, 조음 과정(processes of articulation), 둘째, 분절음 (segments), 셋째, 음운론적 구조에서 분절음의 조립, 즉 음절(syllables)로 파악하였다.

즉, 변별적 자질, 음운, 음절 단위로 언어음을 인식한 것이다. 그리고 비가라론에서 음절의 분석에서는 어두語頭와 어말語末에서 자음의 연접(連接, sandhi)을 이해하였다. 졸고(2016b)의 주장에 따르면 고대인도의 음성 연구인 비가라론은 현대 음성학에 견주어 손색이 없는 언어음의 연구였다고 할 수 있다.

3) 반자론半字論과 성운학聲韻學

4.2.3.0 고대인도에서의 모음과 자음으로 언어음을 분석하고 이 둘의 결합인 음절 단위로 범자를 제정하여 사용하였다. 언어음을 인식하고 이를 분석하여 음운으로 이해하는 방식은 앞에서 살펴본 대로 반자론半字論이라 불렀다. 즉, 음절 단위로 제정한 범자의 발음을 모음과 이에 부속하는 자음으로 2대별하여 이 각각을 반자半字라고 불렀다.

이 반자론이 불경을 통하여 중국에 들어와서 중국어의 표기에 사용된 한자음의 분석에서는 반절反切로 발전한다. 다시 말하면 불가의 비가라론에서 음운 연구는 성명기론聲明記論으로 번역되어 중국에 전수

---

14) 실제로 산스크리트어에서는 이러한 조음 방식의 차이에 의하여 5항의 대립체계를 인정하였다. 脣音을 예로 하면 /b, p, bʰ, pʰ, m/의 유성, 무성, 유성유기, 무성유기, 비음의 대립을 인정한 것이다.

되었고 성명학聲明學이란 한자음 연구로 발전하였다. 후일 성운학聲韻 學이란 명칭으로 정리된 한자음의 연구는 기본적으로 반자론에 의거하 여 음절 단위의 범자로부터 한자의 발음도 동일하게 생각하고 그의 발 음을 위와 같이 둘로 나누어 본 것이다.

이에 따르면 한자음은 하나의 음절 단위로 구성되며 이 음절은 성 (聲, onset)과 운(韻, rhyme)의 둘로 나뉜다. 여기서 성聲이란 반자론으 로 보면 범자의 체문(体文, 자음)에 해당하고 운韻은 바로 마다(摩多, 모음)로 볼 수 있다. 왜냐하면 범어梵語는 대부분 개음절이어서 음절 말에 자음이 오는 경우가 매우 제한되었기 때문이다. 다만 성운학聲韻 學에서는 한자음의 구조에 의거하여 운韻을 운복韻腹, 즉 음절 핵 (nucleus)과 운미(coda)로 다시 나누어 본 것이 다르다.

중국의 성운학에서는 고대인도의 반자론에 따라 음절 초(onset)의 자음, 즉 초성初聲을 반절상자反切上字라 하고 나머지 운韻을 반절하자 反切下字라 하여 성聲과 운韻을 서로 다른 한자로 표음하였다. 예를 들 면 '東[dong]'의 반절은 '덕홍절德紅切'이라 하였는데, 여기서 반절상자 는 성聲만을 취하고 반절하자는 운韻만을 취하여 '德[dè]'의 성聲인 [d] 와 '紅[hong]'의 운韻인 [ong]을 취하여 [dong]이란 '東'의 한자음을 표 음하는 방법이다.

4.2.3.1 성聲은 음절 초 자음(onset)이며 반자론半字論에 따르면 성聲과 운韻이 모두 반 글자씩 되는 것으로 둘이 합쳐야 만자滿字가 된다. 즉, 음절 초 자음(onset)과 나머지 운(rhyme)으로 나누어 그 각각을 반자半 字로 하였다. 반자론은 이렇게 중국의 성운학에 적용되어 한자음 연구 에 이용되게 되었다. 즉, 반절상자反切上字인 성聲과 반절하자反切下字 인 운韻으로 나누고 후자를 소운小韻, 전자를 대운大韻으로 불렀다.

졸고(2016b)에 따르면 중국에서 후한後漢 시대에 불교가 들어오면

서 반자론半字論이 수입되고 그에 의한 범어 불경의 한역漢譯에서 반
절의 방식이 사용되기 시작하였다고 보았다. 여기서 '한역漢譯'이란 범
어의 불경을 한자로 번역飜譯하는 것인데 한어漢語의 의미를 풀이하는
것도 중요하지만 범어를 한자로 표음하는 것도 중요하였다.

예를 들면 범어 불경의 유명한 '나무아미타불, namòmitāyurbuddhaya'
를 '南無阿彌陀佛'로15) 적거나 석가釋迦의 성姓인 'Gautama'를 '瞿曇, 俱
譚, 具譚, 喬答摩'로 적는 것과 같은 것이다. 후자와 같이 한자의 표기
가 여럿인 것은 범어의 'Gautama'를 정확하게 표음할 한자가 마땅치
않기 때문이다.

4.2.3.2 불경의 범어를 한역할 때에 서역의 학승學僧들이 참여하였
다.16) 그들에게는 범어의 한자 표음을 위하여 한자의 발음과 이를 범
자로 번역하는 것에 대한 정확한 지식이 필요했기 때문이다. 원래 한
자의 발음은 한漢 이전에는 직음법直音法이라 하여 유사한 발음의 한
자로 모르는 한자의 발음을 설명하는 방법이 있었다. 이 한자의 발음
은 저 한자의 발음과 같다고 하는 방법이다. 그러나 이 방법으로는 정
확한 한자음의 표음이 불가능하기 때문에 후한 시대에 불교의 수입으
로 반자론이 들어오면서 반절反切의 방법이 발달하게 된 것이다.

이에 대하여는《송경문필기宋景文筆記》에17) "切韻之學出于西域. 漢人
訓字, 止曰讀如某字, 未用反切. 然古語已有二聲合爲一字者, 如不可爲叵,
何不爲盍? 如是爲爾, 而已爲耳, 之乎爲諸之類. 以西域二合之音 蓋切字之

---

15) '南無阿彌陀佛'은 阿彌陀佛에 귀의한다는 말로 6자로 된 名號다. 즉 범어의 'namo
   (南無)'는 '歸命之義'로 "歸命無量壽覺"이란 뜻이다.
16) 이 책 제3장의 3.3.3.2에서는 宋代에 西域의 역경승과 송의 漢僧들이 함께 불경을
   번역할 때에 ① 譯主 ~ ⑨ 潤文官으로 나누어 각기 역할에 대하여 설명하였다.
17)《宋景筆記》는 宋代 安陸의 巨儒인 宋祁의 수필집으로 원명은《宋景文筆記》(3권)이
   다. 宋祁의 諡號가 景文公이어서 서명을 그렇게 하였는데 통칭으로《宋景筆記》라 한다.

原也 如輭字文從而大, 亦切音也. – 절운切韻의 방법은 서역에서 나왔다. 한인들의 글자 해석은 어떤 자와 같다는데 그치고 반절을 쓰지 않았다. 그러나 옛말에 이미 두 소리를 합쳐서 한 글자를 만드는 방법이 있으나 다시 돌이킬 수 없으니 어찌 하겠는가? 예를 들면 '이이而已'가 '이耳'의 발음이고 '지호之乎'가 '제諸'의 발음이 되는 따위다. 서역에서 둘을 합하여 표음함은 모두 절자切字의 근원이 되었다. 예를 들면 '輭연'자는 '문종文從'이지만 크다는 뜻으로 역시 절음切音이다"라는 설명으로 확인할 수 있다.

4) 반절反切의 의미와 기원

4.2.4.0 반절反切이란 명칭은 원래 직음법直音法에서 사용한 술어다. "이 한자의 발음은 저 한자의 발음과 같다"로 한자음을 표기하는 직음법에서 서로 유사한 발음의 글자로 다른 글자의 발음을 표음할 때에 이를 '반反'이라 하였는데 이는 아마도 "바꾸다"는 의미의 '번飜'에서 온 것으로 보인다.

반절反切은 '반어反語, 반음反音, 반뉴反紐'로도 쓰인다. 즉, "切又反切, 音韻展轉相協, 謂之反亦作飜, 兩字相摩以成聲韻, 謂之切其實一也 – 절, 또는 반절이란 음운이 어울리고 서로 돕기 때문에 반反이라고도 하고 또 번飜이라고도 하며 두 글자가 서로 의지하여 성과 운을 이루는 것으로서 절切이라는 것도 그 하나다"(《夢溪筆談》〈藝文 二〉)라는 설명에서 확인할 수 있다.

'반절反切'의 '반反'을 '절切'로 바꾼 것은 당 현종玄宗 때의 안록산安祿山과 사사명史思明의 반란, 즉 안사安史의 난 이후의 일로서 '반란反亂'의 '반反'을 피휘避諱한 것이다.[18] 성聲과 운韻을 분리하여 (切은 이런 의미일 것임) 한자의 발음을 표음하는 반절법反切法은 삼국시대

위魏의 손염孫炎이 지은 《이아음의爾雅音義》에서 처음 사용하였다는 통설이 있다.19) 그러나 이보다 앞서 동한東漢 시대 복건服虔이20) 주석한 《한서漢書》에 "惴, 音章瑞反"이 있어 이미 후한 때에 반절이 있었음을 알 수 있다.

4.2.4.1 후한 시대에 들어온 불경에서 반자론을 응용하여 이미 이 시대에 불경의 한역에서 반절의 방법이 사용된 것으로 볼 수 있다. 그리하여 음절 초에 오는 체문을 반절상자反切上字로 하고 이어지는 마다와 그 부속 발음을 반절하자反切下字로 하여 한자음에도 이를 적용하였다.

그리하여 《절운》에서 30여 개의 성모聲母를 인정하였지만 《광운》에서 분명하게 36자모로 반절상자를 정하였는데 이것 역시 불경에 전해지는 실담장悉曇章의 36체문에 이끌린 것이다. 이것이 중국에 들어 와서 반절법을 낳게 하여 수대隋代의 《절운切韻》 이후에는 거의 모은 운서韻書에서 한자의 발음을 반절로 표시하였다.

예를 들면 《절운》 이후의 절운계 운서라 부르는 수대隋代 이후의 운서에서는 편운編韻 방식이 성聲과 운韻으로 나누어 성聲의 반절상자로 함께 표음되는 한자들과 운韻의 같은 반절하자로 표음되는 한자들로 나누어 순서대로 배열하였다. 따라서 모든 운서의 권두卷頭에는 성聲의 자모도와 운韻의 운도가 첨부된다.

---

18) 唐 玄度의 《九經字樣》 서문에 "避以反言, 但紐四声, 定其音旨. 其卷内之字, 盖字下云公害翻, 代反以翻, 字下云平表纽, 代反以纽. 是则反也, 翻也, 纽, 一也."라는 기사를 참조.

19) 北齊 顏之推의 《安氏家訓》 〈音辭篇〉에 "孫叔然创尔雅音义, 是汉末人独知反语, 至于魏世, 此事大行."라 하여 漢末까지는 反語, 즉 直音法만이 있었음을 알 수 있다. 인용문 가운데 俶然은 孫炎의 字이다.

20) 服虔은 後漢의 滎陽 사람으로 字를 子愼이라 하였다. 太學에서 공부하고 靈帝 때에 九江太守를 지냈으며 《左氏傳解》를 지었다(《後漢書》 권109 하).

3. 불경의 중국 유입과 반절反切의 발달

4.3.0 반자론半字論이 비가라론毘伽羅論과 함께 불경에 포함되어 중국에 들어가서 한대漢代의 불경 한역漢譯에 이용된다. 반자론과 비가라론 (Vyākaraṇa)은 불경 속에 들어 있었으며 이러한 불경은 대장경大藏經 속에 포함되었다. 대장경은 불가의 경전을 집합하여 일컫는 말로 일체경一切經이라고도 하고 장경藏經이라고 약칭하기도 한다. 원래 불경을 총칭하는 용어는 삼장三藏이며 이 말은 세 분야의 경전經典을 말한다. 즉, 삼장은 경장(經藏, Sutla-pitaka)과 율장(律藏, Vinaya-pitaka)과 논장(論藏, Abhidhamma-pitaka)을 가리킨다.

'경經'이라고 하는 불전佛典들을 총칭하여 경장經藏이라고 한다. 그리고 경은 원칙적으로는 부처님의 설법을 위주로 하여 이루어진 성전聖典에 붙이는 명칭이지만, 간혹은 불제자가 주인공이 되는 것도 경經으로 불리는 경우가 있다. 따라서 대장경은 부처님의 가르침만이 아니라 후대에 불자佛子들의 저술이나 불교의 사서史書와 전기傳記, 사전辭典, 기타 불교학 관련의 주요 저술과 자료를 총망라하는 뜻으로 사용되었다.

그런데 중국에서는 인도에서 성립한 삼장三藏을 한역漢譯한 것에다가 진晉나라 이후에 중국에서 성립한 약간의 문헌들을 포함시켜 이것들을 대장경大藏經이라고 불렀고 남북조南北朝 시대 이후에는 일체경一切經이라고도 불렀다. 따라서 대장경은 원래 중국에서 번역되거나 저술된 불전佛典들의 총칭이었다(졸고, 2016b).

　　그러나 근세 이후에는 인도와 중국 밖에서 성립된 불전들까지 포함하여 대장경이라는 명칭으로 집합集合하게 되었다. 이제 대장경은 부처의 경전뿐만 아니라 후대 불교도의 저술, 불교의 사서史書와 전기와 사전, 기타 불교학 관련의 주요 저술과 자료를 총망라한다. 대장경은 불교의 역사가 유구한 만큼 점차 방대해진 것이다.

　1) 반자론半字論의 중국 유입

4.3.1.0 중국에서 최초의 대장경은 제3장의 3.4.2.1에서 살펴본 바와 같이 북송北宋의 태조가 칙령勅令으로 개보開寶 4년(971)에 간행을 하도록 지시하여 태종의 태평흥국太平興國 8년(983)에 완성한 개보開寶 칙판勅板의 것을 말한다. 거란契丹의 요遼에서도 대장경을 간행하였다.

　　대장경 또는 일체경이라는 이름으로 불전佛典들이 방대한 규모로 집합되기 시작한 것은 중국에서부터지만 그 전통은 팔리어語 삼장三藏에서 유래한 것으로 본다. 그러나 더 거슬러 올라가면 석가모니釋迦牟尼 부처님의 설법을 종합하여 확정한 결집結集에서 비롯된다(졸고, 2012c).

　　비가라론과 반자론도 후한 이후에 진晉을 거쳐 수隋, 당대唐代에 불경들과 함께 유입되었다. 이들은 한문으로 번역되어 문자와 음성학 부분을 중심으로 자본론字本論, 성명기론聲明記論이라 불렸으며 한역 불경, 즉 대장경에 포함되었다. 이 성명기론은 불가佛家의 오명五明 가운데 언어의 음성을 연구하는 성명聲明, 즉 섭타필태(攝拖必馱, śabda-vidyā)를 밝히는 것이다(제3장 3.2.1.4 참조).

4.3.1.1 이 이론은 중국에 들어와서 성명학聲明學으로 발전하여 중국 성운학聲韻學의 기반이 되었다. 성운학은 자음字音을 성聲과 운韻으로 나누고 성聲, 즉 자음을 다시 조음 방식(manner of articulation)과 조음

위치(place of articulation)로 나누어 조음 방식에서 전청全淸, 차청次淸, 불청불탁不淸不濁, 전탁全濁으로, 그리고 조음 위치에 따라 아음牙音, 설음舌音, 순음脣音, 치음齒音, 후음喉音의 오음五音으로 나누어 고찰하는 방법을 고안하였다.

오음五音은 원래 아牙, 설舌, 순脣, 치齒, 후음喉音의 5음을 말하지만 반설半舌, 반치半齒를 더 넣어 보통 칠음七音으로 불린다. 발성의 조음 위치를 말하는데 아음牙音은 연구개음(軟口蓋音, velar), 설음舌音은 치조음(齒槽音, dental-alveolar), 순음脣音은 양순음(兩脣音, labial), 후음(喉音, laryngeal)을 말한다.

4.3.1.2 불경의 한역은 중국에서 후한 시대로부터 원대元代에 이르기까지 천여 년 동안 계속되었으며 한역된 불경의 수효만도 수천 권에 달한다. 고려대장경에 수록된 불경으로 서기 67년 무렵의 후한 명제明帝 때의 《사십이장경四十二章經》(이하 《사십이장경》으로 약칭)이 아마도 최초로 한역된 불경일 것이다. 《사십이장경》의 서두에는 이 불경이 전래된 설화를 옮겨 놓았다.

그에 따르면 꿈속에서 부처를 접한 명제(明帝, 재위 57~75 A.D.)가 불법佛法을 구하기 위해 낭중郎中 채음蔡愔과 박사 진경秦景 등을 천축天竺에 파견했으며, 그들은 대월지국大月氏國에서 천축의 고승 가섭마등迦葉摩騰과 대월지국의 승려 축법란竺法蘭을 만났다고 한다.

중국의 황제가 불경을 얻으려고 한다는 사실에 감동하게 된 마등摩騰과 법란法蘭은 영평永平 10년(67)에 다라수多羅樹 잎에 새긴 불경 《사십이장경》과 불상佛像을 백마白馬 네 필에 싣고 낙양洛陽에 도착했다.21) 처음에는 이들을 홍려시鴻臚寺에 머물게 하였으나 이들의 거처

---

21) 《四十二章經》은 불교의 요지를 42장에 걸쳐 간략하게 설명한 데서 붙여진 이름이며 부처의 교훈집이다.

를 마련하고 불경과 불상을 싣고 온 백마를 사육하기 위하여 백마사白馬寺를 지었는데, 이것이 중국 최초의 불교 사찰이라고 한다. 이곳에서 불교를 전파하던 두 고승은 《사십이장경》을 번역하였으며 이것이 현존하는 최초의 한자 불경으로 알려졌다.[22]

2) 중국에서 범어 불경의 한역

4.3.2.0 이후에 서역西域의 승려들이 중국에 찾아와서 불경을 한역하는 일이 뒤를 이었다. 동진東晉의 효무제孝武帝 때에 활약한 인도의 승려 담무참(曇無讖, 385~433)이 번역한 {북본北本}《대반열반경大般涅槃經》에서는 벌써 불경의 범어梵語를 한자로 표기할 때에 한자음을 고심한 흔적이 보인다. 《대반열반경》(권8)에서는 앞에서 살펴본 바와 같이 〈문자품文字品〉에서 범자의 마다와 체문에 대하여 상세하게 설명하였다.

역시 동진東晉의 안제安帝 때에 서역 구자국龜玆國 출신의 구마라즙鳩摩羅什이 요흥姚興에게 초빙되어 장안長安에 들어와 《법화경法華經》, 《반야경般若經》, 《대지탁론大智度論》, 《아미타경阿彌陀經》과 많은 경론을 한역하였다. 이미 이때에 다량의 불경이 유입되었고 한역도 활발하게 이루어졌다.

졸고(2016b)에서는 불경을 한역한 예로 서인도 우선니국優禪尼國[23] 바라문 출신의 승려로서 중국에 와서 섭론종攝論宗의 개조開祖가 된 삼장법사 진체(眞諦, 499~569, Paramārtha, 일명 Gunarata)가 불가의 유명한 《바수반두법사전婆藪盤豆法師傳》을 한역한 것에 대하여 고찰하였다.

---

22) 이들은 《四十二章經》 이외에도 《十地斷結經》, 《佛本生經》, 《法海藏經》, 《佛本行經》 등도 한역하였다는 속설이 있으나 현전하지 않는다(성법, 2006:11). 그들이 불경을 최초로 한역한 것으로 본다.

23) 優禪尼(ujjayani)국은 서인도 Vindhya 산맥 북쪽에 인접해 있던 고대국가를 말한다.

중국 양梁나라의 무제武帝가 대동大同 연간(535~545)에 부남扶南으로[24] 사신을 보내어 고승高僧과 대승大乘 경전을 구하고자 할 때 진체법사는 이에 응하여 중국으로 떠났으며, 중대동中大同 1년(546)에 중국의 해남海南에 이르렀다. 진체는 태청太淸 1년(548)에 불가의 경經·논論을 많이 가지고 양梁의 서울 건강(建康, 현재의 南京)에 도착하여 양무제의 존경을 받았다. 그는 건강에 머물면서 많은 범어의 불경을 한역하였다.

진체가 번역한 《바수반두법사전》은 유식학唯識學 분야의 많은 저술을 남긴 고대 인도의 불승 바수반두(婆藪槃豆, Vasubandhu)의 전기를 쓴 불경이다. 진체는 그의 형인 아승가阿僧伽, 즉 무착無着에 이끌려 대승 불교로 전환하였고 많은 업적을 남긴 인물이어서 이 전기에서 그의 이러한 이력을 잘 보여주고 있다.

4.3.2.1 《바수반두법사전》에서는 특별히 다르게 발음되는 한자를 반절反切로 표음한 예가 보인다. 그 예를 졸고(2016b)에서 옮겨 보면 다음과 같다.

> … 此阿修羅有妹名波羅頗婆底〈知履反〉, 波羅頗譯爲明, 婆底譯爲妃. 此女甚有形容。阿修羅欲害毘搜紐天, 故將此妹誑之。…

> 이 아수라에는 이름이 파라파파디波羅頗婆底(底는 '知履'의 반절이다)라는 누이가 있었는데 파라파波羅頗는 밝다(明)로 번역하고 파디婆底는 왕비라고 번역한다. 이 여인은 매우 아름다웠다. 아수라가 유천을 찾아 해하려고 하여서 이 누이를 유혹하고자 하였다.

---

24) 扶南은 서기 2C~7C 무렵에 인도차이나 반도 남동쪽의 메콩강 하류에 있었던 고대 국가다. 扶南(Funan)이란 말은 '山'이란 뜻의 크메르어 'phnôm'의 음사로 보인다. 건국 시조는 女王 柳葉이며, 3세기 초에는 타이와 말레이반도까지 세력을 확장하였다.

이 구절에 들어 있는 '파라파파저波羅頗婆底'는 원래 '명비明妃'라는 뜻의 범어 'Prabhāvati'를 한자로 음역한 것인데, 왕비를 말하는 'Vati(婆底)'의 '저底'를 '底 〈知履反〉'의 반절로 표음한 것은 이 한자의 반절 표음으로 '저底'의 발음이 '知'의 성모 [t]와 '履'의 운모 [i]가 결합한 '디[ti]'라는 뜻이다. 우리 한자음으로 '底'는 [저]이지만 당시 이 글자의 발음이 "知[t] + 履[i] = 底[ti]"였음을 반절의 방법으로 표시한 것이다 (졸고, 2016b:147).

3) 현장玄奘과 당승唐僧들의 반절

4.3.3.0 천축天竺의 역경승譯經僧들이 반절로 한자음을 표기하게 된 것은 고대인도의 반자론으로부터 영향을 받은 것이다. 따라서 앞에서 예로 든 '底 〈知履反〉[t + i]'와 같이 체문과 마다, 즉 자음과 모음의 구별을 위하여 반절을 사용하였다. 그러나 이러한 반절의 한자음 표기는 반자론의 영향을 받은 성운학聲韻學의 발달로 당대唐代에 들어와서 더욱 성행하였다.

당唐의 고승高僧으로 서역에 다녀와서 불경의 한역에 종사한 현장 (玄奘, 602~664) 법사의 일대기를 그의 제자 혜립慧立과 언종彦悰이 서술한 《대당대자은사삼정법사전大唐大慈恩寺三藏法師傳》(위에서 《삼장법사전》으로 약칭했음)(권3)에서 다음과 같이 반절법을 구사하였다.

① 繿 〈所芻反〉, 底 〈丁履反〉, 哆 〈他我反〉
② 諵 〈音女咸反〉, 潣25) 〈音鞞僭反〉, 酌 〈鞞約反〉

---

25) 전산 입력된 《삼장법사전》(권3)에서는 이 한자가 실현되지 않았다. 아마도 '踻'일 수도 있는데 범어를 음역한 것이어서 어떤 한자인지 확인할 수 없다.

이것은 후한 이후에 불교가 중국에 수입이 된지 수세기가 지난 당대唐代에서 이루어진 반절법이다. 이러한 반절의 표기는 ①의 "縐[su] = 所[s] + 芻[u]", "底[ti] = 丁[t] + 履[i]", "哆[tha] = 他[th] + 我[a]"와 같이 반자론에서 보여준 자음과 모음의 결합으로 표음하였다. 특히 '哆'의 발음도 [chi]가 아니라 '他[tha]'임을 보여준 것이다. 이 한자음들은 이미 서역의 역경승들에 의하여 반자론의 자음과 모음을 구별한 반절로 표시하였던 것들이다.

4.3.3.1 그러나 ②의 예와 같이 '諵'의 발음은 반절反切로 '女咸反', 즉 "女[n] + 咸[am] = 諵[nam]", '渢'의 '韠僭反'도 "韠[p] + 僭[am] = 渢[pam]", '妁'의 '韠約反'도 "韠[p] + 約[ak] = 妁[pak]"와 같이 표기하였으니 모두 성聲과 운韻의 결합으로 표음한 것이다. 중국의 당승唐僧들은 중국 한자음의 음운구조로 보아 반자론의 자음과 모음의 분석에서 한 걸음 나아가 성聲과 운韻으로 나누어 모음에 다른 음절 말 자음(coda)이 결합한 경우도 이를 반절하자反切下字로 표기한 것이다.

중국의 성운학聲韻學에 의거한 반절이 고대인도의 반자론을 그대로 모방한 것이 아님을 알 수 있다. 이것은 중국어의 한자음이 산스크리트어의 음절 구조와 차이가 있기 때문에 그대로 받아들일 수가 없었기 때문이다. 즉, 고대인도의 범어는 대부분 자음과 모음이 결합된 개음절開音節의 언어였으나 중국어는 음절 말에 자음이 결합된 복잡한 구조의 음절 구조를 가진 언어였다. 따라서 한자음도 단순한 자음과 모음의 결합이 아닌 복잡한 구조의 음절문자였다.

제3장의 3.3.3.1에서 살펴본 바와 같이 불경의 한역에서 가장 어려운 것은 범어의 음역音譯이다.《삼장법사전》(권3)의 "自此漸去, 至伊爛拏國, 伽藍十所, 僧徒四千餘人, 多學小乘說一切有部義. 近有鄰王, 廢其國君, 以都城施僧, 於中竝建二寺, 各有千僧, 有二大德, 一名怛他揭多鞠多{此云如來

密}, 二名羼底僧訶{此云師子忍也}, 俱善薩婆多部.— [법사는] 이곳을 떠나서 이란나국伊爛拏國에 이르렀다. 이곳에는 가람이 10여 개나 되며 4천여 명의 승려들이 거의가 소승의 학설인 일체유부一切有部를 배우고 있다. 근래에 이웃나라의 왕이 이 나라의 왕을 폐위시키고 도성都城을 승려들에게 보시하고 그 안에다 두 개의 절을 세워 각각 천 명의 승려를 살게 했다. 그 중에 두 사람의 대덕大德이 있었는데 한 사람은 달타게다국다怛他揭多鞠多26){이 말은 '여래밀如來密'을 말한다} 두 번째 사람은 찬디승가羼底僧訶{이 말은 사자인師子忍을 말한다}라 하는데 모두 살바다부薩婆多部를27) 잘했다."라는 기사에서 '찬디승가'는 범어의 [kṣāntisaṃgha]를 한자로 대역對譯한 것으로 [kṣānti]의 [ti]를 '底'의 반절로 표음한 것이다(졸고, 2016b:148).28)

4.3.3.2 이를 통하여 범어의 고유명사를 한자로 전사할 때에 그 발음의 정확성을 찾기 위하여 반절이 사용되었으며, 반절법은 반자론의 영향으로 자음과 모음의 음절 구성에 익숙한 서역의 역경승들에 의하여 고안된 것임을 알 수 있다,

그리하여 음절 초의 자음(onset)과 그 다음에 후속하는 모음 및 자음을 구별하여 후자를 운(韻, rhyme), 전자를 성(聲, onset)으로 구별하는 성운학聲韻學을 발달시켰다. 또 이러한 성운학의 발음 표기 방식이 중국인들에게도 그 편리함과 정확성이 인정되어 차차 점차 널리 보급되게 되었다. 후대의 운서, 특히 수대隋代의 《절운切韻》 이후에 모든 운서에서는 반절법으로 한자의 발음을 표기한 것으로 보아 이러한 반

---

26) 怛他揭多毱多(Tarthaga-tagupta)는 '如來蜜'이라고 번역된 比丘의 이름이다.
27) 薩婆多部는 小乘 20부의 하나로 迦旃延이 시작하였다고 하는 說一切有部를 말한다.
28) '羼底僧訶(kṣāntisaṃgha)'는 "此云師子忍也— 이것은 師子의 忍辱行을 말하다"에서 '師子忍'임을 알 수 있다.

절反切의 방식이 얼마나 중국인들의 한자음 표기에서 애용되었는지 말해 준다.

다음은 중국 전통 운서에서 반절이 어떻게 한자음 표음에 사용되었는지를 살펴보면서 실제로 한자 학습에서 반절이 담당한 역할을 살펴보기로 한다.

4. 《절운切韻》 이후 운서의 반절과 자모도

4.4.0 현전하는 중국의 운서韻書로서는 전술한 바와 같이 수대隋代의 육법언陸法言이 찬술한 《절운切韻》(601)이 가장 오래다. 이 운서는 서명 자체가 '절운切韻'이어서 반절反切의 방법으로 한자의 발음을 표음하였음을 알 수 있다. 그리고 이 전통은 당대唐代의 여러 《당운唐韻》을 거쳐 송대宋代의 《광운廣韻》, 즉 《대송중수광운大宋重修廣韻》으로 이어진다. 다만 앞에서 언급한 것처럼 당의 안사의 난 이후에 '반反' 대신 '절切'로 하여 '東〈德紅切〉'과 같게 되었다(졸고, 2016b).

예를 들면 《광운》에서는 '충蟲'에 대하여 "爾雅曰: 有足曰蟲, 無足曰豸, … 直弓切 – 《이아》에서 말하기를 발이 있는 것은 충蟲이고 발이 없는 것은 치豸다. [반절로] 直[ㅈ] + 弓[ㅎ] 切[중]이다"(《광운》〈上平聲卷第一〉 '東第一')라는 설명이 있다. 즉 蟲을 '直弓切'로 표음한 것이다.

이어서 《광운》에서는 "1.東-德紅, 2.冬-都宗, 3.鍾-職容, 4.江-古雙, 5.支-章移, 6.脂-旨夷, 7.之-止而, 8.微-無非, 9.魚-語居, 10.虞-遇俱, 11.模-莫胡, 12.齊-徂奚, 13.佳-古膎, 14.皆-古諧, 15.灰-叶恢, 16.哈-呼

來, 17.眞-稷鄰, 18.諄-之純, 19.臻-側侁, 20.文-武分, 21.欣-許中, 22.元
-語袁, 23.魂-戶昆, 24.痕-戶恩, 25.寒-胡安, 26.桓-乎官, 27.刪-所姦,
28.山-所閒"과 같이 28개 운목자를 모두 두 자의 반절로 표음하였다.

1) 반절反切과 자모字母

4.4.1.0 앞에서 언급한 바와 같이 당의 안사의 난 이후에 '반反'을 기
휘忌諱하여 '절切'을 사용하였으나 북방의 거란契丹이 세운 요遼에서는
이를 따르지 않았다. 즉, 요의 학승學僧 행균行均이 편찬한 《용감수경
龍龕手鏡》(이하 《용감수경》)에서는 '반反'을 그대로 사용하였다.[29]

예를 들면 《용감수경》의 〈평성권제일平聲卷第一〉에 "金-居音, 1.人-
如隣, 2.言-語軒, 3.心-息林, 4.山-所閒, 5.車-昌遮, 6.長-布遙, 7.門-莫
奔, 8.刀-都勞, 10.衣-於希 …"와 같이 《광운》에 준하여 2자 반절로 표
시하였지만, 본문에서는 "鋪-普胡反, 陳也, 布也, 又去聲"(권1 金部第
一), "鍋-古禾反, 溫器也, 又音果, 刈釣也"라 하여 '절切'이 아닌 '반反'
으로 반절을 표시하였다.

그러나 같은 북방 민족이라고 하더라도 요遼보다는 후대인 여진의
금金과 몽골의 원元에서는 '절切'을 사용하였다. 즉, 금대 한도소韓道昭
가 편찬한 《오음집운五音集韻》과 원대 황공소黃公紹가 편찬한 《고금운
회古今韻會》 및 그의 제자 웅충熊忠이 산개刪改한 《고금운회거요古今韻
會舉要》에서는 '절切'을 사용하였다.

예를 들면 《오음집운》(권1) 〈東第一{獨用}〉 '一 東見'에서[30] "公 -

---

29) 《龍龕手鏡》은 '鏡'을 기휘하여 《龍龕手鑑》으로 서명을 바꾸었다. 졸고(2015a)를 참
고할 것.
30) '東見'은 '東'이 韻母이고 '見'은 聲母로서 '東'운, 즉 [ong]과 '見'모, 즉 [k]를 반절
한 [kong]을 가진 한자의 배열을 말한다.

古紅切 …"이란 발음과 의미의 해석 이후에 "古紅切 [kong]"과 같은 발음의 한자들을 나열하였다. 이어서 "端, 一東 德紅切, 春方也 …"란 해설과 함께 "德紅切[dong]"의 반절로 표시된 한자를 나열하였다. 아마도 당唐에서 '절切'로 표시한 것이 이미 반절의 한자음 표기에서 매우 유행했던 것으로 볼 수 있다.

4.4.1.1 《고금운회古今韻會》를 그의 제자 웅충熊忠이 산개刪改하여 간행한 《고금운회거요》에서는 〈고금운회거요운모韻母〉〈平聲 上〉'一 東 獨用'에서 "見公[切] 公, 溪公 空, 端公 東, 透公 通, 定公 同, 泥公 濃, 並公 蓬, 明公 蒙, 非公 風, 敷公 豊 …"이라 하여 공운公韻에 결합되는 '見[k], 溪[kh], 端[t], 透[th], 定[d], 泥[n], 並[b], 明[m], 非[p], 敷[ph]'이란 성모聲母의 자음을 보였다.

그리하여 "公−見公切, 空−溪公切, 東−端公切, 通−透公切, 同−定公切, 濃−泥公切, 蓬−並公切, 蒙−明公切, 風−非公切, 豊−敷公切"과 같은 반절의 방법으로 한자음을 표음하였다. 이때의 반절상자와 반절하자는 바로 성모(聲母, 또는 字母)와 운모韻母로 불리고 이들을 한자음에서 분리하여 추출하는 것이 성운학聲韻學의 중요한 과제가 되었다.

《광운》 계통의 운서에서는 반절상자反切上字에 상응하는 성모聲母, 즉 대운大韻을 36모로 정하고 반절하자反切下字에 상응하는 운모韻母, 즉 소운小韻으로는 206운으로 나누었다. 이 36자모는 《광운》의 축약본인 《예부운략禮部韻略》에서 〈예부운략칠음삼십육모통고禮部韻略七音三十六母通攷〉로 정착한다. 그리고 206운도 〈임자신간壬子新刊〉에서 107운으로 줄이고 후대에는 106운으로 정하였다.[31]

송宋 이후 원대에 제정된 파스파 문자는 《예부운략》을 이 표음문자

---

31) 《壬子新刊禮部韻略》은 平水人 劉淵이 수정한 《禮部韻略》으로 여기서 수정된 107운을 平水韻이라고도 한다.

로 번역하여 《몽고운략蒙古韻略》이라는 운서를 편찬한다(俞昌均, 1963, 1978). 그리고 《광운》 계통의 《예부운략》을 당시 북방 한자음에 따라 부분적으로 수정한 《고금운회》의 편운에 맞추어 《몽고자운蒙古字韻》이 편찬되고 지대至大 무신(戊申, 1308)에 주종문朱宗文이 이를 증정한 {증정}《몽고자운》이 간행된다(졸저, 2009). 이들은 모두 몽고운蒙古韻, 또는 몽운蒙韻이라고 불리며 권두에 모두 〈예부운략칠음삼십육모통고〉 라는 36자모도字母圖를 첨부했고 이 자모도는 모두 파스파 문자로 그 음운이 표음된 것으로 추정된다.[32]

4.4.1.2 오늘날 《몽고운략》이나 《몽고자운》은 전하지 않지만 주종문朱宗文의 {증정}《몽고자운》은 청대淸代 건륭乾隆 연간에 필사되어 그 초본이 전해져서 런던의 대영도서관에 소장되었다. {증정}《몽고자운》의 런던 초본에 대하여는 졸저(2009)에서 자세하게 논의되었으며 대영도서관의 허락을 얻어 전문을 영인 출판하였다. 이 초본의 권두에 첨부된 〈자모字母〉의 36자모도가 바로 〈예부운략칠음삼십육모통고禮部韻略七音三十六母通攷〉이며 이를 파스파 문자로 표음하여 편찬한 것이 《몽고자운》이라고 졸고(2011a,b,2012a)에서 주장하였다.[33] 필자가 중국 운

---

32) 오늘날에 전하는 《고음운회》 계통의 운서에는 '禮部韻略七音三十六母通攷'라는 제목만 남았고 정작 字母圖는 모두 삭제되었다. 다음 4.4.2.2의 〈사진 1,2,3〉 참조.

33) 《광운》 계통의 《禮部韻略》과 《蒙古韻略》, 그리고 《古今韻會》와 《蒙古字韻》 사이에는 매우 밀접한 관계에 있었던 것으로 보인다. 《蒙古韻略》에는 《禮部韻略》의 36자모를 파스파 문자로 표음하여 자모를 정하였고 이 蒙古韻은 《古今韻會》에 많은 영향을 끼친다. 즉, 《古今韻會擧要》〈범례〉 '音例'에 "吳音角次濁音, 卽雅音羽次濁音, 故吳音疑母字, 有入蒙古韻喩母者, 今此類並注云: 蒙古韻音入喩母{說見麻韻牙字注} – 오음吳音은 각角의 차탁음이 아음雅音에서는 우羽의 차탁음이 된다. 그러므로 오음吳音의 의모疑母 'ㅇ'는 몽고운에서 유모喩母에 들어가는 글자가 있다. 이번에 이러한 부류를 모두 주석하여 몽고운에서의 이러한 음은 유모喩母에 들어간다고 하였다. {견모見母 마운麻韻의 아자牙字에 대한 주에서 설명했다}"라고 하여 몽고운, 즉 《蒙古字韻》과의 관계를 언급하였다.

서에서 발견한 파스파 문자로 표음된 유일한 자모도字母圖이었고 이것이 가져다 준 학술적 가치는 대단한 것이었다.

현전하는 《고금운회거요》의 여러 이본에서 권두에 붙어 있는 "禮部韻略七音三十六母通攷, {蒙古字韻音同} - 《예부운략》의 칠음 삼십육모 통고 {《몽고자운》과 음이 같다}"라는 기사와[34] 여기에 이어서 "韻書始於江左, 本是吳音. 今以七音韻母通攷, 韻字之序, 惟以雅音求之, 無不諧叶. - 운서는 양자강의 왼쪽에서 시작하여 본래 오음吳音이었다. 이제 칠음七音의 운모 통고로서 운자의 순서를 매기니 아음雅音에서 구하여 배열한 것이라 어울리고 화합하지 않는 것이 없다."고 첨언添言하여 이 36모 통고通攷가 송대宋代 아음雅音, 곧 표준음으로 36자모를 배열한 것임을 밝혀두었다. 그러나 전술한 대로 실제 36자모도는 모두 삭제되었다.

이 파스파 문자로 표음한 자모도字母圖는 아마도 원대元代의 몽운蒙韻, 곧 《몽고운략蒙古韻略》, 《몽고자운蒙古字韻》에 부재되었을 것이며 지금으로는 {증정}《몽고자운》의 런던 초본에 첨부되어 현전한다. 이때에 조금씩 자모의 수효와 순서가 각각 바뀌었다고 본다. 특히 후음喉音의 전청, 차청, 불청불탁, 전탁의 순서가 바뀐 것임을 강조하였다.

졸저(2009:187)에서는 런던 초본의 권두 〈자모字母〉에 보이는 36자모도를 《사성통해》의 권두에 전해오는 〈광운 36자모도〉에 의거하여 재구하여 제시하였다. 다만 당시에는 후음喉音의 파스파 문자를 미처 수정하지 못하였는데 이번에 이를 바로잡아 제3장의 3.5.1.2에서 〈표 3-2〉로 제시하였다. 다음에 논의할 다른 운서의 자모도와 비교하기 위하여 여기에 다시 옮겨 보면 다음과 같다.

---

34) { } 안의 것은 협주 형식으로 덧붙인 것을 표시한다.

〈표 **4-1**〉 {증정}《몽고자운》 런던 초본의 36자모도. 제3장의 〈표 **3-2**〉와 같음.

	牙音	舌音		脣音		齒音		喉音	半音	
		舌頭音	舌上音	脣重音	脣輕音	齒頭音	正齒音		半舌音	半齒音
全清	見 づ	端 ㄷ	知 ㅌ	幇 리	非 づ	精 ㅈ	照 ㅌ	曉 ゑ		
次清	溪 ᄒ	透 ㅂ	徹 ㅍ	滂 리	敷 ゑ	清 ㄲ	穿 ㅍ	匣 ᄇ, ゑ		
全濁	群 ㄲ	定 ᄄ	澄 ㅂ	並 리	奉 ゑ	從 ᄒ	床 ㅂ	影 리,ᄊ		
不清不濁	疑 ㄹ	泥 ᄒ	娘 ᄀ	明 리	微 ᄄ			喻 ᄉ,ᄊ	來 리	日 ᄍ
全清						心 ㅈ	審 ᄃ			
全濁						邪 ㅌ	禪 ᄃ			

4.4.1.3 졸저(2015)에서는 중종 때에 《사성통해四聲通解》에 실린 〈광운삼십육자지도廣韻三十六字母之圖〉(이하 〈광운 36자모도〉로 약칭), 〈운회삼십오자모지도韻會三十五字母之圖〉(이하 〈운회 35자모도〉로 약칭), 〈홍무운삼십일자모지도洪武韻三十一字母之圖〉(이하 〈홍무운 31자모도〉로 약칭)가 원래 《몽고운략》, 《몽고자운》, 그리고 {증정}《몽고자운》에 부재附載된 자모도의 파스파자를 신숙주가 훈민정음자로 바꾸어서 《사성통고》에 게재하였고, 이를 다시 최세진이 《사성통해》에 전재轉載하였다고 주장하였다.

졸저(2015:315~319)에 소개된 〈광운 36자모도〉와 〈운회 35자모도〉, 그리고 〈홍무운 31자모도〉를 옮겨서 대운大韻, 즉 반절상자가 어떻게 변천해 왔는지 살펴보았다.

〈표 **4-2**〉 《사성통해》 권두의 〈광운 36자모도〉

五音	角	徵		羽		商		宮	半徵半商
五行	木	火		水		金		土	半火半金
七音	牙音	舌頭音	舌上音	脣音重	脣音輕	齒頭音	正齒音	喉音	半舌半齒
全清	見 ㄱ	端 ㄷ	知 ㅈ	幇 ㅂ	非 ㅸ	精 ㅈ	照 ㅈ	影 ㆆ	
次清	溪 ㅋ	透 ㅌ	撤 ㅊ	滂 ㅍ	敷 ㅹ	清 ㅊ	穿 ㅊ	曉 ㅎ	
全濁	群 ㄲ	定 ㄸ	澄 ㅉ	並 ㅃ	奉 ㅹ	從 ㅉ	狀 ㅉ	匣 ㆅ	
不清不濁	疑 ㆁ	泥 ㄴ	孃 ㄴ	明 ㅁ	微 ㅱ			喻 ㅇ	來 ㄹ 日 ㅿ
全清						心 ㅅ	審 ㅅ		
全濁						邪 ㅆ	禪 ㅆ		

〈표 4-3〉《사성통해》〈운회35자모도〉

五音	角	徵	宮	次宮	商	次商	羽	半徵商	半徵商
清音	見 ㄱ	端 ㄷ	幇 ㅂ	非 ㅸ	精 ㅈ	知 ㅈ	影 ㆆ		
次清音	溪 ㅋ	透 ㅌ	滂 ㅍ	敷 ㅸ	清 ㅊ	徹 ㅊ	曉 ㅎ		
濁音	群 ㄲ	定 ㄸ	並 ㅃ	奉 ㅹ	從 ㅉ	澄 ㅉ	匣 ㆅ		
次濁音	疑 ㆁ	泥 ㄴ	明 ㅁ	微 ㅱ		孃 ㄴ	喻 ㅇ		
次清次音	魚 ㆁ				心 ㅅ	審 ㅅ	么 ㆆ	來 ㄹ	日 ㅿ
次濁次音					邪 ㅆ	禪 ㅆ			

4.4.1.4 〈홍무운 31자모도〉는 앞의 두 자모도에 견주어 운목韻目 한자의 발음까지 훈민정음으로 표음하였다. 아마도 마지막 증정본이 《사성통고》에서 실제 참고한 것일 것이기 때문이다. 《사성통해》의 권두에 앞의 두 자모도와 함께 부재된 〈홍무운 31자모도〉는 〈표 4-4〉와 같다.

졸저(2015)에서 주장한 바와 같이 〈광운 36자모도〉는 《몽고운략》, 그리고 〈운회 35자모도〉는 《몽고자운》에 부재附載된 자모도였을 것이며 마지막 〈홍무운 31자모도〉는 {증정}《몽고자운》의 것으로 보인다. 그리고 마지막 〈홍무운 31자모도〉에 의거하여 세종 25년 12월에 '초기의 언문 27자'를 제정하였을 것이고 그때의 27자모를 제3장의 3.5.1.2에서 〈표 3-3〉으로 제시하였다.

〈표 4-4〉《사성통해》〈홍무운 31자모도〉

五音	角	徵	羽		商		宮	半徵	半商
五行	木	火	水		金		土	半火	半金
七音	牙音	舌頭音	脣音重	脣音輕	齒頭音	正齒音	喉音	半舌	半齒
全清	見ㄱ·견	端ㄷ·뒨	幇ㅂ·방	非ㅸ·비	精ㅈ·징	照ㅈ·쟐	影ㆆ·힝		
次清	溪ㅋ·키	透ㅌ·틓	滂ㅍ·팡		清ㅊ·칭	穿ㅊ·쳔	曉ㅎ·햫		
全濁	群ㄲ·끈	定ㄸ·띵	並ㅃ·삥	奉ㅹ·뽕	從ㅉ·쭝	狀ㅉ·쫭	匣ㆅ·햷		
不清不濁	疑ㆁ·이	泥ㄴ·니	明ㅁ·밍	微ㅱ·비			喻ㅇ·유	來ㄹ·래	日ㅿ·싕
全清					心ㅅ·심	審ㅅ·심			
全濁					邪ㅆ·써	禪ㅆ·쎤			

그동안 이 세 개의 자모도의 명칭이 《광운》, 《운회》, 《홍무운》인 것
에 혼란이 있었다. 왜냐하면 실제로 현전하는 《광운廣韻》과 《고금운회
거요古今韻會擧要》, 그리고 《홍무정운洪武正韻》에는 이러한 자모도가
첨부되어 있지 않기 때문이다. 모두 전술한 3개의 몽운蒙韻에 부재되었
을 자모도일 것이며 파스파자로 표음되었기 때문에 명明 이후에 모두
자모도가 삭제된 것으로 보아야 할 것이다.

2) 〈몽운蒙韻〉의 36 자모도

4.4.2.0 〈표 4-4〉의 자모도는 원래 '예부운략칠음삼십육모통고禮部韻略
七音三十六母通攷'라는 제목으로 여러 몽운蒙韻의 권두에 첨부되었던
것으로 몽운만이 아니라 《고금운회古今韻會》와 《고금운회거요古今韻會
擧要》에도 부재附載되었을 것이나 현전하는 판본에서는 모두 삭제된
것으로 앞에서 언급하였다. 역서 몽운蒙韻이란 원대元代에 파스파 문자
로 표음한 운서들을 말한다.

앞에서 언급한 대로 원대元代에 제정된 파스파 문자로 《광운》 계통
의 《예부운략禮部韻略》을 번역한 것이 최초의 몽운蒙韻, 즉 《몽고운략
蒙古韻略》이고, 그 후에 《고금운회》의 수정 한자음을 반영하여 역시 파
스파자로 표음한 《몽고자운蒙古字韻》이 간행되었으며, 후대에 이를 다
시 주종문朱宗文이 증정한 것이 {증정}《몽고자운》이 있었다고 본다.

따라서 《몽고운략》에 부재附載된 자모도를 〈광운 36자모도〉라는 제
목을 붙인 것이며 후대의 《몽고자운》의 것을 〈운회 35자모도〉로 한 것
으로 이해하였다. 마지막 {증정}《몽고자운》의 것은 명의 눈치를 보아
명 태조의 흠찬운서欽撰韻書인 《홍무정운洪武正韻》의 이름을 빌려 〈홍
무운 31자모도〉로 한 것이 아닌가 한다.[35]

{증정}《몽고자운》의 런던 초본에 부재된 몽고운의 자모도는 운목자

韻目字의 음운을 /見ꡂ, 端ꡊ, 幫ꡎ, 非ꡤ, 精ꡒ, 照ꡆ, 曉ꡜ/와 같이 오음五音에 맞추어 파스파 문자로 표음하였다.[36] 그러나 몽고의 원을 멸망시키고 오아吳兒의 명明을 세운 주원장朱元璋이 몽골의 호원胡元이 남긴 잔재殘滓를 박멸하는 정책을 철저하게 실시하면서 이 파스파자로 작성된 자모도는 일제히 삭제되었다. 현전하는 어떤 운서에도 이러한 파스파 문자의 자모도를 찾아볼 수 없고 파스파자로 표음하지 않은 자모도도 삭제된 것이 많다.

4.4.2.1 다음에 게재한 〈사진 4-1〉은 타이완에 소장된 청대清代 사고전서四庫全書의 진본珍本 《고금운회거요》를 영인한 판본으로 중화민국 행정원에서 고려대에 기증한 것이다. 이 판본에는 '고금운회거요운모古今韻會擧要韻母'라는 제하題下에 〈예부운략칠음삼십육모통고禮部韻略七音三十六母通攷〉라는 제목은 있으나 실제로 36자모도는 삭제되었다. 뿐만 아니라 사고전서의 판본에는 '몽고자운음동蒙古字韻音同'이란 부제副題가 그대로 보이지만 조선 전기, 주로 세종 시대에 복각하여 간행한 《고금운회거요》에서는 다음의 〈사진 4-2〉[37]와 〈사진 4-3〉[38]과 같이 '몽

---

35) 각 자모도에 이러한 제목을 붙인 것은 나름대로 이유가 있다. 《몽고운략》의 저본으로 삼았던 《예부운략》은 《광운》을 축약한 것이므로 〈광운 36자모도〉라고 했던 것 같고, 《고금운회》의 영향을 받아 북방음을 반영한 《몽고자운》의 것은 자모도를 〈韻會 35자모도〉로 제목을 단 것으로 이해할 수 있다. 다만 원대 《中原音韻》의 영향을 받은 {증정}《몽고자운》의 31자모도를 '洪武韻'이라 한 것은, 이미 당시에 명 태조의 欽撰 운서로 간행된 《홍무정운》의 聲韻을 무시할 수 없었기 때문이며 명의 눈치를 본 것으로 생각할 수 있다(졸저, 2009 및 졸고, 2016b).

36) 훈민정음에서는 "君ㄱ, 斗ㄷ, 彆ㅂ, 卽ㅈ, 戌ㅅ, 挹ㆆ"와 같이 五音에 맞추어 제자하였다.

37) 고려대 도서관의 화산문고에 貴重本으로 소장된 《古今韻會擧要》는 後學 陳宗이 30권을 간판한다는 跋文이 있어 元版임을 알 수 있다. 이 元版을 조선 세종 16년(1434)에 당시 慶尙道 觀察使였던 辛引孫이 慶州와 密陽에서 覆刻한 것이다. 즉 辛引孫이 쓴 跋文에 '宣德 九年 甲寅 五月 日'이라는 간기가 있어 세종 16년(1434)에 간행된 것임을 알 수 있다. 훈민정음이 한창 제정되고 있을 때다.

38) 역시 고려대 만송문고의 귀중본인 《古今韻會擧要》는 전30권 10책 중에서 8책만이

 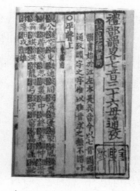 

〈사진 4-1〉 사고전서본   〈사진 4-2〉 동 화산문고본   〈사진 4-3〉 동 만송문고본

고자운음동蒙古字韻音同'이 '거고자운음동據古字韻音同'과 같이 '몽蒙'이 '거據'로 바뀌었다.[39] 조선 전기의 두 판본에서 보이는 것처럼 이 시대에는 '몽고蒙古'의 '몽蒙'을 밝히는 것조차 두려워했던 것이다. 몽골의 호원잔재胡元殘滓를 말살抹殺하는 명의 정책이 얼마나 위력을 가졌는가를 알 수 있다.

〈사진 4-1〉에서 보이는 "禮部韻略七音三十六母通攷 蒙古字韻音同 — 예부운략의 칠음 삼십육모 통고는 몽고자운과 음이 같다"를 보면 《몽고자운》의 자모도와 같은 것이 《고금운회》나 《고금운회거요》에 첨부되었었음을 증언한다. 오늘날 현전하는 조선에서 편찬된 《고금운회거요古今韻會擧要》에서도 "禮部韻略七音三十六母通攷 據古字韻音同 — 예부운

***

남은 낙질본이고 화산본과 같이 跋文이 없어서 자세한 간판의 경위는 알 수 없지만 宣祖 甲戌(1574) 가을에 漢陽에서 인출하여 소장하게 되었다는 印出 收藏記가 있어 이 시대로부터 멀지않은 시기에 조선에서 印刷한 것으로 보인다. 역시 中書省 參知政事 孛朮魯翀의 서문과 至順 2년(1331) 2월 己未라는 간기가 있는 余謙의 進箋文으로 보아 元代의 刊本임을 알 수 있다. 조선에서는 선조 7년 이전에, 아마도 세종 연간에 이를 覆刻한 판본으로 보인다. 〈사진 4-2,3〉에서 '禮部韻略七音三十六母通攷'라는 표제만 덩그렇게 보이고 다음 행의 글자들과 어울리지 않는다.

39) '據古字韻音同'이라 하여도 "옛 자운에 의거하면 같은 음이다"란 뜻이 되기 때문에 의미는 통한다.

략의 칠음 삼십육모 통고는 옛 자운과 발음이 같다"라는 표제만 남았
고 실제로 자모도는 삭제되었다. 또 사고전서四庫全書에 소장된 중국
판본에서조차 《고금운회거요》의 권두에는 〈禮部韻略七音三十六母通攷〉
라는 제목만 남았고 자모도가 삭제되었다.

3) 《광운》계 운서韻書의 자모도

4.4.3.0 이러한 정책의 영향인지 필자는 아직 36자모도를 제시한 《고
금운회거요》의 어떤 판본도 보지 못했으며 필자가 열람한 북경北京 국
가도서관에 소장된 금대金代 한도소韓道昭의 《오음집운五音集韻》에서도
자모도는 없었다. 다만 花登宏正(1983)에서는 〈禮部韻略七音三十六母通
攷〉의 36자모와 《고금운회거요》의 자모는 일치하고 오로지 그 분류의
명칭만 다르다고 하면서 자모도를 그렸다(花登宏正, 1983:260~261).
자모도는 붙어 있지 않지만 운서에 등장하는 韻目字들로 36자모도를
재구한 것이다. 이를 여기에 옮겨 보겠다.

〈표 **4-5**〉《예부운략》과 《고금운회거요》의 36자모

擧要 ＼ 通攷	淸音	次淸音	次淸次音	濁音	次濁音	次濁次音	
角(牙)	1. 見	2. 溪		3. 群	4. 疑	5. 魚	
微(舌)	6. 端	7. 透		8. 定	9. 泥		
宮(脣)	10.幫	11.滂		12.並	13.明		
次宮(脣輕)	14.非	15.敷		16.奉	17.微		
商(齒頭)	18.精	19.淸	20.心	21.似		22.邪	
次商(正齒)	23.知	24.徹	25.車	26.澄	27.娘	28.禪	
羽(喉)	29.影	30.曉	31.么	32.匣	33.喻	34.合	
半微商(半舌)							35.來
半商微(半齒)							36.日

〈표 4-5〉에 보이는 36자모도는 앞의 《사성통해》에 소개된 〈표 4-3〉

의 〈운회 35자모도〉와 유사하지만 부분적인 차이가 보인다. 즉, 상(商, 齒頭)에서 탁음濁音의 운목자 '종從'을 '사似'로 바꿨으며 차상(次商, 正齒)에서 차청次淸의 '철徹'을 '철彻'로, 차청차음次淸次音의 '심審'을 '차車'로 교체하였다. 그리고 우(羽, 喉音)의 차탁차음 '요幺'도 '합合'으로 바꿨는데 아마도 이것은 하나또 히로마사花登宏正 씨의 개인적인 의견이 작용한 것 같다.

4.4.3.1 필자는 앞에서 〈표 4-2,3,4〉로 제시한 《사성통해》의 것이 몽운蒙韻의 올바른 자모도라고 믿는다. 왜냐하면 《사성통해》의 최세진이나 《사성통고》의 신숙주는 모두 《몽고자운》을 비롯한 몽운蒙韻을 직접 참고하였을 것이기 때문이다. 이 자모도를 보면 반절상자反切上字에 해당하는 성모聲母를 당시 성운학자들이 얼마나 중요하게 인식하였는지 이해할 수 있다.

다만 상대적으로 운모韻母에 대한 인식은 별로 크지 않았는데 이것은 고대인도의 반자론半字論에서는 모음에 중심을 둔 것과 달린 중국 성운학聲韻學에서 반절상자反切上字, 즉 음절 초 자음에 중점을 둔 것과 관계가 있을 것으로 보인다.

중국 성운학에서 《광운》의 206운은 반절하자反切下字로 표음되었는데 후에 106운, 107운으로 줄어들었고, 《몽고자운》에서는 "1.東~15.麻"의 15운으로 줄여서 여기에 사성四聲을 더한다고 하더라도 90운이 못된다. 얼마나 소운小韻의 분운分韻이 자의적이었는가를 말해준다. 반면에 반절상자의 성聲은 36자모가 오래도록 지속되었고 몽운蒙韻에서도 되도록 36자모를 지키려고 하였다. 이미 북경北京을 중심으로 하는 중국어의 동북방언에서 설상음舌上音은 그 변별력을 잃었음에도 불구하고 비록 같은 글자로 표음하였지만, {증정}《몽고자운》에서는 이를 인정하고 〈표 4-1〉에서 보인 것과 같이 36개의 운목자韻目字를 대응시켰다.

5. 〈언문자모〉의 '속소위반절이십칠자'

4.5.0 이 장의 모두冒頭에서 《훈몽자회訓蒙字會》의 권두에 실린 〈언문
자모諺文字母〉의 부제副題로 붙인 '속소위반절이십칠자俗所謂反切二十七
字'란 무엇인가에 대하여 아직껏 아무도 해명한 바가 없다고 하였다.
그동안 우리 학계는 언문자모諺文字母, 다시 말하면 한글 자모를 속되
게 소위 반절 27자라고 불렀으며 실제로 광복 이전까지는 한글을 '언
문', 또는 '반절'이라는 이름으로 호칭하여 왔었던 것에 대하여 아무런
연구가 없었다.

그리고 '반절 27자'에 대하여 유일하게 거론한 이동림(1974a,b)에 의
하면 훈민정음의 28자 가운데 우리말 표기에 필요 없는 'ㆆ'자를 제외
한 초성 16자와 중성 11자가 바로 반절 27자라고 보고 훈민정음의 원
안은 /ㆆ/을 뺀 27자라고 주장한 것이 널리 알려졌다.[40] 즉, 초성 16
자와 중성 11자를 결합하여 27자로 한 것으로 인식했던 것이다.

그러나 이것은 '초기의 언문 27자'를 오해한 것이다. 원래 없었다던
/ㆆ/은 동국정운식 한자음 표기에 널리 사용되던 글자이다. 또 〈언문
자모〉에서 인정하지 않은 순경음 4자도 /ㅱ/과 같이 한자음 표기에 자
주 사용된 것도 있을 뿐만 아니라 전청의 /ㅸ/은 훈민정음의 〈해례본〉

---

40) 李東林(1974a)는 제17회 전국 국어국문학 연구발표대회에서 발표한 요지를 《국어
국문학》 제64호에 특집으로 실은 것이어서 정식 논문은 아니다. 필자도 이 학회에
참석하여 연구발표를 들었으나 '속소위 반절27자'에 대하여 여전히 의문이 가시지
않았던 기억이 있다. 《국어국문학》 제64호에는 필자의 졸고(1974)도 권두에 실려
있다.

'용자례'에서는 "ᄫ, 如사•뵈爲蝦, 드•뵈爲瓠 – ᄫ은 '사뵈', 새우, '드 뵈', 표주박과 같은 예다"라는 사용례를 보였으니, 이를 제외한다는 것 은 어불성설이다. 따라서 〈언문자모〉의 '반절 27자'는 이동림(1974a,b) 의 주장과는 매우 다름을 알 수 있다. 이 절에서는 이에 대하여 고찰 하기로 한다.

1) 반절反切의 올바른 이해

4.5.1.0 졸고(2016b)와 앞에서 논의한 바에 따르면 반절反切이란 고대 인도의 반자론半字論에서 온 것으로 한 음절로 이루어진 범자梵字를 자음과 모음의 반자半字로 이해하고 이들의 결합으로 만자滿字, 즉 한 글자가 된다고 보는 것이다. 한자음을 반절反切로 표음할 때에 반절상 자와 반절하자를 각기 반자半字로 보고 이 둘을 결합으로 한자음을 표 시하는 방법이다. 즉, 음절문자인 범자를 음절 초 자음과 나머지 모음 으로 분석하는 방식으로 한자음 표음의 반절을 이해한 것이다.

실제로 반자론半字論은 앞에서 살펴본 바와 같이 고대시대에 인도에 서 중국으로 수입되어 한자의 발음을 표음하는 데 이용되었다. 즉, 한 자를 범자처럼 한 음절의 문자로 인식하고 한자음을 음절 초의 자음과 나머지로 나누어 후자를 운韻이라 하고 전자를 성聲으로 구분하는 성 운학聲韻學의 방법을 발달시켰다.

반절은 성운학에서 성聲과 운韻을 이미 익히 알고 있는 두 글자로 표음하는 방법이다. 예를 들면 앞에서 논급한 대로 '동東'의 발음을 "德 紅切"로 표음하여 '東[dong]'의 음절 초 자음 [d]를 '德[dè]'으로, 그리고 나머지 [ong]을 '紅[hong]'으로 표음하는 것이다. 여기서 '德'은 반절상 자라고 하고 '紅'을 반절하자라고 하므로 반절하자가 모음인 중성中聲 만으로 된 것이 아니다(졸고, 1974:9~11).

4.5.1.1 이러한 반절법에 따르면 '俗所謂反切二十七字'의 반절 27자 가운데 초성 16자는 반절상자이지만 중성 11자만으로는 반절하자가 될 수 없다. 즉, 초성은 반절법에서 반절상자가 되지만 중성만으로는 반절하자가 되지 않는다. 중성이 반절하자가 되려면 음절말의 종성(終聲, coda), 즉 운미韻尾까지 포함되어야 하기 때문이다. 따라서 반절 27자는 초성에다가 중성을 더한 것이 아님을 알 수 있다. 그렇다면 '俗所謂反切二十七字'는 무엇을 말하는 것인가?

앞에서 살펴본 바와 같이 원래 중국의 성운학聲韻學에서 '성聲'은 《광운》에서 전통적으로 36자모로 분류되었고, 운韻은 역시 《광운》에서 206운이었다가 유연劉淵의 《임자신간예부운략壬子新刊禮部韻略》에서 평수운平水韻으로 107운, 다시 왕문욱王文郁이 편한 《평수신간운략平水新刊韻略》과 음시부陰時夫의 《운부군옥韻府群玉》에서 시운詩韻으로 106운이 되었다.

심지어 {증정}《몽고자운》의 런던 초본에서는 권두에 15운韻만을 제시하였다. 이것은 중국어의 역사에서 장안長安의 발음을 근거로 한 통어通語의 운서로부터 북경北京의 한어음漢語音을 운서로 하는 변화에서 이러한 성모聲母와 운모韻母의 차이가 노정露呈된 것도 있지만, 음운의 인식, 특히 모음에 대한 이해가 달랐기 때문에 일어난 것이다.

4.5.1.2 먼저 서역西域의 역경승譯經僧들이 중국에 와서 중국어를 접하면서 이 언어의 어두 자음, 즉 성모聲母를 분석해 내기 시작하였다. 왜냐하면 앞에서 논의한 바와 같이 범자로 쓰인 불경을 중국어로 한역할 때에 범자의 음운을 한자로 표음하는 과정에서 이러한 음운의 분석이 이루어졌고 그 결과 반절의 방식으로 한자의 발음을 표기하기에 이르렀기 때문이다.

이러한 반절의 방법을 적용하여 성聲과 운韻으로 나누고 이를 반절

로 하여 2자字 표음의 방법으로 편찬된 운서는 아마도 수대隋代 육법
언陸法言이 편찬한 《절운切韻》이 최초일 것이다. 이 운서에서 성모聲母
를 몇 개로 분류했는지는 제대로 된 연구가 없다. 다만 손면孫緬의 《당
운唐韻》과 당대唐代의 여러 운서에서 수온守溫이란 불승이 36성모를
인정한 것으로 알려졌다.[41] 그러나 북송北宋의 진팽년陳彭年 등이 편찬
한 《대송중수광운大宋重修廣韻》, 즉 《광운》에서 36개의 성모를 확정하
여 《광운》 계통의 전통적인 운서에서 성모의 수효로 인정된 것이다.

4.5.1.3 원대에는 언어 중심지가 북경北京으로 변하여 중국 동북지방의
전혀 새로운 중국어, 즉 한아언어漢兒言語가 제국帝國의 공용어로 등장
하였지만(졸저, 2004 및 2010), 송대에 인정된 36성모를 원대에도 그대
로 답습하였다. 그리하여 원대에 만들어진 파스파 문자도 이 36성모에
맞추어 어두 자음들을 제자制字하였다. 원대 성희명盛熙明의 《법서고法
書考》나 도종의陶宗儀의 《서사회요書史會要》에서 파스파 문자를 43개로
본 것은 36자모字母에 모음의 유모喩母자 7개를 더한 것으로 계산했기
때문이다.

파스파 문자에서 유모喩母에 속하는 7개 문자는 모두 모음자들이다.
그리하여 모든 파스파의 모음자가 자음에 붙지 않고 음절 초에 단독으
로 쓰일 때에는 유모喩母의 /ᇹ/를 붙였다(졸고, 2011b).[42] 마치 훈민
정음에서 중성자를 욕모欲母에 속하는 것으로 이해하여 단독으로 쓰인
중성자의 경우에 '아, 어, 오, 우'와 같이 모두 욕모 /ㅇ/를 붙이도록

---

41) 守溫은 당말의 승려로서 그의 생애에 대하여는 잘 알려지지 않았다. 36聲母를 지
    었고 《淸濁韻鈐》이란 저서가 있다고 하나 전하지 않는다(《宋史》 〈藝文志〉).
42) 예를 들면 Poppe(1957:24)에서 파스파자의 모음으로 initial의 /ᅙK[ö]/와 /ᅙᅡ
    [ü]/를 제시한 것은 실제로는 'ᅙ[φ] + ᄔ[e] + K[o]'와 'ᅙ[φ] + ᄔ[e] + ㅑ[u]'를
    결합한 문자들이다. [φ]는 喩母로 欲母 /ㅇ/처럼 생성음운론의 [+syllabic] 자질을 표
    기한 것이다.

한 것과 같다(졸고, 2017a).

2) 동국정운 23 자모와 훈민정음 언해의 32 초성

4.5.2.0 훈민정음은 《동국정운東國正韻》의 한자음을 표음하기 위하여
제정된 것이다.[43] 그리하여 《동국정운》에서는 23개의 자모를 인정하였
다. 다음의 〈표 4-6〉에서 후음喉音의 전청자全淸字인 /ㆆ/은 기본자인
/ㅇ/에 인성가획引聲加劃한 것으로 'ㅇ → ㆆ → ㅎ'의 순서로 가획을
한 것이다.

〈표 **4-6**〉《동국정운》의 23자모

四聲＼七音	牙音	舌音	脣音	齒音	喉音	半舌音	半齒音
全　淸	ㄱ(君)	ㄷ(斗)	ㅂ(彆)	ㅈ(卽)	ㆆ(挹)		
次　淸	ㅋ(快)	ㅌ(呑)	ㅍ(漂)	ㅊ(侵)	ㅎ(虛)		
全　濁	ㄲ(虯)	ㄸ(覃)	ㅃ(步)	ㅉ(慈)	ㆅ(洪)		
不淸不濁	ㅇ(業)	ㄴ(那)	ㅁ(彌)		ㅇ(欲)	ㄹ(閭)	△(穰)
全　淸				ㅅ(戌)			
全　濁				ㅆ(邪)			

　주목할 것은 다른 오음五音에서는 모두 전청자를 각자병서各字並書,
즉 쌍서雙書해서 전탁자全濁字를 만들었지만 후음喉音에서만 차청자次
淸字인 /ㅎ/을 쌍서하였다. 이로부터 /ㆆ/은 애초에 만들지 않은 글자
라는 주장이 나왔다(이동림, 1974a).
　그러나 〈표 4-6〉[44]에서 보인 동국정운 23자모字母는 훈민정음 초성

---

43) 졸저(2015)에서는 正音, 訓民正音 등의 문자 명칭은 이것이 한자음의 발음기호임
　을 전제로 하는 것이라고 주장하였다. 우리말 표기에 사용된 문자였을 때는 '諺文,
　諺書, 안글'이란 명칭으로 불렀으나, '訓民正音'은 "백성들에게 가르쳐야 하는 올바른
　발음"이란 뜻이니 동국정운식 한자음을 표기할 때에 쓰인 것으로 보아야 할 것이
　다. 또 다른 명칭인 '正音'도 한자의 올바른 발음, 즉 중국의 표준음을 가리키는 것
　이기 때문에 훈민정음이나 정음이란 명칭은 이 글자들이 발음의 표기에 사용된 기
　호임을 의미하며 문자의 명칭은 아니다.
44) 동국정운 23자모에는 순경음이 없지만 《東國正韻》의 한자음 표기에는 /ㅸ/과 같

初聲 17자에 각자병서各字竝書의 전탁자 /ㄲ, ㄸ, ㅃ, ㅆ, ㅉ, ㆅ/의 6자를 더한 것이다. 그러나 훈민정음의 〈언해본〉에 규정한 초성자는 여기에 순경음 /ㅸ, ㆄ, ㅹ, ㅱ/를 더하였다. 그러면 모두 27자의 반절상자가 된다. 이것이 제3장 3.5.1.2에서 〈표 3-3〉로 제시한 초기의 언문 27자이다.

그리고 훈민정음의 〈언해본〉에서는 그 말미에 한음漢音을 표기하는 치두齒頭와 정치正齒를 구별하는 문자도 따로 제시하였다. 초기의 언문 27자에 한음 표기를 위한 5자를 더하여 32자를 보인 것이다. 그리하여 훈민정음의 〈언해본〉에서는 27자에 5자를 더하여 모두 32자의 정음正音 글자를 보였으며 판심版心 서명이 '정음正音'인 이유가 여기에 있다. 즉, 한어의 중국 표준음, 정음을 표기하기 위한 것이다.

〈언해본〉에서는 초기의 언문 27자에 5자를 더하여 모두 32자의 정음 글자를 보이고 이의 음가音價를 "ㄱᄂᆞᆫ 牙앙音음이니 如ᅀᅧᆼ 君군ㄷ字ᄍᆞᆼ 初총發벓聲셩ᄒᆞ니, 竝書ᄒᆞ면 如ᅀᅧᆼ 虯끃ㅸ字ᄍᆞᆼ 初총發벓聲셩ᄒᆞ니라, ㅋᄂᆞᆫ 牙音이니 如ᅀᅧᆼ 快쾡ㆆ字ᄍᆞᆼ初총發벓聲셩ᄒᆞ니라, ㆁᄂᆞᆫ 牙앙音음이니 如ᅀᅧᆼ 業업字ᄍᆞᆼ 初총發벓聲셩ᄒᆞ니라"와 같이 동국정운의 운목자韻目字로 /ㄱ, ㅋ, ㄲ, ㆁ/의 음가를 표시하였다.[45] 이를 도표로 보이면 다음의 〈표 4-7〉[46]과 같다.

은 순경음이 동원이 되었다.

45) 이에 대한 언해문은 "ㄱᄂᆞᆫ 엄쏘리니 君군ㄷ字ᄍᆞᆼ 처ᅀᅥᆷ 펴아나ᄂᆞᆫ 소리 ᄀᆞᄐᆞ니 ᄀᆞᆯ바쓰면 虯끃ㅸ字ᄍᆞᆼ 처ᅀᅥᆷ 펴아나ᄂᆞᆫ 소리 ᄀᆞᄐᆞ니라, ㅋᄂᆞᆫ 엄쏘리니 快쾡ㆆ字ᄍᆞᆼ 처ᅀᅥᆷ 펴아나ᄂᆞᆫ 소리 ᄀᆞᄐᆞ니라, ㆁᄂᆞᆫ 엄쏘리니 業업字ᄍᆞᆼ 처ᅀᅥᆷ 펴아나ᄂᆞᆫ 소리 ᄀᆞᄐᆞ니라."와 같다.

46) 훈민정음의 〈언해본〉에서는 초성 17자와 중성 11자를 한자음으로 설명하고 이어서 脣輕音과 竝書字의 제자에 대하여 설명하였다. 다음에 초성과 중성의 附書(브터쓰기)와 傍點의 규정을 설명한 다음에 漢音에만 있는 齒頭와 正齒를 구별하는 글자에 대하여 언급하였다. 그러니까 〈언해본〉에서는 28자 이외에 순경음 4자, 各字竝書의 6자를 더한 38자를 설명하고 齒頭와 正齒를 구별하는 글자는 漢音 표기를 위한 것임을 분명하게 언급하였다. 이 38자 가운데서 중성 11자를 빼면 초성 17자와 순

〈표 **4-7**〉 훈민정음 〈언해본〉의 초성 32자(漢音 포함)

七音 / 四聲	牙 音	舌 音	脣 音		齒 音	喉 音	半舌音	半齒音
			脣重音	脣輕音				
全 淸	ㄱ(君)	ㄷ(斗)	ㅂ(彆)	ㅸ(非)*	ㅈ(卽)	ㆆ(挹)		
次 淸	ㅋ(快)	ㅌ(呑)	ㅍ(漂)	ㆄ(敷)*	ㅊ(侵)	ㅎ(虛)		
全 濁	ㄲ(虯)	ㄸ(覃)	ㅃ(步)	ㅹ(奉)*	ㅉ(慈)	ㆅ(洪)		
不淸不濁	ㆁ(業)	ㄴ(那)	ㅁ(彌)	ㅱ(微)*		ㅇ(欲)	ㄹ(閭)	ㅿ(穰)
全 淸					ㅅ(戌)			
全 濁					ㅆ(邪)			

훈민정음 창제에 대한 최초의 공시 기록인 《세종실록》(권103) 세종 25년의 12월 말미의 기사에 "諺文二十八字"라고 하였으나, 졸고(2019a)에서는 이것은 임홍빈(2006)에서 지적한 바와 같이 후대에 추가한 기사이며 원래는 "언문 27자"였다고 주장하였다. 왜냐하면 이보다 2개월 후인 세종 26년 2월조에 실린 최만리崔萬理의 반대상소문에는 '언문 27자'로 명기되었기 때문이다.

그리고 전술한 {증정}《몽고자운》 런던 초본의 권두에 실린 〈자모字母〉에 근거하여 앞의 〈표 4-1〉로 제시한 파스파 문자의 〈36자모도〉에 따라서 졸고(2019a)에서 초기에는 언문 27자라 하여 반절상자의 초성으로 27자만을 제자하고 이로써 《운회韻會》를 번역하려고 시도하였다고 주장하였다. 그리하여 동국정운에서 보이는 '이영보래以影補來'는 초기의 언문 27자에 의거하여 앞에 든 '發'의 한자음 /벓/과 같은 표기를 설명한 것으로 보았다.

4.5.2.1 졸고(2011a, 2015b)에서 후음喉音 전탁자를 차청자의 각자병서로 한 것은 몽운蒙韻에서 효모曉母가 전청全淸이었기 때문이라고 보았다. 즉, 앞의 4.4.1.3에서 보인 〈표 4-1〉《몽고자운》 파스파 문자의 36

경음 4자, 그리고 각자병서의 쌍서자 6개의 反切上字 27개를 설명한 것이다.

〈표 **4-8**〉 초기의 언문 27자(이 책 제3장 3.5.1.2의 〈표 **3-3**〉과 같음)

七音\\四聲	牙音	舌音	脣音		齒音	喉音	半舌音	半齒音
			脣重音	脣輕音				
全淸	ㄱ 見	ㄷ 端	ㅂ 幇	ㅸ 非	ㅈ 精	ㆆ 曉		
次淸	ㅋ 溪	ㅌ 透	ㅍ 滂	퐁 敷	ㅊ 淸	ㆆ 影		
全濁	ㄲ 群	ㄸ 定	ㅃ 並	뽕 奉	ㅉ 從	ㆅ 匣		
不淸不濁	ㆁ 疑	ㄴ 泥	ㅁ 明	ㅱ 微		ㅇ 喻	ㄹ 來	△ 日
全淸					ㅅ 心			
全濁					ㅆ 邪			

자모'에 따르면 '曉 ㆆ'가 전청자全淸字이지만 훈민정음의 〈언해본〉에서는 효曉모에 대응하는 '허虛모 /ㅎ/'가 차청次淸의 위치에 있게 되었다. 그러나 앞의 〈표 4-8〉이나 3.5.1.2의 〈표 3-3〉에서 보인 것과 같이 세종 25년의 초기 훈민정음에는 /ㆆ 曉/모가 전청全淸의 위치에 있었다.[47]

또 〈언해본〉에서 영影모에 대응되는 '읍挹모 /ㆆ/'가 전청全淸이었지만 앞에서 보인 〈표 4-1〉의 몽운蒙韻 자모도에서는 읍挹모에 대응하는 '영모影母 /ㄹ/'는 전탁全濁이었다. 그러나 앞의 〈표 4-8〉에서는 영影모가 차청의 위치에 있어서 후음喉音에서 청탁淸濁의 변화가 심하게 일어났음을 알 수 있다. 초기의 언문 27자는 이 자모도에 의거하여 제3장 3.5.1.2의 〈표 3-3〉으로 보인 것처럼 후음喉音에서는 전청, 차청, 전탁의 순서가 '효(曉 ㆆ), 영(影 ㆆ), 갑(匣 ㆅ)'이었으므로 후음에서 상당한 변개가 있었음을 증언한다.

따라서 /ㆆ/은 인성가획引聲加劃의 순서로 보아도 /ㅎ/의 앞에 있었고 또 이영보래以影補來의 한자음 표기 방식에서 /ㆆ/은 동국정운식 한자음에서 입성入聲의 표음으로 자주 사용되었기 때문에 /ㆆ/을 처음

---

47) 졸고(2011a:15)에서는 《몽고자운》 등의 蒙韻에서 喉音의 全淸字였던 曉母를 各字並書한 것이 /ㆅ/이라고 보았다.

에 만들지 않았다는 주장은 받아들이기 어렵다.[48] 인성가획의 방법은
장애자질이나 유기자질이 첨가된 음운의 문자는 기본자에서 획을 더
긋는 방법의 제자 방법이다.[49]

3) 〈언문자모〉의 반절 27자

4.5.3.0 우선 《훈몽자회》의 〈언문자모〉{俗所謂反切二十七字}를 사진으
로 보이면 다음의 〈사진 4-4〉와 같다.

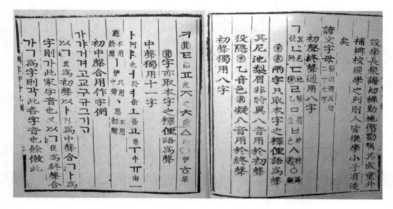

〈사진 **4-4**〉《훈몽자회》의 언문자모(叙山본)

〈사진 4-4〉에서 보이는 바와 같이 《훈몽자회》의 〈언문자모諺文字母〉
는 부제로 "俗所謂反切二十七字 – 속되게 소위 말하는 반절 27자"라
하여 언문자모의 '初聲終聲通用八字'로 /ㄱ, ㄴ, ㄷ, ㄹ, ㅁ, ㅂ, ㅅ, ㆁ/
의 8자만 들고 /ㅇ/을 제외하였다. 그리고 '初聲獨用八字'로 /ㅋ, ㅌ,
ㅍ, ㅊ, ㅿ, ㅇ, ㅎ/의 8자는 받침으로 쓸 수 없다고 한 것이다. 그리고

---

48) 이에 대하여는 졸고(2017a)에서 자세하게 논의하였다.
49) 한글이 음소문자를 넘어서 변별적 자질을 문자로 반영시킨 세계 최초의 문자란
    주장은 Sampson(1985)을 참고할 것.

여기에 '中聲獨用十一字'로 / ㅏ, ㅑ, ㅓ, ㅕ, ㅗ, ㅛ, ㅜ, ㅠ, ㅡ, ㅣ, ·/의 11자를 합하여 이로부터 소위 속되게 부르는 반절 27자가 된다고 본 것이다.[50]

4.5.3.1 그러나 앞에서 살펴본 중국 성운학聲韻學의 반절反切에서는 반절상자反切上字로 초성은 가능하지만 중성中聲만으로는 반절하자反切下字가 될 수 없다. '속소위俗所謂'라는 전제는 이로부터 붙게 된 것이다. 즉, 정식의 반절법과 다르게 '성聲 + 운韻'이 아니라 '초성 + 중성'으로 보았기 때문에 '속소위'란 전제를 붙인 것이다. 그러나 실제로는 반절상자, 즉 초성이 27자란 뜻이다.

〈언문자모〉에서는 이 27자 이외로 '초중성합용작자례'라 하여 "가, 갸, 거, 겨, 고, 교, 구, 규, 그, 기, ᄀ"의 예를 들었는데 이것은 초성 /ㄱ/에 중성 11자를 결합한 글자를 보여준다. 이때에는 물론 중성만으로 반절하자가 가능하다. 〈언문자모〉에서는 이어서 '초중종삼성 합용작자례初中終三聲合用作字例'에서는 "[각各], 간肝, 갇(*笠), 갈(*刀), 감(*柿), 갑甲, 갓(*皮), 강江"을 들어 '가행行'에 8종성이 결합하는 글자가 있음을 보여주었다.[51]

이때에는 반절하자가 '중성 + 종성'이 되는 것임을 밝혀두었다. 더욱이 "ㄱㅋ下各音爲初聲, ㅏ下各音爲中聲, 作字如가갸, 例作一百七十六字,

---

50) 이 각각은 모두 한자로 그 음가를 표음하였다. 즉 '초성과 종성에 통용하는 8자'는 "其役, 尼隱, 池*末, 梨乙, 眉音, 非邑, 時*衣, 異凝"와 같이 "其, 尼, 池, 梨, 眉, 非, 時, 異"는 초성의 예로, 그리고 "役, 隱, *末, 乙, 音, 邑, *衣, 凝"은 종성의 예를 한자음으로 보인 것이다. 그리고 '초성으로만 쓰이는 8자'는 "*箕, 治, 皮, 之, 齒, 而, 伊, 屎"로 그 초성의 예를 보였으며 '中聲으로만 쓰이는 11字'는 "阿, 也, 於, 余, 吾, 要, 牛, 由, 應{不用終聲}, 伊{只用中聲}, 思{不用初聲}"으로 역시 이두에 쓰이는 한자로 그 모음의 음가를 표음하였다. *를 붙인 한자는 原文에서는 圓문자로 釋讀함을 표시한다.

51) [ ] 안의 것은 앞에 원문에서 이미 언급한 글자이어서 생략한 것을 필자가 채운 것이다.

ㄴ下七音爲終聲作字, 如肝至江七字 … - 'ㄱ[초성종성통용]', 'ㅋ[초성독
용]' 다음의 각 음을 초성으로 삼고 'ㅏ' 다음의 소리를 중성으로 삼아
글자를 만들면 '가, 갸'와 같이 176자가 되며 'ㄴ' 다음의 음(ㄷ, ㄹ,
ㅁ, ㅂ, ㅅ, 의 받침)을 종성으로 삼아 글자를 지으면 '간肝에서 강江'
까지 7자이다"라고 하여 중성 단독으로 반절하자가 되는 176자를 비롯
한 다른 8개의 종성이 포함되는 글자도 있음을 밝혀두었다.[52]

　　이로 보면 반절하자가 '중성 + 종성'도 있으므로 반절 27자가 '초성
16자 + 중성 11자'가 아님을 밝혀두었다. 따라서 '초중종삼성初中終三
聲'을 합용合用하여 글자를 지은 예로 '가행行'의 "[각], 간, 갇, 갈, 감,
갑, 갓, 강"과 '나, 다, 라, 마, 바, 사, 아행行'의 같은 예들은 모두 반
절하자가 '초성 + 중성 + 종성'으로 구성되었다. 따라서 초성 16자와
중성 11자로 반절 27자가 될 수 없다.

　　그러므로 '속소위반절이십칠자俗所謂反切二十七字'의 반절 27자는 반
절상자의 27자, 즉 초기의 언문 27자를 말한다고 보아야 한다.

4) 훈민정음 〈언해본〉의 한음漢音 표음자

4.5.4.0 훈민정음을 제정할 당시에 성운학聲韻學의 반절反切에 익숙한
참여자들은 정음의 초성 17자에 《동국정운》의 한자음 표기를 위하여
추가된 전탁자全濁字 6개에다가 순경음 4개를 더한 반절상자 27자를
제시한 것이다. 우리말과 우리 한자음을 표기하는 데 필요한 어두 자
음의 숫자는 모두 27개라는 뜻이다. 《훈몽자회》는 《초학자회》와 같이
우리말의 새김과 우리 한자음을 밝히는 자전字典이기 때문이다.

　　이것은 훈민정음의 〈언해본〉에서 한음漢音의 표기를 위하여 추가로

---

52) 초성 16자에 중성 11자를 곱한 숫자가 176자다. 초성과 중성만으로 된 글자의 수
　　효다.

제정한 치두음齒頭音과 정치음正齒音의 대립, 즉 /ᄼ:ᄾ, ᅎ:ᅐ, ᅔ:ᅕ, ᅏ:ᅑ /의 구별을 인정하지 않은 것이다. 즉, 〈언문자모〉에서는 이 치두와 정치를 구별한 10자를 통합하여 치음에서 /ᄉ, ᄊ, ᄌ, ᄎ, ᄍ/의 5자만을 인정하고 훈민정음의 초성 17자와 여기에 전탁자 6개를 더한 동국정운 23자모, 그리고 순경음자 4개를 더하여 27자로 한 것이다. 즉, 초기의 반절 27자는 모두 반절상자反切上字의 초성자 27개를 말한 것으로 보아야 할 것이다.

동국정운식 한자음에서도 치두齒頭와 정치正齒의 구별을 하지 않았다. 그러나 전탁음 표기의 6개 쌍서자雙書字들과 순경음 표음의 4자는 동국정운식 한자음에서 사용되었고 우리말 표기에서도 쌍서자와 순경음자가 사용되었다.[53] 그러나 《훈몽자회》의 〈언문자모〉에서 '俗所謂反切27字'라고 한 것은 언문 자모, 즉 한글이 반절反切이며 한자음의 표음에 사용되는 27개의 초성을 말하지만 《훈몽자회》에서는 16개 초성, 즉 자음과 11개의 중성, 모음을 반절 27자로 보았다는 것이다.[54]

4.5.4.1 실제로 《훈몽자회》에서는 한자의 뜻풀이, 즉 우리말의 새김을 기록하는 데 언문을 사용하였지만 또 한편으로 한자의 발음도 언문으로 표기하였다. 이때의 한자음은 동국정운식 훈민정음도 아니고 중국의

---

53) 예를 들면 《동국정운》 권두의 26韻에서 "十六 굴高平 :굴못上 ·굴誥去, 十七 굴鳩平 :굴九上 ·굴救去"와 같이 순경음 'ㅱ'이 사용되었고 《龍飛御天歌》에서 "赤帝 니러나시릴씨"(〈용가〉 22장)의 'ㅆ'은 全濁의 各字竝書자이며 "엳ᄌᆞ바 ᄀᆞ초ᅀᆞᄫᅡ"(〈용가〉 27장)의 'ㅸ'는 순경음자로서 모두 한자음과 우리말을 표기하는 데 쓰인 순경음과 竝書자의 예들이다. 다만 "–릴씨"의 'ㅆ'은 全濁의 각자병서자가 아니라 ㅅ계 합용병서로도 볼 수 있다.

54) 이 논문을 읽은 어떤 논평자가 순경음이 반절 27자에 들어가는 것에 대하여 심하게 의문을 표하였다. 그러나 {해례본}《훈민정음》의 《用字例》에서는 'ㆆ' 대신 순경음 'ㅸ'을 들고 그 사용의 예로 "ㅸ, 如사비爲蝦, 드뵈爲瓠"라 하여 '사비(새우), 드뵈(표주박)'와 같이 고유어 표기에 'ㅸ'을 사용한 예를 들었다. 〈해례본〉도 읽지 않고 훈민정음에 관한 논문을 평가한 것은 참으로 대단한 蠻勇이다.

표준음인 정음正音도 아니며, 동음東音, 즉 우리 전통 발음이기 때문에
이를 표기하는 문자를 언문諺文이라 한 것이다.55)

예를 들면 《훈몽자회》 상권 〈天文〉 조의 '천지소양天地霄壤'에 대하
여 "天 하늘 텬, -〔天〕道尙左日月右旋; 地 싸 디, 以形體稱曰天-〔地〕-
〔地〕道尙右 水泉東流; 霄 하늘 쇼, 俗稱靑-〔霄〕 又霰也; 壤 싸 양, 柔土
無塊曰-〔壤〕 又境-〔壤〕糞-〔壤〕"에서56) 보이는 '하늘, 싸'와 같은 새김은
우리말이지만 '텬, 디, 쇼, 양' 등은 동국정운식이 아니라 우리 한자음
을 표음한 것이다. 따라서 《훈몽자회》는 우리말과 우리 한자음을 동시
에 적은 자전字典이다.

여기에 첨부된 〈언문자모諺文字母〉가 한글의 보급에 지대한 공헌을
하였고 오늘날의 '其役[기역], 尼隱[니은], 池*末[디귿], 梨乙[리을], 眉音
[미음], 非邑[비읍], 時*衣[시옷], 異凝[이응]' 등의 자모 명칭과 순서가
이 〈언문자모〉에서 대부분 결정된 것을 감안한다면 여기서 언문, 즉 한
글을 '반절 27자'로 한 것은 매우 의미가 있는 증언이 아닐 수 없다.57)

그리고 《진언집眞言集》(1569)의 〈언본諺本〉에서 이것을 그대로 받아
들여서 범자梵字, 즉 실담悉曇의 글자를 표음하였다. 불가佛家의 책인
《진언집》의 〈언본〉은 〈언문자모〉의 반절 27자를 받아들여 언문諺文을

---

55) 졸고(2013b)와 졸저(2015)에서 한글은 표기대상에 따라 그 명칭이 다르다고 주장
   하였다. 즉, 《東國正韻》의 한자음을 표기할 때에는 訓民正音(백성에게 가르쳐야 하는
   바른 한자음)이고, 《洪武正韻譯訓》과 같이 중국어의 표준음을 표기할 때에는 正音
   (표준 한자음)이며 《訓蒙字會》와 같이 우리말과 우리 한자음을 표기할 때에는 諺文
   (한문에 대하여 속된 글자)으로 불렀다.
56) 《훈몽자회》에서 '-'는 동일 글자가 반복될 때에 썼다. 〔 〕 안에 중복되는 글자를
   다시 써 넣었다.
57) 한글에서 명칭의 변천에 대하여는 홍윤표(2017a)에서 자세하기 논의되었다. 특히
   홍윤표(2017a:263)에서 '훈민정음'의 "ㄱ-君字初發聲(ㄱ은 군자의 첫 소리다), ㅋ-
   快字初發聲(ㅋ은 쾌자의 첫소리다), ㅇ-業字初發聲(ㅇ은 업자의 첫 소리다)"를 《訓蒙
   字會》(1527)에서는 〈언문자모〉에서 'ㄱ-其役, ㄴ-尼隱, ㄷ-池末'로 문자의 명칭이
   주어졌다고 밝혀 놓았다. 여기서 '훈민정음'이란 〈해례본〉, 〈언해본〉, 〈한문본〉을 모
   두 말한다.

진언眞言, 즉 범자 표음의 자음 기호로 생각하였다. 원래 훈민정음이 고대인도의 범자에 응용된 반자론半字論에서 온 것이라 이것과 잘 부합하기 때문이다.

《훈몽자회》의 〈언문자모〉가 초성 16자와 중성 11자를 반절 27자라고 하면서 앞에 '俗所謂'란 수식어를 붙인 것은 원래의 반절反切과 그 쓰임이 다르기 때문이다. 앞에서 살펴본 바와 같이 중성, 즉 모음은 고대인도의 반자론半字論에서는 마다摩多로서 반절하자가 될 수 있지만, 중국의 성운학聲韻學에서는 종성終聲과 결합한 후에 운韻, 즉 반절하자가 될 수 있다.

따라서 반절 27자는 훈민정음의 제정 당시에는 반절상자의 초성만을 지칭하던 것이었으며, 이것이 와전되어 초성 16자와 중성 11자를 반절 27자로 여항閻巷에서 속되게 부르면서 '속소위俗所謂'란 수식어가 붙게 된 것이다. 또 졸고(2019a)에서 논의한 바와 같이 이 〈언문자모諺文字母〉는 세종의 둘째 따님인 정의공주가 지은 것으로, 세조 때에 간행된 《초학자회初學字會》의 권두에 부재附載된 것을 최세진이 《훈몽자회》에 전재轉載한 것으로 새 문자의 보급에 크게 기여하였다.

4.5.4.2 《세종실록》(권103)의 세종 26년 2월 20일자에 실린 첫 번째 기사의 최만리崔萬理 반대 상소문에 "二十七字諺文, 足以立身於世, 何須苦心勞思, 窮性理之學哉? – 27자의 언문으로도 족히 세상에 입신할 수 있다고 할 것이오니, 무엇 때문에 고심노사苦心勞思하여 성리性理의 학문을 궁리하려 하겠습니까?"에 '27자의 언문諺文'이 나온다. 이로부터 앞에서 언급한 바와 같이 훈민정음의 최초의 원안原案은 'ㆆ'이 빠진 초성 16자, 중성 11자의 27자로 보는 주장도 나왔다(이동림, 1974a,b).

그러나 이것은 전술한 바와 같이 중성中聲을 뺀 초성 27자를 말하는 것으로 반절상자만을 인정한 초기의 '언문 27자'를 말한 것이다. 세종

26년에 2월에 올린 최만리의 훈민정음 반대상소문에는 아직 신미信眉에 의하여 추가된 중성中聲 11자가 없었을 때의 일이다. 그리고 반절법反切法에 익숙한 유학자들에게는 중성자中聲字가 아직 생소했기 때문이다. 그들에게는 중성은 종성과 더불어 반절하자의 하나로 볼 뿐이었다.

왜냐하면 최만리의 반대 상소보다 2개월 전인 《세종실록》(권103)의 세종 25년 계해癸亥년 12월 30일 경술庚戌의 두 번째 기사에 "○是月, 上親制諺文二十八字, - 이달에 임금이 친히 언문 28자를 지었다."라고 하여 28자의 언문諺文이라고 하였으나, 이보다 2개월 후인 세종 26년 2월의 최만리 반대상소문에서 '언문 27자'라고 한 것은 '초기의 언문 27자'를 반영한 것이다.

다만 훈민정음 창제의 최초의 기사가 28자로 된 것은, 세종 28년의 훈민정음 〈해례본〉이나 《세종실록》(권113)에 세종 28년 9월 29일 갑오甲午의 4번째 기사에 실린 〈실록본〉《훈민정음》, 그리고 훈민정음의 〈언해본〉에 '어제서문'의 "予爲此憫然, 新制二十八字 - 내가 이를 불쌍하게 여겨서 새로 28자를 만든다"라고 하여 28자로 되었고 같은 곳에 첨부된 정인지鄭麟趾의 후서後序에서도 28자로 되었으므로, 실록의 기사를 후대에 수정한 것이다. 신미信眉가 중성을 추가한 세종 27년 이후에 임홍빈(2006)에서 주장된 바와 같이 이 기사를 추가하면서 28자로 수정한 것으로 보아야 한다.

4.5.4.3 그러면 최만리의 27자 언문은 무엇일까? 《훈몽자회》의 〈언문자모〉에 보이는 '俗所謂反切二十七字'의 반절상자 27자로 초성만을 말한 것이다. 즉, 君(/ㄱ/)에서 日(/ㅿ/)까지의 초성 17자에다가 각자병서 6자(/ㄲ, ㄸ, ㅃ, ㅆ, ㅉ, ㆅ/), 그리고 순경음 4자(/ㅸ, 퐁, ㅹ, ㅱ/)를 더하여 만든 반절상자의 27자를 말한다. 이것으로 우리 한자음, 즉

동음東音과 동국정운식 한자음을 모두 표음할 수 있었기 때문이다.

그러면 최만리의 반대상소문에서는 왜 중성을 인정하지 않았을까? 이에 대하는 졸고(2019a)에서 논의하였고 이 책의 제3장에서 논의한 바와 같이, {증정}《몽고자운蒙古字韻》의 〈36자모도〉에 의거하여 훈민정음 제정의 초기에는 반절상자, 즉 대운大韻만을 새 문자로 대응하여 제3장의 3.5.1.2에서 〈표 3-3〉으로 제시한 바 있는 '초기의 언문 27자'만을 문자화한 때문이다. 중성 11자는 이후에 신미대사에 의하여 《실담자기悉曇字記》의 마다 12자에 맞추어 추가한 것이다.

5) 티베트 서장西藏 문자의 30자

4.5.5.0 초기의 '반절 27자'에는 초성, 즉 성聲만을 인정하고 운韻, 즉 중성과 종성은 포함되지 않았다고 보아야 한다. 이것은 고대인도의 반자론半字論을 수입하여 문자를 제정한 티베트와 이를 성운학聲韻學으로 발전시킨 중국에서 어두語頭 자음子音, 즉 성모聲母만을 음운으로 인식하였기 때문이다. 서장 문자는 제2장의 2.5.1.1의 〈사진 2-13〉에서 제시한 바 있다.

음절문자인 고대인도의 실담자悉曇字는 모음, 즉 마다를 기본으로 하여 자음인 체문을 결합시킨 음절문자였지만, 티베트의 서장 문자는 자음만을 문자로 제정하였고 모음은 그에 부속하는 것으로 인식하여 모음은 자음자에 붙인 구분부호(diacritical mark)로 표음하였다. 중국의 성운학聲韻學에서도 운韻보다는 성聲, 즉 자모字母를 중시한 것은 이것과 관련이 있다.

〈사진 4-5〉에 제시된 티베트의 서장 문자는 모두 30자를 제정하였는데 자음 위주이고 모음은 마지막에 [ɑ]의 한 자뿐이다. 나머지 모음은 〈사진 4-6〉으로 제시한 바와 같이 구분부호로 표시하였다. 티베트

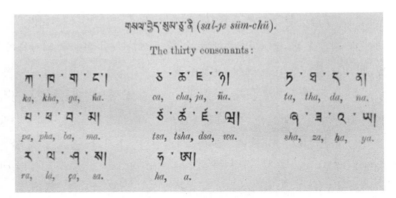

〈사진 **4-5**〉 서장 문자의 29 자음자와 [a] 모음자

〈사진 **4-6**〉 서장 문자의 모음母音 표시 구분부호

의 서장 문자는 7세기 중엽에 토번왕국의 송첸감포 왕의 지시에 따라 인도에 유학하고 돌아온 그의 신하들이 제정한 것으로 고대인도의 반자론半字論과 비가라론毘伽羅論을 기반으로 하였다. 여기서는 자음만을 문자로 제정하였고 모음은 구분부호로 표시하였다.58)

〈사진 4-6〉은 모음을 나타내는 구분부호(區分符號, diacritical mark)로 자음 글자에 아무런 표시가 없으면 [a]를 붙여 발음하고 이어서 [i, u, e, 이를 표기하기 위하여 각각 구분부호를 사용하였다. 실담悉曇의 〈실담장悉曇章〉에서 보인 모음의 마다를 티베트어의 서장 문자에서는 미처 문자로 인식하지 못한 때문이고 훈민정음 제정 당시의 '초기 언문 27자'에서도 동일하였다.

---

58) 〈사진 4-5〉는 졸고(2015b:210)에서 재인용한 것이고 〈사진 4-6〉은 졸저(2009: 196)에서 전재하였다.

따라서 티베트어에는 5개의 모음 /a, i, u, e, o/이 존재하였지만 모음으로는 [a]의 한 자만 제자制字한 셈이 된다(졸고, 2011b). 이러한 문자의 특징은 원대 파스파 문자에 그대로 전달되어 6개의 모음만 따로 만들고 정작 /a/는 유모喩母자로 표시하였다(졸저, 2009: 205).[59] 토번왕국에서 이러한 자음 위주의 문자 제정을 한 것은 제3장에서 논의한 바와 같이 중국의 성운학자들에게도 영향을 주어 운모韻母보다는 성모聲母 중심으로 음운을 인식하게 되었다.

훈민정음 제정 당시에도 이러한 영향을 받아 반절 27자를 인식한 것으로 보이고, 이러한 인식이 〈언문자모〉에서 와전되어 훈민정음의 초성 16자와 중성 11자의 반절 27자로 본 것이 아닌가 한다. 그리하여 '속소위俗所謂'라는 표현을 하게 된 것으로 본다.

6. 마무리

4.6.0 이상 '반절反切'에 대하여 그 기원과 발달, 그리고 이 땅에 전수된 과정을 살펴보았다. 그리하여 이런 한자음의 표음 방법이 고대인도의 반자론半字論에서 왔으며 비가라론毘伽羅論의 음운연구 방법에 의거한 것임을 살펴보았다. 그리고 《훈몽자회訓蒙字會》의 〈언문자모諺文字母〉를 지칭하는 '俗所謂反切二十七字'에서 언문자모가 반절이며 언문,

---

59) 이러한 티베트 문자의 모음 표시에 현혹되어 파스파 문자에도 모음자 없다거나 [a]자가 없다는 등의 오해가 있었다. 파스파 문자에 대한 좀 더 많은 공부가 필요한 대목이다.

즉 한글이 애초에는 한자음 표음을 위하여 제정된 것임을 알 수 있다.

〈언문자모〉는 새로 제정한 문자, 즉 한글을 보급하는 데 지대한 역할을 하였다. 당시 문자생활을 하는 중인 계급의 아전서리衙前胥吏들이 사용하는 이두의 한자로 알기 쉽게 새 문자의 음가와 정서법을 설명하였기 때문이다. 오늘날 'ㄱ-기역, ㄴ-니은'이란 명칭도 실제로는 〈언문자모〉에서 시작되었다. 따라서 〈언문자모〉의 '俗所謂反切二十七字'에 대한 정확한 이해는 매우 중요하며 이를 위하여 '반절反切'에 대한 분명한 지식이 있어야 한다고 주장하였다.

4.6.1 범자의 반자론을 포함하는 고대인도의 비가라론은 중국의 후한시대에 불경을 도입하여 이를 한역漢譯하는 과정에서 기론記論이란 이름으로 번역되었고 또 음성학 부분에 관한 것은 성명기론聲明記論으로 한역되어 고려와 조선에 수입되었다.

비가라론은 베다 경전과 불경을 이해하기 위하여 배우는 학문이었으며 범어의 Vyākaraṇa(분석하다)란 말을 한자로 표음한 것이다. 그리고 비가라론은 기론, 또는 성명기론으로 번역하였는데 원래 성명기론의 '성명聲明'은 제3장의 3.2.1.4에서 논의한 대로 5명(明, pañca-vidyā-sthāna)의 하나로 언어음의 연구를 말한다.

불경, 즉 《삼장법사전》에서 말한 반만이교半滿二敎는 반자교半字敎와 만자교滿字敎를 말하는 것으로 비가라론에 앞서 배우는 범자의 실담(悉曇, Siddham) 교육이다. 원래 범자는 14음이라는 모음의 마다와 36성聲의 자음인 체문이 결합하여 50자의 실담자悉曇字를 구성한다.

따라서 실담悉曇, 즉 범자는 기본적으로 자음과 모음이 결합한 음절문자였다. 이러한 음절들이 단어를 형성하고 구와 절을 이루며 문장을 형성하는데 여기에 작용하는 문법들을 연구하는 것이 비가라론이다. 반자론은 음운에 의거한 범자의 모음과 자음을 표기하는 글자에 대한 것이라면 비가라론은 범어의 문법과 음성학을 포함한다.

비가라론의 이론을 제대로 소개한 것이 제3장의 3.2.2.0에서 논의한 파니니의 《팔장》이다. 19세기에 서양에 범어 문법서로 알려진 이 책은 기원전 4~5세기에 완성된 것으로 서양의 3대 고전문법서의 첫자리를 차지한다. 반자론은 중국에 들어와 반절법을 낳게 하였고 비가라론은 성운학聲韻學으로 발달하였다.

이에 의거하여 중국의 한자를 범자와 같이 한 음절의 문자로 보고 반자론에서 이를 성聲과 운韻으로 나누어 반절상자인 성聲과 반절하자인 운韻으로 분리하여 이해하였다. 그리고 이들을 각기 하나의 한자로 표음하여 2자 표음의 반절법을 고안하였다.

4.6.2 반자론이 비가라론과 함께 불경에 포함되어 중국에 들어가서 후한 이후에 불경의 한역에 이용된다. 모든 한역 불경은 대장경大藏經이라 하며 대장경은 불가佛家의 경전經典을 집합하여 일컫는 말로 일체경一切經이라고도 하고 장경藏經이라고 약칭하기도 한다. 비가라론(Vyākaraṇa)과 반자론도 후한後漢 이후에 진晉을 거쳐 수隋, 당대唐代에 한문으로 번역되어 자본론字本論, 성명기론聲明記論이라 불렀으며 한역 불경, 즉 대장경에 포함되었다. 이 대장경은 고려대장경으로 재편되어 한반도에 유입된다.

불경의 한역은 중국에서 후한시대로부터 원대에 이르기까지 1천여 년 동안 계속되었고 한역된 불경의 수효만도 수천 권에 달한다. 고려대장경에 수록된 불경으로 서기 67년 무렵의 후한 명제明帝 때에 한역한 《사십이장경四十二章經》이 아마도 최초의 한문 불경일 것이다. 이후에 서역의 승려들이 중국에 찾아와서 불경을 한역하는 일이 뒤를 이었다.

중국 양梁 무제武帝 때(502~549)에 중국에 온 인도의 진체眞諦 법사가 《바수반두법사전婆藪盤豆法師傳》을 중국어로 번역하면서 'Prabhāvati

(明妃)'를 '波羅頗婆底'를 번역할 때에 반자론으로 왕비王妃라는 뜻의 'Vati(婆底)'의 '底'를 '知履反'이라고 반절로 표시하여 그 발음이 [ti]임을 표음한 일이 있다. 음절 초의 자음(onset)과 이에 부속한 모음(vowel)으로 이분한 것이다. 이후 당승唐僧들에 의하여 반절은 성(聲, onset)과 운(韻, rhyme)으로 나누어 표음하는 방법으로 발전하였다. 앞의 4.2.4.1에서 논의한 바와 같이 반절의 '反'은 '飜'의 대자代字로서 바꾼다는 뜻이며 당대唐代 안사의 반란 이후에 '反'자를 기휘忌諱하여 '切'로 표기하였다.

4.6.3 《훈몽자회》의 〈언문자모〉에 보이는 '俗所謂反切二十七字'에서 초성初聲 16자에 중성中聲 11자를 더한 것으로 이해한 것은 고대인도의 반자론半字論에서 자음〔体文〕과 모음〔摩多〕으로 구별하고 이들이 결합하여 만자滿字, 즉 범자를 구성하는 것에 따른 것이다. 앞에서 논의한 중국 성운학聲韻學의 성聲과 운韻을 반절로 보는 것과는 어긋나는 일이다.

　원래의 반절 27자는 훈민정음의 초성 17자에다가 각자병서各字並書자 6개, 순경음자 4개를 더한 수효의 반절상자 27자를 말한다고 보았다. 이것은 훈민정음의 〈언해본〉에서 제시한 32개의 초성에서 치두齒頭와 정치正齒를 구분하는 5자를 제외한 것이다. 치음齒音에서 이 두 발음의 구별은 한음漢音, 즉 한어음의 발음 표기에 필요한 것이지, 우리말이나 우리 한자음의 표기는 물론 동국정운식 한자음에서도 모두 필요하지 않다고 본 것이다.

　〈언문자모〉에서 제외시킨 전탁자全濁字와 순경음자도 우리말과 한자음 표기에 사용되었다. 예를 들면 순경음 /ㅸ/가 〈해례본〉의 '용자례'에서 '/ㅂ, ㅍ, ㅁ, ㅸ/'와 같이 설명되었고 /ㅸ/에 대하여 '사비(蝦), 드뵈(瓠)'와 과같이 고유어 사용 예를 보였다. /ㆆ/은 동국정운식 한자음에서 이영보래以影補來, 즉 '래모來母 /ㄹ/'의 입성入聲 표시를 위하여 '영모影母 /ㆆ/'을 추가하고 /ㆅ/와 같이 사용하였다. 또 최근에 발견된 《초학자회初學字會》의 얼마 안 되는 낱장 중에도 /ㆆ/이 고유어에서 같은 방법으로 쓰인 예가 많이 발견되었다(홍윤표, 2017b).

이런 문제점이 있음에도 불구하고 〈언문자모〉가 반절 27자를 초성 16자와 중성 11자로 규정한 것은 백성들이 잘 모르고 쓴 것이라고 보아서 '속소위俗所謂'라고 한 것이다. 훈민정음 제정의 초기에 {증정}《몽고자운》의 〈36자모도〉에 의거하여 파스파 문자로 표기한 32개의 가운데 우리말과 우리 한자음[東音], 그리고 동국정운식 한자음 표기에도 전혀 관련이 없고 오로지 한음漢音 표기에만 필요한 치두齒頭와 정치正齒를 구별하는 5자를 뺀 27자만을 제정하였기 때문이다. 이 '초기의 언문 27자'는 제3장의 3.5.1.2에서 〈표 3-3〉으로 제시되었다. 이것이 유생儒生들에게는 반절 27자로 인식되어 〈언문자모〉에 반영된 것으로 보아야 할 것이다.

4.6.4 애초의 훈민정음의 반절 27자에서 운韻, 즉 중성과 종성의 반절하자가 빠진 것은 중국 성운학聲韻學에서 성(聲, 음절초의 子音)을 중심으로 음운을 인식했으며 티베트의 서장 문자에서도 모음을 초성, 즉 음절 초의 자음에 부속된 것으로 보아 문자를 제정하지 않고 구분부호로 표시하였기 때문이다.

또 이러한 전통을 이어받은 파스파 문자에서도 중성, 즉 모음을 유모喩母에 속하게 하여 성모聲母, 즉 음절 초 자음에 부속된 것으로 이해하였다. 이러한 인식이 훈민정음에서도 그대로 반영되어 중성을 욕모欲母에 속하는 것으로 보고 앞에 자음이 없이 단독으로 쓰일 때에는 욕모 /ㅇ/를 붙여 쓰게 하고 반절하자는 따로 제시하지 않은 것으로 볼 수 있다(졸고, 2017b).

그러나 〈언문자모〉에서는 한글을 반절로 인식하고 초성 16자, 즉 초성과 종성으로 모두 쓸 수 있는 /ㄱ~ㅇ/ 8자와 초성으로만 쓸 수 있는 /ㅋ~ㅎ/ 8자의 16자, 그리고 중성 11자를 결합하여 /가~ㄱ/의 11개의 음절문자를 제시하였다. 이런 방식으로 초성 16자와 중성 11자를 결합시켜서 한글 문자 176자를 익히게 하였다.

이렇게 와전된 '반절反切'은 그 연원을 잘 모르는 여항閭巷에서 '반절半切'로 오인하여 종이 반장에 쓰인 한글 학습장이라는 주장도 나왔다. 그리하여 20세기 전반까지 일반인들의 한글 교육에서는 '반절半切'로 알려져 널리 사용되었다.

제4장 중요내용의 영문 요약

On Hangul and Fănqie(反切)

-For the Understanding of So-called 27 Fănqie Characters-

Fănqie(反切) is a way of segmenting the pronunciation of each Chinese character into an onset and a rhyme, while using other easier Chinese characters to represent it. The pronunciation [dong] of the character 東, for instance, is represented as 德紅切, meaning that its onset is pronounced [d], the initial sound the character 德, and its rhyme matches [ong], the rhyming part of the character 紅. The phonetic transcription of Chinese characters mainly followed this method of fănqie. Eonmun, that is, original Hangul, syllable characters were also treated as in the way of fănqie, as stated in Eonmunjamo(〈諺文字母〉) that appeared in the preface of *Hunmong-Jahoi*(《訓蒙字會》).

This chapter deals with the origin and development of fănqie(反切) and its transmission to Korea. It claims that fănqie originated from the half-character theory(半字論) of ancient India and that it was based on the method of the phonological study of Vyākaraṇa(毘伽羅論). The Vyākaraṇa theory was introduced to China under the name of Shèngmíngjìlun(聲明記論) in the course of introducing Buddhist sutra to China and translating them into Chinese during the period of the Late

Han(漢) dynasty.

The chapter concludes that the so-called 27 fǎnqie(反切) character set referring to the Eonmun-Jamo of *Hunmong-Jahoi* consists of a set of 16 syllable-initial consonants and a set of 11 syllable-central vowels as each syllable character composition is dissected. This dissection, however, totally differs from the original use of fǎnqie(反切) for Chinese characters.

The composition of Hunmin-Jeongeum, the original Hangul character set, was based on a set of 27 consonants which were autonomous characters of their own phonemic values contributing to the generation of syllable characters as onset characters. And this character set consisted of (1) a set of 17 initial or onset consonant characters, (2) a set of 6 double consonant characters(雙書字: ㄲ, ㄸ, ㅃ, ㅆ, ㅉ, ㆅ), and a set of 4 labial light (or fricative) consonant characters(脣輕音: ㅸ, ㆄ, ㅹ, ㅱ).

제5장

훈민정음과 파스파 문자

1. 들어가기

5.1.0 최근 졸저 《한글의 발명》(서울: 김영사, 2015)에 대한 비판의 일
환으로 훈민정음 연구가 다시 세인世人의 관심을 끌고 있다. 졸저
(2009)를 비롯하여 필자가 거론한 몇 개의 논저에서 한글이 원대 파스
파 문자와 깊은 관련을 맺고 제정된 것에 대한 반론으로 훈민정음에
대한 독창성과 우수성이 강조된 글이 유독 눈에 들어온다.

　중국 주변의 동아시아의 여러 민족들은 중국어와 다른 문법구조의
언어를 사용한다. 즉, 고립어孤立語인 중국어에 비하여 주변의 여러 민
족들은 그동안 우리가 알타이어족이라고 부르던 교착적膠着的 문법 구
조의 언어들이 거의 대부분이었다. 이 언어들을 표기하는 데 한자가
매우 불편하였다. 왜냐하면 문장 속에서 각 단어들의 관계가 대부분
어순語順에 의존하는 중국어와 달리 어미語尾와 조사助詞가 발달하여
이것으로 각 단어의 관계를 표시해 주는 교착어膠着語를 한자로 적기
가 어렵기 때문이다. 우리말을 한문으로 표기할 때에 구결口訣 토吐를
사용하는 이유가 여기에 있다.

　따라서 중국 주변의 여러 민족들, 특히 교착적 문법 구조의 알타이
제어를 구사하는 민족들은 한자 이외의 새로운 문자를 제정하여 사용
하였다. 그리하여 새 왕조가 세워지면 새 문자를 제정하는 관례가 생
겨났는데 그 시작은 아마도 제2장에서 살펴본 바와 같이 7세기 중엽
티베트의 토번 왕국에서 송첸감포(松贊干布, Srong-btsan sgam-po) 왕

이 신하인 톤미 아누이브(Thon-mi Anu'ibu) 등을 시켜 제정한 서장 문자를 그 효시嚆矢로 삼아야 할 것이다.

이 책의 제2장에서 논의한 바와 같이 서장 문자는 당시 왕의 명으로 인도에 유학한 톤미 아누이브(Thon-mi Anu'ibu)가 고대인도에 유학하여 비가라론毘伽羅論을 배우고 돌아와서 제정한 문자다. 고대인도의 고도로 발달한 성명기론聲明記論이란 음성학의 이론에 의거하여 과학적으로 만든 표음문자다. 이 문자는 제2장의 2.1.3에서 고찰한 바와 같이 당시로는 언어 표기에 매우 유용한 표음문자여서 토번의 티베트어만이 아니라 주변의 여러 민족의 언어를 표기할 수가 있었다(졸저, 2009).

토번의 송첸감포 왕은 톤미 아누이브와 함께 16인을 인도에 문자 연수를 위하여 파견하였으며, 이들은 판디타 헤리그 셍 게(Pandita lH'i-rigs seng ge) 밑에서 인도 문법인 비가라론과 그의 음성학인 성명기론을 배워서 티베트어에 맞도록 자음 문자 30개, 모음 기호 4개를 정리하여 티베트 문자를 만들었다고 주장하였다.

이 문자의 제정이 성공하자 중국의 주변에 있으면서 거대한 한자문화에 종속되어 동화되거나 소멸되는 것을 피하려는 중국 북방의 여러 민족들이 새로 국가를 세우면 새로운 문자를 제정하는 전통이 생겨났다. 중원中原에 몽골의 원을 세운 칭기즈 칸의 손자 쿠빌라이 칸忽必烈汗이 팍스파 라마를 시켜 만든 파스파 문자도 이러한 전통에 입각한 것이다. 이 장에서 파스파 문자와 훈민정음과의 관계를 구체적으로 살펴보기로 한다.

2. 원대의 파스파 문자

5.2.0 "백성들에게 가르쳐야 하는 올바른 한자음"이란 의미를 가진 훈민정음訓民正音의 문자 제정은 한자음의 표음을 위하여 만든 발음기호였다는 졸저(2015)의 주장을 다시 떠오르게 한다. 이것은 원래 파스파 문자가 한자漢字의 표준음, 즉 정음正音을 표기하기 위하여 제정되었을 것이라는 졸저(2009)의 연구로부터 확대된 것이다.

이 사실은 훈민정음을 제정하고 바로 《운회韻會》를 번역한다든지, 《동국정운》을 편찬한 것으로부터 파스파 문자를 만들고 바로 《예부운략禮部韻略》을 번역하여 《몽고운략蒙古韻略》을 편찬하거나 이를 《고금운회古今韻會》나 《고금운회거요古今韻會擧要》에 의거하여 한자음을 수정한 《몽고자운蒙古字韻》을 편찬한 것과 관련하여 파스파 문자나 훈민정음의 제정이 우선 한자의 발음을 표기하기 위한 것임을 깨닫게 한다.

즉, 다음의 5.3.3.0에서 논의한 나이지羅以智의 〈발몽고자운跋蒙古字韻〉에서 "此書專爲國字漢文對音而作"이라는 증언은 파스파 문자의 제정 목적을 분명하게 알려준다. 원대 팍스파 라마喇嘛가 자신의 고향인 토번吐蕃의 서장 문자를 본떠서 만든 것이 파스파 문자다. 원래 티베트의 서장 문자는 토번의 송첸감포(松贊干布, Srong-btsan sgam-po) 왕이 신하들을 인도에 유학시켜 그곳의 비가라론을 공부하게 하고 돌아와서 제정한 문자였다.

비가라론毘伽羅論은 범어의 'Vyākaraṇa'를 한자로 적은 것으로 그 뜻은 범어에서 "분석하다"는 뜻이다. 언어의 문장을 분석하여 각 단위의 문법적 특징을 살핀다는 뜻으로 '분석문법론'이란 의미와 같다. 그러나 고립적孤立的인 문법 구조의 중국어와 굴절적屈折的인 범어의 문법은 서로 다르므로 비가라론의 음성 연구만 받아들여 성명기론聲明記論이라 한역하고 중국어의 음운의 연구에 이용하였다.

티베트의 서장 문자가 비가라론에 의거하여 제정되었으며 원대 팍스파 라마가 이를 모방하여 파스파 문자를 만들고 이것을 원제국의 국자國字로 하여 몽고인들의 한자 교육에서 발음기호로 사용되었다. 그리고 한인漢人들의 몽고어 학습에서 몽고어 표기에도 쓰였다.[1] 마치 훈민정음이 동국정운의 한자음에 표음에도 사용되었지만 우리말 표기에도 쓰인 것과 같다.

명明 태조 주원장朱元璋이 몽고의 원을 북쪽으로 몰아내고 명을 세운 다음에 중원中原에서 호원胡元의 잔재를 박멸하려는 정책으로 먼저 파스파 문자로 작성된 서적을 모두 없앴다. 오늘날 중국에서 파스파 문자로 작성된 문헌은 거의 찾을 수 없고 원 지대至大 원년(1308)에 주종문朱宗文이 증정增訂한 《몽고자운蒙古字韻》을 후대에 필사한 런던 초본만이 대영도서관에 소장되어 남아 있다. 이 운서는 원 세조世祖 지원至元 연간에 반포한 파스파 문자로 한자의 정음正音을 전사轉寫하였다.

1) 파스파 문자와 〈몽운蒙韻〉의 간행

5.2.1.0 파스파 문자는 원 세조世祖 쿠빌라이 칸忽必烈汗이 팍스파 라마를 시켜 41개의 자모를 만들게 하였으며 지원至元 6년(1269)에 황제

---

1) 이에 대하여는 졸고(2017a)에서 "羅以智의 〈跋蒙古字韻〉에서 '此書專爲國字漢文對音而作'라고 하여 파스파자가 모두 한자의 발음을 표기하기 위하여 제정된 것임을 분명하게 말하고 있다"라는 주장을 참고할 것.

의 조령詔令으로 반포하여 원제국의 국자國字로 삼은 문자다.

즉, 제2장 2.5.2.0~4에서 살펴본 것처럼 《원사元史》(권202) 〈전傳〉 89 '석로팍스파釋老八思巴'조에 쿠빌라이 칸의 조령이 실려 있다.

> ⋯   詔令說：“朕認爲用字來書寫語言，用語言來記錄事情，這是從古到今都采用的辨法. 我們的國家在北方創業，民俗崇尙簡單古樸，沒來得及制定文字，凡使用文字的地方，都沿用漢字楷書及畏兀文字，以表達本朝的語言.   查考遼朝，金朝以及遠方各國，照例各有文字，如今以文敎治國逐漸興起，但書寫文字缺乏，作爲一個朝代的制度來看，實在是沒有完備.   所以特地命令國師八思巴創制蒙古新字，譯寫一切文字，希望能語句通順地表達淸楚事物而已.   從今以後，凡是頒發詔令文書，都用蒙古新字，幷附以各國自己的文字.”

> 〔원 세조가 새 문자를 반포하는〕 조령에서 말하기를 "짐은 오로지 글자로써 말을 쓰고 말로써 사물을 기록하는 것이 고금의 공통 제도라고 본다. 우리들이 북방에서 국가를 창업하여 속되고 간단한 옛 그대로의 것을 숭상하고 문자를 제정하는 데 게을러서 〔지금에〕 쓰이는 문자는 모두 한자의 해서나 위글 문자를 사용하여 이 나라의 말을 표시하였다. 요나라와 금나라, 그리고 먼 곳의 여러 나라들의 예를 비추어 보면 각기 문자가 있으나 우리가 지금처럼 문교로 나라를 다스려 점차 흥기하였는데 다만 서사할 문자가 없었다. 그러므로 국사 파스파에게 몽고신자를 창제하라고 특명을 내려서 모든 문자를 번역하여 기록하라고 하였다. 그리하여 능히 언어가 순조롭게 통하고 각지의 사물이 바르게 전달되기를 바랄 뿐이다. 이제부터 대저 조령 문서의 반포와 발행은 모두 몽고신자를 쓸 것이며 각국의 자기 문자는 함께 붙이게 하다."라고 하다.

이를 통하여 파스파 문자의 제정 이유와 경위를 알려준다.

그러나 이 조령에는 파스파 문자가 몇 개의 글자로 만들어졌는지 분명하게 밝히지 않았다. 다만 원대 성희명盛熙明의 《법서고法書考》나 도종의陶宗儀의 《서사회요書史會要》에는 43개의 자모를 만들었다고 하였다(졸저, 2009:179).

원에서는 이 문자를 제정하고 바로 이 글자로 한자의 전통 한자음을 파스파 문자로 표음하여 《몽고운략蒙古韻略》을 간행하였고 이어서 《고금운회》에 의거하여 수정한 《몽고자운蒙古字韻》과 {증정增訂}《몽고자운》(이하 〈증정본〉으로 약칭)을 간행하였는데 이들을 몽운蒙韻이라고 부른다. 훈민정음을 창제하고 바로 《운회韻會》를 번역하고 《동국정운東國正韻》을 편찬한 것과 궤를 같이 하는 것이다.

그리고 원대 주종문朱宗文이 지대至大 무신(戊申, 1308)에 몽운蒙韻이라는 운서를 증보하고 수정한 〈증정본〉을 간행하였다(졸저, 2009:33~38). 세 종의 몽운은 모두 실전失傳되었지만 마지막 〈증정본〉이 필사되어 전해오며 런던의 대영도서관(British library)에 소장되었다. 이 세 권의 몽운에는 모두 〈증정본〉의 〈자모字母〉와 같이 권두에 〈삼십육자모지도三十六字母之圖〉를 첨재添載한 것으로 추정된다.

5.2.1.1 청대淸代에 필사된 《몽고자운》의 〈증정본〉은 오늘날 전해지는 파스파 문자로 쓰인 유일한 문헌이다. 현전하는 것은 런던 대영도서관에 소장된 〈증정본〉의 초본鈔本이다. 이것은 원대 지대至大 무신(戊申, 1308)에 주종문이 편찬하여 간행한 것이지만 오늘날 유일하게 남아 있는 런던 초본鈔本은 청대淸代 건륭乾隆 연간, 즉 1737~1776년 사이에 필사한 것이다(졸저, 2009:101).

이 자료의 권두에도 권두의 〈자모字母〉에 36자모도를 실었으나 실제는 32개의 서로 다른 파스파 글자만 제시되어 이 운서에서는 32개의 자모만 인장한 것으로 보인다. 《사성통해四聲通解》에는 이와 유사한 〈자모字母〉를 〈홍무운삼십일자모지도洪武韻三十一字母之圖〉(이하 〈홍무운 31자모도〉로 약칭)로 정리하여 역시 권두에 제시하였다.

파스파 문자의 제정과 거의 동시에 편찬하여 간행한 《몽고운략》은 오늘날 전하지 않으나 《사성통해》 등에 인용된 이 몽운蒙韻의 한자음

〈사진 **5-1**〉 {증정}《몽고자운》 권두의 자모字母. 졸저(2009:41)에서 재인용.

을 추적해 보면 《광운》 계통의 《예부운략禮部韻略》을 파스파 문자로
표음한 것으로 보인다. 실제로 《사성통해》의 권두에는 이 운서에 부재
附載되었을 것으로 추정되는 〈자모字母〉를 〈광운삼십육자모지도廣韻三
十六字母之圖〉(이하 〈광운 36자모도〉로 약칭)로 제시하였다.

반면에 《몽고자운》은 《몽고운략》의 한자음이 원제국의 수도인 북경
北京의 현실음과 너무 차이가 나므로 이를 원대 황공소黃公紹의 《고금
운회古今韻會》, 또는 그의 제자 웅충熊忠의 《고금운회거요擧要》의 자음
字音에 따라 수정한 것이다. 역시 《몽고자운》의 권두에 실었을 〈자모字
母〉를 《사성통해》에서는 〈운회삼십오자모지도韻會三十五字母之圖〉(이하
〈운회35자모도〉로 약칭)로 제시하였다.

〈사진 5-1〉으로 보인 {증정}《몽고자운》 런던 초본의 권두에 첨부된
자모字母는 《고금운회거요》의 권두에 실렸던 것으로 보이는 〈예부운략
칠음삼십육모통고禮部韻略七音三十六母通攷〉(이하 〈7음 36모통고〉로 약
칭)의 수정본으로 보여 매우 귀중한 자료다.

5.2.1.2 앞에서 살펴본 바와 같이 훈민정음 〈언해본〉에만 추가된 치두
齒頭와 정치正齒의 구별을 위하여 만든 5자를 더하면 초성이 모두 32

자가 된다. 이것은 졸고(2011a)에서 주장한 바와 같이 주종문이 《몽고자운》을 증정한 〈증정본〉의 권두 〈자모字母〉에 보이는 32개 파스파 문자의 자음자와 일치한다. 앞의 〈사진 5-1〉에 보이는 〈자모〉를 《사성통해四聲通解》에 첨부된 〈홍무운 31자모도〉에 의거하여 도표로 보이면 다음[2])과 같다.

〈표 5-1〉 {증정}《몽고자운》의 런던 초본에 소개된 〈36자모도〉

	牙音	舌音		脣音		齒音		喉音	半音	
		舌頭音	舌上音	脣重音	脣輕音	齒頭音	正齒音		半舌音	半齒音
全淸	見	端	知	幫	非	精	照	曉		
次淸	溪	透	徹	滂	敷	淸	穿	匣 ,		
全濁	群	定	澄	並	奉	從	牀	影 ,		
不淸不濁	疑	泥	娘	明	微			喩 ,	來	日
全淸						心	審			
全濁						邪	禪			

앞의 〈사진 5-1〉에서 보이는 것처럼 몽운의 〈증정본〉에서는 권두에 '자모字母'라는 제목으로 《광운》의 36자모도의 자모를 파스파자로 보였다. 이 자모字母에 해당하는 파스파 문자는 〈표 5-1〉에서 보이는 것처럼 설상음舌上音의 전청, 차청, 전탁을 표기한 것과 정치음正齒音의 같은 것을 표기한 글자가 동일하게 / , , /이어서 3개가 줄고 순경음의 전청과 전탁이 동일하게 //이어서 1자가 줄어 모두 32개의 글자만을 제시하였다.

이 32자는 《사성통해》의 〈홍무운 31자모도〉와 일치한다. 즉, 《사성

2) 〈사진 5-1〉에서 보이는 자모도는 한자의 韻目字와 그를 표음한 파스파 문자가 순서대로 나열되었다. 이 도표와 같이 조음 위치와 조음 방식으로 분류하여 정음으로 대응시킨 도표가 《四聲通解》에 소개된 〈洪武韻三十一字母之圖〉인 것으로 추정된다. 두 도표를 비교하면 대동소이하다. 졸저(2009:187)에 게재된 자모도를 옮겨온 것이다.

통해》에서는 권두에 〈광운 36자모도〉 및 〈운회35자모도〉와 더불어 〈홍무운 31자모도〉가 부재附載되었다. 졸고(2011a)와 졸저(2015)에서 이것은 주종문의 〈증정본〉에 보이는 〈자모字母〉의 36자모와 같은 것으로 보았다.3)

특히 명 태조의 칙찬勅撰 운서인 《홍무정운洪武正韻》과는 아무런 관련이 없는 31자모를 '홍무운洪武韻'이라 한 것은 바로 몽운蒙韻을 따르는 훈민정음을 위장하기 위한 것으로 볼 수밖에 없다. 나머지 〈광운 36자모도〉는 실제로 〈광운廣韻〉, 즉 《대송중수광운大宋重修廣韻》의 36자모를 《몽고운략蒙古韻略》에서 그대로 견지하였고, 〈운회 35자모도〉도 실제로 《몽고자운蒙古字韻》이 《고금운회거요古今韻會擧要》의 35자모를 인정하였기 때문에 '광운 35자모', '운회 35자모'가 전혀 망발은 아니다 (졸저, 2009).

5.2.1.3 《사성통해》에는 〈광운 36자모도〉와 〈운회 35자모도〉 이외에 〈홍무운 31자모도〉를 더 추가로 부재附載하였다. 이것은 《홍무정운洪武正韻》의 〈자모도字母圖〉란 이름으로 제목을 '홍무운洪武韻'이라고 한 것이지만, 실제로는 《몽고자운》의 〈증정본〉에 〈자모字母〉라는 제목으로 열거한 〈표 5-1〉의 32자모를 그대로 옮겨 놓은 것이다. 아무래도 《몽고자운》이란 말은 명明으로부터 금기시된 서명書名이므로 당시 명 태조의 칙찬운서勅撰韻書인 《홍무정운》의 이름을 빌려 이렇게 표시한 것

---

3) 《蒙古字韻》의 런던 抄本으로 알려진 朱宗文의 {증정}《몽고자운》에는 권두에 〈字母〉라는 제목으로 36개의 聲母와 喩母 7개(실제로는 6개)를 보였다. 이 36聲母는 동일한 파스파 문자로 표기된 것이 4개가 있다. 즉, 正齒音에서 전청, 차청, 전탁의 3자가 /ㅌ, ㅍ, ㅋ/로 舌上音의 것과 같고 순경음의 [ㅸ]과 [ㅹ]이 /ㅎ/로 같아서 4개가 줄므로 실제로는 32개다(〈표 5-1〉 참조). 그러나 이 가운데 喩母 /ᄴ/는 훈민정음의 欲母 /ㅇ/와 같이 모음 표시이므로 실제 자음의 표기는 31개로 보아야 한다. 훈민정음의 欲母도 17자에 포함시켰으므로 실제로는 모두 동일하다(졸고. 2011a).

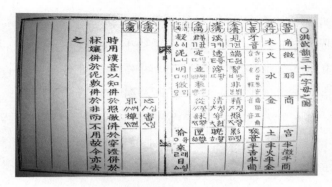

〈사진 **5-2**〉《사성통해》권두의 〈홍무운 31자모도〉

으로 볼 수밖에 없다.

위의 〈사진 5-2〉를 도표로 보이면 다음의 〈표 5-2〉와 같고 이 도
표를 앞의 〈표 5-1〉로 정리한 {증정}《몽고자운》의 런던 초본의 32자모
와 비교하면 설상음舌上音 불청불탁의 '娘 ᄿ'를 설두음舌頭音 불청불
탁의 '泥 ᄼ'에 통합하여 〈표 5-1〉의 설상음 4자를 모두 없앤 것이다.

〈표 **5-2**〉《사성통해》권두의 〈홍무운 31자모도〉

五音	角	徵	羽		商		宮	半徵	半商
五行	木	火	水		金		土	半火	半金
七音	牙音	舌頭音	脣音重	脣音輕	齒頭音	正齒音	喉音	半舌	半齒
全清	見ㄱ:견	端ㄷ 뒨	幫ㅂ 방	非ㅸ 비	精ᅎ 징	照ᅐ ·쟐	影ㆆ:힝		
次清	溪ㅋ 키	透ㅌ 틀	滂ㅍ 팡		清ᅔ 칭	穿ᅕ 쳔	曉ㅎ:햘		
全濁	群ㄲ 꾼	定ㄸ·띵	並ㅃ:삥	奉ᄬ 뽕	從ᅏ 쭝	狀ᅑ 쨩	匣ㆅ 햫		
不清不濁	疑ㆁ 이	泥ㄴ 니	明ㅁ 밍	微ㅱ 비			喻ㅇ 유	來ㄹ래	日ᅀ·싈
全清					心ᄼ 심	審ᄾ·심			
全濁					邪ᄽ 써	禪ᄿ·쎤			

〈몽운蒙韻〉의 〈자모도〉에 의거하여 〈표 5-2〉로 보인 훈민정음의 자
모들은 파스파 문자가 고대인도의 비가라론의 성명기론이라고 부르던
고도로 발달된 조음음성학에 의거하여 제정된 문자였다. 원래 이론에

의거하여 7세기 중엽에 티베트의 서장 문자가 만들어졌고 이를 모방하여 원대 파스파 문자가 제정되었기 때문이다.

졸저(2009, 2012)에서 한글과 파스파 문자가 제정의 목적과 방법이 같았음을 주장하면서 제자 방식이 모두 성명기론으로 번역되는 비가라론의 방법에 의한 것임을 주장하였다(졸고, 2016a). 여기서는 이에 대하여 다시 한 번 고찰하고 훈민정음에 영향을 준 비가라론은 어떤 것이 있는가를 구체적으로 다시 살펴보기로 한다.

2) 고대인도의 비가라론과 서장 문자

5.2.2.0 이 책의 제3장에서 파스파 문자를 제정하는 데 고대인도의 비가라론이 많은 영향을 주었음을 고찰하면서 훈민정음의 고도로 발달한 조음음성학의 지식이 이로부터 온 것이라는 주장을 하였다. 왜냐하면 훈민정음의 제정에 많은 영향을 준 파스파 문자는 고대 토번의 서장 문자를 모방한 것이며 오늘날에도 사용되고 있는 이 서장 문자는 고대인도의 비가라론에 의거하여 제정된 문자이기 때문이다.

제3장의 3.2.2.0에서 살펴본 바와 같이 고대인도에서 고전적인 경전의 언어였던 산스크리트어(Vedic Sanskrit language)의 문법으로 발전한 비가라론은 원래 Vyākaraṇa(범어로 '분석하다'란 뜻)를 한자로 전사轉寫한 것이다. 한역하면 '기론記論'이라 하고 이 이론의 음성에 관한 연구를 성명기론聲明記論이라 하였다. 원래 성명기론의 '성명聲明'은 제3장의 3.2.1.4에서 거론한 것처럼 5명(明, pañca-vidyā-sthāna)의 하나로 오명五明은 다섯 가지 학문이나 기예를 발한다. 여기서 '명明'은 배운 것을 분명히 한다는 뜻이니 '성명聲明'은 바로 음성학을 말한다.

비가라론을 해설한 것으로 역시 3.2.2.0에서 논의한 바와 같이 기원전 5~4세기에 파니니Pāṇini가 저술한 Aṣṭādhyāyī(《八章》, 이하《팔장》으

로 약칭)가 있다. 이 책은 세계 언어학사에서 굴절어에 대한 최초의
문법서이며 위대한 음성학의 연구서로 알려졌다. 《팔장》은 그 일부가
서양에 전달되어 19세기의 조음음성학을 낳게 하였고 20세기 후반에
언어학계를 풍미한 촘스키의 변형생성문법이나 생성음운론이 모두 이
책의 영향을 받았다고 한다(R. H. Robins, *A Short History of Linguistics*,
Longman Linguistic Library, 4th edition, 1997). 《팔장》에는 범어의 문법
만 아니라 인간의 발화에 사용된 음성의 연구가 들어 있었기 때문이다
(졸고, 2016a).

5.2.2.1 김민수(1990:24)에 따르면 서장 문자는 티베트의 토번 왕조의
송첸감포 시대에 대신大臣이었던 톤미 삼보다(Thon-mi Sam-bho-ṛa)
를 인도에 파견하여 고대인도의 음성학을 배우고 그에 의거하여 티베
트어를 표기하기 위하여 만든 표음문자로 알려졌다.

　톤미 삼보다는 문자만이 아니라 인도 파니니Pānini의 문법서인 《팔
장》을 본따서 티베트어 문법서 《삼십송(三十頌, Sum-cu-pa)》과 《성입법
(性入法, rTags-kyi 'jug-pa)》을 편찬한 것으로 알려진 인물이다(山口瑞
鳳, 1976).[4] 그러나 그가 송첸감포 왕 시대의 대신이 아니라는 것 이
외에 어떤 것도 사적에서 확인할 수가 없다.[5]

　졸저(2009:143~145)에서는 티베트 문자를 만든 사람이 상술한 톤
미 삼보다가 아니라 톤미 아누이브(Thon mi Anu'ibu)라고 보았다. 토
번의 송첸감포왕은 톤미 아누이브와 함께 16인을 인도에 문자 연수를
위하여 파견하였으며 이들은 판디타 헤리그 셍 게(Pandita lH'i-rigs seng

---

4) 톤미 삼보다의 문법은 파니니의 《팔장》에 맞추어 《八論》으로 되었지만 《三十頌》과
　《性入法》, 또는 《添性法》의 2권에 완결되어 전해진다. 내용은 파니니의 《八章》과 같
　은 짧은 운문으로 된 티베트어의 문법서다.
5) 전술한 敦煌 출토의 문헌에는 얼마간의 상세한 大臣이나 官吏의 목록이 있지만 어
　디에도 톤미 삼보다의 이름은 보이지 않는다.

ge) 밑에서 인도 문법을 배워서 티베트어에 맞도록 자음 문자 30개, 모음 기호 4개를 정리하여 티베트 문자를 만들었다고 주장하였다. 문자의 모습은 카스미르(Kashmïrï, Kashmir) 문자를 본떴고 라사르성城에서 수정한 다음에 문자와 문법의 〈팔론八論〉을 만들었으며 왕은 4년 동안 이것을 배웠다고 한다.

중국의 《구당서舊唐書》〈토번전吐蕃傳〉에 따르면 티베트에는 "문자는 없고 나무를 조각하거나 끈을 묶어서 약속을 하다"라고 하였으며, 처음으로 당을 방문한 토번왕조의 재상인 갈 통 찬(mGar-stong-rtsan)이 "문자를 알지 못하지만…"이라고 한 것으로 보아 토번왕조의 초기에는 문자가 없었던 것을 알 수 있다. 다만 전술한 송첸감포가 죽은 지 6년째인 서기 655년에는 분명히 티베트어를 기록하는 문자가 있었다는 기록이 돈황敦煌 출토의 티베트 문헌에서 확인할 수 있다(졸저, 2009).

파스파 문자는 서장 문자에 견주어 더 발달된 비가라론의 이론에 의거하여 제정된 문자다. 따라서 모음자를 인정하지 않고 구분부호 (diacritical mark)로 처리한 서장 문자와 비교하면 7개의 모음자를 따로 제정하였을 뿐만 아니라 음절 단위의 표기를 위한 문자이기도 하다. 파스파 문자가 비가라론의 성명기론에 의거하여 재정되어 한자음 표기에 사용된 것을 본받아 신미대사가 훈민정음도 초初, 중中, 종성終聲으로 나누어 문자를 제정하고 그들을 음절 단위로 표기하도록 제정한 것이다(졸고, 2019a).

다음에는 어떻게 고대인도의 비가라론이 한반도에 수입되어 문자 제정의 기본 이론이 되었는지 살펴보기로 한다.

5.2.2.2 고대인도의 문법 이론으로 소개된 비가라론은 불경의 대장경大藏經에 포함되어 중국과 한반도에 전달되었다.[6] 대장경은 북송北宋의 태조가 칙령으로 간판한 개보開寶 칙판(勅板, 971~983)이 가장 이른

시기의 것이며 고려에서도 이를 들여다가 두 차례에 걸쳐서 대장경을 간행하였다. 즉 고려 현종顯宗 2년(1011)에 시작한 대장경의 간행 사업은 현종 20년(1029)에 거의 완성되었는데 이것을 초조대장경初雕大藏經이라 하고, 고려 고종 35년(1248)에 완성된 것을 재조再雕대장경이라 한다.[7]

한어로 성명기론이라 번역된 비가라론의 음성이론은 기원전 6~7세기 무렵부터 고대 인도에서는 베다 경전의 산스크리트어를 연구하는 문법론이었다. 불경과 함께 중국에 전달되어 성명기론으로 번역되었고 대장경 속에 포함되어 중국과 한반도의 불가佛家에 전해졌다. 비가라론은 기원전 3~5세기에 파니니(波膩尼, 波你尼: Paṇini)라는 범어 교사에 의하여 《팔장》으로 정리되었지만 오늘날 전하는 것은 이 책의 극히 일부만 전해진다.

이 책은 베다 경전의 범어에 대한 문법서로 문장을 형성하기까지 각 단위에서 작용하는 문법 규칙들을 잠언(箴言, aphorism) 형식으로 짧은 수드라(sūtra-실)로 설명하였다. 모두 8장 32절로 되었고 3,983개의 수드라를 세워 이 규칙들이 범어의 음운, 음절, 단어, 구, 절, 문장으로 확대할 때의 순서대로 적용됨을 설명하였다(졸고, 2016a). 일반인들을 위한 것이 아니고 범어 교사들을 위해 만들어진 이 책은 주석되어 읽혔다. 유명한 것은 파탄잘리Patañjali의 《대주석(Mahā-bhāṣya, great commentary)》이 있다.

Böhtlink에 의하여 1887년에 독일어로 번역되었으며 F. de Saussure와 L. Bloomfield에 의해서 극찬되었다.[8] 아마도 서양에서 20세기 초에

---

6) 經藏, 律藏, 論藏의 三藏의 불경을 大藏經이라 하며 전통적인 팔리(Pāli)어의 三藏과 대표적인 중국의 漢譯 대장경 및 티베트 대장경을 비롯하여 몽고어와 만주어로 번역된 대장경이 현존한다. 이 밖에 西夏語로 번역된 대장경도 있었으나 지금은 거의 사라져 일부가 남아 있을 뿐이다(졸고, 2016a).
7) 이에 대하여는 졸고(2016a)에서 상세하게 논의하였다.

시작한 현대 언어학은 《팔장》에 소개된 비가라론에 의하여 시작된 것
이 아닌가 한다(졸고, 2016a). 언어의 역사적 연구보다는 공시적인 문
법 연구가 비가라론의 핵심 연구방법이기 때문이다. 특히 후기구조주의
음운 연구 방법인 변형생성문법론(Transformational generative grammar)
의 연구나 그에 의거한 생성음운론(generative phonology)의 음운 연구
에서 규칙과 규칙 적용의 순서에 대한 이론의 배경에는 비가라론이 있
는 것으로 보인다.

3) 훈민정음의 제정에 끼친 비가라론

5.2.3.0 《절운切韻》 이후 중국의 성운학은 서역의 역경승譯經僧들이 범
어로 된 불경을 한역할 때에 한자음의 정확한 기술을 위하여 발달시킨
반절법反切法에 기반을 둔 것이다. 중국에 와서 중국어로 불경을 번역
하여 한자로 표기하였다. 이때에 한자의 발음을 이해하기 위하여 범자
의 기술記述에서 사용하던 반자론半字論 등의 방법으로 한자의 음운을
분석하여 표음한 것이 반절법이다.

제3장의 3.3.0에서 고찰한 바와 같이 불경에 자주 등장하는 반만이
교半滿二敎라는 것은 반만교半滿敎, 또는 반만이자교半滿二字敎라고도
하며 범자의 교육에서 사용하는 반자론과 만자론을 말한다. 반자론의
반자半字란 원래 범어의 산스크리트 문자, 즉 범자의 자음[体文]과 모
음[摩多]과 같은 알파벳을 가리키고, 만자교의 만자滿字는 이들을 합성
한 실담悉曇의 음절문자를 말하며 모두 범자의 교육을 의미한다. 비가

---

8) 서양의 현대 언어학은 주지하는 바와 같이 스위스의 F. de Saussure의 Franco-Swiss
학파, 미국의 Bloomfield 학파, 폴란드의 Prague 학파, Hjelmslev의 Kόbenhaven 학파
에 의해서 주도되었다(Amsterdamska, 1987). 이 시대의 언어의 연구는 역사적인 방
법을 止揚하고 공시적 연구를 중시하였다(졸고, 2016a).

라론에서 실담장悉曇章은 글자의 자모를 가르치는 반자교半字敎이고 만자교滿字敎는 음절 단위의 문자인 범자를 가리킨다.

한자를 범자와 같이 음절 단위의 발음으로 보고 체문과 마다의 자음과 모음으로 나누어 이해한 것이 성명기론이며 한자음을 성성聲과 운韻으로 나누어 고찰하는 것이 성운학聲韻學이다. 다만 범자의 체문과 마다는 대체로 자음과 모음의 구별과 유사하지만 성성聲과 운韻은 이보다 더 구체적이어서 음절 초(onset)의 자음, 즉 성성聲과 그리고 운韻의 음절 핵인 모음〔攝〕과 음절 말(coda)의 자음으로 분류된다. 즉, 대부분 개음절의 범어와 달리 중국어에서는 운韻의 모음과 음절 말의 자음이 매우 다양하고 또 변별적이기 때문이다.

훈민정음에서도 성운학을 그대로 받아들여 문자를 제정하기가 어려웠던 것은 중국 한자음의 음운 구조와 우리 한자음이나 우리말의 그것이 서로 달랐기 때문이다. 이로부터 훈민정음은 중국의 성운학이 아니라 직접 고대인도의 비가라론에 의거하여 문자를 제정한 것이 아닌가하고 의심하게 된다. 특히 훈민정음의 제정에 신미와 같은 불가의 학승學僧이 적극적으로 참여한 사실로부터 이러한 의혹은 사실에 가깝게 인정된다. 이제부터 이에 대하여 고찰하기로 한다.

5.2.3.1 비가라론의 반자론에서 자음에 해당하는 체문으로 35자를 인정하였다. 제3장의 3.3.1.4에서 살펴본 바와 같이 당唐의 지광智廣이 편찬한 《실담자기悉曇字記》(권1)에서는 마다 12음과 체문 35음을 구별하였다. 그리고 체문은 "迦[k], 佉[kh], 伽[g], 哦[ng]"을 비롯하여 마지막 "乞灑[ks]"에 이르기까지 대체로 아牙, 치齒, 설舌, 순脣, 후喉, 반설半舌, 반치半齒의 순서로 배열하여 훈민정음의 초성의 순서와 유사하다. 특히 아음牙音의 순서가 체문의 첫 글자인 "迦[k], 佉[kh], 誐[g], 伽[gh], 哦[ng]"여서 훈민정음의 '君[ㄱ, k], 快[ㅋ, kh], 虯[ㄲ, g], 業[ㆁ, ng]'와 비

교하면 '伽[gh]'만 빼고 완전히 일치한다.9)

중국 성운학에서 전청全淸, 차청次淸, 전탁全濁, 불청불탁不淸不濁으로 구분하는 방법은 원래 비가라론의 성명기론聲明記論에서 조음 방식에 따라 무성무기음의 전청, 유기음의 차청, 유성음의 전탁, 비음의 불청불탁을 구별한 것에서 온 것이다. 이러한 조음 방식에 따른 구별은 앞에서 언급한 바와 같이 현대의 생성음운론에서 말하는 조음 방식 자질에 의한 자음의 구분이다.

이러한 자질이 변별적인 범어와 중국어에서 유용한 구분 방법이다. 그러나 당시 조선어에서는 '유성 : 무성'의 대립이 없어져 유성음 자질은 잉여적(redundant)이었다.10) 따라서 전탁全濁의 구별은 한자음 표음에만 필요하게 되었는데 이러한 조음 방식에 따른 자음의 구분은 비가라론에서 시작하여 중국의 성운학에 영향을 준 것이다.

특히 반절법이 일반화된 다음에 편찬된 《절운切韻》과 이 계통의 《당운唐韻》, 《광운廣韻》에서 36자모를 인정한 것은 반자론의 35 체문과 관련이 있는 것으로 추정된다. 왜냐하면 고금운회의 〈거요〉에서 35자모, 《몽고자운》의 32자모, 《홍무정운》의 31자모, 그리고 《중원음운中原音韻》에서 24자모를 본다면 36자모의 설정은 아무래도 실담悉曇의 35체문에 이끌린 것으로 볼 수밖에 없다. 조선의 세종은 동국정운 23자모를 인정하였다.

---

9) 悉曇의 체문에 대하여는 이 책 제3장 3. 반자론과 반절의 3.3.1.4를 참고할 것.

10) 잉여자질(redundant features)은 변별적 자질로서 기능을 하지 못하지만 다른 자질에 포함되어 있는 음성적 자질을 말한다. 예를 들면 소음성 [+strident] 자질은 비비음성 [−nas.] 자질을 내포하고 있고 반면에 비음성 [+nas.] 자질은 명음성 [+sonorant] 자질을 내포한다. 이것을 표기상의 규약에서 다음과 같이 표기한다. [+str.] ⇒ [−nas.], [+nas.] ⇒ [+son.]. 조선어에서 全淸의 무표성 [−marked: −voiced, −aspirates] 자질은 全濁의 유성성 [+voiced] 자질을 내포한다.

5.2.3.2 앞에서 인용한 당唐 지광智廣의 《실담자기》에서는 모음에 해당하는 마다로 12음을 인정하고 이를 표음하는 글자를 제시하였다. 즉, "阿[a], 阿[ā], 伊[i], 伊[ī], 歐[u], 歐[ū], 藹[ä], 藹[ā̈], 奧[o], 奧[ō], 暗[am], 疴[ah]"의 모음자는 '暗[aṃ]'을 제외하면 모두 11자의 모음자들이다 (졸고, 2016a). 이 모음들은 장음長音과 움라우트를 빼면 [a, i, u, ä, o] 의 5모음이다.

훈민정음에서는 11개의 중성을 인정하고 11의 중성자를 제정하였다. 그러나 재출자再出字라고 한 /ㅛ, ㅑ, ㅠ, ㅕ/의 4자를 제외하면 기본자와 초출자의 7개 단모음 표기를 위한 글자를 만들었다고 본다. 또 이 단모음 글자들은 음양陰陽으로 대립하여 /ㅗ:ㅜ, ㅏ:ㅓ, ·:ㅡ/에서 앞의 계열이 양陽이고 뒤에 것이 음陰이라 하여 모음조화에 의한 대립으로 간주하였다. /ㅣ/는 이러한 대립에서 무관하다고 하였다.

이로부터 훈민정음은 양陽으로 표시된 후설모음 /ㅗ, ·, ㅏ/와 음陰으로 표시된 전설모음 /ㅜ, ㅡ, ㅓ/가 서로 대립하는 구개적 조화 (palatal harmony)의 모음조화를 갖춘 모음체계의 문자 제정으로 보았다. 다만 /ㅣ/는 이러한 전후 모음의 대립에서 자유롭다고 보았다.

이러한 이해는 훈민정음의 〈해례본〉의 설명에 의한 것이다. 그러나 서양의 많은 한국어 연구자들이 한국어에는 역사적으로 모음조화가 존재하지 않았다고 주장한다. 특히 Martin(2000)과 Vovin(2010)에서는 현대한국어에서는 물론 고대한국어에서도 모음조화는 존재하지 않았음을 강조하였다.

졸고(2011b)와 제2장의 2.5.2.3에서는 이러한 외국연구자들의 주장을 중세한국어의 언문諺文 자료에서 확인하고 훈민정음의 중성자는 파스파 문자의 유모喩母자에 이끌린 것으로 보았다. 그리고 모음조화는 중세몽고어의 것을 파스파 문자에서 받아들여 모음자를 제정한 것으로 이해하였고 15세기 한국어 자료에서 보이는 모음조화는 느슨한 형태의

모음동화 현상임을 주장하였다.[11]

5.2.3.3 파스파 문자의 7개 유모喩母의 모음자에 맞춰 훈민정음에서 중성 7자 이외로 재출자再出字 4자를 더하여 11자를 제정한 것은 비가라론의 마다 12자와 관련이 있을 것이다(졸고, 2016a). 그러나 훈민정음 중성으로는 〈해례본〉 '중성해'에서 원래 11자의 중성자에다가 이자합용二字合用 4자 /ㅘ, ㅝ, ㆇ, ㆊ/, 그리고 일자一字 중성의 10자와 /ㅣ/자와의 상합相合의 10자 /ㅐ, ㅢ, ㅚ, ㅔ, ㅟ, ㅖ, ㅚ, ㅒ, ㅟ, ㅖ/, 또 앞의 이자합용二字合用의 4자와 /ㅣ/의 상합자相合字 4개 /ㅙ, ㅞ, ㆄ, ㆋ/를 더하여 모두 29자의 중성자를 제자하여 보였다.

　이것은 원래 28자에 들어간 11개의 중성자에서 /ㅣ/를 뺀 10자에 이자합용 4자를 더하여 14자를 만들고 여기에 /ㅣ/를 상합相合하여 29를 더 만든 것은 /ㅣ/가 모음조화에 관계없이 모두 결합이 가능하다고 보았기 때문이다. 즉, 〈해례본〉 '중성해'의 마지막에 "侵之爲用最居多, 於十四聲徧相隨 - /ㅣ/(侵)의 사용이 제일 많은 것은 14소리에 두루 서로 따를 수 있기 때문이다"라고 한 것이 바로 이것을 말한다.

　이것은 ㅣ계 이중모음의 형성이 가능한 우리말의 음운구조의 특성을 파악한 것으로 당시 우리말의 ㅣ모음 역행동화 현상을 꿰뚫어 보고 중성자를 제자하였음을 말해 준다. 이러한 음운론적인 이해는 고대인도의 비가라론, 즉 성명기론을 익히 터득한 연구자가 훈민정음을 창제할 때에 옆에서 도와주었다고 미루어 짐작할 수밖에 없다. 비가라론에서 음운에 대한 인식과 이해에 대하여는 졸고(2016a)에서 상세하게 논의

---

11) 훈민정음 중성자에 의거하여 수립된 고대한국어의 7모음 체계는 졸고(2011b, 2013b)에서 재고하여야 할 문제로 보았고 오히려 김완진(1978)에서 제시한 5모음 체계가 고대한국어의 모음을 합리적으로 재구한 것으로 인정하였다. 졸저(2011b)에서는 고구려어의 재구를 통하여 이러한 5모음체계가 매우 적절함을 확인하였다.

하였다. 그에 따르면 음운에 대한 자음과 모음의 구별이라든지 모음에
서 이중모음의 이해가 이미 이 이론에서 상당하게 이루어졌음을 알 수
있다.

4) 언문諺文 제정의 배경

5.2.4.0 이상 훈민정음의 제정에 관하여 살펴본 바에 따르면 세종과
그 주변 인물들이 독창적으로 창제한 것이 아님을 알 수 있다. 그리고
중국 성운학의 음운 이론에 의거한 것만이 아니라 고대인도의 비가라
론으로부터 많은 이론적 영향을 받았으며 여기에서 연구된 조음음성학
의 이론에 따라 과학적으로 창제된 것임을 주장하였다. 비가라론은 불
경과 서역西域의 역경승들, 그리고 서역에 유학한 중국의 유학승留學僧
들에 의하여 한반도에 수입되었다.

　이 이론은 당대唐代에 성명기론聲明記論으로 번역되어 한자음 이해
에 주된 이론이 되었으며 중국 성운학의 이론적 바탕이 되었다(졸고,
2016a). 훈민정음은 중국 성운학의 영향보다는 성명기론의 이론을 직접
적용하여 문자를 창제한 것임을 강조하였다. 그리고 무엇보다도 훈민정
음이 한자음 표음을 위한 발음기호의 역할을 위하여 제정된 것이라고
주장하였다.

　초기에 불교의 전파를 위하여 중국에 온 서역의 역경승譯經僧들은
불경의 중국어 번역이 한자에 의해 표기되므로 먼저 한자의 정확한 발
음을 이해하기 위하여 반절법反切法을 개발하였고 중국에서는 이 방법
을 받아들여 운서를 편찬하였다. 수대隋代에 편찬된 《절운》은 이러한
반절의 방법을 이용한 최초의 운서로서 이후에 중국에서는 반절의 연
구를 통한 성운학이 발달하였다.

　따라서 이 학문은 한자음의 연구를 전제로 하는 것이었다. 조선 세

종이 창제한 훈민정음도 이러한 성운학의 연구목표와 같이 우리 한자음의 정리에 목적이 있었으며, 인위적이지만 운서에 맞는 한자음을 마련하여 이를 백성들에게 가르치려는 목적으로 발음의 정확한 표음을 위한 기호로 제정된 것이다.

중국의 표준 한자음, 즉 정음正音과 우리의 한자음, 즉 동음東音의 발음 차이가 너무 커서 서로 문자가 통하지 않는 것을 고치려고 《동국정운》을 편찬한 것이다. 비록 인위적이지만 우리 한자음을 중국 전통 한자음에 맞추어 고쳐보려던 것이다. 훈민정음의 어제 서문에 "國之語音, 異乎中國, 與文字不相流通"은 바로 이것을 말한다. 또 이것은 명 태조 주원장이 시도한 《홍무정운洪武正韻》의 편찬 목적이나 방법과 같았다.

5.2.4.1 새로 제정한 동국정운식 한자음의 표기를 위하여 만든 표음기호가 바로 훈민정음訓民正音이다. 즉, 《월인석보》 신편新編의 〈세종어제훈민정음〉의 '어제서문'에 훈민정음이라는 제목을 해설한 협주夾註에 "훈민정음은 百姓 ᄀᆞᄅ치시논 正ᄒᆞᆫ 소리라"라고 하였고 이때의 '소리'의 의미는 같은 〈언해본〉에 수록된 '예의例義'의 마지막 부분에 한음漢音에 대한 협주가 있는데 "漢音은 中國 소리라" 하여 '소리'가 한자음임을 분명하게 밝혀두었다.

따라서 이 협주 정의에 따르면 '훈민정음'은 "백성들에게 가르쳐야 하는 올바른 한자음, 즉, 동국정운식 한자음"의 표기를 위하여 만든 표음자들이다. 훈민정음이 결코 백성들에게 가르쳐야 하는 올바른 문자란 뜻이 아니다(졸저, 2015).

《월인석보》 신편에 부재附載된 〈세종어제훈민정음〉은 세종 생존 시에 간행된 《월인석보》의 구권舊卷에 첨부된 것이다(졸고, 2013c). 필자는 졸저(2015)에서는 〈언해본〉의 간행이 바로 훈민정음이라는 새 문자의 공표로 보았다. 따라서 〈언해본〉은 단행본으로 간행되었을 가능성이 있다. 현재 고려대 도서관의 육당六堂문고에 세조 때의 《월인석보》의 권두에 실린 〈세종어제훈민정음〉과 동일 판본으로 보이는 《훈민정음》이 단행본으로 전해진다. 고故 박승빈朴勝彬 교수가 훈민정음의 원본으로 주장했던 이 판본은 권수제卷首題가 있는 첫 장만이 〈세종어제훈민정음〉과 다르고 나머지 모두 동일한 판본이다(안병희, 2007).

고려대 소장의 《훈민정음》은 권수제卷首題가 '훈민정음'이지만 서강대 소장의 초간본 《월인석보》 신편의 권두에 실린 것은 권수제가 〈세종어제훈민정음世宗御製訓民正音〉이다. 따라서 후자가 세종의 사후에 간행된 《월인석보》의 신편에 첨부된 것이고 전자는 세종의 생존에 간행된 구권에 실린 것이라고 본 것이다(졸고, 2013b; 졸저, 2015).

전자의 〈훈민정음〉이란 권수제는 세종이 생존하고 있었으므로 그의 사후에 주어지는 존호尊號가 붙지 못한 것이고, 후자의 〈세종어제훈민정음世宗御製訓民正音〉이란 권수제卷首題는 세종의 사후에 간행된 것임을 증언한다. 다만 고려대 소장본은 첫 장이 후대에 필사한 것이고 필사 부분이 근대국어의 표기법을 보이기 때문에 이로부터 여러 오해와 이론異論이 있었다.

5.2.4.2 동국정운식이 아닌 우리 한자음이나 우리말을 훈민정음이란 이름으로 새로 만든 글자로 표기할 수 있다. 다만 그런 경우에는 새 문자를 언문諺文, 또는 언서諺書라는 명칭으로 불렀다. 졸저(2015)에 따르면 세종의 둘째 따님인 정의공주가 '변음토착變音吐着'의 난제를 새 문자로 해결한 다음에 우리 한자음과 우리말의 표기를 새로 만든 문자로 적을 수 있음을 깨닫고 훈민정음으로 《증수석가보增修釋迦譜》를 언해하여 《석보상절釋譜詳節》을 편찬하였고, 세종은 이를 보고 확인하는 의미에서 《월인천강지곡月印千江之曲》을 저술하였으며, 이를 합편하여 《월인석보月印釋譜》의 구권(舊卷, 1446?)을 간행하였다고 주장하였다.

이때에는 훈민정음이 아니라 언문諺文이란 문자의 명칭으로 불렸으며 언서諺書라고도 하였다(졸고, 2013c). 후대지만 《훈몽자회訓蒙字會》(1527)에서는 훈민정음을 '언문자모諺文字母'로 이해하여 우리 한자음도 새 문자로 표음하였는데, 이 경우에 언문으로 불렸음을 보여주는 좋은 예다. 다만 '언문자모'의 부제副題가 "속소위반절27자俗所謂反切二十七字"여서 이때의 언문자모가 반절과 같이 한자음의 표기임을 밝힌 것이다.

3. 훈민정음의 중성中聲과 몽운蒙韻의 유모喩母

5.3.0 훈민정음과 파스파 문자의 관계를 잘 보여주는 예로 훈민정음의 중성과 {증정}《몽고자운》에서 유모喩母라고 한 모음자를 들 수 있음을 앞에서 논급하였다. 그러나 여기에 그치지 않고 훈민정음의 중성, 즉 모음자에 /ㅇ/를 붙여 쓰는 것이 파스파 문자의 영향임은 지금까지 아무도 언급한 바가 없다. 훈민정음에서 규정하여 언문을 거쳐 오늘날의 한글에까지 모든 모음자를 단독으로 쓸 때에는 /ㅇ/를 붙여 쓴다.

그러면 왜 이런 표기법이 생겨났을까? 중성자가 단독으로 쓰일 때에 /ㅇ/를 붙여 쓰는 것에 대하여는 훈민정음의 〈해례본〉이나 〈실록본〉, 그리고 〈언해본〉의 어디에도 명확한 설명이 없다. 즉, 훈민정음의 제정과 그 정서법에 대하여는 세 가지 〈훈민정음〉이란 문헌에서 설명되었다. 우선은 세종 28년 9월 상한上澣에 간행된 {해례본}《훈민정음》(이하 〈해례본〉으로 약칭)을 들 수 있다.[12] 이 〈해례본〉은 세종의 어제서문御製序文과 예의例義, 해례解例, 그리고 정인지의 후서後序까지 포함한 것으로 가장 완전한 훈민정음으로 알려졌다.

또 하나는 《세종실록》(권113) 세종 28년 9월조에 "是月訓民正音成 ─ 이달에 훈민정음이 이루어졌다"로 시작하는 기사에 이어서 〈해례본〉의 '해례解例'만 빼고 어제서문과 예의, 정인지鄭麟趾 후서後序를 모두 실은 〈한문본〉, 또는 훈민정음 〈실록본〉이 있다.

마지막으로 《월인석보月印釋譜》 신편新編의 권두에 부재附載된 〈세종어제훈민정음〉으로 훈민정음 〈언해본〉(이하 〈언해본〉으로 약칭)을 들 수 있는데, 〈해례본〉의 어제서문과 예의例義의 석장 반을 언해하고 15장으로 편집하여 《월인석보》의 권두에 실은 것이다. 그러나 이러한 훈민정음의 해설서 어디에도 중성자를 단독으로 쓸 때에 /ㅇ/를 붙여 쓰는 것에 대하여 언급하지 않았다. 다만 졸고(2017b)에서 이에 대한 명확한 이해는 한글과 파스파 문자의 관계를 통해서만 밝혀질 수 있다고 하였다.

1) 왜 한글에서는 모음자에 /ㅇ/를 붙여 쓰는가?

5.3.1.0 훈민정음에서는 중성, 즉 모음자로 11자를 제정하였고 이러한 모음을 독립한 음운으로 인식하고 문자를 제정한 것으로 이해하여 대단한 음운론적 지식을 갖고 글자를 제정한 것으로 우리 학계에서는 평가한다. 그러나 중성, 즉 모음자를 단독으로 쓸 때에는 반드시 /ㅇ/를 붙여서 /ㆍ, 으, 이/와 같이 쓰게 하였다. 그렇다면 왜 중성에는 /ㅇ/를 붙여 써야 하는가? 이러한 한글의 모음을 표기하는 방식은 어디에서 온 것일까?

한글을 사용하는 사람들은 누구나 가졌을 이러한 의문에 우리 학계

---

12) { }안의 것은 원래 서명에는 없지만 관용적으로 불리는 서명을 표시한 것이다. 이하 같다.

는 어떤 해답도 찾지 못했다. 최근에 훈민정음의 중성에 대하여 Daniels (1990)에서 말한 음소문자와 음절문자의 중간에 있는 Abjad와 Abugida 가 있고, 후자는 모음자를 구별해서 쓰지만 전자는 모음자를 자음자에 포함시키는 문자이며 훈민정음은 후자에 속하는 우수한 문자라는 황당한 주장까지 나왔다(김주원, 2016).

이래서는 안 되겠다는 생각으로 평소 고찰하여 온 훈민정음의 중성에 대한 제정자의 의식을 고찰하며 왜 /ㅇ/를 붙여 쓰게 되었는지를 살펴보고 이를 일본 와세다早稲田대학에서 열린 일본 조선학대회 제68회에서 발표하였다(졸고, 2017b). 다음은 이 발표문에 의거하여 내용을 일부 수정한 것이다.

5.3.1.1 그동안 우리 학계에서는 모음자에 /ㅇ/를 붙여 쓰는 것에 대하여 침묵하였을 뿐만 아니라 오히려 모음자에 /ㅇ/를 붙여 쓰는 것을 괴로워하였다. 그리하여 한때 한글 풀어쓰기에서는 이를 의식적으로 제외하였다. 즉, 1908년 12월에 대한제국의 국문연구소가 제출한 〈국문연구안〉에 풀어쓰기를 제안하였고 후대에 주시경周時經 선생이 이에 동조하였다. 주시경 선생이 붓으로 쓴 《말의 소리》(1914년 4월 13일) 말미에 '우리글의 가로 쓰는 익힘'이라고 하여 풀어쓰기의 보기를 보였다.

그리하여 주시경 선생의 뜻을 계승한 조선어학회에서는 1936년 11월 28일에 열린 학회 임시총회에서 '가로글씨안'에 풀어쓰기가 채택되기도 하였다. 그 후에 선생의 뜻을 받드는 제자들로서 북한의 김두봉과 남한의 최현배 선생은 한글 풀어쓰기를 제안하고 이를 실천에 옮기려고 하였다. 남한에서는 최현배를 회장으로 하는 한글가로글씨연구회가 결성되어 풀어쓰기를 독려하였으며, 1954년 4월에는 한글간이화 방안으로 풀어쓰기를 인정하기도 하였다.

이러한 한글 풀어쓰기에서는 모두 모음자를 단독으로 쓸 때에 /ㅇ/

〈사진 5-3〉 윤복영씨의 맞힌 보람

를 제외하였다. 예를 들면 한힌샘 선생, 즉 주시경이 가르친 '배달말 글모듬 서울온모듬'에서 발급한 수료증은 위의 〈사진 5-3〉[13]과 같이 모두 풀어쓰기로 표기하였다.

제목은 수료증 대신 'ㅁㅏㅈㅎㅣㄴㅂㅗㄹㅏㅁ'(맞힌 보람)으로 되었고 수료자의 이름도 윤복영尹福榮이지만 'ㅠㄴㅂㅗㄱㅕ0'(윤보경)이어서 어디에도 /ㅇ/은 쓰이지 않았고 받침에 쓰이는 이응도 옛 이응 /ㆁ/을 썼다. 그러나 이러한 풀어쓰기에서는 윤보경과 윤복영의 구별이 안 된다.

풀어쓰기는 훈민정음의 기본정신인 음절 단위의 문자표기와 어긋나

---

13) 〈사진 5-3〉의 증서 사본은 연세대 윤형섭 명예교수로부터 20여 년 전에 받은 것이다. 윤교수의 허가를 얻어 졸고(2017b)에 공개하였다. 윤형섭 교수의 교시에 따르면 이 수료증은 그의 先親이신 尹福榮 선생께서 1913년 조선어 강습원 고등과 제1기로 수료하실 때에 받으신 것으로 원본은 연세대 박물관에 기증하였다고 한다. 그리고 이 증서를 발급한 한글배곧(조선어 강습원)에는 제1기에 김두봉, 최현배, 현상윤, 이병기, 권덕규, 윤복영, 염상섭, 신성모 등 당대 청년 엘리트들이 다녔고, 이 수료증의 주인공인 윤복영 선생은 최현배 선생과 더불어 제1기에서 장원을 다투었다고 한다. 한글배곧, 즉 조선어 강습원은 원장인 남형우(솔벗메)가 어른, 교사인 주시경(한힌샘)은 스승으로 표시되었다.

고 또한 한자음 표기에 부적절하여 언중言衆들은 이를 따르지 않았다. 급기야 남한에서는 1954년 문교부의 새 한글 간소화 방안에서 모아쓰기를 택하였다. 북한에서도 김일성이 남한과 다른 문자체계를 인정하는 것이 바람직하지 않다고 판단하여 역시 모아쓰기를 그대로 유지하였다. 남북한이 모두 당시 유행하던 타자기에 맞는 한글 자모를 의식하고 그에 맞추어 풀어쓰기를 시도한 것이다.

5.3.1.2 이것은 모음자에 왜 /ㅇ/를 붙여 써야 하는가에 대한 인식이 부족하기 때문에 생긴 일종의 해프닝이었다. 한글의 자모를 영어의 알파벳으로 이해하려는 초창기의 연구자들에 의하여 저지른 잘못이기도 하다. 훈민정음에서 왜 /ㅇ/를 붙여야 하는지 별다른 설명이 없었고 따라서 연구자들이 그 이유를 분명하게 몰랐기 때문에 이런 일이 생겨난 것이다.

한글 정서법의 규정은 대부분 훈민정음의 해설서인 〈해례본〉, 〈실록본〉, 〈언해본〉에서 정한 것이다. 훈민정음의 중성자, 즉 모음자들을 초성의 아래에, 또는 오른쪽에 붙여 써야 하는 규정은 세 해설서에 모두 실린 〈예의例義〉의 부텨쓰기〔附書〕에 정해 놓은 것이다. 그리고 몽운蒙韻에서 모음을 유모喩母 /ᄢ, ᄣ/에 속한다고 본 것에 따라 중성, 즉 모음은 동국정운 17자모의 욕모欲母 /ㅇ/에 속한다고 보았으며 그에 의하여 모든 중성자는 단독으로 쓸 때에 /ㅇ/를 붙인 것이다.

따라서 모음자에 /ㅇ/를 붙이는 문제를 살펴보는 연구는 훈민정음의 이해에 매우 중요한 일임을 깨닫게 된다. 그리고 이 문제는 한글이 어떻게 제정되었는가를 밝혀주는 중요한 단서를 제공하기 때문이다. 즉, 중성자中聲字를 단독으로 쓸 때에는 훈민정음의 욕모欲母로 볼 수밖에 없는 /ㅇ/를 붙여 쓰는 데는 전술한 바와 같이 파스파 문자와의 관계를 알려주는 충격적인 사실이 숨겨졌다. 이제 이에 대하여 고찰하고자 한다.

2) 훈민정음 〈언해본〉의 중성中聲

5.3.2.0 앞에서 거론한 훈민정음의 제정과 그 정서법에 대한 세 종류 해설서 가운데 〈언해본〉은 《월인석보月印釋譜》 신편의 권두에 부재附載 된 〈세종어제훈민정음〉이 널리 알려졌다. 〈해례본〉의 어제서문과 예의 例義의 석장 반을 언해하고 15장으로 편집하여 《월인석보》의 권두에 실은 것이다. 이것은 세종의 사후인 세조 5년(1459)에 간행한 것이다.

그러나 이와 동판同板으로 권수제卷首題를 〈훈민정음〉이라고 하는 〈언해본〉이 단행본으로 고려대 도서관의 육당六堂문고에 소장되었다. 안병희(2007:5~6)에서 이것은 세조 5년에 간행된 《월인석보月印釋譜》 에 부재附載된 〈언해본〉과는 동일판본이라고 보았으나 권수서명이 있 는 첫 장만 서로 다르다. 이를 사진으로 비교하면 〈사진 5-4〉와 같다.

〈사진 5-4〉[14]에서 보이는 육당문고 소장의 〈훈민정음〉의 존재는 세종의 생존 시에 간행된 〈언해본〉이 있지 않은가 하는 의혹을 제기시 켰다. 왜냐하면 '세종世宗'이란 존호尊號는 왕의 사후에 내리는 것이므 로 '세종어제'가 붙지 않은 〈훈민정음〉은 세종의 생존 시에 간행된 것 을 의미하기 때문이다.

---

14) 〈사진 5-4〉는 고려대 소장의 육당문고 소장의 〈언해본〉이며 〈사진 5-5〉는 서강 대학교 도서관 소장으로 세조 5년에 간행된 초간본 《월인석보》의 권두에 실린 〈언 해본〉이다. 육당문고본의 첫 장은 후대에 떨어져 나간 것을 필사하여 보철한 것이 다. 여기에 찍힌 落款이 효종 5(1654)~경종 2년(1722)에 살았던 子聞 南鶴鳴이어서 적어도 숙종 연간(17세기)에 補綴한 것으로 볼 수 있다. 이것이 〈세종어제훈민정 음〉의 다른 판본을 보고 補寫한 것이라는 주장(안병희, 2007)은 〈사진 5-5〉와 비 교할 때에 첫장의 권수서명을 비롯하여 너무 많은 부분이 생략되어서 타당하지 않 다. 〈훈민정음〉의 다른 판본이거나 《월인석보》 구권의 것을 보고 필사하였을 것이 다. 이 사진들은 졸저(2015:219)에서 전재한 것이다.

〈사진 **5-4**〉 육당문고 소장의 〈훈민정음〉의 첫 반엽과 끝 반엽

〈사진 **5-5**〉《월석》 신편의 권두에 부재된 '세종어제훈민정음'의 첫 반엽과 끝 반엽

　　졸고(2013a)에서는 정통正統 12년(1449), 즉, 세종 29년의 간기가 있는 《월인석보》의 옥책玉冊을 증거로 하여 이보다는 이른 시기, 즉 세종 28년 무렵에 《월인석보》의 구권舊卷이 간행되었으며,15) 이 책의 권두에 〈훈민정음〉이라는 〈언해본〉이 부재附載되었다가 단행본으로 제책製冊되어 후대에 전파된 것이 육당문고에 소장된 것으로 보았다.

5.3.2.1 훈민정음에 대한 것은 주로 〈해례본〉의 설명에 의존한다. 즉, 훈민정음에 대하여는 '세종의 어제 서문'과 '예의例義', '해례解例', 그리

---

15) 졸저(2015:226)에서는 세종 28년(1446) 10월 무렵에 {舊卷}《월인석보》가 간행되었고 여기에 〈훈민정음〉이 附載되었다고 주장하였다. {新編}《월인석보》(1459)의 권두에 실린 〈언해본〉보다 13년의 차이가 있다.

고 '정인지의 후서後序'를 갖춘 훈민정음의 〈해례본〉을 가장 완성된 해설서로 본다. 실제로 이 〈해례본〉은 앞에서 살펴본 《세종실록》(권113) 세종 28년 9월조의 "是月訓民正音成 – 이달에 훈민정음이 완성되다"란 기사가 바로 〈해례본〉이란 서적의 완성을 말하기 때문에 당시에 이 책의 간행은 조정의 중요한 일이었음을 알 수 있다.

물론 《세종실록》의 이 기사에서는 계속해서 "어제왈御製日"로 시작하는 세종의 서문序文과 '예의例義', 그리고 정인지의 후서가 이어지는데 이를 〈실록본〉 훈민정음이라 불렀음을 전술하였다. 이때의 '예의例義'란 《세종실록》(권113) 세종 28년 9월 29일 갑오甲午 4번째 기사에 "癸亥冬, 我殿下創制正音二十八字, 略揭例義以示之, 名曰訓民正音。– 계해년 겨울에 우리 전하께서 정음 28자를 창제하셨는데 간략하게 예와 뜻을 밝혀 제시하였으니 이를 훈민정음이라고 하다"는 기사의 '略揭例義 – 간략하게 보기와 뜻을 들어 보였다'에서 따온 것이다. 훈민정음 28자에 대하여 간단한 문자의 예와 그의 음가에 대한 설명을 붙인 것이다.

즉, 예를 몇 개 들어 보면 "ㄱ 牙音如君字初發聲 – ㄱ은 어금니 소리이니 '군'자의 처음 피어나는 소리), … 如呑字中聲 – ·자는 '톤'자의 가운데 소리, … 終聲復用初聲 – 종성은 초성을 다시 쓰다, … ㅇ連書脣音之下, 則爲脣輕音 – ㅇ를 순음 아래에 이어 쓰면 순경음이 되다, 入聲加點同而促急 – 입성은 점을 더하는 것은 같으나 빠르다"까지 초성과 중성의 자형과 음가를 한자로 제시하고 순경음과 받침, 그리고 성조에 대하여 설명한 것을 '예의例義'라고 불렀다. 훈민정음 정서법의 대강大綱을 밝힌 것이다.

〈언해본〉은 〈해례본〉이나 〈한문본〉의 어제서문과 예의例義를 그대로 언해만 한 것이 아니라 한음漢音 표기를 위한 치두齒頭와 정치正齒의 구별을 추가하였다. 따라서 〈해례본〉이나 〈실록본〉의 어제서문과 예를 그대로 따른 것이 아니다. 〈언해본〉은 세조 5년(1459)에 간행된 《월인석보》의 신편에 게재된 〈세종어제훈민정음〉이 널리 알려졌지만 졸고 (2013a)에서 같은 판본의 〈언해본〉이 단행본으로 편철되어 〈훈민정음〉 이란 이름으로 고려대 도서관의 육당문고 소장되었고 이 판본을 고故 빅승빈朴勝彬 교수는 훈민정음의 원본이라 했었음을 환기시켰다. 현재 로는 〈훈민정음〉이 〈세종어제훈민정음〉보다 오래된 것으로 볼 수밖에 없다. 이에 대하여는 졸고(2019b)에서 좀 더 상세하게 논의되었다.

5.3.2.2 〈해례본〉이나 〈실록본〉, 그리고 〈언해본〉에 공통적으로 실린 '예의例義'에는 말미에 "·, ㅡ, ㅗ, ㅜ, ㅛ, ㅠ, 附書初聲之下, ㅣ, ㅓ, ㅏ, ㅑ, ㅕ 附書於右, 凡字必合而成音"라는 기사를 붙였다.

　그동안 훈민정음의 부서附書, 즉 '부텨쓰기'의 원리로 알려진 이 기 사는 중성의 붙여쓰기가 기본자 /·, ㅡ, ㅣ/에서 /ᅌ, 으/와 결합한 글자들은 /ㅇ/을 아래에 붙여 쓰고, /이/와 결합한 것은 /ㅇ/을 오른 쪽에 붙여 쓰는 규정을 말한다. 그리하여 /ᅌ, 으, 오, 우, 요, 유/와 같이 /ㅇ/를 중성의 위에 붙여 쓰고 /이, 아, 어, 야, 여/와 같이 중성 의 왼쪽에 붙여 쓰는 것을 보인 것이다.

　이 기사의 마지막의 '凡字必合而成音'은 반드시 초성과 중성이 결합 해야 발음이 된다는 뜻이니, 음절 단위의 문자로 발음됨을 말한 것이 다. 이것은 고대인도의 비가라론과 반자론에 의거하여 범자가 체문과 마다의 반자半字가 결합하여 음절 단위로 표기함에서 온 것이다(졸고, 2016b). 중성자에 /ㅇ/를 붙여 쓴 것은 초성 + 중성임을 알 수 있고 /ㅇ/이 초성이라면 후음의 불청불탁의 욕모欲母 /ㅇ/임을 알 수 있다.

　즉, 훈민정음의 초성 17자와 전탁자 6개를 합한 동국정운 23자모에 서 중성은 욕모欲母에 속한다고 본 것이다. 그러면 동국정운 23자모의 23자는 다음16)과 같다.

　이 훈민정음의 17자의 자모를 보면 중성을 단독으로 쓸 때에 후음

〈표 5-3〉 훈민정음 초성 17자와 전탁 6자

五音 / 四聲	牙音	舌音	脣音		齒音	喉音	半舌音	半齒音
			脣重音	脣輕音				
全淸	君 ㄱ	斗 ㄷ	彆 ㅂ	*非 ㅸ	卽 ㅈ	挹 ㆆ		
次淸	快 ㅋ	呑 ㅌ	漂 ㅍ	*敷 ㆄ	侵 ㅊ	虛 ㅎ		
全濁	虯 ㄲ	覃 ㄸ	步 ㅃ	*奉 ㅹ	慈 ㅉ	洪 ㆅ		
不淸不濁	業 ㆁ	那 ㄴ	彌 ㅁ	*微 ㅱ		欲 ㅇ	閭 ㄹ	穰 ㅿ
全淸					戌 ㅅ			
全濁					邪 ㅆ			

喉音의 욕모欲母 /ㅇ/를 붙여 쓴 것이지만 훈민정음의 〈해례본〉, 〈실록본〉, 〈언해본〉의 어디에도 이러한 설명이 없다. 그러면 왜 중성자를 단독으로 쓸 때에 욕모欲母와 함께 쓰게 될 것인가?

3) 파스파 문자의 자모字母

5.3.3.0 원元에서는 중국의 통치를 위하여 몽고인의 한자 교육을 실시하였고 이때 발음 표기를 위한 파스파 문자를 제정하였다(졸저, 2009). 즉, 앞에서 거론한 나이지羅以智의 〈발몽고자운跋蒙古字韻〉에서 "頒行諸路, 皆立蒙古學, 此書專爲國字漢文對音而作, 在當時固屬通行本耳 – [이 문자를] 제 로路에 반행頒行하였으며 모두 몽고 학교를 세워 이 글자로 국자를 삼아 한문의 발음에 대응하도록 지었으니 당시에는 오로지 [이 문자로] 통행할 뿐이다"라고 하여 한자의 발음 표기를 위하여 파스파 문자가 사용되었음을 강조하였다.

여기서 말하는 '한문대음漢文對音'은 한자의 정음正音, 즉 표준음을 말하는 것으로 중국에서 정음正音의 규정은 과거시험과 관련되어 매우

16) 훈민정음 〈언해본〉에서 동국정운 23자모 이외에 추가 글자들은 韻目字, 즉 대응 한자를 제시하지 않았다. 여기서는 중국의 전통 36자모에서 가져온 韻目字에 *표를 붙였다. 다음의 〈표 5-4〉에서도 같다.

중요하였다. 따라서 중국에서는 새로운 왕조가 세워지면 바로 황제의 명으로 간행되는 칙찬운서勅撰韻書를 간행하여 표준적인 정음을 규정하였다. 과거시험을 통한 통치 계급의 물갈이를 위한 것이다.

몽고의 원에서도 나라의 건국과 더불어 파스파 문자가 제정되고 바로 한자의 정음을 이 문자로 정리한 운서가 간행되었다. 송조宋朝에서 정음으로 규정한 《예부운략禮部韻略》을 전범典範으로 삼아 한자음을 파스파자로 표기한 운서가 《몽고운략蒙古韻略》이라고 추정한다. 이 운서는 최세진의 《사성통해》에도 그 서명이 보이는데,17) 《몽고운략》은 〈예부운략〉 계통인 《신간운략新刊韻略》을18) 저본으로 하여 그 발음을 파스파 문자로 적은 것으로 알려졌으나 오늘날 전하지 않는다.

이 《몽고운략》은 졸저(2009:81)에서 황공소黃公紹의 《고금운회》 등을 참고하여 수정되었고 이를 재편해서 《몽고자운蒙古字韻》이란 이름으로 간행되었으나 이것도 오늘날 전하지 않는다. 다만 이를 다시 원대의 주종문朱宗文이 증정增訂한 {증정}《몽고자운》(이하 〈증정본〉으로 약칭)을 지대至大 원년(元年, 1308)에 간행하였다. 이 〈증정본〉이 청대淸代 건륭乾隆 연간에 필사되어 현제 대영도서관에 소장되었다. 이것이 {증정}《몽고자운》의 런던 초본으로 현전하는 유일한 파스파 문자로 한자음이 전사된 운서韻書다.19) 졸저(2009)는 이 {증정}《몽고자운》을 종합적으로 고찰한 것이다.

---

17) 졸저(2009:71~82)에서는 《四聲通解》에서 인용한 《蒙古韻略》이 훈민정음의 제정에 관여한 申叔舟가 《四聲通攷》에서 인용한 것이며, 당시 훈민정음에 제정에 관여한 인물들이 모두 이 운서를 알고 있거나 애용하였을 것으로 보았고 이 운서의 각종 이본과 계보를 정리하였다.

18) 이 《新刊韻略》은 졸저(2009:61)에 "正大 6년(1229)에 쓴 河開 許古道의 서문에 의하면 王文旭이 平水韻의 새로운 〈예부운략〉을 校讎하고 주석을 더하여 과거 시험의 擧子들을 위한 운서로 간행한 것"이라고 설명되었다.

19) 《蒙古字韻》에 대하여는 졸저(2009)에서 출판 경위와 운서로서의 가치에 대하여 상세하게 논의되었다. 이 책은 중국어로 번역되어 2013년에 北京의 民族出版社에서 간행되었고 일본어로도 번역되어 2015년에 東京 大倉 Info.에서 간행되었다.

필자는 이 〈증정본〉의 연구를 통하여 파스파 문자에 대한 새로운 사실들을 밝혀내었다. 그동안 파스파 문자는 현전하는 문헌 자료는 매우 단편적인 것이어서 주로 금석문金石文을 통한 연구가 있었을 뿐이었다. 즉, 명 태조가 철저하게 호원胡元의 잔재殘滓를 타파하는 과정에서 파스파 문자는 가장 먼저 없애야 하는 철폐의 대상이었다. 그리하여 현재 중국에는 파스파 문자로 된 문헌이 하나도 남아 있지 않다. 파스파자의 문헌으로는 영국 런던의 대영도서관에 전하는 《몽고자운》의 〈증정본〉을 필사한 초본이 현재로서는 유일한 것이다.

졸저(2009)에서는 런던 초본을 통하여 파스파자의 자형字形을 정리하고 모두 36개(실은 32개)의 자모字母를 확인하였으며 원래 36자에 7개 모음자를 더하여 43자를 제정한 것이라고 주장하였다. 즉, 중세中世 몽고어 [ö, ü]는 [o, u]에 /e/자와 /i/자를 결합한 것이라고 보아서 /i, u, e, o, ɑ/의 5자를 기본으로 하고 [ö ᠊, ü ᠊]의 두 글자는 [o, u]의 /᠊/자에 [e]/ㄷ/자와 [i]/ㅡ/자를[20] 결합시켜 만든 것임을 밝혀내었다.

즉, [o, u]음의 전설 모음을 나타내기 위하여 전설의 중모음과 고모음 [e, i]를 붙인 것이다. 훈민정음의 〈해례본〉 '중성해'에서 ㅣ계系 합용자合用字 / ㅓ, ㅢ, ㅚ, ㅒ, ㅟ, ㅖ/를 제자한 것과 같은 원리다. [ö, ü]는 [o, u]음의 전설 모음이어서 중세몽고어의 모음조화에 의하여 결정되므로 몽고어 표기에서는 구별할 필요가 없었다.

5.3.3.1 훈민정음도 몽고-위구르 문자나 파스파 문자처럼 표음문자다. 훈민정음은 음절 초(onset)인 초성의 자음子音으로 17자를 만들고 음절의 중심(nucleus)에 속하는 모음으로 중성 11자를 만들었으며 종성, 즉

---

20) 이 파스파자는 인터넷에서 제공하는 자체를 쓴 것이어서 옆으로 뉘어졌다. 실제로는 가로로 쓰였으며 정확한 자형은 졸저(2009)를 참고하기 바란다.

〈표 5-4〉 훈민정음 〈언해본〉의 한음漢音 표음자 포함 32자

五音\four聲	牙音	舌音	脣音		齒音		喉音	半舌音	半齒音
五音 四聲	牙音	舌音	脣重	脣輕	齒頭	正齒	喉音	半舌音	半齒音
全清	君 ㄱ	斗 ㄷ	彆 ㅂ	*非 ㅸ	卽 ㅈ	*照 ㅈ	挹 ㆆ		
次清	快 ㅋ	呑 ㅌ	漂 ㅍ	*敷 ㆄ	侵 ㅊ	*穿 ㅊ	虛 ㅎ		
全濁	虯 ㄲ	覃 ㄸ	步 ㅃ	*奉 ㅹ	慈 ㅉ	*床 ㅉ	洪 ㆅ		
不清 不濁	業 ㆁ	那 ㄴ	彌 ㅁ	*微 ㅱ			欲 ㅇ	閭 ㄹ	穰 ㅿ
全清					戌 ㅅ	*審 ㅅ			
全濁					邪 ㅆ	*禪 ㅆ			

음절 말의 받침(coda)의 위치에서 실현되는 자음을 인정하였다.

종성은 다시 초성에 쓰인 문자로 쓰며 초성과 중성, 또는 초성, 중성, 종성을 아울러 음절 단위로 표기하는 문자였다. 그동안 성운학聲韻學에서 성聲과 운韻으로 나누거나 비가라론毘伽羅論에서 체문(体文, 자음)과 마다(摩多, 모음)로 구별하던 종래의 방법에서 자음을 음절 초初와 음절 말末로 나누어 보는 새로운 방법을 개발하였다. 그러나 이 방법도 파스파 문자에서 이미 시도한 것이다.

실제로 훈민정음의 〈언해본〉에서는 32개의 초성을 제시하여 17자를 제시한 실록본의 훈민정음, 즉 〈실록본〉의 초성보다 무려 15자가 많다. 즉, 세종의 친제한 28자의 언문에는 초성이 17자이고 중성이 11자이지만 〈언해본〉에서는 초성에 전탁의 쌍서자雙書字 /ㄲ, ㄸ, ㅃ, ㅆ, ㅉ, ㆅ/의 6자와 순경음 /ㅸ, ㆄ, ㅹ, ㅱ/의 4자, 그리고 한음漢音 표기를 위한 치두齒頭 /ㅅ, ㅈ, ㅊ, ㅆ, ㅉ/와 정치正齒 /ㅅ, ㅈ, ㅊ, ㅆ, ㅉ/의 구별로 5자가 늘어나 15자를 더 만들어 모두 32자가 되었다. 이를 도표로 보이면 위의 〈표 5-4〉[21]와 같다.

이에 비하여 언문諺文은 우리말과 우리 한자음, 즉 동음東音을 표기하기 위한 문자를 말하는 것으로 초성을 16자로 보기도 하였다. 즉,

---

21) *을 붙인 한자는 동국정운 23자모에 없기 때문에 韻目字가 한자로 표시되지 않아서 중국 전통 운서의 36자모에 표시된 韻目 한자를 옮겨온 것이다.

《훈몽자회》의 〈언문자모諺文字母〉에서는 /ㆆ/을 제외한 16자의 초성만
을 인정한 것이다.[22] '언문諺文'은 '한문漢文'에 대비한 용어로 여기서
'한문'은 우리가 현대적으로 이해하는 한자로 된 문장이 아니라 한자漢
字 자체를 말하는 것이다. '한漢나라, 즉 중국의 문자'라는 의미에 대하
여 우리의 소박한 문자라는 의미로 '언문諺文'을 쓴 것이다. 혹자는 이
것이 한글을 폄하한 것으로 보지만 우리말에는 자기의 것을 낮추는 겸
양법謙讓法이 있어서 그에 맞추어 명명된 것이다.

한글에 대한 졸저(2015)의 이러한 주장은 언문諺文이 한글을 얕잡
아본 이름이라는 그 동안의 국수주의적 한글 연구와 이를 굳게 신봉하
는 국민들의 정서에 크게 어긋나는 것이어서 많은 비판과 지탄을 받았
다. 그러나 사실을 밝히는 것이 연구자의 사명임을 믿고 있어 여러 가
지 근거와 사실史實에 근거하여 다시 한 번 이 문제를 거론하고자 한
다. 특히 한글이 파스파 문자의 영향을 받았음을 이미 여러 차례 고찰
한 바가 있다(졸고, 2009a, 2011b, 2012).

5.3.3.2 파스파 문자의 제정에 대하여는 지원至元 6년(1269)에 팍스파
라마喇嘛가 41개의 자모를 만들어 원 세조 쿠빌라이 칸이 원제국의 국
자國字로 삼았다는 기사가 《원사元史》(권202) 〈전傳〉(89) '석로釋老 팍
스파八思巴'조에 실렸다.

그러나 원대 성희명盛熙明의 《법서고法書考》나 도종의陶宗儀의 《서
사회요書史會要》에는 43개의 자모를 만들었다고 하였다(졸저, 2009:179).
이 숫자는 중국 전통의 《광운廣韻》에서 제시한 36자모에 유모喩母, 즉
모음의 7자를 더하여 43자로 본 것이다.

원元에서는 이 문자를 제정하고 바로 이 글자로 한자의 전통 한자

---

22) 《訓蒙字會》 권두의 〈諺文字母〉에는 초성 16자라 하여 /ㆆ/을 제외하였다.

음을 표음한 《예부운략》 계통의 《신간운략》을 번역하여 《몽고운략蒙古韻略》을 간행하였고 이어서 《몽고자운蒙古字韻》과 {증정增訂}《몽고자운》을 간행하는데 이들을 모두 몽운蒙韻이라고 부른다는 것을 앞에서 고찰하였다. 몽운은 훈민정음을 창제하고 바로 《동국정운東國正韻》을 편찬한 것과 같이 파스파 문자를 제정하고 그 문자로 한자음을 표음하여 만든 운서들이다.

원대에 파스파 문자를 제정하고 이 문자를 발음기호로 하여 한자음을 표기한 운서, 우리가 몽운蒙韻이라고 부르는 《몽고운략》과 《몽고자운》, 그리고 {증정}《몽고자운》을 간행하였다(졸저, 2009:33~38).

《몽고운략》은 오늘날 전하지 않으나 《사성통해》 등에 인용된 이 몽운蒙韻의 한자음을 추적해 보면 《광운廣韻》 계통의 《예부운략禮部韻略》의 권두에 부재된 〈예부운략칠음삼십육모통고禮部韻略七音三十六母通攷〉를 파스파 문자로 표음한 것으로 보인다. 실제로 《사성통해》의 권두에는 이 운서의 권두에 부재附載되었을 것으로 추정되는 〈자모字母〉를 〈광운삼십육자모지도廣韻三十六字母之圖〉로 제시하였다.

반면에 《몽고자운》은 《몽고운략》의 한자음이 원제국의 수도인 북경北京의 현실음과 너무 차이가 나므로 이를 《고금운회古今韻會》, 또는 《고금운회거요擧要》의 발음에 따라 수정한 것인데, 역시 권두에 실었을 〈자모〉를 《사성통해》에서는 〈운회삼십오자모지도韻會三十五字母之圖〉로 제시하였다.

5.3.3.3 졸고(2011b)에서는 세 종류 몽운蒙韻의 〈자모〉가 모두 신숙주의 《사성통고四聲通攷》에 '광운廣韻', '운회韻會', 그리고 '홍무운洪武韻'으로 이름을 바꿔 게재된 것을 최세진이 그의 《사성통해》에서 그대로 전재한 것으로 보았다. 신숙주가 이렇게 자모도의 이름을 《몽고운략》, 《몽고자운》, {증정}《몽고자운》 등으로 하지 않고 위와 같이 제목을 바

꾼 것은 당시 명의 눈치를 본 것으로 추정하였다. 신숙주가 활동할 당시는 명에서 호원胡元의 잔재殘滓인 파스파 문자의 사용을 심하게 감시하였기 때문이다.[23]

주종문의 {증정}《몽고자운》 런던 초본에는 전통적인 《광운廣韻》의 36자모를 옮기고 그에 해당하는 파스파 글자를 실었다. 그러나 앞에서 언급한 대로 이를 전사한 4개의 파스파자가 동일해서 실제로는 32개의 자음만을 인정한 셈이 된다. 그리고 이 32자모는 훈민정음 〈언해본〉의 한음漢音 표기를 위한 정음자와 일치한다.

현전하는 《고금운회거요古今韻會擧要》의 여러 이본異本에서 권두에 붙어 있는 "〈禮部韻略七音三十六母通攷〉{蒙古字韻音同} - 〈예부운략의 7음 36모 통고〉 {몽고자운의 자음과 동일}"이라는 제목에 이어서 "韻書始於江左, 本是吳音. 今以七音韻母通攷, 韻字之序, 惟以雅音求之, 無不諧叶. - 운서는 양자강의 왼쪽에서 시작하여 본래 오음吳音이었다. 이제 칠음七音의 운모통고韻母通攷로서 운자韻字의 순서를 매기니 아음雅音에서 구하여 배열한 것이라 어울리고 화합하지 않는 것이 없다"라고 덧붙여 이 36모 통고通攷가 송대宋代 아음雅音, 즉 표준음으로 36자모를 배열한 것임을 밝혀두었다. 이처럼 《몽고자운》 런던 초본에서 볼 수 있는 36자모도는 이 36모 통고를 보여준다는 의미에서 매우 중요하다.

《몽고자운》 런던 초본의 〈자모〉에서 제시한 36성모聲母의 끝에 유모喻母에 속한다는 7자라고 하며 실제로는 6자를 별도로 제시하였다. 그리하여 원대 성희명盛熙明이 편찬한 《법서고法書考》와 도종의陶宗儀의 《서사회요書史會要》에서 파스파 문자는 36자모와 7개 유모喻母를

───────────────

23) 이에 대하여는 졸고(2016b)를 참고할 것. 이 논문에는 四庫全書의 《古今韻會擧要》에는 분명하게 "蒙古字韻音同"으로 되었지만 이를 조선 세종 때에 서울에서 복각한 판본에는 "據古字韻音同"으로 '蒙古'의 '蒙'을 지웠다. 얼마나 명의 감시가 두려웠던지 알 수 있다.

합하여 모두 43자라고 한 것이다(졸저, 2015:305).[24] 그러나 몽운의 36
자모도에서는 32개의 파스파 글자만 제시되었다. 즉, 앞의 5.2.1.2에 게
재한 〈표 5-1〉에서 볼 수 있는 것처럼 36자모 가운데 정치음正齒音의
전청, 차청, 전탁의 /ㅌ, ㆅ, ㄹ/가 설상음舌上音의 그것과 동일하다.

또 〈표 5-1〉에서 보여준 바와 같이 설상음과 정치음의 3개가 줄었
을 뿐만 아니라 순경음의 전청과 전탁이 동일하게 /ㆆ[v]/이기 때문에
1개가 줄어서 실제 파스파 글자로 표음한 36성모聲母는 32개밖에 되지
않는다. 이렇게 파스파 문자로 표음한 자모도는 아마도 원대에 몽고운,
즉 《몽고운략》, 《몽고자운》에 부재되었을 것이다. 이 몽운蒙韻에서 조
금씩 자모의 수효와 순서가 각각 바뀌었다고 본다.[25]

앞의 5.3.3.1의 〈표 5-4〉의 훈민정음 〈언해본〉에서 보인 32자와
5.2.1.2의 〈표 5-1〉에 제시된 파스파 문자의 36자모를 비교하면 문자만
다를 뿐이지 32자모는 동일하다. 특히 훈민정음의 욕모欲母 /ㅇ/와 파
스파자의 유모喩母 /ІЛ/는 후음喉音의 불청불탁不淸不濁으로 동일 음
운을 표시한 것이다.

5.3.3.4 훈민정음이 파스파 문자로 표음된 《몽고자운》의 자모도와 관련
이 있다는 증거로 /ㆅ/을 들 수 있다. 앞 5.3.2.2의 〈표 5-3〉에서 전탁
자 6개 가운데 /ㄲ, ㄸ, ㅃ, ㅆ, ㅉ/의 5자는 각기 전청자를 각자병서
한 것이다. 곧 아음牙音의 전청 /ㄱ/과 설음舌音의 전청 /ㄷ/, 순음脣
音의 전청 /ㅂ/, 치음齒音의 전청 /ㅈ/과 /ㅅ/을 병서竝書하여 전탁자
全濁字를 제자하였다.

---

24) 43개의 문자를 만들었다고 하였지만 실제 《法書考》와 《書史會要》에 보인 파스파
   문자는 모두 41개만 제시하였다(졸저, 2009:179).
25) 《몽고자운》 런던 초본의 '字母'를 보여주는 사진도 졸저(2015:312)에서 전재한 것
   이다.

그러나 후음喉音의 전탁은 차청次淸의 /ㆆ/을 병서하여 /ㆅ/으로 하였다. 즉, 훈민정음 〈예의例義〉.에 "初聲合用則竝書, 終聲同 – 초성을 합용(어우루어 쓰다)하려면 병서하라. 종성도 같다"란 규정과 이에 대한 〈언해본〉의 "첫소리를 어울워 쁧디면 글바쓰라 乃終ㄱ소리도 ᄒᆞᆫ가지라"라는 언해문을 보면 초성을 합용合用, 즉, 어우루어 쓸 수가 있지만 병서竝書한다는 규정에 따라 전청자를 병서하여 전탁자를 만들었다.

병서의 방법은 같은 초성을 겹쳐 쓰는 각자병서各字竝書와 서로 다른 초성을 겹쳐 쓰는 합용병서合用竝書의 방법이 있는데, 같은 글자를 겹쳐서 쓰는 각자병서는 전탁자全濁字를 위한 것이었다. 〈해례본〉〈제자해〉의 말미에 "全淸竝書則爲全濁 – 전청을 병서하면 전탁이 되다"라 하여 전청자를 각자병서하여 전탁자, 즉 /ㄲ, ㄸ, ㅃ, ㅉ, ㅆ/과 같은 쌍서자雙書字를 만든다고 하였으나 후음喉音만은 차청次淸의 /ㆆ/을 쌍서하여 전탁을 만들었다.

이에 대하여 〈해례본〉의 〈제자해〉에서 "唯喉音次淸爲全濁, 盖以ㆆ聲深不爲之凝, ㅎ比ㆆ聲淺, 故凝而爲全濁也. – 다만 후음만은 차청자[를 병서하여]가 전탁이 되는데 대체로 /ㆆ/음이 소리가 깊어 엉기지 못한다. /ㅎ/이 /ㆆ/보다 소리가 얕아서 엉기므로 전탁이 되었다"고 하여 /ㆆ/이 소리가 깊어서 엉기지 못하므로 앞에서 나는 /ㅎ/으로 병서하였다는 뜻이다. 그러나 이러한 음성학적인 설명은 /ㆅ/을 전탁으로 한 것에 대한 것으로 매우 미흡하다.

여기서는 〈표 5–1〉과 〈표 5–3〉의 비교를 통하여 어떤 해답을 찾을 수 있다고 본다. 곧 〈표 5–5〉[26]의 동국정운 23자모도는 〈표 5–1〉의 《몽고자운》 32자모도와 매우 유사하며 서로 운목자韻目字가 다를 뿐임을 쉽게 알 수 있다. 즉, 동국정운 23자모도에서 아음牙音의 /君 ㄱ,

---

26) 《몽고자운》의 32자모는 중국 전통의 《禮部韻略》 36자모의 韻目 한자와 동일하다.

27) 훈민정음에서는 脣輕音의 경우 /ㅸ, ㆄ, ㅱ, ㅹ/과 같이 글자만 보였지 그에 해당

〈표 5-5〉《동국정운》23자모와 《몽고자운》의 36자모의 운목 한자 대조

五音＼四聲	牙音	舌音	脣音		齒音	喉音	半舌音	半齒音
			脣重音	脣輕音				
全清	君:見	斗:端	彆:幫	*非	卽:精	挹:影		
次清	快:溪	呑:透	漂:滂	*敷	侵:淸	虛:曉		
全濁	虯:群	覃:定	步:並	*奉	慈:從	洪:匣		
不清不濁	業:疑	那:泥	彌:明	*微27)		欲:喻	閭:來	穰:日
全清					戌:心			
全濁					邪:邪			

快 ㅋ, 虯 ㄲ, 業 ㆁ/이 파스파자의 32자모도에서 /見 ꡖ, 溪 ꡁ, 群 ꡂ, 疑 ꡃ/로 운목韻目의 한자와 이를 표음하는 글자가 서로 다르지만 두 문자가 전청全淸, 차청次淸, 전탁全濁, 불청불탁不淸不濁의 순서는 동일함을 알 수 있다.

훈민정음과 파스파 문자의 운목 한자들이 서로 다르지만 이 순서는 아음牙音에서 '[k] 군君모 = 견見모, [kh] 쾌快모 = 계溪모, [g] 규虯모 = 군群모, [ng] 업業모 = 의疑모'와 같음을 알 수 있다. 이어서 설음과 순음, 치음이 모두 동일하여 이를 도표로 나타내면 앞의 〈표 5-5〉와 같다.

〈표 5-5〉는 앞의 〈표 5-1〉의 《몽고자운》의 파스파 32자모도와 비교한 것으로 대부분 순서가 일치하지만 후음喉音에서만 다르다. 즉, 《동국정운》에서 후음 전청全淸 /ㆆ 挹/과 대응하는 /ꡘ 影/은 《몽고자운》에서는 전탁全濁의 위치에 있다. 반면에 《동국정운》에서 차청인 /ㅎ 虛/과 대응하는 《몽고자운》의 후음 /ꡗ 曉/는 전청이다. 즉, 《동국정운》의 차청 /ㅎ 虛/는 《몽고자운》에서는 전청의 /ꡗ 曉/의 자리다. 그

하는 운목의 한자는 제시하지 않았다. *로 표시한 것은 중국 전통 36자모의 한자임을 표시한 것이다.

렇다면 《몽고자운》에서 보면 훈민정음의 /ㆅ/는 역시 전청을 각자병서各字並書한 것이 된다.

앞의 제3장 3.5.1.2의 〈표 3-2〉에서는 파스파자로 표음된 〈36자모도〉를 표로 보였는데 이에 의거하여 세종 25년(1443) 12월에 공표한 '초기의 언문 27자'를 제3장의 3.5.1.2에서 〈표 3-3〉으로 보였다. 이 도표에 따르면 《동국정운》의 자모순에 따르지 않고 《몽고자운》의 자모순에 따른 것이며 '동국정운서東國正韻序'의 "이영보래以影補來"의 설명에서도 발견된다.

3.5.1.2의 〈표 3-3〉으로 '이영보래以影補來'가 분명하게 이해되는 것은 입성入聲임에도 불구하고 /ㄹ [r, l]/의 받침이므로 촉급하지 않게 발음되기 때문에 /ㆆ/을 보충하여 /ㄼ/로 표기하는 경우를 이영보래以影補來라고 하였다. 즉, '질質'의 한자음 [짏]은 이것이 입성이지만 받침 /ㄹ/로 인하여 음절이 이완弛緩되는 것을 방지하기 위하여 /ㄼ/로 한 것이 이영보래以影補來라는 것이다.

여기의 /영影/과 /래來/는 중국 전통의 36자모에 쓰인 운목자로서 앞의 〈표 3-2〉에 따르면 《몽고자운》에서는 후음喉音의 전탁자全濁字였다. 만일 이것을 5.3.2.2의 〈표 5-3〉에 보인 훈민정음 초성 17자와 전탁 6자, 즉 동국정운 23자모에 따르면 '이읍보려以挹補閭'가 되어야 하지만, 《몽고자운》의 자모字母에 보인 운목 한자와 그에 의한 초기의 언문 27자에 의거하여 '동국정운서'에서는 /ㄼ/을 이영보래以影補來라고 표현한 것이다.[28]

따라서 《동국정운》의 23자모의 운목韻目 한자는 처음에는 《몽고자운》과 같은 전통적인 36자모의 것, 즉 3.5.1.2의 〈표 3-3〉을 사용하다

---

[28] '東國正韻序에 " … 於是調以四聲, 定爲九十一韻二十三母, 以御製訓民正音定其音, 又於質勿諸韻, 以影補來因俗歸正 …"라는 기사와 《몽운》과 동국정운의 운목 한자를 비교한 〈표 5-5〉를 참고.

가 후에 〈표 5-4〉에서 보인 바와 같이 우리 한자로 바꾼 것으로 보아
야 할 것이다.

　4) 《몽고자운》의 유모喩母와 《동국정운》의 욕모欲母

5.3.4.0 파스파 문자와 훈민정음의 제정은 졸저(2012)와 이 책 제3장
과 제4장에서 살펴본 바와 같이 서로 긴밀한 관계에 있다. 이 두 문자
의 제정에서 보여준 상호 관계는 훈민정음의 중성자와 《몽고자운》의
〈자모字母〉에 첨부된 유모喩母 7자가 가장 분명하게 보여준다. 즉, 파
스파 문자의 모음자로 제정된 유모 7자가 바로 훈민정음의 기본자와
초출자初出字로 보여준 단모음 7자와 일치하기 때문이다(졸고, 2011a).
　그동안 금석문金石文의 연구를 통하여 얻어낸 파스파 문자의 모음
자는 8개(Poppe, 1957), 또는 10개(Poppe, 1965)로 소개되어 혼란을 가
져왔으나[29] 졸고(2011b)에서 밝힌 바와 같이 〈몽운蒙韻〉의 〈자모字母〉
에 제시된 유모喩母 7자가 바로 파스파자의 모음자이며 이것은 이 문
자가 모태로 삼은 서장 문자에서도 인식하지 못한 획기적인 사실임을
누누이 강조하였다.
　훈민정음에서도 중국 성운학聲韻學의 운韻을 더 나누어 중성을 독
립시킨 것을 많은 연구자들이 탁견卓見으로 받아들였다. 그러나 훈민정
음의 중성이 파스파자의 유모喩母 7자를 기초로 한 것이라는 사실이
밝혀지면서 새로운 많은 사실들이 드러났다. 즉, 훈민정음의 중성자는
파스파의 모음자에 맞추어 제정된 것이다(졸고, 2011b).

---

29) 어떤 식견이 부족한 연구자가 이런 사실을 밝힌 졸고(2011b)를 심사하면서 Poppe
　(1965)에서도 8개모음을 유지했다고 주장했다. 자음을 도표로 보인 Poppe(1965:22)
　의 The ḥP'ags-pa Script 'consonants'의 표 속에 모음으로 보아야 할 글자가 들어 있
　는데 미처 그것까지는 생각 못한 것이다.

5.3.4.1 필자의 파스파 문자 연구는 {증정}《몽고자운》의 런던 초본에 것을 기본으로 하였다. 즉, 《몽고자운》의 런던 초본의 권두 〈자모字母〉의 우단右端에 첨기된 "ᗺ ᘔ ᗱ ᖼ ᖮ ᖗ 此七字歸喻母 - /i, u, ü, o, ö, e/의 7자는 유모에 속하다"의 7자는 〈사진 5-6〉에서 보이는 것처럼 실제로는 6자뿐이다.

〈사진 **5-6**〉 {증정}《몽고자운》 런던
초본 권두의 〈자모〉 우단右端

　〈표 5-6〉에 보이는 파스파 문자의 유모喻母 7자는 중세몽고어의 모음체계에 의거하여 제자한 것으로, 중세몽고어는 주지하는 바와 같이 전설모음과 후설모음이 서로 대립하는 모음체계를 가졌으며 이들은 같은 위치의 모음끼리만 결합하는 모음조화를 가졌다(Pozdněev, 1895-1908; Ramstedt, 1911; Poppe, 1957, 1965).

　따라서 파스파자는 전설의 '[ü], [ö], [e]'와 후설의 '[u], [o], [ɑ]'를 문자로 대응시키고 모음조화에 관여하지 않는 [i]를 포함하여 모두 7개의 모음을 /ᗺ[i], ᗱ[ü], ᖗ[ö], ᖮ[e], ᘔ[u], ᖼ[o], ᘝ(ᘝ)[ɑ]/로 문자화한 것이다. 이것은 모음조화에서 가장 일반적으로 많이 나타나는 구개조화(palatal harmony)로서 알타이 제어 가운데 중세몽고어는 이러한 모음조화의 전형으로 알려졌다.

　즉, 〈사진 5-6〉에 보이는 파스파 문자의 유모자喻母字에 속하는 모

음자 7개를 모음사각도에 그리면 다음과 같다.[30]

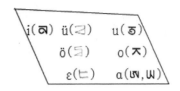

⟨표 5-6⟩ 파스파 문자의 모음자

5.3.4.2 훈민정음에서는 모음을 표음하는 글자로 ⟨해례본⟩의 '제자해制字解'에서 중성자 11개 글자를 만들고 그 제자 방법을 설명하였다. 즉, "中聲凡十一字, ·舌縮而聲深, 天開於子也. 形之圓, 象乎天也. ㅡ舌小縮而聲不深不淺, 地闢於丑也. 形之平, 象乎地也, ㅣ舌不縮而聲淺, 人生於寅也. 形之立, 象乎人也. – 중성은 모두 11자이니 '·'는 혀가 움츠리고 소리는 깊다. 하늘은 자시子時에 열렸으니 모습은 둥글어 하늘을 본뜬 것이다. 'ㅡ'는 혀를 조금만 움츠리고 소리는 깊지도 얕지도 않다. 땅은 축시丑時에 펼쳐졌으니 모습이 평평하고 땅을 본뜬 것이다. 'ㅣ'는 혀를 움츠리지 않고 소리가 얕다. 사람은 인시寅時에 태어났으니 모습은 서 있고 사람을 본뜬 것이다."라고[31] 하여 천지인天地人 삼재三才를 상형象形한 기본자 3개 /·(天), ㅡ(地), ㅣ(人)/를 만들었다고 하였다.

그리고 이 세 글자를 서로 합용合用하여 /ㅗ, ㅏ, ㅜ, ㅓ/와 /ㅛ, ㅑ, ㅠ, ㅕ/를 만든다고 하였다. 후자는 재출자再出字이고 전자는 초출자初出字라고 설명하면서 천지인天地人이 어떻게 서로 교합하여 합용하는가를 설명하였다.

즉, "此下八聲, 一闔一闢, ㅗ與·同而口蹙, 其形則·與ㅡ同合而成, 取天

---

30) 이 표는 파스파 문자의 유모자라고 한 모음자를 사각형에 의거하여 만든 것이다.
31) 훈민정음 ⟨해례본⟩의 우리말 해석은 매우 여러 가지여서 오히려 혼란스럽다. 여기서는 홍기문(1946:32)의 해석을 기본으로 하고 필자의 어투로 조금 고쳤다. 이하 모두 같다.

地初交之義也. ㅏ與 · 同而口張, 其形則 ㅣ與 · 合而成, 取天地之用發於事物
待人而成也. - 다음의 8소리는 하나가 오므라들면 하나가 펼쳐지는데
/ㅗ/는 / · /와 같으나 입을 오므리며 글자 모습은 / · /와 /ㅡ/가 결합
해서 이룬 것이다. 천지가 처음 교합하는 뜻을 취한 것이다. /ㅏ/는 / ·
/와 같으나 입이 펴지는 것이며 글자의 모습은 / ㅣ /와 / · /가 결합해
서 이루어진 것이다. 천지의 쓰임이 사물에서 나오지만 사람을 기다려
완성되는 뜻을 취한 것이다"라고 하여 기본자 3개, 즉 천지인天地人의
3재才를 상형한 / · , ㅡ, ㅣ/를 결합시켜 나머지 글자들을 만들었음을
밝히고 있다.

　따라서 기본 3자와 초출 4자의 7자가 단모음을 표음하는 글자로 제
정되었음을 증언하고 있다. 여기서 재출자再出字들은 모두 ㅣ계 이중모
음이다. 이 7개의 훈민정음 중성자中聲字를 그리면 다음 표[32]와 같다.

　〈표 5-6〉의 파스파 문자의 유모자喩母字와 〈표 5-7〉의 훈민정음
중성의 모음 사각도를 보면 거의 일치한다. 여기에서 훈민정음의 중성
가운데 단모음 표기의 7자는 파스파 문자의 유모자喩母字를 답습한 것
으로 볼 수밖에 없다.

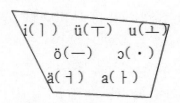

〈표 **5-7**〉 훈민정음의 중성자 사각도

5.3.4.3 훈민정음에서는 기본자 / · , ㅡ, ㅣ/의 3자에 /ㅗ, ㅏ, ㅜ, ㅓ/
의 4자는 초출자初出字이고 /ㅛ, ㅑ, ㅠ, ㅕ/의 4자는 재출자再出字여서

---

32) 이에 대한 자세한 논의는 졸고(2011b)와 졸저(2015:277)의 주29를 참고할 것.

모두 11자를 제자하였다. 그러나 〈해례본〉〈중성해〉에서 원래 11자의
중성자에다가 이자합용二字合用 4자 /ㅘ, ㅝ, ㆇ, ㆊ/와 일자一字 중성
中聲의 10자, 그리고 / ㅣ/자와의 상합相合으로 만든 /ㆍㅣ, ㅢ, ㅚ, ㅐ,
ㅟ, ㅔ, ㆉ, ㆌ, ㆈ, ㆋ/의 10자, 그리고 앞의 글자를 이자二字 합용合用
한 4자, 여기에 / ㅣ/의 상합자相合字 4개인 /ㅙ, ㅞ, ㅙ, ㆋ/를 더하여
모두 29자의 중성자를 제자하여 보였다. 이렇게 많은 중성자를 만들었
음에도 불구하고 중성을 11자로 한 것은 범자의 마다 12자에 맞춘 것
임을 앞에서 언급하였다.[33]

　　원래 훈민정음 28자에 들어간 11개의 중성자에서 / ㅣ/를 뺀 10자에
다가 이자합용 4자를 더하여 14자를 만들고 여기에 / ㅣ/를 상합相合하
여 29를 더 만든 것은 / ㅣ/가 모음조화에 관계없이 모두 결합이 가능
하다고 보았기 때문이다. 즉, 〈해례본〉 '중성해'의 마지막에 "侵之爲用
最居多, 於十四聲徧相隨 - 'ㅣ(侵)'의 사용이 제일 많은 것은 14소리에
두루 서로 따를 수 있기 때문이다"라고 한 것이 바로 이것을 말한다.

5.3.4.4 파스파자의 모음자는 모두 유모喩母에 속한다고 보았다. 앞의
〈사진 5-6〉에 보이는 〈증정본〉의 〈자모字母〉에는 우단右端 중앙에 "ꡦ
ꡜꡆꡊꡋ此七字歸喩母"가 보인다. 이것은 앞에서 언급한 대로 당시
몽고어의 모음 "ꡦ[i], ꡜ[u], ꡆ[ü], ꡊ[o], ꡦ[ö], ꡋ[e]"가 喩母에 속
한다고 본 것이며 여기에 제시한 6자에다가 喩母 /ꡧ, ꡖ[a]/를 더한
7자가 당시 몽고어의 7개 단모음을 문자화한 것이다.

　　그동안 금석문의 연구를 통하여 얻어낸 몽고어 모음의 파스파자 표
음은 8개(Poppe, 1957, 1965)로 보았다. 그러나 자음 속에도 모음으로

---

33) 범자에서 마다를 14자로 한 것도 있다. 즉, 《大般涅槃經》〈권8〉〈文字品〉에서는 "是
　　十四音名曰字本"이라 하고 이어서 모음 14음을 제시하였다.

볼 수 있는 문자가 들어 있어 10개로 보기도 하여서 혼란을 가져왔으
나, 졸고(2011b)에서 밝힌 바와 같이 《몽고자운》의 〈자모字母〉에 제시
된 유모喩母 7자가 바로 파스파자의 모음자이다. 이것은 이 문자가 모
태로 삼은 서장 문자에서도 인식하지 못한 것이다. 뿐만 아니라 이 유
모의 모음자들은 반드시 성모聲母와 결합하여 쓸 수 있었다(졸저, 2009).

따라서 파스파 문자에서 모음자들이 단독으로 사용할 때에, 즉 앞에
결합하여 쓸 성모聲母, 즉 자음子音이 없을 때에는 유모喩母 /ᴎ/를
붙여 '/ᴎ/[o], /ᴎ/[u]'처럼 써야 한다.34) 다음의 Poppe(1957:24)에
서 제시한 〈표 5-8〉에서 주장한 바와 같이 파스파자의 vowel에서
initial의 [ö]를 표음하는 파스파 문자의 '36 ᴎK(또는 ᴎ) [ö]', 37
'/ᴎ/ (또는 /ᴎ/) [ü]'는 바로 유모 /ᴎ/와 /ᴇ/[e], 그리고 /ᴋ/
/[o]와 /ᴎ/[u]를 결합한 것이다.

곧 〈표 5-8〉에서 보이는 36의 [ö]는 /ᴎ(ᴋ) + ᴇ(ᴜ) + ᴋ(K)
= ᴎK/, 37의 [ü]는 /ᴎ(ᴋ) + ᴇ(ᴜ) + ᴎ(ᴋ) = ᴎ/와 같은
방법으로 문자를 만든 것이다.35) /ᴇ/[e]를 /ᴋ/[o]와 /ᴎ/[u]에 결합
시켜 전설모음 [ö, ü]으로 만들고 앞에 다른 자음이 없기 때문에 유모
/ᴎ/를 앞에 쓴 것이다. 이러한 문자의 제정의 방식은 훈민정음에서 /
ㅇ + ㆍ + ㅡ + ㅣ/와 / ㅇ + ㅡ + ㆍ + ㅣ/를 결합하여 전설모음의
/외, 위/를 제자한 것과 같다. 역시 《몽고자운》(상22)에서도 "ᴎ [ʼi]

---

34) 파스파자를 두 자 이상 겹쳐서 사용할 때에는 편집상 옆으로 뉘었다. 이하 같음.
〈표 7〉에서 [ü]와 [ö]를 제외한 다른 모음자들이 파스파 문자의 initial에서 이 표에
보인 것처럼 단독으로 쓰인 예는 찾아보기 어렵다. 아마도 〈표 7〉에서 32의 /K/[o]
와 33의 /ᴋ/[u], 그리고 34의 /ᴜ/[e]는 /ᴋ/[o], /ᴎ/[u]/, 그리고 /ᴎ/[e]의 착오
로 보인다. 《蒙古字韻》에서는 아마도 /ᴋ[o], ᴎ[u], ᴎ[e]/와 같이 썼을 것이다.
蒙韻에서는 /ᴋ/와 /ᴎ/가 혼란되어 /ᴎ/를 많이 선택하였다.
35) 인터넷에서 제공하는 파스파 문자는 縱書여서 橫書로 쓸 수가 없었다. ( )의 것은
인터넷에서 제공한 縱書의 파스파 문자다.

〈표 5-8〉 Poppe(1957:24)의 8모음, 왼쪽의 것이 vowel initial.

平伊 … **ㄢㄷ** 平移 …"과 "**ㄱㄥㄷ** ['jen] 平延 …"(下10)에서도 /**ㄴ**/ 대신 /**ㄴ**/를 썼지만 초성에 유모喩母 /**ㄴ**/를 쓴 것은 동일하다.[36]

파스파 문자에서 모음자들을 유모喩母에 속한 것으로 보고 자음과 결합하지 않고 단독으로 모음자가 쓰일 때에 유모 /**ㄴ**/를 붙여 쓰는 방식으로부터 훈민정음에서도 모음인 중성이 자음인 초성과 결합하지 않고 단독으로 쓰일 때에 /ㅇ/를 붙여 쓰게 된 것이다. 욕모欲母의 /ㅇ/를 앞에 붙여 초성과 중성이 '합이성음合而成音', 즉 초성과 중성이 결합해야 음을 이룬다는 〈해례본〉의 규정에 따른 것이다.

《몽고자운》의 36자모에서 후음喉音의 유모喩母는 《동국정운》에서는 17자모의 욕모欲母이기 때문이다. 그리하여 욕모의 /ㅇ/를 초성으로 하고 이를 중성과 결합시켜 합이성음을 이루어 /ᅌ, 으, 이, 오, 아, 우, 어, 요, 야, 유, 여/와 같이 표기하도록 하였다. 중성자에는 초성의 욕

---

36) 《蒙古字韻》의 런던 초본은 졸저(2009)와 이의 일문판 졸저(2015)에 附載된 영인본을 참조할 것.

모 /ㅇ/를 붙여 초성과 중성이 결합해서 성음成音, 즉 음절을 이루어
서 발음할 수 있다는 훈민정음의 규정에 따른 것이다. 앞의 5.3.2.2에서
언급한 초성과 중성의 '합이성음'이란 규정이 바로 이것을 말하는 것임
을 알 수 있다.

5.3.4.5 《몽고자운》에서 유모喻母 /ⅣV, ＷＮ/는 성모聲母이기도 하며 동
시에 모음 [ɑ]의 표음자이기도 하다. 이로 인하여 파스파 문자의 연구
자들이 모음 문자에 대한 이해가 어려웠다. 일본의 吉池孝一(2005)에서
는 파스파 문자에서 모음 [ɑ]의 문자는 없다고 극언을 하기에 이르렀
고 이를 맹종하는 송기중(2016)의 졸저(2009)에 대한 서평에서 같은
주장이 반복되었다.[37]

그러나 파스파 문자에서는 [ɑ]를 /ⅣV, ＷＮ/로 문자화하였다. 예를
들면 《몽고자운》에서 '六. 佳'운에서 전청全淸의 [kɑ](/ꡂ/)로 '平 該,
上 改' 등이 있고 차청次淸의 [khɑ]/ꡁ/로 '平 開, 上 愷' 등이 있다.
즉, '가佳'운에는 평성 전청의 該[kɑ], 상성의 改[kɑ]와 차청次淸에서 평
성의 開[khɑ]와 상성의 愷[khɑ]가 있다는 말이다. 모두 [ɑ]를 /ＷＮ/로
표기한 예들이고 'ꡖ [pɑ] 擺. ꡗ [phɑ] 派'도 찾을 수 있고 'ꡜ
[ɕɑ] 差'의 예도 찾을 수 있다(졸저, 2009). 이런 예를 보면 /ɑ/음의
표음자가 파스파 문자에 없었다는 주장은 전혀 사실에 맞지 않는다.
만일 /아[ɑ]/가 파스파 문자에 없었다면 이러한 예들을 어떻게 설명하

---

37) 송기중(2016)에서는 파스파 문자에 /아/를 표음하는 문자가 없다는 것은 상식이
　라고 하면서 졸저(2009)는 이런 상식도 모르는 연구서라고 혹평하였다. 그렇다면
　[ɑ]의 파스파자를 인정한 파스파 문자의 논저, Ligeti(1948, 1973), Pauthier(1862),
　Poppe(1957, 1965), 照那斯圖(1981, 2008)는 모두 이런 상식이 없이 쓰인 것이라는
　말인가? 학술지에 실린 서평임을 생각할 때에 이로 인하여 이 방면의 연구자들에
　게 준 혼란을 감안하면 서평자와 이를 게재한 편집인의 책임은 엄중하다고 아니할
　수 없다.

겠는가?

이러한 혼란은 파스파 문자에서 자모가 단독으로 쓰여서 /아/를 갖기 때문에 생긴 것으로 보인다. 즉, 파스파 문자는 그의 모델인 티베트 서장 문자의 영향으로 자모를 단독으로 쓸 때에 /아/를 붙여 발음한다. 예를 들면 /ᅙᅵ, ᄃ, ᄅ, ᅙ, ᄶ/ 등을 [ka, ta, pa, ba, tsa]로 읽는다.38) 즉, 음절문자인 서장 문자의 영향으로 단독으로 쓰인 자모를 개음절로 읽는 것이다.39)

이것은 동아시아 여러 문자에 영향을 준 범자의 반자론에서 온 것이다. 여기서는 자음을 표시한 글자들을 모음 [a]를 붙여 읽었다. 이로부터 파스파 문자는 모음 /아/가 없다는 주장이 나온 것으로 이 문자에서 각 자음 글자를 [a]를 붙여 부른 것이다. 이런 관례가 인도의 데바나가리, 그리고 티베트의 서장 문자와 파스파 문자에서 그대로 적용되어 자음자에 [a]를 붙여 불렀다.

5.3.4.6 앞의 5.3.3.4의 〈표 5-5〉로 제시한 《동국정운》23자모와 《몽고

---

38) 김주원(2016)에서 이때의 [a]를 내재적 모음(inherent vowel)으로 보았다. 그러나 이것은 梵字에서 자음의 体文을 迦[ka], 佉[kha], 誐[ga], 伽[gha], 哦[nga]와 같이 고대인도의 半字論에서 호칭한 것으로부터 영향을 받은 문자의 관례적 명칭이지 이 자음 속에 [a]가 내재된 것은 아니다. 더욱이 모음자를 독립적으로 제정하기 이전의 단계라는 주장은 문자의 역사에 대한 지식의 결여에서 온 것이다. 기원전 수세기 경에 만들어진 산스크리트 문자, 즉 범자의 悉曇에서 모음자로 만들어진 摩多에 대한 지식이 없었기 때문에 일어난 황당한 주장이다. 悉曇에서는 摩多 12자, 또는 14자를 문자의 기본이라고 하였다. 범자는 인도의 데바나가리 문자를 비롯하여 많은 문자에 영향을 주었고 일본의 いろは 47자는 摩多 12자와 体文 35자를 말한 것이며 또 五十音圖의 了行音은 悉曇의 摩多에서 온 것이다.

39) 파스파 문자의 이러한 예를 보면 훈민정음의 〈언해본〉에서 "ㄱ는 엄쏘리니, ㅋ는 엄쏘리니,"와 "ㄷ는 혀쏘리, ㅌ는 혀쏘리니", "ㅂ는 입시울 쏘리니, ㅈ는 니쏘리니"에 보이는 'ㄱ, ㅋ, ㄷ, ㅌ, ㅂ, ㅈ'을 /가, 카, 다, 타, 바, 자/로 읽었을 가능성이 있다. 필자는 이를 '기, 키, 디, 티, 비, 지'로 읽었을 것임을 《훈몽자회》〈언문자모〉의 'ㄱ其役, ㅋ*箕, ㄷ池*末, ㅌ治, ㅂ非邑, ㅈ之'을 예로 하여 주장한 바가 있다(졸고, 2002). 여기서도 *를 붙인 한자는 釋讀한다.

자운》의 36자모의 운목 한자 대조표에서 파스파 문자의 유모喩母 /ᗡ/,
ᗡ/는 훈민정음의 욕모欲母 /ㅇ/와 대응된다. 따라서 이 둘은 같은 음
가를 나타낸다.

　훈민정음의 중성은 ‘·, ㅡ, ㅣ’를 기본자로 하고 이들을 결합시켜
나머지 8자를 제자하였다. 그런데 이 기본자는 〈해례본〉의 ‘제자해’에
의하면 천지인天地人 삼재三才를 상형한 것이어서 /·/는 천원天圓, /ㅡ/
/는 지평地平, /ㅣ/는 인립人立을 상형한 것으로 설명하였다. 따라서
아래 /·/는 원래 하늘의 모습을 본떠서 앞에서 논의한 바와 같이 형지
원形之圓, 그러니까 동그라미였다.

　그렇다면 욕모欲母의 /ㅇ/도 동그라미이니까 같은 형상이다.40) 따라
서 아래 /·/는 욕모의 /ㅇ/와 같이 둥근 모습이며 [ʔ], 또는 [ɠ]의 음
가를 갖는다. 파스파 문자의 유모喩母 /ᗡ/가 동시에 [a]의 음가를 갖
는 것과 같다. 이러한 사실은 훈민정음의 제자에 얼마나 파스파 문자
가 영향을 주었는지 가늠할 수 있다.41)

　다만 훈민정음은 파스파 문자의 제정의 원리에서 영향을 받았을 뿐
이지 이것으로 마치 한글이 파스파 문자를 모방한 것으로 볼 수 없다.
왜냐하면 모음을 유모나 욕모에 속한 것으로 이해하는 것은 중국의 성
운학, 그리고 고대인도의 비가라론과 성명기론, 만자론의 이론에 의한
것이기 때문이다. 또 이런 이론으로 모음을 본 것은 비단 파스파 문자

40) 실제로 훈민정음 〈해례본〉〈용자례〉에 예로 들은 고유어의 표기에 등장하는 아래
　　ᄋ는 모두 圓形이어서 검은 색의 둥근 圈點이었다. 아래 ᄋ가 /ㅇ/일 가능성이 있다.
41) 필자의 이러한 주장은 마치 훈민정음이 파스파 문자를 모방한 것으로 확대 해석
　　하는 연구자들이 있다. 개중에는 필자의 논거를 악의적으로 폄훼하려는 의도로 이
　　를 침소봉대하는 경우도 없지 않지만 한글이 여러 면에서, 특히 자형에서 독창적이
　　란 점을 자세히 설명한 졸고(2009a)가 있다. 이 논문은 일본에서 간행되는 학술지
　　에 실어서 국내에서는 알려지지 않았지만 여기서는 파스파 문자와 한글을 비교하
　　여 두 문자의 차이를 논하고 한글의 독창성을 주장하였다. 이번에는 두 문자의 영
　　향 관계만을 따진 것임을 밝혀둔다.

와 한글만이 아니다.

5.3.4.7 이상 훈민정음의 중성자, 즉 한글의 모음자를 단독으로 쓸 때에 욕모 /ㅇ/를 붙여 쓰는 것이 파스파 문자에서 모음자들을 유모에 속하는 것으로 보고 이들이 단독으로 쓰일 때에 유모 /ꡝ/를 앞에 붙여 쓰는 것과 같은 원리라고 주장하였다. 이러한 표기 방법은 중국 성운학에서 성聲과 운韻을 구별하고 이 둘의 결합이 하나의 한자음을 표기한다는 방식에 따른 것으로 합이성음合而成音, 즉 초성(자음)과 중성(모음)이 결합해야 발음이 가능하다는 생각에서 온 것이다.

훈민정음에서 초성과 중성을 구별한 것은 고대인도의 범자를 성명기론과 반자론에서 마다와 체문으로 구별하고 이를 음절 단위로 표기하는 방식의 영향을 받은 것이다. 훈민정음에서는 한 음절을 초성과 종성, 그리고 종성을 구별하고 중성을 모음으로 인식하여 글자를 따로 제정하였다.

훈민정음은 각 음운의 변별적 자질을 이해하고 음소音素 단위의 글자를 제정한 것이지만 한자음 표기와 범자의 영향으로 음절 단위의 모아쓰기를 하지 않을 수 없었기 때문이다. 따라서 초성과 중성, 또는 초성과 중성 및 종성이 결합하여야 한자음을 표음하는 글자가 된다고 훈민정음 제정자들은 생각하였다. 이러한 생각은 한글보다 170여 년 전에 파스파 문자를 만든 사람들과 같았다. 모두 고대인도의 만자론과 중국 성운학의 영향을 받았기 때문이다.

5.3.4.8 이것은 훈민정음이 우리말을 표기하는 언문諺文이 되었을 때에도 그대로 적용되었다. 이 절의 모두에서 언급한 것처럼 일부 첨단적인 한글 연구자들이 한때 한글을 풀어써서 /ㅇ/을 제외한 적이 있었지만 음절 단위로 써야 한다는 훈민정음의 정서법 때문에 초성 + 중성

의 형식을 갖추기 위하여 /ㅇ/를 사용하는 것이 옳다고 언중言衆들은 생각했던 것이다.

언문諺文, 즉 세종이 새로 제정한 새 문자는 조선 전기에 우리말의 한자 표기로 고통을 받던 당시의 문자 생활을 근본적으로 바꿨고 그 편이성으로 말미암아 폭발적으로 보급되었다. 언문의 보급에 가장 크게 기여한 것은 중종中宗 때에 최세진崔世珍이 편찬한 《훈몽자회訓蒙字會》의 〈언문자모諺文字母〉라고 할 수 있다. 이것이 최세진의 저술이 아닐 것이라는 주장이 학계의 믿음을 얻게 되었다. 왜냐하면 최세진은 업모業母의 /ㅇ[ng]/과 욕모欲母의 /ㅇ[null]/를 엄격하게 구별하였는데 〈언문자모〉에서는 이를 통합하여 '이응異凝'으로 보아 초성의 /ㅇ/와 종성의 /ㅇ/를 같은 글자로 보았기 때문이다.

즉, 〈언문자모〉에서는 초성과 종성으로 쓸 수 있는 글자를 〈초성종성통용팔자初聲終聲通用八字〉로 /ㄱ, ㄴ, ㄷ, ㄹ, ㅁ, ㅂ, ㅅ, ㅇ/라 하여 8자를 인정하고 /기역其役, 니은尼隱, 디귿池*末, 리을梨乙, 미음眉音, 비읍非邑, 시옷時*衣, 이응異凝/[42]으로 초성의 예 /기, 니, 디, 리, 미, 비, 시, 이/와 종성의 예 /역, 은, 귿, 을, 음, 읍, 옷, 응/을 보인 것이다.

훈민정음에서 구별하던 [ㅇ]의 업모業母와 [ㅇ]의 욕모欲母를 통합하여 후자는 초성의 위치에서 음가를 갖고 전자는 종성의 위치, 즉 음절말(coda)의 위치에서 음가를 갖는 상보적 분포에 있는 것으로 보아 〈언문자모〉의 편찬자는 하나의 음소로 인정하고 한 문자로 인식한 것이다.

〈언문자모〉의 이와 같은 설명은 일반 서민들에게 새 문자를 쉽고 빠르게 이해할 수 있어 급속하게 보급되었으며 널리 사용되었다. 하멜

42) *을 붙인 한자는 석독한 것임. 언문자모에서 쓰인 한자는 吏讀와 口訣에서 자주 쓰는 것으로 서민들의 문자생활에 널리 알려진 글자들이다. 따라서 새 문자에 대한 훈민정음의 〈해례본〉이나 〈실록본〉, 그리고 〈언해본〉의 해설보다 훨씬 일반인들이 잘 알 수 있게 되었다.

이 제주도에서 체포되어 서울에 끌려와서 10여 년을 지낸 다음에 고국으로 돌아가서 쓴 그의 《표류기》에 따르면 당시 조선에서는 양반은 한문漢文을, 중인들은 이문吏文을, 그리고 일반 상민들은 언문諺文을 썼다고 증언한 바가 있다. 그것으로 보면 이미 17세기에는 언문이 조선의 일반인들의 문자생활에서 주된 문자로 자리 잡았음을 알 수 있다.

앞에서 언급한 바와 같이 김주원(2016)에서 Daniels(1990)의 논문을 인용하여 한글을 음절문자와 음소문자의 중간 위치로 이해하려는 시도가 있었다. 이것은 그 제정 경위를 모르는 오래된 문자에서 논의되어야 할 것이지, 훈민정음이나 파스파 문자와 같이 제정자가 알려졌고 그 제자의 원리와 문자 운용의 방법을 분명하게 밝힌 경우에는 문자 제정의 논리적 이해를 통하여 고찰할 일이다.

더구나 훈민정음은 〈해례본〉, 〈실록본〉, 〈언해본〉을 통하여 그 제자 원리와 정서법을 상세하게 설명하였다. 난삽하고 황당한 서양의 문자 이론에 의지하여 한글을 찬양하는 데 급급하지 말고 한글에 대한 〈해례본〉의 설명을 먼저 제대로 이해하려는 노력이 정말 필요하다. 한글이 우수한 문자인 것은 모음자를 최초로 제자해서가 아니라 고도로 발달한 고대인도의 비가라론이나 성명기론을 완전하게 이해하고 그 이론에 맞추어 문자를 제정하였기 때문이다. 문자 제정에서 모음을 최초로 제자制字했다는 주장은 이미 기원전 수세기 전에 만들어진 범자의 마다를 몰라서 생긴 일이다. 짧은 지식과 천박한 식견으로 한글을 찬양하여 오히려 그 위대함을 훼손하는 일은 연구자로서는 삼가야 할 일이다.

제5장의 중요내용 영문 요약

1. Title: The Korean Alphabet Hangul and the Mongolian Phags-pa Script

In this chapter, we argue that the invention of Hangul, originally named Hunmin-jeongeum, was not totally ingenious, but that, to some extent, it followed the general practice of many of the ethnic groups in East Asia in inventing their own character systems, as they each established a new nation. These new nations were afraid of being assimilated into the Chinese Hànzì(漢字)-culture, thus losing their own cultural and ethnic identity.

This paper also claims that the invention of Hunmin-jeongeum(訓民正音) was not based on Chinese phonology, but on a phonetic transcription theory, called Vyākaraṇa(毘伽羅論), of ancient India. This was supported by the participation of Buddhist monks such as Shinmi (信眉) and Buddhist scholars such as Kim Su-on(金守溫), rather than civil ministers or Confucian scholars, participated in the establishment of the new Hangul script.

Hunmin-jeongeum was invented in the 15th century under the influence of the Phags-pa script. The Phags-pa characters were designed in the 13th century by the Yuan dynasty of Mongolia as phonetic symbols for Mongolian peoples to learn to read Chinese characters. This Phags-pa script was modelled on the Tibetan script that took Vyākaraṇa(毘伽羅論) in Tŭfan(吐蕃) kingdom as its basis. Vyākaraṇa was also introduced to China and translated as Shēngmíng-jilun(聲明記論) in Chinese. Hence, Vyākaraṇa was the basic theory of establishing Hunmin-jeongeum.

Like the Phags-pa script, Hunmin-jeongeum analyzed each syllable character as consisting of three components each of which represents a sound segment. The first component represents an initial sound (syllable-initial consonant), the second component a medial sound (vowel), and the third component a final sound(coda). In addition, the vowel letters for medial sounds were considered subordinate to the yù-mŭ(喻母), initial zero consonant.

They were thus treated as being of the non-consonantal onset, called yok-mo(欲母), in Hunmin-jeongeum. When vowel letters were used alone without any initial consonant, the symbol "ㅇ" was always added to them, thus being written as /아, 오, 어, 우/. This addition of the empty sound symbol "ㅇ" followed the practice of the Phags-pa script that placed the symbol "ꡜ" before a vowel letter that had no consonant in its onset position.

In Hunmin-jeongeum, the five basic consonant letters were arranged in the order of velar, dental-alveolar, labial, palatal, and guttural(牙舌脣齒喉): "ㄱ", "ㄷ", "ㅂ", "ㅅ", "ㆆ", standing for /k/, /t/, /p/, /s/, /?/, respectively. In contrast, the complex four consonant letter series such as "ㄱ", "ㅋ", "ㄲ", "ㆁ" respectively standing for /k/, /kh/, /g/, /ng/ were listed in the order of "fully clear"(全清), "semi-clear"(次清), "fully turbid" (全濁), "neither clear nor turbid"(不清不濁), or unaspirated, aspirated, voiced, and nasal. These orderings agree with those of the Phags-pa script.

Hunmin-jeongeum or Hangul is thus closely related to the Phags-pa script.

Hunmin-jeongeum was annotated as "the right sound to be taught to the people(訓民正音)". The "jeong-um"(正音) here meant "the right sound, or correct pronunciation of Chinese characters". For King Sejong, the Dongguk-jeongun style Sino-Korean pronunciation was the correct pronunciation of Chinese characters. He established it as the right pronunciation of Chinese characters that should be taught to the common people. Hunmin-jeongeum thus means the system of phonetic symbols for the correct pronunciation of Chinese characters.

2. Title: Medial ounds of Hunmin-jeongeum and Yokmo(欲母):
 - Why is the Null Sound Letter / ○ / Attached to a Vowel Letter in Hangul?-

The letter / ○ /, called yokmo(欲母: 'non-consonantal onset'), occupies the initial position of a syllable in Hangul. This paper discusses why and how the use of such a letter / ○ / was introduced to the composition of Hangul syllables that began each with a vowel sound that had no consonant sound in the onset.

There were two basic reasons for the use of the null sound letter / ○ / in forming Hangul syllables. One reason was to make each syllable in Hangul designed as a unit to represent each of the Chinese characters which were syllabic. Another reason was to preserve the CV(C) structure of each syllable, which was formed by the composition of Hangul phonemic letters. For these two related reasons, the consonantal onset C of a syllable was represented by the null sound letter / ○ / in Hangul even if that onset had no consonantal phonemic value. In Hangul, the initial / ○ /, called yokmo(欲母: 'non-consonantal onset'), in a syllable composition simply represented a zero phoneme as has been the case for the formation of Hangul (syllabic) characters up to the present days.

Historically speaking, however, we claim that the use of such a null sound letter / ○ / for the non-consonantal onset of a syllable in Hangul was preceded by the practice of the Phags-pa script. Phags-pa prefixed the symbol /ꡭ/, called 'yumo'(喻母), to a vowel, called 'yumu'(喻母), that had no consonantal onset. Both the Hangul and Phags-pa scripts were phonemic systems. Neither of the systems allowed consonant letters such as / ㄱ, ㄷ, ㅂ, ㅈ, ㅎ/, corresponding to the phonemes /k, t, p, ts, h/, in Hangul or /ꡂ, ꡊ, ꡙ, ꡒ, ꡜ/ in Phags-pa to be pronounced by themselves, but they were pronounced only when each of them formed a syllable with a vowel supporting it. The *Hunmin-jeongeum Haerye*, which explained the formation of each of the Hangul letters with illustrations, also stated with a sound formation rule, called 'hap-i-seong-eum'(合而成音), that the consonant letters such as / ㄱ, ㄷ, ㅂ, ㅁ/ in Hangul could have sound values only when they are each combined with a vowel to form a syllable.

Hangul was established under the name of 'Hunmin-jeongeum', which literally meant 'correct sounds for teaching people'. As we claim, these 'correct sounds' referred to those of Chinese characters, for the primary motivation of inventing Hangul had been to transcribe the sounds of Chinese characters in a correct way. In the mean time, the overall design of Hangul was influenced by the Sanskrit character system of Ancient India.

Sanskrit distinguished vowels, called 'mātr'(摩多), from consonants, called 'vyanjana'(体文), in the so-called 'Half-letter Theory' and 'Vyākaraṇa'. This distinction was introduced into Hangul, thus segmenting the initial consonants from the medial vowels in Hangul syllables. The onset, medial, and coda sounds were distinguished among the sound elements constituting a syllable. Distinct letters were created to represent vowels on the understanding that medial sounds were vowels, whereas onsets and codas were both consonants. Hunmin-jeongeum was thus established as a phonemic writing system consisting of vowel and consonant letters that represented the sound units of phonemes.

It was, however, necessary to put together these phonemic letters into blocks, each of which represented a syllable, in order to be able to transcribe the sounds of Chinese characters. Hunmin-jeongeum designers thus had an idea to form each syllable composed of onset and medial sounds or these two with an additional coda sound which corresponded to each of the Chinese characters. In this respect, they had the same idea as those who had designed the Phags-pa script more than 170 years earlier than the creation of Hangul.

This orthography of Hunmin-jeongeum was extended to common use for writing Korean, thus being referred to as Eonmun 'the popular or common script.' In the 1950s, some innovative Korean scholars proposed a horizontal way of writing Hangul serially by decomposing each syllable unit in Hangul into a string of consonant or vowel letters, as English or other western languages are horizontally written in alphabet. They then found no need of using the null sound character / ㅇ / to specify syllables. However, due to the writing system of the Hunmin-jeongeum requiring that the letters should be written in syllable units, people generally agreed to accept the traditional orthography of Hunmin-jeongeum that attached the symbol / ㅇ / to the vowel letter in order to preserve a CV syllable format, composed of a consonant and a vowel. This syllable format of Hangul has continued to be in current use.

제6장

언문諺文의 제정

6.0.0 앞 장에서 한글의 제정에 관련하여 주변 민족들의 문자 제정과 그 사용에 대하여 살펴보았고, 훈민정음 제정의 기반이 된 고대인도의 비가라론과 그의 음성 연구인 성명기론에 대하여 고찰하였다. 그리고 훈민정음의 제정에 직접적인 영향을 준 원대 파스파 문자의 제정과 그 배경이론을 점검하였다.

　이제 이러한 제반 사실을 감안하여 언문諺文, 즉 훈민정음의 제정에 대하여 지금과는 다른 시각에서 살펴보고자 한다. 그동안 우리는 한글에 대하여 "영명하신 세종대왕이 어리석은 백성들의 편리한 문자생활을 위하여 배우기 쉽고 쓰기 편한 새 문자를 독창적으로 만들어 주신 것"으로 알고 있다.

　그러면 세종은 어디에서 새 문자의 필요성을 느꼈으며 이 문자를 제정한 음성학적 이론은 무엇이었고 실제로 어떤 과정을 거쳐 새 문자가 만들었는가에 대하여 앞 장을 통하여 어렴풋이 느꼈을 것이다. 이 장에서는 한글의 원래 명칭인 언문이 어떻게 제정되었는지 앞 장에서 거론된 사안들에 의거하여 다시 살펴보기로 한다.

1. 주변 민족의 문자 제정과 사용

6.1.0 이 책 제2장에서 살펴본 바와 같이 한글 이전에 중국의 북방민족들 사이에는 많은 표음문자를 제정하여 사용하였다. 이것은 고립적孤立的인 문법구조의 중국어를 표기하기 위하여 고안된 한자가 중국 주변의 여러 민족의 언어들, 특히 교착적膠着的 문법구조의 언어를 표기하기에 적당하지 않으므로 자국어의 표기에 알맞은 표음문자를 스스로

만들어 사용한 예가 적지 않다.

그러나 이에 대한 연구도 거의 없다. 있다면 필자가 몇 년 전에 주장한 원대 파스파 문자와의 관련성을 언급한 것이 유일하다. 그러나 파스파 문자 이외에도 이 책의 제2장에서 살펴본 바와 같이 티베트의 토번에서 제정한 서장 문자나 요遼의 거란契丹 문자, 금金의 여진女眞 문자, 몽골과 만주의 위구르 문자도 표음 위주의 문자였다. 특히 거란과 여진 문자는 우리의 향찰鄕札이나 이두吏讀처럼 한자를 변형시켜 만든 문자였음을 살펴보았다.

고려는 요 및 금과 활발하게 교류하였고 몽골의 원과는 한때 부마 국駙馬國이어서 정치와 문화에서 매우 밀접한 관계였다. 이렇게 인접 국가들이 독자적으로 제정한 문자들은 모두 교착적 문법구조의 언어를 표기하기 위한 것이었으며 고려와 조선 초기에 한반도에서 널리 알려졌던 문자들이다. 이 문자들이 한글의 제정에 많은 영향을 주었을 것임은 당연한 일이나 지금껏 필자를 제외한 어떤 국어학자도 여기에 관심을 갖지 않았다.

이미 제2장에서 논의된 것을 여기서 다시 정리하여 한글을 제정할 당시에 주변 민족들의 언어와 문자가 어떠했는지 살펴보고자 한다.

1) 중국어의 역사적 변천

6.1.1.0 고려 후기와 조선 전기는 중국 대륙에서 거대한 변화가 있었던 시대다. 당唐이 망하고 송宋으로 왕조가 바뀌면서 중국에서 오랫동안 공용어의 위치에 있던 장안長安 중심의 통어通語, 또는 범통어凡通語가 점차 쇠퇴하게 되었다. 특히 북방민족인 몽골이 원元을 세우고 수도를 연경燕京, 즉 지금의 북경北京으로 정하자 이때부터 언어 중심은 중국의 동북지역으로 바뀌게 되었다.

원래 중국의 동북지방은 당대唐代에는 허허 벌판이던 곳으로 중국인과 다른 소수민족, 주로 알타이어족들이 어울려 살던 곳이다. 여기는 요遼와 금金 때에 비로소 중요한 도시가 몇 개 생겨난 곳이다. 이곳에 살고 있던 많은 소수민족들은 고립적이 중국어와 교착적인 주변 민족의 언어가 결합하여 새로운 언어를 탄생시켰다.[1] 소위 한아언어漢兒言語라고 불리는 이 언어는 그때까지의 중국어와는 전혀 다른 언어였으며 이 사실은 졸고(1999) 및 정광·양오진·남권희(1999)에 의하여 처음으로 주장된 것이다.

고려 후기에 한아언어漢兒言語, 줄여서 한어漢語가 원제국과의 교섭에서 중요한 언어로 등장하자 그동안 유교의 경전으로 배우던 중국 상고어上古語의 아언雅言이나 당송唐宋의 문학 작품, 또는 불경으로 배우던 통어通語[2] 이외에 동북방언이 주축이 된 새로운 중국어를 배우지 않으면 안 되게 되었다. 즉, 원대 북경지역의 한어가 원과의 접촉에서 중국어를 통역하는 역관들에게 가장 중요한 언어가 되었기 때문이다. 이 언어를 학습하기 위하여 건립한 기관이 고려 후기의 한어도감漢語都監, 한문도감漢文都監, 통문관通文館, 그리고 사역원司譯院 등의 중국어 교육기관이다.

6.1.1.1 고려에서는 원대 이후에 통용되는 한어漢語를 매우 천시하였

---

1) 이에 대하여는 "远在一千多年以前，我国东北地区就是少数民族聚居的地方。从唐代契丹、靺鞨经金元两代女真直到明末形成的满族，历代在东北占统治地位的民族所用的语言都是属于阿尔泰语系。因此，古代东北地区原来很可能是以阿尔泰语作为通行语言的。但是，最迟在辽代(907-1125年)，就已经有大批汉族人移居东北。辽代初期，契丹族统治者为了削弱女真族的实力，把一部分汉化较深的女真人迁徒到辽阳一带，称为熟女真镇，其余的则称为生女真。熟女真的存在，说明一千年前居住在东北的汉人已相当多，否则不可能出现女真人汉化的现象"(林焘，1987:163)를 참고할 것.

2) 불경은 後漢 때부터 중국에 들어오기 시작하였으나 漢譯은 주로 唐代에 이루어졌다. 따라서 중국어의 역사로 보면 長安의 通語로 번역한 것으로 보아야 한다.

다. 고문古文으로 작성된 사서오경四書五經의 아언雅言이 여전히 고려
유신儒臣들에게는 표준어이었으며, 당송唐宋의 통어通語가 아직도 다음
의 중국 아언雅言으로 여기고 있는 상황에서 한어는 필요에 의하여 어
쩔 수 없이 사용해야 하는 상스러운 언어였다. 그러나 조선으로 왕조
가 바뀌면서 한어도 어엿한 중국어로 대접을 받게 되었다.

전통적인 중국의 통어와 원대元代 이후의 한어는 부분적으로 문법
이나 어휘에서의 차이가 있었지만 무엇보다도 중요한 차이는 발음에
있었다. 당시 북경 지역의 한자음, 즉 동북방언음인 한어의 발음은 당
대唐代 한자음과는 상당한 차이를 보였다. 즉, 그동안 한반도에서 통용
되던 한자의 중국어 발음은 주로 당나라의 장안음長安音이었는데 이
발음과 북경 지역이나 동북지역의 한어 발음과는 엄청난 차이를 느끼
게 된 것이다. 여기에 착안하여 우리 한자음을 고치려고 한 것이 바로
동국정운식 한자음의 제정이며 이 한자음이 바로 백성들에게 가르쳐야
하는 바른 소리, 즉 훈민정음訓民正音인 것이다.

따라서 몇몇 연구자들이 백성들에게 올바른 한자음을 가르치기 위
하여 만든 문자, 즉 발음기호로 한글은 제정되었다고 보았다. 물론 정
의공주가 '변음토착變音吐着'의 난제를 해결한 다음에 우리말을 전면적
으로 표기하는 문자, 즉 언문諺文으로 발전시켰지만 그 이전까지, 즉
한글 발명의 초기에는 훈민정음을 위한 발음기호였던 것이다.

또 일부 학자는 정음正音으로 보기도 하는데 이것은 중국 전통의
표준 한자음을 표음했다는 뜻이다. 한글이 제정되던 당시는 명의 금릉
金陵, 즉 지금의 남경南京이 수도로서 언어 중심지여서 이곳의 발음이
정음이었으며 이 발음의 표기와 동국정운을 표기한 훈민정음은 상당한
차이가 있었다. 즉, 정음正音의 표기를 위하여 모두 32개 자음과 29개
의 중성자를 만들었지만, 훈민정음에서는 초성 17자와 중성 11자로 모
두 28자를 만들었고 초기의 언문에서는 초성 27자만을 인정하였다.

그러나 아직 어떤 연구에서도 앞에서 언급한 언문, 정음, 훈민정음이 지칭하는 대상에 대하여 명확하게 밝혀준 것이 없다. 필자는 언문이란 우리말과 우리 한자음 표기에 사용되는 문자를 말하고, 정음이란 한자의 중국어 표준음을 표기할 때에 쓰는 기호이며, 훈민정음은 동국정운식 한자음을 표기할 때에 쓰는 기호를 말한다고 보았다. 그 근거에 대한 연구가 이 장의 주제라고 할 수 있다.

6.1.1.2 세종이 새 문자를 제정한 직접적인 동기는 제2장에서 살펴 본 바와 같이 주변 민족의 표음문자 제정과 깊은 관련이 있다. 한반도의 주변국가와 그곳에 거주하는 민족들은 한자를 차자借字하여 표기하였는데 여기에는 많은 무리가 있어서 새로운 표음문자를 만들어 사용하는 전통이 있었다. 이러한 전통이 한글 제정의 기본적이고 직접적인 동기로 본다.

또 새로운 문자의 제정에는 제5장에서 살펴본 바와 같이 고대인도에서 발달한 음성학의 이론이 이용되었다. 불경을 통하여 한반도에 수입된 고대인도의 범어 문법이론인 비가라론과 그 가운데 음성학만을 다룬 성명기론, 그리고 이를 받아들여 중국 한자음 연구에 이용한 성운학은 세종의 우리 한자음에 대한 연구를 자극하였고 결국은 이 이론에 근거하여 세계에서 가장 과학적인 문자를 제정하게 된 것이다.

보다 더 직접적이고 적극적인 한글 제정의 동기는 한어漢語라는 새로운 중국어의 학습에 있었다. 고대 중국어(Ancient Chinese, 中古語), 즉 중국어의 역사에서 통어通語라고 부르는 당대唐代 중국어의 발음을 기반으로 하는 우리 한자음은 당시에 새로 등장한 원대 북경의 한어음漢語音과는 매우 다르게 되었다. 따라서 고문古文으로 된 사서오경을 통하여 학습한 중국어의 통어가 원 이후에는 중국인과의 접촉에서 무용지물이 된 것이다.

6.1.1.3 〈한문본〉및 〈언해본〉모두에서 세종어제 서문의 초두에 "御製日ᅙᆞ샤딕 國之語音이 异乎中國ᄒᆞ야 與文字로 不相流通이라 — 나랏 말소리 中國과 달라 文字로 더브러 서르 흘러 通티 몯 ᄒᆞ논디라"는 바로 이 상황을 말한 것이다. 우리 한자의 발음이 중국과 달라 같은 한자가 서로 통하지 않는다는 한탄이라고 보아야 한다. 더욱이 훈민정음이 제정되고 이를 공표한 2달 후에 《운회韻會》를 번역하라는 왕명이 내려온다.

즉, 《세종실록》(권102)의 25년 12월 말에 훈민정음이 제정되고 2달이 지난 세종 26년 2월 병신丙申에 "命集賢殿校理崔恒, … 指議事廳, 以諺文譯韻會, …"(《세종실록》권103)란 기사가 있어 이때에 《운회》를 번역하려고 명령한 것을 알 수 있다. 여기서 《운회》란 〈고금운회古今韻會〉, 또는 《고금운회거요擧要》일 것이며 《예부운략禮部韻略》을 파스파 문자로 전사하여 《몽고운략蒙古韻略》을 편찬하고 다시 이것을 《고금운회》에 의하여 수정한 것이 《몽고자운蒙古字韻》이므로 《운회》의 번역은 바로 《몽고자운》의 번역임을 알 수 있다.

{증정}《몽고자운》의 런던 초본에 따르면 《운회》의 번역이라는 것은 파스파자로 표기된 《몽고자운》을 훈민정음, 정확하게는 정음正音으로 전사하는 것이므로 파스파자와 훈민정음의 일대일 대응만 정해지면 자동적으로 번역이 가능하다. 즉, 《몽고자운》의 파스파자를 정음으로 바꿔 표기하면 《운회》의 번역이 되는 것이다.[3]

중국의 한어음과 전혀 다른 우리 한자음을 고치려는 노력이 《동국정운東國正韻》의 편찬으로 나타났다. 우리 한자음과 한어음의 현격한 차이를 조금이라도 극복해 보려는 노력으로 동국정운식 한자음이 인위적으로 만들어진 것이다. 이러한 한자음을 백성들에게 가르쳐야 하는

---

3) 필자는 훈민정음은 동국정운식 한자음의 표기를 위한 것이고 정음은 한자의 표준음을 표음할 때의 명칭이며 반면에 언문은 우리말 표기를 위한 문자를 말하는 것으로 구분하여 부른다.

한자음의 정음正音으로 보았고 이러한 한자음의 개정에 사용된 발음기호가 바로 "백성들에게 가르쳐야 하는 올바른 한자음"의 훈민정음訓民正音이다. 그리고 이 발음기호로 우리말의 표기도 할 수 있게 되어 언문諺文, 또는 언서諺書란 이름을 얻게 되었다.

2) 한자 표기의 한계

6.1.2.0 중국과 그 주변의 여러 민족은 다양한 언어를 가졌다. 그런데 중국어는 기본적으로 문법구조가 고립적孤立的이어서 문장 내에서의 단어는 굴절屈折도 없고 어미와 조사의 첨가도 아주 제한적이었다. 이러한 역할의 대부분을 어순에 의거하는 언어가 바로 고립어(isolating languages)이다.[4]

그러나 중국과 불교의 전래로 접촉하게 된 고대인도를 비롯한 서역의 몇몇 언어들은 굴절적인 문법구조의 언어여서 문장 속에서 각기 단어들은 굴절屈折에 의하여 그 통사적인 기능을 발휘한다. 이 언어들은 보통 굴절어(inflective languages)라고 부르며 이 언어들에서 어순語順은 부차적인 것이다.

반면에 중국의 동북방에 널리 퍼져 있는 소수민족의 언어는 교착적膠着的인 문법구조를 가져서 문장 속에서 통사적 기능은 모두 어미와 조사에 의존한다. 보통 교착어(agglutinative languages)라고 불리는 이 언어들은 어미와 조사, 그리고 각종 첨사添辭가 발달하여 문장 속에서 단어 사이의 관계는 이들이 담당한다. 예를 들어 '나'라는 단어는 문장 안에서 "나는, 내가, 나를, 나의 나에게" 등으로 조사가 첨가되어 사용되고 '먹-'이란 단어는 "먹다, 먹으니 먹어서, 먹고"와 같이 어미가 결

---

4) 문법구조에 의한 언어의 분류는 3분법이 유명하지만 4분법과 다양한 분류방식이 言語類型論에서 유행하였다.

합하여 사용된다.[5]

6.1.2.1 한자는 표의表意문자이어서 이 글자로 단순한 문법적인 기능의 어미와 조사를 표기하기 어렵다. 따라서 교착적인 문법구조의 언어를 한자로 표기하려면 어미와 조사를 따로 표기하는 장치를 만들어야 한다. 신라와 고려, 그리고 조선시대에 한자를 빌려 우리말을 표기할 때에 어미와 조사를 표기하기 위하여 구결口訣이나 토吐를 고안하여 사용하였다. 물론 이러한 문법 형태를 표기하는 한자는 없으므로 한자의 발음이나 새김을 빌려 표기할 수밖에 없었다.

반면에 범어와 같이 굴절적인 언어를 한자로 표기하기 위해서는 많은 허사虛辭의 한자를 만들지 않을 수 없어서 범어의 불경을 중국어로 번역할 때에 허사를 포함한 한문을 쓸 수밖에 없었다. 한역 불경을 이해하기 위해서는 이러한 범어와 중국어의 문법적 차이를 파악하지 않으면 안 된다. 불교의 전래로 한문과 범문梵文의 문법적 차이를 인식하게 되었고 그로부터 중국어의 한문과 자국어의 한자 표기의 차이를 깨닫게 된 중국의 북방민족들은 스스로 자신들의 언어를 표기하기에 적당한 문자를 모색하기 시작하였다.

그 시작은 이 책의 제2장에서 시사한 바와 같이 고구려와 발해라고 추정되지만 고구려 문자와 발해 문자에 대한 연구는 그 남아 있는 자료가 얼마 되지 않아서 제대로 이루어지지 않았다.[6] 오늘날 세계 문자 학계에서 중국의 한자를 사용하다가 이의 불편함을 깨닫고 스스로 문

---

5) 반면에 중국어 '我'는 "我愛你, 罵我, 給我"와 같이 어형이 변하거나 조사의 첨가가 없이 어순에 의하여 주격, 대격, 여격으로 변한다.

6) 고구려와 발해에서 한자와 다른 문자들이 많이 瓦當이나 金石 등에 새겨 있다. 아직 해독도 불가능하고 어떤 문자인지 알기 어렵지만 아마도 고구려어와 발해어를 표기하기 위하여 한자를 변형시켜 만든 문자로 볼 수 있다. 이에 대한 연구가 더 진전되기를 바라는 마음 간절하다.

자를 제정하여 자국어를 표기한 것은 7세기 중반에 티베트의 토번吐蕃 왕국에서 시작되었다고 본다.

6.1.2.2 제2장에서 살펴본 바와 같이 중국의 북방민족은 고립적인 문법의 중국어와 달리 교착적 문법 구조를 갖고 있어서 한자로 자민족의 언어를 표기하기 불편하였다. 그리하여 한자를 빌려 그를 표음문자로 전환시켜 사용하기도 하였으나 거기에는 한계가 있었다.

기원후 650년 무렵에 지금은 중국의 서장西藏이라고 불리는 티베트 지역의 토번에서 송첸감포 왕이 자신의 신하를 인도에 파견하여 그곳에서 발달된 음성학과 문자학을 학습하게 하고 귀국시킨 후에 그로 하여금 티베트 문자를 제정하게 하고 이를 왕국의 공용문자로 반포하였다. 이렇게 제정된 서장 문자, 또는 티베트 문자는 주변의 다른 언어의 표기에도 사용되었고 지금도 서장어를 표기하는 데 사용된다.

다만 송첸감포 왕이 인도에 파견하여 문자를 만든 신하가 누구냐에 대하여는 아직도 논란이 되고 있다. 지금까지는 토번 왕국에서 9세기 무렵의 유명한 역경승譯經僧이었던 톤미 삼보다(Thon-mi Sam-bho-ta)라고 보는 사람이 많았으나 졸저(2009:148~150)에서는 톤미 아누이브(Thon-mi Anu'ibu), 또는 '톤미 아누'의 아들이 발명한 것으로 보았다.[7] 그 이유는 티베트 문자가 7세기 중엽 송첸감포 왕 시절에 만들어졌으므로 9세기 즈음에 활약한 톤미 삼보다를 그 제정자로 보는 것은 무리가 있기 때문이다.

이 문자는 고립적인 문법구조의 중국어 표기를 위하여 고안된 한자

---

7) 톤미 삼보다(Thon-mi Sam-bho-ta)는 실제 사서에 등장하는 유명한 譯經僧으로 9세기 무렵의 사람이다. 따라서 7세기 중반의 티베트 문자 제정에 관여할 수가 없다. 반면에 톤미 아누이브(Thon-mi Anu'i-bu)는 '-i'가 티베트어로 속격이므로 '톤미 아누'의 아들이란 의미도 된다. 학자들 사이에는 티베트 문자를 발명한 '톤미 아누'의 아들이 '톤미 삼보다'로 보기도 한다.

에 비하여 티베트어 표기에 매우 적절하였다. 현대에도 이 문자는 티베트어 표기에 사용되고 있는 것이 그 증거이며 여러 자체字体를 개발하였다.[8] 그리고 당시 토번 왕국의 주변에 퍼져 있던 비非 고립적인 언어들의 표기에도 이 문자가 이용되었다. 이와 같이 토번 왕국에서 새로운 문자의 제정이 성공하자 중국의 북방민족들 사이에는 새로운 국가를 세우면 새로운 문자를 제정하는 전통이 생겨났음을 제2장에서 살펴보았다.

2. 알타이민족의 문자 제정

6.2.0 이 책 제2장에서 고찰한 바와 같이 중국의 북방민족은 중국어와 달리 교착적 문법구조의 언어를 사용하고 있어서 표의문자인 한자로 이를 표기하기가 불편하였다. 따라서 표음문자를 새롭게 제정하여 자신들의 언어를 표기하는 전통이 있었다. 그 시작은 제2장의 2.2.2.1 ~2에서 살펴 본 바와 같이 고구려로 보이나 현전하는 자료가 부족하여 고구려 문자에 대한 연구가 지지부진하기 때문에 현재로서는 단정적으로 말하기 어렵다.

고구려 이후 발해를 거쳐 거란契丹과 여진女眞, 그리고 베트남의 자남字喃에 이르기까지 한자를 변형시켜 일부 표음문자로 사용하는 방법의 새 문자들이 있었고, 몽골의 칭기즈 칸成吉思汗에 의하여 서양의 표음문자를 차용借用하여 사용하기도 하였다. 그리고 티베트의 서장 문자

---

8) 티베트 문자의 여러 字体에 대하여는 졸저(2009:147~8)를 참고할 것.

나 원의 파스파 문자처럼 범어를 표기한 범자를 모방하여 전혀 새로운 표음문자를 창제하여 사용하기도 하였다. 다만 이 절에서는 중국 북방 민족의 문자 제정과 그 사용이 한글의 제정에 어떠한 영향을 주었는가를 살펴보고자 한다.

1) 거란 문자와 여진 문자

6.2.1.0 제2장에서 살펴본 것처럼 7세기 중반에 토번 왕국의 티베트 문자가 성공한 이후 발해의 고토故土에 새로운 국가를 세운 거란契丹의 요遼에서도 10세기 초의 건국 초기에 거란 문자를 제정하여 국가의 공용문자로 삼았다. 이 책 제2장 2.3.1.0~4에서 살펴본 바와 같이 거란 문자(Khitan script)는 대자(大字, large)와 소자(小字, small)가 있었다.

서기 916년에 요遼 태조 야율아보기耶律阿保機가 나라를 세운 뒤에 얼마 되지 않은 신책神册 5년(920) 정월에 거란대자契丹大字를 만들기 시작하여 9월에 완성하고 이를 반행頒行하라는 조칙詔勅을 내렸다.[9] 이때에 요遼 태조를 도와 거란대자를 만든 사람은 돌려불突呂不과 야율노불고耶律魯不古인 것 같다.[10] 신책 5년(920)에 요 태조의 조칙으로 반포된 거란국자契丹國字가 바로 '거란대자(契丹大字, Khitan large

---

9) 《遼史》(권2) 〈太祖紀〉에 "神册, 春正月乙丑, 始制契丹大字.[중략] 九月壬寅大字成, 詔頒行之."이란 기사 참조(졸고, 2010).

10) 《遼史》(권75) 〈突呂不傳〉에 "突呂不, 字鐸袞, 幼聰敏嗜學, 事太祖見器重. 及制契丹大字, 突呂不贊成爲多. 未几爲文班林牙, 領國子博士, 知制誥.- 돌려불은 자가 탁곤이며 어려서 총민하고 학문을 좋아하였다. 태조[요 태조 야율아보기를 말함]가 그릇이 무거움을 알았다. 거란 문자를 지을 때에 도와서 이룬 것이 많았고 문반에 들어가 한림에 이르지는 못하였으나 국자학 박사, 지제고를 지냈다."라는 기사와 동서(同書, 권75) 〈耶律魯不古傳〉에 "耶律魯不古, 字信貯, 太祖從侄也.初太祖制契丹國字, 魯不古以贊成功, 授林牙, 監修國史.- 야율노불고는 자가 신저이고 태조의 從侄(조카)이다. 처음에 태조가 거란 국자를 만들 때에 도와서 성공시켜서 임아(林牙, 遼나라의 관직으로 翰林에 해당함)를 주고 國史를 監修하게 하였다"라는 기사를 참조(졸고, 2010).

script)'이다.

거란소자契丹小字는 이보다 몇 년 후에 요遼 태조의 동생〔皇弟〕인 질랄迭剌이 위구르의 사절使節들을 만나 그들의 표음적인 문자로부터 배워서 만든 문자다. 즉, 원대元代에 탈탈脫脫이 찬수撰修한 《요사遼史》 (권64) 〈황자표皇子表〉에 "迭剌, 字云獨昆. … 性敏給, … 回鶻使至, 無能通其語者。太后謂太祖曰, '迭剌聰敏可使'遣迓祉. 相從二旬, 能習其言與書, 因制契丹小字, 數少而該貫.-질랄은 자가 독곤獨昆이다. … 성격이 총민하고 원만하였다. 위구르回鶻의 사신이 도달하였는데 그 말에 능통한 사람이 없었다. 태후太后가 태조(요의 태조 아보기를 말함)에게 말하기를 '질랄迭剌이 총민하니 가히 쓸 만합니다' 하니 [그를] 보내어 [사신들을] 맞이하게 하였다. 서로 상종하기를 20일 동안 하여서 능히 그 말과 글을 배워 거란소자를 제정하였는데 글자 수는 적으나 모두 갖추고 꿰뚫었다."라고 하여[11] 위구르回鶻 사신들에게 위구르 문자를 배워 거란소자를 지었음을 말하고 있다(졸저, 2009:28~130).

이 문자가 바로 거란소자(契丹小字, Khitan small script)로서 대자보다 표음적인 문자로 알려졌다. 오늘날 남아 있는 거란문자의 자료 가운데 대자와 소자를 분명하게 구별하기 어려우나, 여러 가지 방법이 개발되어 대大, 소자小字의 구분과 거란문자의 해독에 많은 진전이 있다(졸고, 2010). 거란 문자는 요遼가 멸망(1125)한 이후에도 사용되었으며 여진족의 금金이 건국 이후인 명창明昌 2년(1191)에 이 문자를 폐지하라는 조령詔令인 '조파거란자詔罷契丹字'가 있기 전까지 300여 년 동안 중국 북방 지역의 문자로 사용되었다.

6.2.1.1 요가 망하고 여진족의 금이 선 다음에도 새로운 문자 제정의

---

11) 清格爾泰 외 4인(1985:4)에서 재인용함.

전통은 그래도 이어진다. 여진족의 완안부完顏部 추장酋長이었던 아구다阿骨打가 주변 여러 부족을 통합하여 송宋의 정화政和 5년(1115)에 나라를 세우고 금金이라 하였다. 그는 통치를 위한 문자가 없어 완안희윤(完顏希尹, 본명은 谷神)에게 명하여 한자의 해서자楷書字를 변형시킨 표음적인 여진자를 만들게 하였는데 이것이 여진대자(女眞大字, Jurchen latge script)다.

즉, 《금사金史》(권73) 〈완안희윤전完顏希尹傳〉에 "太祖命希尹撰本國字備制度, 希尹依漢人楷字, 因契丹字制度, 合本國語制女眞字. 天輔三年八月字書成, 太祖大悅命頒行之.— 태조가 희윤希尹에게 명하여 본국의 글자를 지어 제도를 마련하라 명하였다. 희윤이 한인들의 해서체의 한자에 의거하고 거란자에 따라 나라의 말에 맞는 여진자를 제정하였다. 천보天輔 3년 8월에 글자가 완성되니 태조가 크게 기뻐하여 반포해서 사용하라고 명하다"라 하여 앞의 사실을 확인할 수 있다. 거란 문자에 맞추어 만들어진 여진대자(Jurchen large script)가 천보天輔 3년(1119)에 글자가 만들어져서 칙명勅命으로 반포되었음을 알 수 있다.

후에 제3대 희종(熙宗, 在位 1135~1149)이 다시 만든 여진자는 여진소자女眞小字라고 불렀는데 역시 《금사金史》 권4 '희종熙宗 천권天眷 원년元年 정월'조에 "頒女眞小字. 皇統五年五月戊午, 初用御製小字.— [희종 천권 원년 정월에] 여진소자를 반포하다. 황통皇統 5년(1145) 5월 무오에 처음으로 왕이 지은 소자를 사용하였다."라는 기사가 있어 천권天眷 원년(1138)에 처음으로 어제御製 소자小字를 만들어 반포하였음을 알 수 있고 이것이 여진소자(Jurchen small script)이며 모두가 거란 문자의 대·소자를 따른 것이다.

이 여진문자에 대한 연구는 이 문자에 대한 몇 개의 자료, 즉 명대에 편찬된 여진어와 한어의 대역 어휘집이며 예문집例文集인 《여진관역어女眞館譯語》[12]를 위시하여 금대金代의 〈대금득승타송비大金得勝陀

頌碑〉(1185)와 명대明代의 〈노아한도사영녕사비奴兒汗都司永寧寺碑〉(1413) 등의 비문碑文과 부패符牌, 동경銅鏡에 새긴 문자들이 있다. 이들은 자형에 여러 변형이 있지만 기본적으로 거의 같은 종류의 자형으로 쓰였다(졸저, 2009:134~136). 그러나 여진 문자로 쓰인 자료들의 해독은 매우 지지부진하다. 한때 거란 문자의 자료를 여진문자로 오해하는 등의 소동도 있었다. 두 문자가 모두 교착적인 문법구조의 거란어와 여진어 표기를 위한 것이라 그 차이를 쉽게 구별하기 어려웠기 때문이다.

우리의 관심은 왜 거란 문자가 통용되고 있었음에도 불구하고 금金에서는 여진 문자를 새로 만들었는가 하는 문제다. 그것은 첫째 이유가 거란어는 몽골 계통의 언어이지만 여진어는 만주·퉁구스 계통의 언어여서 두 언어의 문법구조와 형태부가 서로 달랐기 때문일 것이다. 둘째 이유는 새로운 문자를 제정하여 자신들의 추종 세력에게 이 문자를 교육하고 시험하여 관리로 임명함으로써 통치 계급의 물갈이를 도모한 것이 아닌가 한다. 특히 둘째 이유가 새 국가를 건국하면 새 문자를 제정하는 중요한 이유라고 필자는 생각한다.

2) 몽골의 몽고-위구르 문자

6.2.2.0 금金은 유라시아 북방의 스텝지방을 석권한 몽골에 의해서 멸망한다. 금의 여진족의 뒤를 이어 스텝의 주인이 된 몽골족은 원래 유목민족이어서 문자가 없고 목계木契나 결초結草 등의 방법으로 소식을 전하였으나,[13] 칭기즈 칸成吉思汗을 중심으로 발흥勃興한 몽골족은 중

---

12) 이 자료는 명대 四夷館에서 간행한 《華夷譯語》의 하나로 '永樂女眞譯語'라고도 불린다.
13) 이에 대하여는 제2장 2.4.2.2에서 인용한 趙珙의 《蒙韃備錄》에 "今韃之始起並無文書. 凡發命令遣使往來, 止是刻指(說郛本作止)以記之. 爲使者雖一字不敢增損, 彼國俗也."라는 기사나 李心傳의 《建炎以來朝野新記》 乙集, 卷19에 "韃靼亦無文字, 每調發兵馬, 卽結草 爲約.使人傳達急於星火, 或破木爲契, 上刻數劃, 遇發軍以木契合同爲驗."이라는 기사에 따

앙아시아의 모든 민족을 정복하고 대제국大帝國을 세우게 되자 제국의 통치를 위한 문자가 필요하게 되었다. 또 티베트의 토번吐蕃에서 새로 국가를 건립하면 새로운 문자를 제정하는 관례가 생겼으므로 요遼와 금金에서 새로운 문자를 제정하여 통치문자로 삼았다. 몽골도 이것을 본받아 위구르 문자를 차용하여 몽고어를 기록하는 문자 정책을 실시 하였다.

전통적으로 위구르족으로 불리는 종족이 8세기 중엽에 돌궐突厥을 쳐부수고 몽골 고원에 위구르 가한국可汗國을 세웠다. 그러나 이 나라 는 9세기 중엽에 이르러 키르기스(Kirgiz)족의 공격을 받아 궤멸潰滅하 였고 위구르족은 남쪽과 서쪽으로 나뉘어 패주敗走하였다. 남쪽으로 도 망간 위구르족은 당唐으로의 망명이 이루지지 않아서 뿔뿔이 흩어졌다. 서쪽으로 향한 위구르족의 일부가 현재 중국의 감숙성甘肅省에 들어가 그곳에 왕국을 세웠다가 11세기 초엽에 이원호李元昊의 서하西夏에 멸 망하였다.

한편 현재의 신강성新疆省 위구르 자치구에 들어간 별도의 일파는 9세기 후반 당시의 언자焉耆, 고창高昌, 북정北庭을 중심으로 한 광대 한 지역에 '서西위구르 왕국'으로 일반에게 알려진 국가를 건설하였다. 이 나라도 13세기 전반 몽골족의 발흥에 의하여 멸망을 길을 걷게 되 었고 결국은 사라지게 되었다(河野六郎·千野榮一·龜井 孝, 1988:739). 이 나라들 가운데 하나가 《원사元史》에 등장하는 나이만乃蠻으로 보이 며 우수한 문명을 가졌던 이 나라는 몽고문화에 지대한 영향을 주었다.

르면 몽골이 원래 문자가 없고 목각이나 결초로 통신을 하였음을 알 수 있다. 또 목각에 대하여는 《黑韃事略》(彭大雅,徐霆 著) "霆嘗考之, '韃'人本無字書. … 行於韃人 本國者, 則只用小木. 長三四寸刻之四角. 且如差十馬則刻十刻, 大率只刻其數也. 其俗淳而心 專, 故言語不差. 其法說謊者死, 故莫敢詐偽. 雖無字書, 自可立國. 此小木卽古木契也."(羅常 培·蔡美彪, 1959:1에서 재인용)라 하여 목각의 사용 방법을 명시하였다.

6.2.2.1 칭기즈 칸은 나이만(乃蠻, Naiman)을 정복하고 포로로 잡아온 위구르인 타타퉁아(塔塔統阿, Tatatunga)로 하여금 위구르 문자로 몽고어를 기록하는 방법을 고안하여 태자 오고타이窩闊臺와 여러 가한諸汗에게 가르쳤다.[14] 이것이 몽고-위구르자(畏兀字, Mongolian Uigur alphabet)라고 불리는 몽고인 최초의 문자로 초기에는 웨올(維吾爾, 위구르) 문자라고 불리기도 하였다.[15] 이 문자는 만주족의 청淸에서 공식적으로 인정한 문자였으며 지금도 내몽고에서 공식 문자로 사용된다.

3) 파스파 문자

6.2.3.0 한글에 직접적인 영향을 준 것은 몽골의 원元에서 제정된 파스파 문자다. 제5장에서 살펴본 바와 같이 중국의 송宋을 멸하고 원을 건국한 쿠빌라이 칸忽必烈汗도 팍스파八思巴 라마로 하여금 새 문자를 제정하게 하여 이를 추종자들에게 교육시키고 이를 시험하여 관리로 임명함으로써 통치계급의 교체를 도모하였다.[16]

파스파 문자를 제정한 팍스파 라마는 티베트의 토번吐蕃 왕국 출신으로 토번이 칭기즈 칸成吉思汗의 몽고군에 멸망하자 쿠빌라이 칸에 귀의歸依하였으며, 원 세조 쿠빌라이 칸은 그를 국사國師로 추대하여 천하의 교문敎門을 통솔하게 하였다. 그는 황제의 명에 따라 티베트 문자를 변형시켜 몽고어와 한자의 표준음을 기록하는 표음문자로 파스

---

14) 이에 대한 《元史》(124권 〈列傳〉 제11 '塔塔統阿'조)의 기사가 제2장 2.4.2.1에서 전문이 인용되고 해석되었다.
15) 몽고어의 문자 표기에 대하여는 Vladimirtsov(1929:19), Poppe(1933:76)를 참고할 것.
16) 원의 몽고제국에서는 파스파 문자를 제정한 다음에 이를 보급하고 추종 세력들에게 이를 교육하기 위하여 蒙古字學이란 학교를 각 路(지금의 省, 우리의 道와 같음)에 세우고 京師에는 國子學을 설치할 뿐만 아니라 諸王들의 산하에 있는 千戶까지도 蒙古字를 배우게 하였다. 그리고 몽고의 귀족이나 漢族의 관리 자제 중에 우수한 사람들을 입학시켜 몽고자를 학습하게 명령했다고 한다(羅常培·蔡美彪, 1959).

파 문자를 제정한 것이다.

그는 티베트 문자를 제정할 때에 기본 이론이었던 고대인도 음성학의 이론에 맞추어 발음 위치와 발음 방식에 따라 한자의 음절 초 자음, 즉 자모字母를 분류하였다. 그리고 그 각각에 티베트 문자를 변형시킨 문자를 대응시켜 한자음 표기에 유용한 문자를 만들었으니 이것이 바로 파스파 문자이다.

6.2.3.1 중국에서는 명 태조 주원장朱元璋이 이 문자를 철저하게 폐절廢絶시켰기 때문에 명대明代에는 물론 청대淸代까지 파스파자란 이름을 사용하기를 꺼렸다. 그리하여 오늘날 중국에는 파스파 문자로 편찬된 문헌이 거의 남아 있지 않다. 조선朝鮮에서도 사각四角 문자란 뜻의 첩아월진(帖兒月眞, 帖月眞)으로 부르거나 그냥 '자양(字樣, 글자 모양)'이라 불렀다.17)

그러나 원제국의 영향을 강하게 받던 고려 후기와 조선 초기에는 이 파스파 문자를 사역원에서 교육하였고, 많은 식자들이 이 문자를 발음기호로 하여 한자의 정음正音과 속음俗音, 즉 한자의 한어음漢語音을 학습하였다. 따라서 이 표음문자는 고려와 조선의 유식자들이 익히 알고 있는 문자였으며 당연히 한글의 제정에 많은 영향을 주었다. 졸저(2009)를 비롯하여 졸고(2009b, 2011a,b, 2012a, 2013b)에서 훈민정음의 제정과 파스파 문자의 영향에 대하여 언급하였다.

---

17) 이에 대하여는 졸저(2009:141)에서 "아마도 조선시대는 이미 明의 눈치를 보아서 蒙古新字, 國字, 八思巴字 등의 호칭이 어려웠기 때문에 字樣, 즉 '글자 모양'이란 애매한 호칭으로 파스파 문자를 불렀던 것으로 볼 수 있다. 그리고 이 기사는 벌써 이때에 조선에서는 몽고 위구르문자만 알고 파스파자를 알지 못하는 몽고어 역관도 많았음을 아울러 알려준다."라고 보았다.

4) 훈민정음의 제정

6.2.4.0 북방민족의 마지막 문자 제정은 세종 25년(1443)에 제정한 언문, 즉 훈민정음이다. 청淸의 만주문자보다는 먼저이나 만주문자가 실제로는 몽골의 몽고-위구르 문자를 차용한 것이므로 새롭게 문자를 창제한 것으로 훈민정음이 마지막이라고 할 수 있다.

졸고(2011a,b, 2012a, 2013b)에 따르면 훈민정음이 자음과 모음으로 나누지 않고 초성, 중성, 종성으로 구분하여 각 음절의 음절 초 자음과 모음, 음절 말 자음으로 나누어 문자를 제정한 것을 모두 파스파 문자의 영향으로 보았다. 특히 졸고(2009b, 2011b)에서는 훈민정음의 중성 11자가 실제로는 파스파 문자의 7개 유모喩母자에서 온 것이며 당시 우리말의 모음을 반영한 것이 아니라 중세몽고어의 모음체계에 근거한 파스파 문자의 유모喩母자, 즉 모음자임을 주장하였다.

6.2.4.1 훈민정음의 〈언해본〉에서 32개의 초성자初聲字를 제자하여 보였다. 즉, 훈민정음 초성 17개에 전탁자全濁字 6개(ㄲ, ㄸ, ㅃ, ㅆ, ㅉ, ㆅ)와 또한 치음齒音에서 치두(齒頭, ᅎ, ᅔ, ᅏ, ᄼ, ᄽ)와 정치(正齒, ᅐ, ᅕ, ᅑ, ᄾ, ᄿ)를 구별한 5개, 그리고 순음脣音에서 순중(脣重, ㅂ, ㅍ, ㅃ, ㅁ)과 순경(脣輕, ㅸ, ㆄ, ㅹ, ㅱ)을 구별해서 만든 4개, 모두 합쳐서 초성初聲 32개의 글자를 보였다.

이것은 파스파 문자의 자모수字母數에 맞춘 것이라고 주장하였다. 상술한 졸저(2009)와 이 책 제2장의 '5. 서장西藏 문자와 파스파 문자'에서 살펴본 현전하는《몽고자운蒙古字韻》의 권두卷頭의 파스파 문자의 36 자모표字母表가 실제로는 32개의 성모聲母, 즉 반절상자反切上字만을 표시한 것이라고 하였다.[18] 이 32개 글자가 훈민정음의 〈언해본〉에서 제시된 정음 32자와 일치한다.

이러한 32개 어두자음은 중국에서 유행하던 36자모도字母圖로 표시된다. 중종 때에 최세진崔世珍이 편찬한 《사성통해四聲通解》는 세종 때에 한글 제정에 관여한 신숙주申叔舟의 《사성통고四聲通攷》에 근거를 둔 것이라 이의 영향을 많이 받았다. 이 책의 앞부분에 '사성통고四聲通攷 범례凡例'를 전재할 정도로 이 운서의 영향을 받았다. 이 《사성통해》에는 《사성통고》에서 전재한 것으로 보이는 〈광운 36자모도〉, 〈운회 35자모도〉, 〈홍무운 31자모도〉가 첨부되었다.

6.2.4.2 이에 대하여는 이 책 제5장의 5.2.1.1~3에서 상세하게 고찰되었다. 그에 따르면 이 자모도字母圖들이 실제로는 《몽고운략蒙古韻略》, 《몽고자운蒙古字韻》,[19] 그리고 주종문朱宗文의 {증정}《몽고자운》의 권두에 실제로 부재되었던 '자모字母'의 파스파 문자로 작성된 자모도를 정음으로 바꿔 옮긴 것이다.[20] 이 자모도는 이 책 제5장의 5.2.1.1에서 〈사진 5-1〉로 보였고 제3장의 3.5.1.2에서 〈표 3-2〉로, 그리고 제5장의

---

18) {증정}《몽고자운》런던 초본의 권두에 첨부된 '字母'에 소개된 파스파 문자 36 자모도에서 舌上音과 正齒音의 全淸, 次淸, 全濁의 3개 파스파자가 같고 脣輕音에서 全淸과 全濁이 같아서 모두 4개의 파스파자가 동일하다. 따라서 聲母에서 32개의 자음만을 인정한 것이다.

19) 至大 戊申(1308)에 朱宗文이 增訂하기 이전의 《몽고자운》으로 런던 抄本의 권두에 부재된 劉更의 서문과 朱宗文의 自序에서 먼저 간행된 《몽고자운》의 존재를 증정한 것으로 언급하고 있다. 현전하는 《몽고자운》은 런던의 대영도서관(British library)에 소장된 초본뿐이다. 이 초본은 졸저에 따르면 淸 乾隆 연간의 1737~1778년 사이에 필사된 것으로 추정하였다(졸저, 2009:290).

20) 이에 대하여는 이 책 제5장의 5.3.1.1에서 〈廣韻36字母圖〉는 《蒙古韻略》의 〈36자모도〉의 것을 옮긴 것이고 〈韻會35字母圖〉는 《蒙古字韻》의 〈35자모도〉를 옮긴 것이며 〈洪武韻31字母圖〉는 朱宗文이 수정하여 오늘날 전해지는 《增正 蒙古字韻》의 '字母'에 보이는 〈32자모도〉라고 보았다. 마지막 {증정}《 몽고자운》의 〈자모도〉에서는 《廣韻》과 이를 축약한 《韻略》의 36개의 자모에서 4개의 자모에 대응되는 파스파 문자가 동일하여 모두 32개의 자모만을 인정한 결과를 보였다. 그러나 32개 가운데 喩母 [ʊʌ]는 중성에 해당하는 모음자이므로 실제로는 음절 초에서 모두 31개의 자모, 즉 31개의 자음만을 인정한 것이다.

5.2.1.2에서는 〈표 5-1〉로 파스파자로 표음된 〈36자모도〉를 보였다.

그리고 제3장의 3.5.1.2에서는 파스파자로 표음된 〈36자모도〉에 의거하여 세종 25년(1443) 12월에 제정한 '초기의 언문 27자'를 〈표 3-3〉으로 보였다. 이를 통하여 세종 26년 2월에 최만리의 반대상소문에 등장하는 '언문 27자'가 무엇인지 알 수 있었으며 그동안 《동국정운》 등에서 언급되던 '이영보래以影補來'를 완전하게 이해할 수 있게 되었다. 지금까지 '초기의 언문 27자'의 존재를 아무도 언급하지 못한 것은 훈민정음에 대한 연구가 그동안 얼마나 피상적으로 수행되었는지를 말해 준다.

초기에 제정한 훈민정음의 초성 27자도 같은 방법으로 반절상자로 초성 27자를 만들고 반절하자는 몽운蒙韻의 편운編韻에 따라 15운韻으로 하여 《운회韻會》를 번역하고자 하였을 것이다.21) 이것이 '반절 27자'이며 최만리의 반대상소에 등장하는 '언문 27자'라고 본다.

《몽고자운蒙古字韻》의 32자에서 정치正齒와 치두齒頭의 구별을 인정하지 않으면 5자가 줄어 27자가 되기 때문이다. 정치와 치두의 구별은 훈민정음 〈언해본〉에서도 한음漢音의 표기를 위한 것이라고 밝혀 놓았고, 여기서 32자의 정음자正音字를 제정하여 언해한 것은 몽운蒙韻, 특히 [증정]《몽고자운》의 32 파스파자와 관련이 있을 것이다.

6.2.4.3 그러나 세종을 도와 언문諺文의 제정에 도움을 준 신미대사는 여기에 실담悉曇의 반자론半字論에서 말하는 마다 12자에 맞추어 중성 11자를 별도로 만들어 추가하였다(졸고, 2019a). 그리고 종성은 범문梵文의 체문처럼 초성과 같이 쓴다고 보았다.22)

---

21) 《세종실록》(권 103) 세종 26년(1444) 2월 丙申조에 "命集賢殿校理崔恒, … 指議事廳, 以諺文譯韻會, …"이란 기사를 참고할 것.

22) 훈민정음의 〈例義〉에 "終聲復用初聲"을 참고할 것.

그리고 제3장의 3.5.1.2에서는 〈표 3-3〉으로 '초기의 언문 27자'를 보였는데 이 표에서 반절상자의 초성 27자에서 중세한국어에는 변별적이지 못한 유성有聲의 순경음 /ㅸ, ㆄ, ㅹ, ㅱ/의 4자를 빼어 동국정운 23자모를 만들고[23] 여기서 다시 각자병서各字並書의 쌍서雙書자 /ㄲ, ㄸ, ㅃ, ㅆ, ㅉ, ㆅ/의 6개를 마저 뺀 초성 17자를 인정하였다. 이 17자의 초성에 중성 11자를 더하여 세종 28년에 훈민정음 28자를 최종적으로 정하였다.

세종 25년(1443) 12월에 제정된 최초의 언문諺文에 중성 11자가 없었다고 본 것은 최만리의 반대 상소에 언문 27자로 되었기 때문이다. 그리고 《훈몽자회》의 〈언문자모〉에도 '속소위반절이십칠자俗所謂反切二十七字'라 하여 '반절 27자'로 본 것도 처음에는 반절상자로 초성 27자만을 인정한 것을 말한다. 이것은 중국 성운학聲韻學에서 대운大韻, 즉 반절상자의 초성 위주로 운서를 편운하기 때문이다.

세종 25년(1443) 12월에 공표한 '초기의 언문 27자'는 훈민정음의 초성 17자에 전탁자全濁字, 즉 각자병서 6자와 순경음 4자를 더한 것이다. 이 언문諺文 27자로 두 달 후인 세종 26년(1444) 2월에 《운회韻會》를 번역한다. 원래 몽운蒙韻의 첫 번째 간행인 《몽고운략蒙古韻略》은 송대宋代 《광운》 계통의 《예부운략》을 파스파 문자로 번역한 것이지만, 두 번째 간행한 것은 《몽고운략》을 《고금운회》에 의거하여 수정한 《몽고자운蒙古字韻》을 말한다.

따라서 《운회》의 번역이란 《몽고자운》에서 파스파 문자로 표음한 것을 언문 27자로 《운회》의 한자음을 전사轉寫하는 방법이었을 것이다.[24]

---

23) 순경음 전청의 /ㅸ/만은 당시 우리말에 변별적으로 생각하고 예외로 인정하여 훈민정음 〈해례본〉의 〈用字例〉에서 고유어의 예를 보였다. 물론 한자음에도 순경음 /ㅸ은 등장하지만 동국정운 23자모에서는 순경음 계열을 모두 인정하지 않은 탓에 /ㅸ/도 빠진 것으로 보인다.

24) 그러면 이보다 2개월 앞선 《세종실록》(109) 세종 25년 12월의 기사에 "是月, 上親

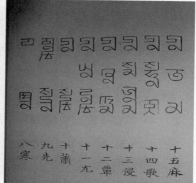

〈사진 6-1〉 {증정}《몽고자운》 런던 초본의 15운韻

중국의 전통 운서도 그러하지만 〈몽운蒙韻〉에서도 반절상자인 대운大韻
의 성聲을 위주로 편운編韻하기 때문이다.

6.2.4.4 몽운蒙韻에서는 초, 중, 종성의 구별을 하지 않고 운韻만으로
반절상자, 즉 성聲과 결합하여 한자음을 표기하였다. {증정}《몽고자운》
런던초본에는 〈총목總目〉이란 제목 다음에 15운韻을 늘어놓았다. 이 운
도韻圖는 2단에 걸쳐 상단에는 한자의 숫자 이름을 파스파자로 쓴 것
이고 둘째 단에는 각 운韻의 한자음을 역시 파스파 문자로 표기하였다.
　이 〈총목總目〉에는 다음의 〈사진 6-1〉과 이를 표로 보인 〈표 6-1〉
과 같이 반절하자反切下字의 15운을 배열하였다. 역시 {증정}《몽고자운》
런던 초본의 권두에 실린 〈자모字母〉에 보이는 반절상자와 〈사진 6-1〉
로 보인 반절하자로 분류하여 그 순서대로 한자를 배열한 것이 {증정}
《몽고자운》이다. 따라서 이 운서에는 반절상자의 성聲과 〈사진 6-1〉과
〈표 6-1〉로 보인 반절하자의 운韻에 따라 한자들을 배열하는 방법으로

制諺文二十八字 …"에 보이는 28자는 무엇인가 라는 문제가 생긴다. 이 기사는 임홍
빈(2006)에 따르면 나중에 추가된 것이어서 날짜의 干支가 없다고 한다.

〈사진 6-2〉 {증정}《몽고자운》과 《동국정운》의 본문 첫 반엽

편집되었다.

〈표 6-1〉 {증정}《몽고자운》 런던 초본의 15운韻

數字	一	二	三	四	五	六	七	八	九	十	十一	十二	十三	十四	十五
韻目	東	庚	陽	支	魚	佳	眞	寒	先	蕭	尤	覃	侵	歌	麻

이제 {증정}《몽고자운》 런던 초본에 소재된 〈총목總目〉의 15운韻을 보기 쉽게 표로 보이면 〈표 6-1〉과 같다.

〈사진 6-2〉로 {증정}《몽고자운》 런던 초본의 一. 동東운의 자모와 《동국정운》의 제1권 '一. 挭, 肯, 亙, 亟'운의 표음을 비교하면, 먼저 왼쪽의 《몽고자운》의 32성聲에 해당하는 /見ㆆ, 溪ㄱ, 端ㄷ, 透ㅌ, 定ㄸ, 泥ㄴ/에 동東운의 ㅈㄱ니(옆으로 뉘었음. 이하 같음)을 연결하여 /ㅂ ㄱ니/[kung](公 이하 한자들), ㄸㅎㄱ니[khung, 空 이하], ㅅㅈㄱ니[tung, 東 이하], ㅍㅍㄱ니[thung, 通 이하], ㅂㅎㄱ니[dung, 同 이하], ㅈㅎㄱ니[nung, 農 이하]/의 한자를 배열한 것이다.

아마도 조선 세종이 초기의 언문 27자로 《운회韻會》를 번역할 때에도 《몽고자운》과 같은 방법으로 편운編韻해서 한자를 배열하고 파스파자로 표음하였을 것이다. 그러나 바른쪽의 《동국정운》에서는 '一 揯, 肯, 亘, 亟'운에 군(君, ㄱ)모母로 평성, 거성, 입성의 순서로 '/긍揯 이하, 긍亘 이하, 극亟 이하/'의 한자를 순서에 맞추어 배열하였다. 《몽고자운》보다 《동국정운》에서는 모음을 별도의 중성자로 표음하여 제시한 것이 훨씬 발전된 모습을 보인다.

〈사진 6-2〉에서 비교할 수 있는 것과 같이 《동국정운》의 한자음 표기를 보면 《몽고자운》을 비롯한 모든 몽운蒙韻의 파스파 문자 표기에서 반절상자와 반절하자, 즉 성聲과 운韻으로 2분한 것에 비하여 많이 발전한 것이다. 그리하여 《동국정운》에서는 몽운蒙韻에서 파스파 문자로 표음한 것보다 훨씬 정밀하게 새로 제정한 훈민정음으로 한자음을 표기할 수 있었다.

《운회韻會》의 번역으로 시작된 새 문자로 한자의 한음漢音, 즉 한어漢語 한자음을 전사하는 작업은 《홍무정운역훈洪武正韻譯訓》에서 성공적으로 가능하게 되었고 그 이전에 우리 한자음을 운서韻書 발음에 맞춘 동국정운식 한자음의 전사轉寫도 완성할 수 있었다.

이로부터 유희柳僖의 〈언문지諺文志〉(1824, 《文通》, 전100권의 제19권)의 '전자례全字例'에서 "諺文雖刱於蒙古, 成於我東, 實世間至妙之物 - 언문은 비록 몽고에서 시작하여 우리나라에서 이루어졌지만 실제로 세간에 지극히 오묘한 것이다"라고 언급한 사실을 상기하게 된다. 파스파 문자로 시작한 한자음의 표기는 언문, 즉 훈민정음에 와서 비로소 완전하게 표음할 수 있게 되었음을 말한 것이다.

3. 표음문자로서의 훈민정음

6.3.0 앞에서 논의한 것과 같이 중국 북방민족들이 한자에서 벗어나 교착적인 자국어를 표기하기 위하여 새로운 문자를 끊임없이 모색한 결과로 훈민정음이란 새 글자가 제정된 것이다. 결코 "영명하신 세종대왕이 사상 유례가 없는 글자를 독창적으로 만드신 것"이 아니다. 세종대왕은 이 모든 문자의 제정에 대하여 깊이 알고 있었다. 당연히 그러한 문자로부터 영향을 받았을 것은 자명한 사실이다. 우리가 그런 사실들을 외면한 탓에 그 문자들과의 관계가 전혀 밝혀지지 않았을 뿐이다.

"백성들에게 가르쳐야 하는 올바른 한자음"이란 뜻의 훈민정음으로부터 우리말을 표기하는 언문諺文으로 발전한 것은, 졸저(2015)에서 주장한 바와 같이 세종의 둘째 따님인 정의공주가 '변음토착變音吐着'의 난제를 훈민정음으로 해결한 다음의 일이다. 한문에 다는 구결 토로 'ᄒ고(爲古), 이라(是羅), 이다(是如)'에서 볼 수 있는 'ᄒ(爲)-, 이(是)-, -이다(是如)'는 한자의 발음을 고쳐서 토를 단 것, 즉 "變音吐着 – 발음을 달리하여 토를 달다"여서 한자를 익히 알고 있는 식자識者들에게는 매우 괴로운 한자의 독법이었다.

이를 해결하기 위하여 세종은 아들들에게 위임하였으나 결국은 머리 좋은 둘째 따님이 구결 한자가 아닌 훈민정음으로 이를 해결하였다.[25] 정의공주가 '변음토착'을 해결하여 부왕父王으로부터 많은 상을

---

25) 정의공주가 '變音吐着'을 해결한 것에 대하여는 졸저(2015:182~185)에 자세하게

받았다는 《죽산안씨대동보竹山安氏大同譜》의 기사가 있다(졸저, 2015).
이로부터 후대에 공주를 언문諺文의 제정자로 본 일도 있었다.[26] 이
말은 당시 여항閭巷에서 널리 퍼진 야담으로 이우준李遇駿의 《몽유야
담夢遊野談》(卷下)의 '창조문자刱造文字'조에 "我國諺書, 即世宗朝延昌公
主所製也.- 우리나라 언서는 세종 때에 연창공주가 지은 것이다"라는
기사에서 볼 수 있다.[27]

　　이 절에서는 표음문자로서 훈민정음에 대한 그동안의 의문점을 하
나씩 고찰하기로 한다.

　1) 파스파 문자와의 관계

6.3.1.0 왜 훈민정음의 첫 자는 /ㄱ/인가? 이에 대한 해답은 파스파
문자와의 관계로 설명되어야 한다. 지금까지 필자는 훈민정음의 창제가
원대元代 쿠빌라이 칸이 팍스파 라마를 시켜 제정하여 지원至元 6년
(1269)에 황제의 조령詔令으로 반포한 파스파 문자와 깊은 관련이 있
다고 언급하여 왔다.

　　먼저 이 두 문자는 만든 글자의 수효가 유사하고 초성, 중성, 종성
으로 나누어 문자를 배열한 것도 같으며 무엇보다도 첫 글자가 아음牙
音의 전청자全淸字인 'ㄱ(君字初發聲)'이고, 이어서 'ㅋ(快字初發聲)', 'ㄲ
(虯字初發聲)' 'ㆁ(業字初發聲)'의 순으로 제자한 것은 파스파 문자의
제정 방식과 동일하다고 본 것이다.

　　즉, 파스파 문자에서 앞에서 살펴본 《몽고자운》의 〈자모字母〉로 보

언급되었다.
26)　《竹山安氏大同譜》(권5)에 수록된 '貞懿公主遺事'는 '變音吐着' 이외에도 정의공주가
　　세종의 刀瘡을 고친 기사도 함께 들어 있다. 졸저(2015:21)에는 이 기사에 대하여
　　자세히 소개하였다.
27)　정의공주는 세종의 둘째 딸로 延昌尉 安孟聃에 출가하여 延昌공주로도 불린다.

인 〈36자모도〉의 첫 글자가 /見/ᅙᅡ [ka], 溪/ᅙ [kha]/, 群/ᅑ [ga]/, 疑/ᄅ [nga]/이다. 물론 이것은 파스파 문자가 모델로 삼은 티베트의 서장 문자와도 같다. 즉, 티베트 문자의 첫 글자도 /ka, kha, ga, nga/이어서 이 두 문자의 첫 글자는 모두 같다. 한글의 첫 글자가 /ㄱ/인 것은 이 문자의 영향을 받았음을 웅변으로 말하는 것이다.

또 서장 문자 제정의 이론적 기반이 된 고대인도의 비가라론毘伽羅論의 영향으로 실담悉曇의 체문体文의 자모 배열과 일치한다. 이 책 제3장의 3.3.1.4에서 살펴본 바와 같이 실담悉曇은 마다(摩多, 모음)와 체문(体文, 자음)으로 자모를 나누고 체문의 첫 글자가 "迦[ka], 佉[kha], 誐[ga], 伽[gha], 哦[nga]"이어서, 범어에만 존재하는 유성유기음 '伽[gha]'를 제외하면 서장 문자나 파스파자, 그리고 훈민정음이 모두 연구개음인 아음牙흡의 '[k, kh, g, ng]'로 시작한다.

6.3.1.1 그동안 필자는 많은 한글 연구자들에게 "왜 한글은 첫 글자가 /ㄱ/입니까?"하고 질문한 적이 있었다. 그러나 어떤 누구도 이에 대하여 명확하게 답변한 사람은 없었다. 영어의 A, B가 라틴어의 alpha, beta에서 왔고 이것은 페니키아의 aleph, beth에서 온 것은 모두 알고 있지만, 정작 우리글인 한글의 기원을 제대로 이해하지 못하는 현실을 매우 슬퍼한 일이 있었다. 왜 한글의 첫 글자가 /ㄱ/인가의 정답은 한글에 영향을 준 범자와 서장 문자, 그리고 파스파 문자의 자모 배열에 근거한 것이다.[28]

---

28) 훈민정음 〈해례본〉에서 牙흡이 첫 번째에 오는 것에 대한 설명이 있다. 즉, 牙, 舌, 脣, 齒, 喉音의 순서에 맞춘 것이며, 이 순서는 조음의 위치에 따라 깊숙한 곳에서부터 시작하여 喉音이 첫 번째가 되어야지만 五行에 맞추어 牙흡을 첫 소리로 본 것이라는 설명이 있다. 그러나 이것은 悉曇에서 이미 喉音이 아니라 牙흡을 첫 자로 삼았으나 集賢殿 학사들이 되도록 佛家의 영향을 제외시키려는 의도에서 牽強附會한 설명으로 보인다(졸고, 2009a).

즉, 서장 문자와 파스파 문자, 그리고 한글의 첫 자가 모두 '/k/'이며 이것은 고대인도의 범자에 소급된다. 범자의 자음 글자인 체문体文은 /ka, kha, ga, gha, nga/의 순서로 시작되며 서장 문자는 /ka, kha, ga, nga/로 파스파 문자도 /ka, kha, ga, nga/의 순서로 글자를 제정하였다. 훈민정음은 /ㄱ[k], ㅋ[kh], ㆁ[ng]/과 /ㄲ[g]/를 만들었다. 모두 고대인도의 성명기론에 의거하여 음운을 분석하고 여기에 글자를 대응시켜 문자를 제정한 것이다.

6.3.1.2 왜 한글의 모음자는 /ㅇ/를 붙여 쓰는가? 이에 대한 답변도 파스파 문자와의 관련에서 그 해답의 실마리를 찾을 수 있다. 즉, 모음, 즉 중성도 반절상자에 속한다고 보는 중국 성운학聲韻學으로부터 〈몽운蒙韻〉에서 파스파 문자의 모음은 36자모의 유모喻母에 포함된다고 보았다. 그리하여 앞의 제5장 5.3.4.4에서 살펴본 바와 같이 모음은 유모喻母에 속한다고 보아 모음자를 단독으로 사용할 때에는 반드시 유모 /ꡧ/를 앞에 두었다.

훈민정음에서도 모든 중성자들이 욕모欲母에 속한다고 보아 중성자들을 단독으로 쓸 때에는 욕모 /ㅇ/를 붙여 '아, 어, 오, 우, 이'와 같이 쓴 것은 이것을 본뜬 것이다. 훈민정음 〈해례본〉에서 이에 대하여 명확하게 설명하지 않은 것은 당시 파스파 문자를 알고 있는 식자층에서 모음자들이 유모에 속한다는 것이 거의 상식에 속하는 일이었다고 볼 수 있다. 역시 훈민정음 제정에서 파스파 문자의 영향을 보여주는 좋은 예라고 아니할 수 없다.

그동안 금석문의 연구를 통하여 얻어낸 몽고어 모음의 파스파자 표음은 8개(Poppe, 1957), 또는 10개(Poppe, 1965)의 모음자로 소개되어 혼란을 가져왔으나, 졸고(2011a)에서 밝힌 바와 같이 《몽고자운》의 〈자모字母〉(제5장 5.3.4.1의 〈사진 5-6〉로 제시함)에서 보인 유모喻母 7자

가 바로 파스파자의 모음자이며 이것은 이 문자가 모태로 삼은 서장
문자에서도 인식하지 못한 것이다.

뿐만 아니라 이 유모의 모음자들은 단독으로 쓰일 때에는 반드시
성모聲母 /ᛖᛉ, ᚖᛈ/와 결합하여 쓸 수 있었다(졸저, 2009). 제5장 5.3.4.4
에서 〈표 5-8〉로 제시한 바 있는 Poppe(1957:24)의 파스파 문자 8모
음을 보면 [ö, ü]의 파스파 글자를 다음과 같이 보였다.

〈표 6-2〉 파스파자의 [ö, ü]

〈표 6-2〉에 보이는 파스파자의 [ö, ü]는 왼쪽이 Initial에 쓰이는 것
이고 바른 쪽의 것이 Medial에 쓰인 것이라고 보았다. 즉, 왼쪽의 것은
어두에 자음이 없을 경우이고 바른쪽의 것은 초성 다음에 쓰인 것이
다. 이러한 표기는 모음자들이 모두 유모에 속하는 것으로 보고 초성
을 유모 /ᛖᛉ/로 한 것이다.

즉, 앞에 결합하여 쓸 다른 성모聲母가 없을 때에는 유모 /ᛖᛉ/를
붙여 '/ᛖᚖᚦ/[o], /ᛖᚖ/[u]'처럼 표기했다. Poppe(1957:24)의 〈표 6-2〉에
서 제시한 바와 같이 파스파자의 vowel에서 Initial의 [ö]를 표음하는 파
스파 문자의 '36 ᛖᚖᚴ(또는 ᚴᚖᛈ) [ö]', 37 '/ᛖᚖ᚛ (또는 /ᚴᛉᚦ) [ü]'
는 바로 유모 /ᛖᛉ/와 /ᛣ/[e], 그리고 /᚛/[o]와 /ᚦ/[u]를 결합한 것
이다.29)

---

29) 파스파자를 두 자 이상 겹쳐서 사용할 때에는 편집상 옆으로 뉘었다. 〈표 6-2〉에
   서 [ü]와 [ö]를 제외한 다른 모음자들이 파스파 문자의 initial에서 이 표에 보인 것
   처럼 단독으로 쓰인 예는 찾아보기 어렵다. 아마도 〈표 6-2〉에서 32의 /ᚴ/[o]와
   33의 /ᚦ/[u], 그리고 34의 /ᛈ/[e]는 /ᛖᚴ/[o], /ᛖᚖᚦ[u]/, 그리고 /ᛖᛈ/[e]의 착오로
   보인다. 《蒙古字韻》에서는 아마도 /ᛖᚴ[o], ᛖᚖᚦu], ᛖᛈe]와 같이 썼을 것이다. {증정}

다시 말하면 〈표 6-2〉의 [ö]의 파스파자는 /ᛟ(ᢋ) + ᄃ(ᛁ) + ᅎ(K) = ᢋᛁK/, [ü]는 /ᛟ(ᢋ) + ᄃ(ᛁ) + ᅙ(ᛂ) = ᢋᛁᛂ/와 같은 방법으로 표기한 것이다. /ᄃ/[ɛ]를 /ᅎ/[o]와 /ᅙ/[u]에 결합시켜 전설모음 [ö, ü]으로 만들고 앞에 다른 자음이 없기 때문에 유모 /ᛟ/를 앞에 쓰는 방식의 표기다. 이러한 문자의 제정의 방식은 훈민정음에서 /ㅇ + ㆍ + ㅡ + ㅣ/와 /ㅇ + ㅡ + ㆍ + ㅣ/를 결합하여 전설모음의 /외, 위/로 쓰는 것과 동일한 표기법이다.

따라서 파스파 글자의 [ö, ü]는 훈민정음으로 표기하면 더욱 간단하고 편리하다. 훈민정음이 파스파 문자에 맞추어 제자된 것임을 알려주는 대목이다. 《몽고자운》(상22)에서도 "ᢋᛟ ['i] 平伊 … ᢋᛟ 平移 …"과 "ᢋᛟᛂ ['jen] 平延 …"(下10)에서도 /ᛟ/ 대신 /ᛈ/를 썼지만 초성에 유모를 쓴 것은 동일하다.[30)]

6.3.1.3 후음喉音 전탁全濁은 왜 /ㆅ/인가? 훈민정음에서 전탁자全濁字, 즉 오늘날에 된소리를 표기하는 쌍서자雙書字들은 모두 전청자全淸字를 두 번씩 병서竝書해서 'ㄲ ㄸ, ㅃ, ㅆ, ㅉ'와 같이 글자를 만드는데 유독 후음喉音 전탁의 쌍서자雙書字는 차청次淸의 /ㅎ/을 두 번 써서 'ㆅ'와 같이 표기한다.

이에 대하여 그동안 아무도 시원한 설명을 하지 못하였지만 제5장의 5.3.3.4에서 논의한 바와 같이 《몽고자운蒙古字韻》의 런던 초본을 보면 '曉모[ᢋ, h]'가 전청全淸의 위치에 있다. 이 효모曉母는 훈민정음의 허모(虛母, 虛 -ㅎ)에 대응되므로 《몽고자운》의 자모에 따르면 효모曉

《蒙古字韻》 런던 초본에서는 /ᛟ/와 /ᛈ/가 혼란되어 /ᛈ/를 많이 선택하였다.
30) 《蒙古字韻》의 런던 초본은 졸저(2009)와 이의 일문판 졸저(2015)에 附載된 영인본을 참조할 것.

母는 전청이며 이에 대응되는 훈민정음의 허모虛母도 전청으로 본다면 /ㆅ/도 전청全淸을 병서竝書한 것으로 볼 수 있다. 훈민정음에서는 전청全淸의 /ㅎ/을 두 번 써서 'ㆅ'와 같은 전탁자를 만든 것이다.31) 역시 훈민정음의 제정에 파스파 문자가 어느 정도 영향을 주었는지 가늠할 수 있게 한다.

또 《몽고자운》의 〈36자모도〉에 의거하여 《운회韻會》의 번역을 위한 '초기의 언문 27자'(제3장 3.5.1.2의 〈표 3-3〉)에 따르면 후음喉音 청탁淸濁의 순서가 '曉ㅎ, 影ㆆ, 匣ㆅ, 喩ㅇ'이어서 초기의 언문 27자에서는 전청全淸을 각자병서各字竝書하였음을 알 수 있다. 훈민정음에서 제자의 근거가 무엇인지를 알려주는 대목이다.

6.3.1.4 글자의 배열도 앞의 제5장 5.2.1.2의 〈표 5-1〉에서 살펴본 바와 같이 파스파 문자에서 칠음七音의 '아牙, 설舌, 순脣, 치齒, 후喉, 반설半舌, 반치半齒'이어서 사성四聲 칠음七音의 문자 배열이 훈민정음과 동일하다. 물론 이것도 서장西藏 문자와 실담悉曇에 소급되지만 이들 문자의 자모 배열은 부분적인 차이가 있으나 파스파 문자와 훈민정음은 완전히 일치한다. 〈해례본〉 '제자해制字解'에 "故五音之中喉舌爲主. 喉居後而牙次之, 北東之位也"라는 설명은 아음牙音과 설음舌音의 관계가 조음 위치 중에서 전설과 후설의 관계임을 말한다.

이러한 사실은 실담과 서장 문자를 넘어서 파스파 문자와의 긴밀한 관계를 말해준다. 이외에도 훈민정음과 파스파 문자 사이에는 유사한 점이 많다. 그렇다면 훈민정음은 파스파 문자를 모방해서 제정한 것일까? 이에 대해서는 두 문자의 관계를 논하는 연구자들 사이에 극명하

31) 36자모도에서 喉音의 全淸이 曉母[ꡜ, h]에서 影母[ꡣ, ɦ]로 바뀌고 曉母는 次淸이 된 것에 대하여는 아직 아무런 연구가 없다. 훈민정음에서는 喉音의 全淸이 挹[ㆆ]모이고 虛[ㅎ]모는 次淸이다. 이에 대한 후속적인 연구를 기대한다.

게 둘로 나뉜다. 하나는 문자의 자형字形까지 모방했다고 보는 연구자
들과 그 원리만을 원용했다고 보는 연구자들이 있다. 후자는 필자를
포함한 극소수의 연구자들이고 전자는 미국 컬럼비아대학의 Ledyard 교
수와 중국 사회과학원의 故 주나스트照那斯圖 박사 등 다수가 있다.32)

후자의 연구자, 현재로는 필자 혼자지만 파스파 문자의 모델이 된
티베트 문자가 고대인도의 음성학에 의거하여 제정된 것이고 이를 그
대로 모방한 파스파 문자도 기본적으로 고대인도의 음성학, 즉 불가佛
家의 비가라론과 그 가운데 음성학을 다룬 성명기론으로부터 영향을
받았기 때문에 서로 유사점이 많이 발견된다고 보았다. 이 책 제3장에
서 살펴본 바와 같이 훈민정음의 제정도 고대인도 음성학의 영향을 받
은 흔적이 여기저기 발견된다. 그러나 자형字形은 파스파 문자가 티베
트 문자에 의거한 것이어서 서로 유사하지만 한글의 글자 모양은 이
두 문자와 전혀 다르고 독자적이다(졸고, 2009a).

2) 성명기론聲明記論으로 본 훈민정음

6.3.2.0 먼저 세종의 새 문자 제정에 많은 불가佛家의 학승學僧들이 참
가하였고 불서佛書로 볼 수밖에 없는 《월인석보月印釋譜》의 권두에 훈
민정음의 〈언해본〉을 첨부하여 간행하는 것으로 반포頒布를 대신하였
다.33) 세종의 새 문자 제정에는 신미信眉, 김수온金守溫 형제와 같은
학승學僧, 불교 전문가의 도움이 있었다(졸저, 2019).

---

32) 이는 Ledyard(1966, 1997, 1998 및 2008)와 照那斯圖·宣德五(2001a, 2001b)를 참
고할 것.
33) 明이 건국하면서 元代 제정된 파스파 문자를 철저히 파괴한지 얼마 안 되는 시기
에 조선에서 새로운 문자를 제정하는 것에 대하여 明의 눈치를 보지 않을 수 없었
을 것이다. 佛經은 원래 梵語와 梵文으로 된 것이기 때문에 이를 한자 이외의 문자
로 記寫하는 것에 대하여 明의 관심이 적을 것으로 본 것이 아닌가 한다. 새 문자
제정에 대한 明의 압박은 정광·이택선(2014)을 참고할 것.

《월인석보》의 간행에 관여한 학승으로는 신미信眉, 수미守眉, 설준雪峻, 홍준弘濬, 효운曉雲, 지행知海, 해초海超, 사진斯智, 학열學悅, 학조學祖 등 열 명이 꼽히고 있다(朴炳采, 1991:308). 우리가 아는, 세종의 새 문자 제정에 신숙주申叔舟, 성삼문成三問 등 집현전集賢殿의 젊은 학사들이 관여했다는 통설과 차이가 있다.

앞에서 언급한 고대인도의 음성학은 비가라론이라 하여 불경 속에 포함되었고 이 가운데 음성에 대한 이론은 중국에서 성명기론聲明記論, 또는 성명학聲明學으로 번역되어 한반도에도 수입되었다. 이 성명학의 이론에 따르면 고대인도의 음성학에서는 음절 단위로 음운을 인식하였다.

따라서 음절 초와 음절 말에서 자음의 연접(連接, sandhi)에 따른 음운변화를 이해하였다. 더욱이 어말 위치에서 일부 음운의 중화현상도 파악한 것으로 보인다.34) 이렇게 음운을 음절 단위로 인식하는 방법은 중국 성운학聲韻學에서 크게 발전하였다. 왜냐하면 모든 한자는 하나의 글자를 일음절一音節 형태로 인식하기 때문이다.

그리하여 고대인도의 음성학은 중국의 성운학聲韻學에서 전통적인 방법과 결합하여 음절구조를 다음과 같이 분류하였다.

이러한 음절의 분해 방법은 중국어의 독특한 음절 구조와도 관련이

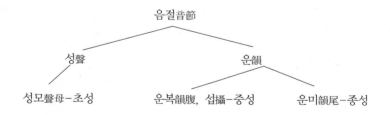

────────────

34) 훈민정음의 '終聲復用初聲'과 〈해례본〉 '終聲解'의 "八終聲可足用"은 모두 음절 초와 음절 말의 자음에 대한 것으로 후자는 어말 위치에서 유기음, 성문긴장음 자질이 중화됨을 인식한 것이다.

있지만 한자음漢字音 표기와 연결된다. 즉 한 음절이 한 형태形態를 보이는 중국어에서 한자漢字는 한 음절의 한 형태를 표기하기 때문이다. 그리하여 전통적으로 한 음절로 간주되는 한자를 성聲과 운韻으로 분해하여 음운을 인식했던 것이다.

불경을 통하여 고대 인도의 음성학이 중국에 유입된 다음에 성모聲母를 36개로 인식하고 《광운廣韻》에서는 운韻을 206개로 분석하였다. 운韻은 이후 점차로 줄어들어 《예부운략禮部韻略》에서는 107운, 또는 106운으로 줄었으며, 《동국정운東國正韻》에서는 91운으로 정하여 개정한 우리 한자음의 운韻을 정리하였다. 이 운韻은 다시 운복韻腹, 즉 섭攝과 운미韻尾로 나누어 후자를 종성, 전자를 중성으로 구분하였다. 훈민정음의 초성, 중성, 종성은 이러한 구분에 의한 것으로 36자모로 표시된 음절 초의 자음과 운미韻尾에 나타나는 자음의 동일함은 이미 파스파 문자의 제정에서 인식되었던 것이다.

6.3.2.1 고대인도의 음성학, 즉 성명기론聲明記論으로 초, 중, 종성을 인식하고 이들 하나하나를 음운으로 이해하여 문자를 제정한 것이 훈민정음이다. 이 글자의 제자에 대하여 〈해례본〉에서는 당시 유행하던 성리학性理學의 이론으로 다시 해석된다. 고려 말과 조선 전기에 학계를 풍미하던 사물의 성리학性理學적인 인식은 새 문자 창제에도 적용되어 〈해례본〉의 난삽難澁한 서술이 이루어졌다. 음양陰陽과 오행五行에 의한 음운의 대립과 이에 대한 체계적인 파악은 현대 구조주의構造主義 음운론적인 해설을 방불케 하는 것이었다.

그리하여 훈민정음에서는 'ㄱ:ㅋ, ㄷ:ㅌ, ㅂ:ㅍ, ㅈ:ㅊ, ㆆ:ㅎ'의 대립과 이것이 유기음 상관(相關, corelation)임을 이해하였고 이들 유기음을 차청이라 하였다. 또 'ㄱ:ㆁ, ㄷ:ㄴ, ㅂ:ㅁ, ㆆ:ㅇ'은 무성음 대 비음鼻音, 또는 유성음의 대응으로 비음 상관相關으로 보아서 불청불탁不淸

不濁으로 불렀다. 다만 'ㄱ:ㄲ, ㄷ:ㄸ, ㅃ:ㅂ, ㅅ:ㅆ, ㅈ:ㅉ, ㆆ:ㆅ'의 대
립은 된소리 계열을 몰랐기 때문에 평음 대 유성음의 대립으로 오해하
였다. 한자음에서 전탁全濁이 유성음이었기 때문이다.

　중성의 이해는 파스파 문자에서도 제대로 이해하지 못한 탓인지 훈
민정음에서도 잘못 인식되었다. 그리하여 이미 우리말에 없어진 전설
대 후설의 대립을 파스파 문자에 맞추어 이해하고 제자制字하였기 때
문에 모두 11개의 중성자를 만들었다. 그 가운데 재출자 'ㅛ, ㅑ, ㅠ,
ㅕ'를 제외하면 '·, ㅗ, ㅏ, ㅜ, ㅡ, ㅓ, ㅣ'의 7개 중성자는 파스파 문
자의 유모喩母자 7개 '/�[a]/, /ㅈ[o]/, /ᄅ[ö]/, /ㄷ[e]/, /�[u]/, /
ᄅ[ü]/, /ᄋ[i]/'를 그대로 모방한 것이다.35) 중세몽고어에서는 전설 대
후설의 모음조화가 있었고 /i/는 이러한 모음조화에서 중립적이었다.
파스파 문자는 이러한 모음체계를 염두에 두고 파스파자의 모음자를
제정했으며 훈민정음이 그것을 따른 것이다.36)

　그리고 훈민정음 〈해례본〉 '중성해'에서 'ㅣ'를 '·, ㅗ, ㅏ, ㅜ, ㅓ'에
결합하여 'ㆎ, ㅚ, ㅐ, ㅟ, ㅔ'를 제자한 것도 파스파자에서 전설의 /ᄋ
[i]/와 /ㄷ[e]/를 /ㅈ[o]/와 /ㅎ[u]/에 결합시켜 /ᄅ[ö]/와 /ᄅ[ü]/를
제자한 것과 같은 방식으로 보인다.37)

6.3.2.2 앞의 제3장에서 고대인도의 음성학 이론인 성명기론聲明記論에

---

35) 여기서 'ᄅ/ö/'와 'ᄅ/ü/'는 複字로서 후설의 'ㅈ/o/'와 'ㅎ/u/'에 전설의 'ᄋ/i/'
　　와 'ㄷ/e/'를 덧붙여 전설모음의 /ö/와 /ü/를 표기한 것이다. 따라서 파스파 문자
　　의 모음자는 5개만을 제자한 것으로 보아야 한다(졸고, 2011). Poppe(1957)에서는
　　/ö/도 'ㄷ/e/'와 결합된 복자로 인식하고 자형을 제시하였다.
36) 훈민정음의 7개 중성자에 의거하여 중세 및 고대한국어의 모음체계를 수립했던
　　일을 반성하고 5개 모음체계를 제안한 것은 김완진(1978)에서 처음 있었던 일이다.
37) Poppe(1957:24)에 제시한 파스파 모음자의 /ö, ü/는 파스파자의 'ㅈ/o/'와 'ㅎ
　　/u/'에 'ㄷ/e/'를 덧붙인 형태의 자형이었다. 그러나 《蒙古字韻》 권두의 '字母'에 보
　　이는 喩母자 7개에서는 자형이 Poppe(1957)에서 제시한 것과 다르다(졸고, 2011b).

입각하여 훈민정음의 제정은 당시 우리말의 음운을 음절 속에서 이해하였음을 살펴보았다. 즉, 제3장 3.2.4.0~4에서 고찰한 성명기론은 비가라론에서 음성에 관한 이론을 따로 설명한 것으로 현대의 조음음성학과 같이 모든 음운을 조음 위치와 조음 방식으로 나누어 분류하여 설명하였다.

즉, 이미 모음에서 전설과 후설의 대립을 인정한 것처럼 자음에서도 조음 위치에 따라 아牙, 설舌, 순脣, 치齒, 후음喉音으로 나누어 실제로 이 음운들이 서로 대립하는 체계였음을 인정하였는데, 실제로는 후음과 아음牙音, 그리고 설음舌音, 치음齒音, 순음脣音의 순서로 분류하여 가장 깊숙한 곳에서 조음되는 음운과 가장 밖에서 조음되는 음운으로 구분하였다. 다만 후음이 더 깊숙한 곳에서 발음되지만 오행五行에 맞추어 '아설순치후牙舌脣齒喉'로 나눈 것이다.

훈민정음의 〈해례본〉에서는 실제로 후음喉音이 아음牙音보다 뒤에서 조음됨을 밝혔다. 그리하여 〈해례본〉 '제자해制字解'에 "故五音之中喉舌爲主. 喉居後而牙次之, 北東之位也.- 그러므로 오음 가운데 후음과 설음이 중심이다. 목구멍은 뒤에 있고 어금니가 다음에 있으니 [후음과 아음은] 북동北東의 위치[에서 조음된]다."는 기술이 바로 후음이 아음과 같이 가장 깊숙한 곳에서 발음된다는 것을 인식한 것이다. 따라서 조음 기관의 위치에 따르지만 중국의 성운학에서는 오행五行에 맞추어 아설순치후牙舌脣齒喉의 5개 위치로 분류한 것임을 알 수 있다.

다음으로 조음 방식에 따른 분류는 제3장의 3.2.4.1에서 고찰한 바와 같이 전청全淸, 차청次淸, 불청불탁不淸不濁, 전탁全濁으로 구분하였다. 전청은 무성무기無聲無氣의 조음, 즉 무표음(unmarked sound)이고 차청은 유기음(aspirates) 계열, 불청불탁은 비음(nasal)이나 유성(voiced) 자음을 말한다. 다만 전탁은 중국 성운학에서 유성음이었으나 당시 우리말에 유성음과 무성음의 구별이 없었기 때문에, 즉 유성자질이 변별적이 아니었으므로 우리말에서 유성음을 된소리로 받아들이거나 유성 자음으로 구분하는 혼란이 있었다.

그 외에 중국어에서 성조聲調가 변별적이었기 때문에 이것을 표기 하려고 노력하였다. 중국에서는 전통적으로 평平, 상上, 거去, 입성入聲 의 사성四聲으로 구분하여 중국어의 굴곡조屈曲調의 성조를 인정하였 다.38) 훈민정음에서는 중세한국어의 성조가 고조(高調, high tone)와 저 조(低調, low tone), 그리고 상승조(上昇調, low rising)로 된 평판조(平 板調- level-pitch register system)의 성조어임에도 불구하고 성조를 중 국어의 사성과 같이 방점傍點으로 표시하였다(졸고, 1975).

그리하여 저조의 평성(平聲, low tone)은 무점無點, 고조의 거성(去 聲, high tone)은 1점, 상성(上聲, low rising tone)은 2점으로 표시하고 입성入聲은 성조로 보지 않고 폐음절로 인식하여 입성 운미韻尾를 가 진 음절을 여기에 포함시킨 다음에 그 안에서 평, 상, 거성으로 다시 구분하였다(졸고, 1974).

이와 같이 조음 위치, 조음 방식, 성조에 의한 음운의 구분은 현대 조음음성학에서도 같이 적용되는데 모두 고대인도의 음성학, 즉 성명기 론에서 영향을 받았기 때문이다.

3) 신미信眉 대사와 훈민정음 중성

6.3.3.0 졸고(2019a)에서는 세종 25년 12월에 제정된 훈민정음은 '초기 의 언문 27자'로서 이후에 신미대사가 새 문자 제정에 참여하면서 실

---

38) Pike(1948)에서는 세계의 언어를 비성조어(non-tonal languages)와 성조어(tone languages)로 나누고, 성조어는 평판조(level-pitch register system)의 언어와 굴곡조 (glide-pitch contour system)의 언어로 나누어, 중국어의 경우는 굴곡조의 성조어에 속한다고 하였다. 졸고(1975) 참조.

담장悉曇章의 마다에 의거하여 중성 11자를 추가한 것이라고 주장하였다. 즉, 송대宋代 지광智廣의 《실담자기悉曇字記》에는 모음의 마다로 12자를 제시하였는데 신미가 이에 의거하여 11자의 중성자를 추가하였다는 것이다.

원래는 동국정운식 수정 한자음을 표기하기 위하여 제정한 훈민정음에서는 반절상자反切上字인 성聲으로 27자만을 만들고 반절하자反切下字의 운韻은 〈몽운蒙韻〉의 15운에 맞추어 《운회韻會》를 번역하려고 하였다. 그러다가 신미가 반절하자인 운韻을 중성과 종성으로 다시 나누고 모음에 해당하는 중성의 표음으로 11자를 추가하여 초성과 더불어 훈민정음 28자를 완성한다.

6.3.3.1 신미가 세종을 만난 것은 효령대군孝寧大君의 추천에 의한 것이다. 속리산 복천사福泉寺에서 불가佛家의 대장경에 정통한 학승學僧으로 이름을 떨치고 있는 신미를 세종이 수양대군을 보내어 불러 올려 효령대군의 저택에서 만났다는 기사가 김수온金守溫의 《식우집拭疣集》(권2)〈복천사기福泉寺記〉에 전해진다.39) 물론 자신의 가형家兄에 관한 이야기임으로 좀 과장된 표현이 있었겠지만 세종과의 첫 만남에서 신미의 학식이 세종에게 크게 감동을 준 것으로 기재되었다.

졸저(2015)에 따르면 훈민정음의 제정은 세종과 그 가족들의 비밀 프로젝트로 진행되었다고 한다. 그것은 당시 몽고의 원에 귀화하여 쌍성총관부雙城摠管府에서 몽골의 다루가치(達魯花赤, daruɣači)의 벼슬을 살았던 이자춘李子春의 후예들이 고려를 역성易姓 혁명으로 뒤엎고 새로운 조선을 세웠으므로 명은 이들을 믿지 못하여 항상 감시의 눈을

---

39) 원문을 옮겨 보면 "初世宗大王聞尊者名, 自山召至, 賜坐從容, 談辨迅利, 義理精暢, 奏對稱旨, 自是寵遇日隆"(《한국문집총간》 권9, 1988:75~77)이어서 이날부터 세종의 총애가 있었다고 적었다.

번뜩였다. 이와 같은 명의 감시를 피하고 한문에 중독된 유신儒臣들의 반대를 피하기 위하여 가족 중심으로 새 문자의 제정을 진행하였다. 조선을 세운 이성계李成桂는 바로 이자춘의 아들이었으며 세종에게는 고조부高祖父에 해당하기 때문이다.

세종이 신미를 만났을 때에는 이미 훈민정음의 제정이 상당히 진척되었을 때였던 것으로 보인다.[40] 세종은 이미 중국 성운학聲韻學에 의거하여 36성모聲母에서 우리 한자음 표기에 필요한 27자모字母를 추출하여 반절상자로 삼았고 몽운蒙韻의 15운韻과 더불어《운회韻會》를 번역, 즉 발음을 전사轉寫하기에 이르렀다.[41]

그러나 이때에는 훈민정음이 우리말을 표기할 수준의 문자는 아니고 당시 한자의 동북방언을 반영한 송宋·원대元代의 성운학자 황공소黃公紹가 편찬한《고금운회古今韻會》를 새 문자로 발음을 전사하는 수준의 표음 기호였을 것이다.[42] 원의 파스파 문자가 초기에 담당했던 한자의 발음기호와 같은 수준이었다.

신미는 실담悉曇의 반자론半字論에서 말하는 마다 12자에 맞추어 중성 11자를 별도로 만든 것으로 졸고(2019a)에서 주장하였다. 세종은 이를 받아들여 초성 17자와 결합시켜서 훈민정음 28자를 완비한 것이다. 애초에 중성 11자가 없었던 것은 세종 25년 12월의 훈민정음 창제 이후 불과 2개월 후인 세종 26년 2월에 올린 최만리의 반대 상소에 언문 27자로만 되었으며 이것은 중국 성운학에서 말하는 대운大韻, 즉 반절상자의 초성만을 말한 것이다. 즉, 훈민정음의 초성 17자에 전탁

---

40) 따라서 훈민정음의 제정에서 신미대사의 공이 절대적이란 재야 학자들의 주장은 신빙성이 떨어진다.

41) 최만리 반대 상소문에 등장하는 '諺文二十七字'와《훈몽자회》〈諺文字母〉에 보이는 "俗所謂反切二十七字"의 27자는 초성 27자를 말하는 것으로 당시《운회》의 번역에 필요한 음절 초(onset)의 자음들을 말한 것이다(졸고, 2017b, 2018b).

42) 이에 대하여는 "命集賢殿校理崔恒, … 指議事廳, 以諺文譯韻會, …"(《세종실록》 권 103, 세종 26년 2월 丙申조 기사)를 참조할 것.

자, 즉 쌍서雙書의 6자와 순경음 4자를 더한 것이다. 이것은 반절反切 27자이며 '초기의 언문 27자'이다(졸고, 2019a).

모음을 표기하는 중성자의 제자를 신미대사가 훈민정음의 제정에 관여한 후의 일로 보아야 하는 것은, 범문梵文의 반자론에서 모음을 표음하는 마다를 별도로 제자制字하였고 이것이 체문과 결합하여 실담悉曇의 글자로 표기하는 방법이었기 때문이다. 이렇게 반자半字를 결합시켜 실담悉曇으로 표기하는 만자론滿字論이 있었으며 초성, 중성, 그리고 종성을 한데 결합시켜 음절 단위로 표기하는 만자론의 방법은 범자梵字의 표기 방식이다.

신미대사는 불경 속에서 비가라론의 성명기론聲明記論을 학습하여 훈민정음의 표기법을 완성시키는 데 도움을 준 것이다. 그리고 반자론半字論에 의거하여 마다의 모음을 중성으로 표기하여 한자음만이 아니라 우리말 표기가 가능한 문자 체계가 이루어지게 되었다.

6.3.3.2 신미가 대장경의 불경을 힘들여 공부했다는 기록은 여기저기서 발견된다. 그가 법주사에서 만나서 평생의 도반道伴이 된 동갑내기 수미守眉대사를 기리는 전남 영암靈巖 도갑사道岬寺에 세워진 '묘각화상비妙覺和尙碑'에 "… 月出山道岬寺出家, … 抵俗離山法住寺, 遇沙彌信眉, 同歲同名與之俱, 琢磨磋切讀大藏習毘尼 … – …〔수미는〕월출산 도갑사에서 출가하여 … 속리산 법주사에서 사미沙彌 신미를 만났는데 나이가 같고 이름도 같아 더불어 대장경을 읽고 비니毘尼를 배우는 데 절차탁마하였다"란 기사가 보인다.[43] 이를 보면 신미와 수미가 대장경을 읽고 비니毘尼, 즉 율장律藏을 매우 열심히 배웠음을 알 수 있다.

---

43) 가산불교문화연구원 편 《校勘譯註歷代高僧碑文》(1999, 권6:417)〈조선편〉(1) '靈巖道岬寺妙覺和尙碑' 참조. 이 비문은 인조 11년(1633)에 性聰이 碑文을 짓고 篆額을 썼다고 한다.

신미의 대장경을 통한 학습은 그 속에 포함된 고대인도의 비가라론과 그 이론의 음성학인 성명기론을 불경에서 찾아내어 익히고 깨달았음을 의미한다. 이것이 훈민정음을 비가라론의 이론으로 설명할 수 있는 근거가 된다. 무엇보다도 중요한 것은 신미가 범어梵語와 범문梵文을 익혀서 터득했다는 사실이다.

박해진(2015:36)에서 "신미는 범서梵書 실담장悉曇章을 읽고 번역하기 위하여 범어梵語도 익혔다"고 하였으며 그 근거로 이능화(2010, 권5:439, 444)의 〈언문자법원출번천諺文字法源出梵天〉의 주장을 들었다. 이는 졸고(2017b)에서 논의한 것처럼 신미가 고대인도의 반자론과 만자론을 주지하고 있었으며 이를 이용한 한자음의 반절反切의 표기를 잘 알았음을 의미한다.

4) 훈민정음의 자모 수효

6.3.4.0 훈민정음에서는 초성 17자, 중성 11자를 제자하여 모두 28자를 만든 것으로 《세종실록》(권103) 세종 25년 12월의 기사와 세종의 어제 서문序文에 명기하였고 이어서 〈언해본〉과 〈해례본〉에서 이 글자들에 대하여 설명하였다. 그러나 초성 17자는 중국 성운학聲韻學의 36자모로부터 온 것으로 전통적으로 중국의 운서에서 음절 초의 자음으로 36개의 자음을 인정한 것 가운데 우리말과 우리 한자음에서 변별적인 음운으로 인식되는 17자를 문자로 만든 것이다.

즉, 훈민정음의 초성 17자는 아음牙音에서 /ㄱ, ㅋ, ㆁ/의 3자, 설음舌音에서 /ㄷ, ㅌ, ㄴ/의 3자, 순음脣音에서 /ㅂ, ㅍ, ㅁ/ 3자, 치음齒音에서 /ㅈ, ㅊ, ㅅ/ 3자, 후음喉音에서 /ㆆ, ㅎ, ㅇ/ 3자, 그리고 반설음半舌音 /ㄹ/, 반치음半齒音 /ㅿ/의 2자 합하여 17개가 된 것이다. 그러나 동국정운식 한자음 표기를 위하여 전탁자全濁字 6개 /ㄲ, ㄸ, ㅃ,

ㅆ, ㅉ, ㆅ/를 더하여 23개의 자음 글자를 만들었는데 이것이 유명한 동국정운 23자모다.

중국 성운학聲韻學에서 전청, 차청, 전탁, 부청부탁으로 구분하는 방법은 원래 비가라론의 음성 연구, 즉 성명기론聲明記論에서 조음 방식에 따라 무성무기음의 전청, 유기음의 차청, 유성음의 전탁, 비음의 불청불탁을 구별한 것에서 온 것이다. 이러한 조음 방식에 따른 구별은 앞에서 언급한 바와 같이 현대의 생성음운론에서 말하는 조음 방식 자질에 의한 자음子音의 구분이다.

이것은 이러한 자질이 변별적인 범어梵語와 중국어에서 유용한 구분 방법이다. 그러나 당시 조선어에서는 유성 대 무성의 대립이 없어져 유성음 자질은 잉여적(redundant)이었다.44) 따라서 전탁의 구별은 한자음 표음에만 필요하게 되었는데 이러한 조음 방식에 따른 자음의 구분은 원래 비가라론의 성명기론에서 시작하여 중국의 성운학에 영향을 준 것에서 온 것이다.

특히 반절법이 일반화된 다음에 편찬된 《절운》과 이 계통의 《당운》, 《광운》에서 36자모를 인정한 것은 반자론半字論의 36 체문体文과 관련이 있는 것으로 추정된다. 왜냐하면 《광운》의 36자모는 《고금운회》의 〈거요〉에서 35자모, 《몽고자운蒙古字韻》의 32자모, 《홍무정운洪武正韻》의 31자모, 그리고 《중원음운中原音韻》에서 24자모로 변한 것이라고 본다면 36자모의 설정은 아무래도 실담悉曇의 36체문이나 35음에 이끌린 것으로 볼 수밖에 없다.

---

44) 잉여자질(redundant features)은 변별적 자질로서 기능을 하지 못하지만 다른 자질에 포함되어 있는 음성적 자질을 말한다. 예를 들면 소음성(+strident) 자질은 비비음성[-nas.] 자질을 내포하고 있고 반면에 비음성[+nas.] 자질은 명음성([+sonorant] 자질을 내포한다. 이것을 표기상의 규약에서 다음과 같이 표기한다. [+str.] ⇒ [-nas.], [+nas.] ⇒ [+son.]. 조선어에서 全淸의 무표성[-marked: -voiced, -aspirates] 자질은 全濁의 유성성[voiced] 자질을 내포한다.

다만 세종은 동국정운식 한자음 표기를 위하여 23자모, 그리고 여기에 순경음은 4자를 더하여 반절의 27자를 인정하였다. 다만 한자의 동음東音을 표기하기 위하여 17자로 충분하다고 본 것이다.

6.3.4.1 그러나 초성의 17자에서 끝나지 않고 훈민정음의 〈언해본〉에서는 한자의 한음漢音, 즉 한어漢語의 발음을 표기한다면서 순경음脣輕音 4개 /ㅸ, ㆄ, ㅹ, ㅱ/를 더 만들고 치음齒音 /ㅈ, ㅊ, ㅉ, ㅅ, ㅆ/ 5개를 치두齒頭와 정치正齒로 구별하여 결국은 5개의 글자를 더 만들었으며 결과적으로 모두 32개의 정음자正音字를 만들었다. 이 초성 32자에 중성 11자를 더하면 모두 43자가 된다.

이 43자는 파스파 문자와 관련이 있다. 졸저(2009:178~181)에 따르면 원대 성희명盛熙明의 《법서고法書考》와 도종의陶宗儀의 《서사회요書史會要》에서는 모두 파스파 문자를 43개의 글자라고 소개하였다.[45] 즉 《법서고》에서는 파스파 문자를 소개하면서 "… 創爲國字, 其母四十有三 – 나라의 글자를 창제하였는데 그 자모는 43개가 있다"고 하였고 《서사회요》에서도 "字之母凡四十三 – 자모는 모두 43개다"라 하여 파스파 문자가 모두 43개 글자로 만들어진 것으로 보았다(졸저, 2009:179).

이 43이란 수자는 36자모의 초성과 유모喩母에 속하는 모음, 즉 중성자 7개를 더한 숫자다.[46] 그러나 실제로 파스파 문자는 전술한 바와 같이 유모喩母가 이미 36자모에 들어 있어 이중으로 계산되었고 설상음舌上音과 정치음正齒音을 표기한 3개 파스파 문자가 동일하다. 또 순

---

45) 그러나 《法書考》와 《書史會要》에서 제시한 글자는 실제로 41자였다. 졸저(2009: 180~181)에 게재한 사진 참조.

46) 이 중성자는 《몽고자운》 권두의 '字母'에 6개의 파스파 모음자를 보이고 "此七字歸 喩母 – 이 7자는 유모에 속한다"라고 명시하였다. 이것은 졸고(2009b, 2011b)에서 모음자에 대한 것이라는 주장을 펼 때까지 이것이 무엇을 말하는 것인지 아무도 몰랐다.

경음脣輕音에서도 전청자全淸字와 전탁자全濁字가 동일하여 실제로는 초성으로는 31개 글자만 제자한 것이다. 여기에 유모喩母자, 즉 모음자 7개를 더하면 모두 38개의 문자를 만든 셈이 된다(졸저, 2009의 3.3과 3.4 참조).

6.3.4.2 이와 같은 사정으로 파스파 문자를 제정하여 공표한 원元 세조의 조령에는 글자를 몇 개 만들었는지 명기하지 않았다.[47] 즉,《원사元史》(권202) 〈전傳〉89 '석로팍스파釋老八思巴'조에 파스파 문자를 반포하는 쿠빌라이 칸의 조령詔令이 실렸다. 이 조령은 제5장 5.2.1.0에서 전문을 소개하고 우리말로 풀이하여 실었다.

다만 《원사》의 같은 곳에서 "中統元年, 世祖卽位, 尊他爲國師, 授給玉印. 令他製作蒙古新文字, 文字造成後進上. 這種文字祗有一千多個字, 韻母共四十一個, 和相關聲母造成字的. 有韻關法, 用兩個,三個,四個韻母合成字的. 有語韻法; 要點是以諧音爲宗旨 ― 중통 원년(1260)에 세조가 즉위하자 그 〔팍스파 라마〕를 존경하여 국사를 삼고 옥인을 주었다. 그에게 명하여 몽고 새 문자를 지으라고 하니 문자를 만들어 바쳤다. 이 문자는 모두 1천여 개의 글자가 있는데 운모韻母는 모두 41개이고 성모聲母와 관련하여 글자를 만든 것이다. 운韻과 관련하여 두 개, 세 개, 네 개의 운모를 합성하여 글자를 만들었다. 어운語韻의 법칙으로 어울리는 발음을 으뜸으로 삼은 것이 요점이다."라는 기사에서 41개의 파스파 문자를 만든 것으로 밝히고 있다.[48]

따라서 파스파 문자에 대하여 Poppe(1957)에서 38개 문자를 보인

---

47) 다만 이때에 내린 조령은 파스파 문자의 문자 제정에 관한 기본 정신이 잘 표현되었다. 이 조령에 대하여는 졸저(2009)에서 전문을 인용하고 우리말로 풀이하였다.
48) 초성에 해당하는 36자모와 喩母자 7개를 더한 43자에서 이미 36자모 가운데 喩母가 포함되어 7개 중성자에서 하나가 줄고 순경음에서 全濁을 인정하지 않아서 하나가 줄어 41개 자모로 한 것으로 보인다(졸저, 2009).

것이나 照那斯图(2008)에서 보인 56개 문자는 사실과 다르다고 하지 않을 수 없다.[49] 파스파 문자는 공식적으로 41개 문자를 만들었으나 일반적으로는 36자모字母에 7개 유모자喩母字를 포함한 43개를 만든 것으로 알려졌다.

4. 새 문자의 반포頒布와 보급

6.4.0 오늘날 우리가 쓰고 있는 한글이란 문자의 제정은 지금부터 570년 전에 세종대왕의 친제親制하신 것으로 〈왕조실록〉에 소개되었다. 즉, 《세종실록》(권103) 세종 25년(1443) 12월조 말미에 "是月上親制諺文二十八字。其字倣古篆, 分爲初中終聲, 合之然後乃成字。凡于文字及本國俚語, 皆可得而書。字雖簡要, 轉換無窮, 是謂訓民正音。— 이달(1443년 12월을 말함)에 임금이 친히 언문 28자를 제정하였다. 글자는 고전古篆에 의거하였고 초, 중, 종성으로 나누어 합친 다음에 글자를 이룬다. 대체로 한자漢子의 발음이나[50] 우리나라의 말을 모두 쓸 수 있다. 글자의 수효는 간단하고 요점만 이루어졌으나 전환이 무궁하다. 이것이 이른바 말하는 훈민정음이다."라는 기사로 세종 25년 12월에 오늘날 한글로 불리는 새 문자가 세종대왕에 의하여 제정되었다고 보는 것이다.[51]

---

49) 이에 대하여는 졸저(2015)를 참고할 것.
50) 원문의 "凡于文字及"에 보이는 '文字'를 이렇게 이해하여야 적절한 번역이 가능하다. 만일 이것을 한자로 본다면 한자를 새 문자로 쓴다는 말이니 의미가 통하지 않는다.
51) 실제로 이 실록의 기사는 여러 연구자들에 의하여 여러 각도에서 해석되었다. 그 가운데 어떤 것은 전혀 상식에 벗어나는 자의적인 해석도 있었다. 예를 들면 이 기

이 기사는 여러 가지로 해석되었고 많은 억측이 난무하였다. 필자는 이 기사에서 세종이 발명한 새 문자는 언문諺文이었으며 이 문자로 한 자의 발음과 우리말을 기록할 수 있다는 내용이 가장 핵심임을 강조하였고 새로 창제한 문자가 훈민정음으로 불렸던 것임을 말한 것으로 보았다. 그 외의 어떤 것도 억측臆測에 불과하다.

이후에 실록에는 《운회韻會》의 번역을 명한다는 기사와 최만리의 반대상소, 그리고 이에 대한 세종의 비답批答이 뒤를 이었고 드디어 세종 28년 9월에 "是月訓民正音成 – 이달에 〈훈민정음〉이 완성되었다"(《세종실록》, 권113, 세종 28년 9월조)라는 기사로 새 문자가 완성된 것으로 그간의 학계에서는 이해하였다. 그러나 이때의 〈훈민정음〉은 문자가 아니라 〈해례본〉으로 알려진 '훈민정음'이란 서적을 말한다. 따라서 이 기사는 훈민정음의 〈해례본〉이 완성된 것을 말한다. 새 문자는 그 이전에 완성되었으며 이 기사는 새 문자에 대한 해례解例가 완성되어 〈훈민정음〉이란 책이 완성되어 이를 간행한다는 내용이다.

1) 언문諺文의 반포頒布

6.4.1.0 위에 인용한 〈실록〉의 기사에 의거하여 우리는 훈민정음의 〈해례본〉이 완성된 것을 한글이 창제된 날로 보고 이 책이 간행된 정통正統 11년 9월 상한(上澣, 1일~9일)을 양력으로 환산하여 10월 9일을 '한글날'로 지정하여 기념한다. 훈민정음의 〈해례본〉이 완성된 날을 한글날로 기념하는 것이다. 그러면 〈해례본〉의 완성이 새 문자가 완성되어 일반 백성들에게 반포하기 위하여 간행된 책인가?

훈민정음의 〈해례본〉을 읽어 본 사람들은 누구나 이 책이 너무 전

사는 조작되었다거나 실록을 편찬할 때에 이 해의 말일에 억지로 이 기사를 끼어 넣었다는 등의 해석도 있었다.

문적이라 어리석은 백성들이 이를 통하여 새 문자를 배우기는 어려울
것으로 생각하지 않을 수 없다. 즉, 〈해례본〉은 새 문자에 대한 성리학
性理學과 성운학聲韻學의 심오한 이론으로 제자와 초성, 중성, 종성, 그
리고 이들의 합자를 해설한 것이다. 따라서 보통 사람들은 이를 이해
하기 매우 어렵다. 더욱이 모두 난해한 한문으로 되어서 이두吏讀문이
나 이문吏文으로 문자생활을 하던 백성들이 이를 읽고 새 문자를 배워
서 사용했다고 보기 어렵다.

6.4.1.1 여기서 우리는 당연히 새 문자의 공표와 보급은 훈민정음의
〈언해본〉의 몫으로 생각하게 된다. 〈해례본〉의 앞부분, 세종의 어제 서
문과 예의例義 부분의 석 장반을 우리말로 풀이한 〈언해본〉은 《월인석
보》의 권두에 첨부되어 간행되었다.

　　그러나 《월인석보月印釋譜》(이하 《월석》으로 약칭)는 희방사喜方寺
복각본을 비롯하여 초간본으로 알려진 서강대학교 도서관 소장의 권1,
2의52) 권두에 부재된 세조世祖의 '어제월인석보서御製月印釋譜序' 말미
에 "天順 三年 己卯 七月 七日 序"란 간기가 있어 이 책은 천순天順 3
년, 즉 세조 5년(1459)에 처음으로 간행된 것으로 알려졌다. 이것은 서
강대학교 소장본이 초간본으로 확인되어 더욱 확실한 사실로 학계에서
는 인정하였다.

　2) 《월인석보》의 간행

6.4.2.0 《월인석보》(이하 《월석》으로 약칭)의 간행에 대하여 필자는 졸
고(2013c)에서 세조 5년, 즉 천순天順 3년에 간행된 《월석》은 신편이고

---

52) 이 자료는 1972년 서강대에서 영인 출판되었고 그 후에 여러 곳에서 영인본을
　　간행하였다.

세종 생존 시에 편찬된 《월석》의 구권이 있었음을 졸고(2006a)에서 처음으로 주장하였다.

즉, 초간본 《월석》으로 알려진 서강대 소장본의 권두에 부재된 세조世祖의 '어제월인석보서御製月印釋譜序'에 "念此月印釈譜ᄂᆞᆫ 先考所製시니 依然霜露애 慨增悽愴ᄒᆞ노라 — 念호ᄃᆡ 이 月印釈譜ᄂᆞᆫ 先考지ᅀᆞ샨 거시니 依然ᄒᆞ야 霜露애 애와텨 더욱 슬허ᄒᆞ노라."는 구절이 있어 《월석》이 세조의 선고先考, 즉 세종의 편찬임을 분명히 말하였다. 이어서 같은 서문에는

乃講劘研精於舊卷ᄒᆞ며 檃括更添於新編ᄒᆞ야 — 녯 글워레 講論ᄒᆞ야 ᄀᆞ다ᄃᆞ마 다 ᄃᆞᆯ게 至極게 ᄒᆞ며 새 밍ᄀᆞ논 글워레 고텨 다시 더어,

出入十二部之修多羅호ᄃᆡ 曾靡遺力ᄒᆞ며 增減一兩句之去取호ᄃᆡ 期致盡心ᄒᆞ야 — 十二部 修多羅애 出入호ᄃᆡ 곧 기튼 히미 업스며 ᄒᆞᆫ 두 句를 더으며 더러ᄇᆞ리며 뿌ᄃᆡ ᄆᆞᅀᆞᆷ다보ᄆᆞᆯ 닐윓 ᄀᆞ장 긔지ᄒᆞ야

띄어쓰기 발표자. 이상 졸고(2006a)에서 인용.

라고 하여 세조의 어제 서문에 따르면 원래 《월석》에는 구권(舊卷, 옛 글월)이 있었고 자신이 편찬하는 것은 후대에 여러 불경을 첨부하여 새롭게 간행한 신편(新編, 새 밍ᄃᆞ논 글월)임을 밝히고 있다.

6.4.2.1 더욱이 졸고(2013c)에서는 정통正統 12년(1447)의 간기를 갖고 있는 《월석》의 옥책玉册을 발굴하여 소개하면서 《월석》이 세종 29년, 즉 정통正統 12년보다 앞선 시기에 간행되었음을 주장하였다.[53]

---

53) 옥책에 대한 포항공대 화학과 교수와 포항제철의 성분 감정 및 玉 전문가의 産地 및 刻印, 穿孔 등의 수작업에 대하여는 정명호(2013, 2019)를 참고할 것.

〈사진 **6-3**〉 '월인석보'를 책 표지, '월인천강지곡석보상절'을 속표지로 한 정통正統 12년 옥책

〈사진 **6-4**〉《월석》 옥책 제12권 말미(29판)에 쓰인 정통正統 12년의 간기

〈사진 6-3〉[54], 〈사진 6-4〉[55]에서 보이는 것처럼 이 옥책은 '월인석보月印釋譜'라는 표지와 '월인천강지곡석보상절月印千江之曲釋譜詳節'이라는 속표지를 가졌다. 그리고 용트림으로 보이는 조각을 새긴 24개의 옥봉玉棒과 《월석》 제8권을 새겨 넣은 376편의 옥판(이 가운데 12판은 '月印千江之曲釋譜詳節'의 속표지)으로 제작된 희귀한 보물이다. 이 옥판의 매권 권미에는 정통正統 12년의 간기를 새겨 넣었다.

---

54) 이 옥책의 전권에 '月印釋譜'를 겉표지로 하고 '月印千江之曲釋譜詳節'을 속표지로 하고 있다. 즉 《월석》 겉표지 12판, 〈월인천강지곡석보상절〉의 속표지 12판이 이 옥책의 매권 앞에 있다.

55) 옥책 권12의 마지막 판(29片)에 '佛日寺 正統 十二年 終'이란 간기가 있다.

이어서 〈사진 6-4〉에서 볼 수 있는 바와 같이 권미에 정통正統 12
년이 새겨 있다. 즉, 옥책의 마지막 권인 제12권 말미(29판)에 "佛日寺
正統 十二年 終"이란 권미卷尾의 간기가 보인다. 이것을 보면 정통正統
12년, 세종 29년(1447)에 간행된 옥책임을 알 수 있다. 여기서 정통 12
년, 세종 29년 이전에 만든 《월석》의 구권舊卷이 있고 천순天順 3년,
세조 5년에 이를 수정 보완한 《월석》의 신편新編이 있다는 졸고
(2006a)의 주장을 다시 한 번 확인하게 된다.[56]

그리고 이와 같이 '월인석보月印釋譜'라는 겉표지 속에 '월인천강지
곡석보상절月印千江之曲釋譜詳節'이라는 권수서명을 붙인 제책製冊과 편
철編綴의 방법은 세조 5년에 간행된 신편의 《월석》에서 그대로 답습되
었다. 아마도 현전하는 세조 5년의 《월석》은 세종 생존 시의 구권을
그대로 모방한 것이 아닌가 한다.[57] 그렇다면 《월석》의 간행은 학계에
서 인정하고 있는 천순天順 3년(1459)이 아니 《월석》이란 이름의 옥책
玉冊이 제작된 정통正統 12년(1447)의 이전으로 해야 할 것이다.

---

56) 지금까지 학계의 일반적 견해는 사재동(2006:91)에서 "우선 世祖의 〈月印釋譜序〉
에 밝힌 대로, 〈月印釋譜〉 舊卷인 〈月印千江之曲〉, 〈釋譜詳節〉에서 한 걸음 더 나아
가 보다 새롭고 완전한 체재로 편찬된 것임을 알 수 있다. 말하자면 '新編'인 〈月印
釋譜〉가 '舊卷'인 〈月印千江之曲〉, 〈釋譜詳節〉에 견주어 상당한 증감과 改新을 겪었다
는 것을 증언하는 것이라 하겠다. 실제로 〈月印釋譜〉와 〈月印千江之曲〉, 〈釋譜詳節〉
을 대조해 볼 때, 크게 두 가지 면에서 상이점이 발견되는 것이다. 문헌상의 차이
점과 조권상의 차이점이 바로 그것이다. …"라고 주장한 바와 같이 《월인천강지곡》,
《석보상절》이 《월인석보》의 구권이라는 것이다. 그러나 이번에 正統 12년에 제작된
옥책이 발견되어 실제로 《월인석보》의 구권이 존재했음을 알 수 있다. 졸고(2016c)
에서 한반도의 玉冊 문화에 대하여 논의함.
57) 많은 연구논저에서 《월석》의 신편이 《월인》과 《석보》를 합편할 때에 대대적으로
수정과 추가가 있었다고 보았다. 그러나 《월석》의 권두에 부재된 〈훈민정음〉과 〈세
종어제훈민정음〉을 비교하면 후자는 전자의 앞 1엽만 크게 수정하고 뒷부분은 전
혀 손을 대지 않고 《월석》의 신편에 부재하였다. 따라서 《월석》의 신·구권도 이와
같이 부분적인 수정과 추가만이 있었고 신편은 구권의 체재와 分冊 및 編綴을 그대
로 답습했던 것으로 추정된다.

또한 훈민정음의 〈언해본〉으로 알려진 〈세종어제훈민정음世宗御製訓民正音〉이 세조 5년의 《월석》 신편新編 권두에 부재附載되었던 것처럼 아마도 〈훈민정음〉이 세종 생존 시에 간행된 구권舊卷의 권두에도 첨부되었을 것으로 추정된다. 물론 제목은 세종의 묘호廟號인 '세종世宗'이 붙은 '세종어제世宗御製'가 아니라 그대로 '훈민정음訓民正音'일 것이다. 세종 생존 시에는 자신의 묘호廟號가 '세종世宗'일지 알 수가 없는 시기이기 때문이다. 따라서 〈언해본〉의 간행을 엄밀한 의미의 훈민정음 반포頒布, 즉 한글의 공포公布로 보아야 한다. 이런 의미에서 이 옥책玉冊은 귀중한 정보를 우리에게 알려준 것이라고 보지 않을 수 없다.58)

6.4.2.2 그러나 학계學界에서는 불경佛經의 옥책을 위작僞作이라고 본다. 그 이유는 불경을 옥책으로 만드는 일이 중국이나 일본에서 발견된 바가 없고 한반도에서도 유물로 발견되어 인정된 바가 없기 때문이다. 따라서 필자의 불경 옥책에 대한 연구는 학계에서 인정되지 않고 있다.

불경의 옥책에 대한 졸고(2013c)에 대하여 지금까지는 정식으로 반론을 제기하거나 전거로 들은 옥책이 위작僞作이라는 증거는 아직 발표된 것이 없다. 그 만큼 옥책의 진위眞僞를 밝히는 일은 쉽지 않다. 다만 필자는 지금까지 발견된 옥책에서 옥판이 뚫린 구멍이 혹시 현대적 드릴에 의한 것이 아닌가 하는 의심을 가졌지만, 정명호(2013)의 감정서와 정명호(2019)에 따르면 이것도 뚜루개를 사용하여 전통적인 방

---

58) 실제로 天順 3년의 신편 《월석》에 첨부된 '세종어제훈민정음'과 同版으로 보이는 구권 《월석》의 '훈민정음'이 단행본으로 고려대 육당문고에 소장되었다. 졸고(2019b)에 의하면 후자는 판심서명이나 권수 및 권미서명이 모두 '훈민정음'이지만 전자는 권수서명만 '세종어제훈민정음'이고 나머지 모두 '훈민정음'이다. 다시 말하면 전자는 첫 장만 고쳐서 신편 《월석》에 첨부한 것이다.

법으로 천혈穿穴한 것으로 감정하였다.[59]

또 하나의 의혹은 과연 조선시대에 사용이 금지된 옥玉을 사찰에서 불경의 옥책에 쓸 수 있었는가 하는 문제다. 역시 이에 대하여 정명호(2013)에서는 "고려시대에는 옥을 제천용祭天用과 의례용儀禮用으로 많이 사용하였음을 찾아볼 수 있으며, 조선시대에는 특히 세종대왕은 옥의 남용을 막기 위하여 엄격히 통제하였다. 그러나 신라시대를 비롯하여 조선시대의 옥을 왕실에 한하여 허용하였던 것으로 미루어 보아, 귀한 옥제품의 옥책을 세종 대에 제작하였다는 것은 의미 진진한 것으로 보인다. 즉, 왕실에서 특히 소헌왕후昭憲王后 명복冥福을 빌기 위하여 석보상절釋譜詳節을 집필하도록 수양대군首陽大君에게 세종께서 명하였으므로, 금지된 옥제품 제작을 허용하였다는 것은 왕실의 특권이기 때문에 옥책 제작을 허용하였던 것이 아니겠느냐 하는 것이다."라 하여 특별히 왕후王后의 명목을 빌기 위하여 옥의 사용을 허가한 것이 아닌가 하였다.

끝으로 《월석》의 옥책에 사용된 옥에 대하여 역시 정명호(2013)에서는

　　〔《월석》의 옥책에 대하여〕 한가지 주목되는 사실은 왜 月印釋譜를 玉재료로 선택 하였을까 하는 점이라 하겠다. … 玉제품의 산지는 遼寧省 수암(岫岩)으로 홍산에서 동쪽으로 450km 떨어지고 압록강 접경도시 단동에서 서쪽으로 150km 떨어진 곳으로 밝혀지고 있으며 遼寧省 부신시 사해 신석기시대 유적은 기원전 5600년에 해당되는 이곳에서도 흥륭과 사해유적에서 발견된 玉귀걸이가 발견 되었는데 이와 유사한 玉귀걸이가 한국의 江原道 高城郡 竹王面 文岩里 신석기유적은 BC6000

---

59) 정명호(2013)에는 "구멍이나 조각에는 뚜루개를 사용하는데 正統 12년 佛日寺 月印釋譜는 활근개와 뚜루개, 옥칼 등 당대의 기법으로 활자조각된 것을 확인 조사하였음을 밝히고자 한다. 이 옥책은 어떠한 현대피스(치과용기)도 사용한 흔적은 없다"라고 하여 필자의 의혹을 불식하였다.

년 전으로 보이며 토기는 역시 흥륭와와 사해유적에서 발견된 토기와 유사한 토기
가 咸鏡北道 최북단 두만강과 접하는 중국도문과 한국의 은성지역에 발견되어 적봉
지역과 咸鏡道 地域과 같은 文化圈을 형성하고 있다는 점은 주목되고 있다.

띄어쓰기 철자법은 원문대로.[60]

라고 하여 수암岫岩 옥과 같은 질로 보고 한반도에서 생산되는 옥도
이와 같은 것으로 감정하고 있다. 필자로서는 전문가들의 판정에 따를
수밖에 없다.

3) 훈민정음 제정의 경위

6.4.3.0 만일 졸고(2013c)에서 주장한 것처럼 정통正統 12년(1447)에
개성 불일사佛日寺에서 《월석》을 옥책에 새긴 것이라면 그 이전에
《월석》의 구권을 간행된 것으로 보아야 할 것이다. 이 논문에서는
《월석》의 구권이 세종 28년(1446) 음력 9월에 〈해례본〉이 간행되고 같
은 해 10월에 〈언해본〉이 《월석》의 구권에 부재附載되어 세상에 알려
진 것으로 추정하였다. 《월석》의 구권이 세종 생존 시에 간행되었고
거기에 훈민정음의 〈언해본〉이 첨부되었다면 그것이 바로 진정한 새
문자의 공표일 것이다.

실록에 따르면 세종 28년 12월에 이과吏科와 취재取才, 즉 하급관리
의 채용시험에서 훈민정음을 부과한다는 기사가 있어서 졸고(2013c)에
서는 이보다는 먼저 새로 제정한 문자의 공표가 있었다고 보았다. 다
만 세종 28년 9월에 간행한 훈민정음의 〈해례본〉보다는 1개월 후의 일
이지만 〈언해본〉을 세상에 내놓아서 이과吏科와 취재取才가 아전衙前
과 서리胥吏와 같은 하급관리의 채용을 위한 시험에 사용한 것으로 보

---

60) 이 감정서에서 [ ] 부분은 필자가 이해를 위하여 삽입한 것이다.

인다. 즉, 12월에 실시한 이과吏科와 취재取才보다 앞서서 〈언해본〉을 통하여 세종 28년(1446) 10월에 공표한 것으로 보았다.

6.4.3.1 따라서 졸고(2013c:15~16)에 적시한 새 문자 제정의 경위를 옮겨보면 다음과 같다.

> 세종 25년(1443) 12월—세종이 훈민정음 28자를 친제함. 실제로는 언문 27자였음.
> 세종 26년(1444) 2월 16일(丙申)—운회의 번역을 명함.
> 세종 26년(1444) 2월 20일(庚子)—최만리의 반대 상소문.
> 세종 27년(1445) 1월—신숙주·성삼문 등이 운서를 질문하려고 요동에 유배된 유
>   학자 황찬에게 감.
> 세종 27년(1445) 4월—《용비어천가》(한문본) 제진製進.
> 세종 28년(1446) 3월—소헌왕후 승하.
> 세종 28년(1446) 丙寅—〈석보상절〉과 〈월인천강지곡〉, 즉 《월인석보》의 구권 간
>   판刊板 시작.
> 세종 28년(1446) 9월—〈해례본〉《훈민정음》완성.
> 세종 28년(1446) 10월—《월인석보》구권 간행(?), 권두에 훈민정음 〈언해본〉
>   부재.61)
> 세종 28년(1446) 11월—언문청諺文廳 설치.
> 세종 28년(1446) 12월—이과吏科와 취재取才에서 훈민정음을 부과함.
> 세종 29년(1447) 2월—《용비어천가》완성, 조국肇國 찬가讚歌의 언해.
> 세종 29년(1447) 4월—각종 취재에서 훈민정음 시험 강화.
> 세종 29년(1447) 7월—《석보상절》, 《월인천강지곡》을 별도로 간행.
> 세종 29년(1447) 9월—《동국정운》완성, 새 문자에 의한 한자음 정리 완성.
> 세종 29년(1447) 12월(?)—개성 불일사에서 《월인석보》구권의 옥책 간행.

---

61) 고 朴勝彬씨 소장으로 원본이라 주장했던 六堂文庫본 《훈민정음》은 바로 여기에
   부재됐던 것으로 추정된다. 이것이 실제로 신문자의 반포로 볼 수밖에 없는 것은
   다음 달인 세종 28년 12월에 실시된 吏科와 取才에서 훈민정음이 출제되었기 때문
   이다. 반포도 하지 않고 훈민정음을 공무원의 국가 채용 시험에 출제할 수는 없다.

세종 30년(1448) 10월--《동국정운》 보급.

문종 원년(AD. 1450) 10월—정음청正音廳 설치.

문종 2년(1452) 4월--《동국정운》 한자음에 의한 과거시험 실시.

단종 원년(1452) 12월--《동국정운》과 《예부운략》의 한자 운韻을 모두 과거에 사용하도록 함.

단종 3년(1455) 4월--《홍무정운역훈洪武正韻譯訓》 완성. 《홍무정운역훈》의 신숙주 서문에 "景泰六年仲春旣望--경태 6년(1455) 중춘(4월) 보름"을 참조. 새 문자에 의한 한자음의 정음正音 완성.

세조 4년(1458)--최항崔恒 등의 《초학자회初學字會》 편찬. 〈언문자모〉 첨부.

세조 5년(1459) 7월--《월인석보》 신편 간행. 권두에 〈언해본〉 〈세종어제훈민정음〉 게재.

세조 7년(1461)--간경도감刊經都監 설치.

세조 8년(1462) 6월--과거시험에 홍무운洪武韻을 예부운禮部韻과 함께 쓰게 함.

6.4.3.2 특히 졸고(2013c)에서는 세종의 둘째 따님인 정의공주가 구결口訣의 '변음토착變音吐着'을 새 문자로 대체하여 해결함으로써 단순한 한자음 표기에서 벗어나 이 문자로 우리말 표기를 시도하기 시작하였다고 보았다.

그리하여 수양대군과 신미, 김수온에게 명하여 자신이 발명한 새 문자로 우리말과 동국정운식 한자음 표기를 시험하게 하였는데, 이들은 《증수석가보增修釋迦譜》를 우리말로 언해하여 《석보상절釋譜詳節》을 저술하면서 훈민정음으로 우리말 표기가 가능함을 세종에게 보여주었다. 이를 보고 세종은 스스로 이 문자 사용의 가능성을 확인하였으니 이것이 바로 세종이 직접 찬술한 《월인천강지곡》이라는 것이다.

졸고(2013c)에서는 《석보상절》과 《월인천강지곡》은 원고인 채로 두고 이 둘을 합편하여 《월인석보》를 간행하면서 새 문자의 공표를 대신하는 훈민정음 〈언해본〉을 권두에 부록으로 첨부하여 세종 28년 10월경에 간행하였다고 주장하였다.[62] 즉, 세조 때의 {신편}《월인석보》에는 '세종어제훈민정음'이었던 것이 《월석》의 구권에서는 세종의 생존 시임으로 '훈민정음'만으로 제목을 삼아 권두에 부재한 것으로 본 것이다. 현재 이 '훈민정음'이란 제목의 〈언해본〉이 《훈민정음》이란 서명의 단행본으로 고려대 도서관의 육당六堂문고에 소장되었다.

따라서 《월인석보》가 먼저 간행되고 나서 나중에 원고인 채로 두었던 《석보상절》과 《월인천강지곡》을 승하昇遐하신 소헌왕후昭憲王后의 추천追薦을 위한 불사佛事로 세종 29년 7월에 간행한 것으로 보아야 그동안 이 불서佛書들의 간행에 엉킨 여러 의문들을 해소할 수 있다고 보았다(졸고, 2014a). 왜냐하면 《월석》이 왕후王后의 사후에 이것을 준비하여 편찬하였다고 보기에는 내용이 너무 방대하여 도저히 이 기간에 간행될 수 없다고 보기 때문이다.

6.4.3.3 한글의 창제와 그 반포에 대하여는 많은 연구가 있다. 그러나 아직도 분명하게 어떻게 이를 제정하였고 또 언제 이것을 반포하였는지 알려지지 않고 있다. 그것은 파스파 문자처럼 사서史書에 황제의 조령詔令으로 새 문자의 반포를 명한 기사가 조선왕조의 어떤 기록에도 남아 있지 않기 때문이다. 다만 〈해례본〉의 완성을 알리는 기사만이 《세종실록》에 있을 뿐이다. 《월인석보》와 같은 불서에 대한 것은 유신儒臣들이 주관하여 편찬하는 실록에는 실리지 않았던 것으로 보인다.

새 문자를 제정하고 이를 정식으로 반포하지 못한 것은 말할 것도 없이 중국 명明의 눈치를 보았기 때문이다. 명나라는 위에서 언급한 대로는 원대元代 파스파 문자의 제정을 한자문화에 대한 중대한 위협으로 보고 원을 멸망시킨 다음에는 이를 철저하게 파괴하였으며 이 문

---

62) 졸고(2006a,b)에서 《월석》의 구권이 세종 30년에 간행되었고 여기에 〈언해본〉이 附載된 것으로 본 것을 이 기회에 바로 잡는다.

자로 쓰인 모든 문서를 없애는 정책을 강력하게 추진하였다. 이런 와
중에 조선의 새 문자 창제를 탐탁하게 볼 리가 없으며 최만리崔萬理
반대상소문에서 보여준 것처럼 한자문화에 물든 유신儒臣들도 이 문자
의 제정을 반대하였다.

따라서 세종은 가족들과 불가佛家의 학승學僧들을 중심으로 새 문
자의 제정을 논의하였고 유신들은 되도록 배제하였다. 다만 세종을 따
르는 집현전集賢殿의 젊은 학자들은 이 문자가 한자 학습에 도움이 되
는 것을 알게 되어 문자 제정의 마지막 단계에 참여하게 된다. 특히
한자의 정正, 속음俗音을 구별하기 위하여 요동遼東에 유배流配 온 중
국의 유학자 황찬黃瓚을 여러 번 찾아간 신숙주, 성삼문 등의 젊은 유
생들은 이 표음문자가 한자의 학습이나 한자음의 정리의 발음기호로
매우 유용함을 깨닫고 있었다.[63]

초기에 세종이 가족들과 불가의 승려들의 도움으로 이 문자를 제정
하고 《월인석보》라는 불서에 훈민정음의 〈언해본〉을 첨부하여 간행함
으로써 반포를 대신한 것도 이런 사정 때문인 것으로 본다. 또 유신들
이 배제된 새 문자의 제정에 관한 기사가 그들이 주도하는 실록과 문
집 등에 실릴 이유가 없었을 것이다. 이와 같은 새 문자 제정 당시의
여러 정황으로 이 문자의 앞날이 순탄치 않을 것임을 예견하게 된다.

새 문자는 훈민정음訓民正音처럼 동국정운식 한자음을 표기하는 발
음기호였거나 한어漢語 학습에서 한자 표준음의 발음을 기록하는 정음
正音이었다. 우리말과 우리 한자음을 표기할 때는 언문諺文이었으니 조
선시대에 국가의 정문正文은 한자로 쓴 이문吏文이어서 '훈민정음'이란

---

63) 그들이 黃瓚을 찾아 遼東에 간 회수는 12번이나 13번으로 기록되었다. 이들이 여
러 번 그를 찾아간 것은 한자음의 정확한 발음을 듣기 위한 것인데, 황찬이 돌아갔
다가 다시 온 신숙주와 성삼문에게 그 발음을 확인하기 위하여 먼저 발음을 질문
하였는데 두 사람의 답변이 정확함을 칭찬하며 무릎을 쳤다는 기사가 실록에서 발
견된다. 이 두 사람은 모두 훈민정음으로 그 발음을 적어서 기억한 것으로 보인다.

이름의 새 문자는 언제나 한자의 보조 문자였을 뿐이었다.[64]

6.4.3.4 새 문자가 제정되고 불과 100년도 안 된 시기에 한글로 된 비문碑文과 언간諺簡들이 있어 이 문자의 사용이 급속도로 퍼져나갔음을 알게 한다. 한글로 된 비문으로 지금까지 알려진 가장 이른 시기의 것은 서울시 노원구 하계동에 세워진 한글 비석碑石으로 중종 31년(1536)에 이문건李文楗이 부친 이윤탁李允濯과 모친 고령 신씨申氏를 합장한 묘 앞에 세운 영비靈碑다.[65]

또한 졸고(2003b:89~98)에 의하여 소개된 파평坡平 윤尹씨 모자母子 미라에서 발굴된 언간諺簡은 이 미라의 매장 연대가 1566년으로 확인되어 이때에 이미 한글은 널리 이용되고 있음을 확인할 수 있다.[66] 이 언간은 1555년을 전후한 순천順天 김金씨의 언간과 1571년부터 1593년까지의 송강松江 정철鄭澈 가家의 언간들과 어깨를 나란히 하는 초기 언간들이다. 이를 통하여 새 문자가 제정된 지 불과 1세기가 지난 16세기에는 새 문자가 여항閻巷에서 널리 사용되었음을 알 수 있다.

조선시대의 실용문을 상용하는 사람들은 양반 사대부의 유생儒生들이 아니라 서리胥吏나 상인商人과 같은 상민常民들이었고 이들은 이문吏文이나 이두吏讀에 익숙하였다. 그리고 여자들도 상민들의 아동들도 마찬가지로 한문보다는 언문諺文을 사용하였다.[67] 그렇다면 상민들은

---

64) 조선시대의 국가의 正文은 吏文이었다. 《受教輯錄》(1698) 〈戶部〉 '徵債' 조에 "出債成文, … 諺文及無證筆者, 勿許聽理."이라 하여 언문으로 쓴 것, 증인이 없거나 쓴 사람이 분명하지 않은 경우에는 債券의 효력을 인정하지 않았고 오로지 吏文으로 쓴 것만이 효력을 얻었음을 알 수 있다.

65) 이 책을 집필하고 있는 노원구 하계동의 佛岩齋는 이 한글 영비가 내려다보인다.

66) 이 미라에서 수습한 옷깃에 "丙寅閏十月"이란 墨書로 조선 明宗 21년(丙寅, 1566)임을 확인할 수 있었다.

67) 헨드릭 하멜(Hendrik Hamel)의 《하멜 표류기》(원제: 《야하트 선 데 스페르베르호의 생존 선원들이 코레 왕국의 지배하에 있던 켈파르트 섬에서 1653년 8월 16일 난파당한 후 1666년 9월 14일 그중 8명이 일본의 나가사키로 탈출할 때까지 겪었

어떻게 새 문자를 배웠을까?

어려운 한문과 성리학性理學 및 성운학聲韻學의 난삽難澁한 이론으로 설명된 훈민정음의 〈해례본〉은 물론이고 〈언해본〉으로도 배우기 쉽지 않다. 예를 들면 〈언해본〉에서는 아음牙音 전탁全濁의 글자 'ㄲ'에 대하여 "虯字初發聲 - 규虯자의 처음 펴아 나는 소리"와 "ㅂ 彆字初發聲 - ㅂ은 별彆자의 처음 펴아 나는 소리"란 설명에 등장하는 '虯, 彆'자가 자주 쓰는 한자가 아니라 벽자僻字여서 이 한자의 발음을 통하여 이 글자의 음가를 배우기 어렵다.

6.4.3.5 그렇다면 어떻게 이들은 한글을 배웠을까? 그 해답은 《훈몽자회訓蒙字會》의 권두에 첨부된 〈언문자모諺文字母〉에서 찾을 수 있다.

우선 《훈몽자회》의 〈언문자모〉 {俗所謂反切二十七字}는 제4장 4.5.3.1에서 〈사진 4-4〉로 제시하였다.

앞의 〈사진 4-4〉에서 보이는 바와 같이 졸고(2019a)에서 정의공주가 저술한 것으로 본 〈언문자모〉에서는 "ㄱ 기역其役, ㄴ 니은尼隱, ㄷ 디귿池*末, ㄹ 리을梨乙, ㅁ 미음眉音, ㅂ 비읍非邑, ㅅ 시옷時*衣, ㅇ 이응異凝'으로 설명되었다. 여기서 *末말과 *衣의는 원圓문자로 써서 석독하여 '귿 〉 끝'과 '옷'으로 읽으라고 한 것이다.

그리고 중성의 11자는 'ㅏ 阿, ㅑ 也, ㅓ 於, ㅕ 余, ㅗ 吾, ㅛ 要, ㅜ 牛, ㅠ 由, ㅡ *應, ㅣ *伊. ·*思'와 같이 한자로 그 음가를 표시하였다. 여기서 '*應'은 "不用終聲 - 종성을 쓰지 않음", '*思'는 "不用初聲 - 초성을 쓰지 않음", '*伊'는 "只用中聲 - 단지 중성만 씀"이라 하여

던 일 및 조선 백성의 관습과 국토의 상황에 관해서》)에는 당시 조선의 문자생활을 양반은 漢文을, 中人들은 吏文을, 그리고 常民들은 諺文을 사용했다고 하여 문자의 사용이 계층에 따라 달랐음을 증언한다.

'으, ㅇ, 이'를 비롯한 11개 중성의 음가를 한자로 표시하였다. 초성과 중성의 표음한자는 모두 널리 알려진 한자들이다.

거기다가 이들을 합자하는 방법을 "其[ㄱ] + 阿[ㅏ] = 家[가], 家[가] + 役[종성 ㄱ] = 各[각]"으로 설명하여 한자음만 알면 누구나 쉽게 새 문자를 익힐 수 있도록 하였다. 이러한 설명은 각 문자의 초성과 종성, 그리고 중성에서의 음가를 명확하게 알 수 있게 한 것이며, 이 설명에 동원된 한자는 모두 이두吏讀와 구결口訣, 이문吏文에서 자주 쓰는 상용한자여서 모두에게 익숙하였다. 따라서 〈언문자모〉를 통하여 쉽게 표음적인 새 문자의 음가를 알 수 있어서 이것은 새 문자 보급에 지대한 공헌을 했다고 보아야 한다.

6.4.3.6 그렇다면 〈언문자모〉는 누구의 소작인가? 《훈몽자회》에 소재되었으니 최세진의 저작으로 보지만 실제로 최세진은 /ㅇ/과 /ㅇ/을 엄격하게 구별하므로 이를 동일하게 보는 '이음異凝'은 인정하지 않았다 (이기문, 1963:84~85). 따라서 학계에서는 〈언문자모〉를 그의 소작으로 보지 않는다.

졸고(2013c)에서는 〈언문자모〉가 '변음토착變音吐着'을 해결한 정의 공주의 소작으로 보았다.[68] 그것은 졸저(2015)에서 《죽산안씨대동보竹山安氏大同譜》 '정의공주유사貞懿公主遺事'조에 "世宗憫方言不能以文字相通, 始製訓民正音。而變音吐着猶未畢究, 使諸大君解之, 皆未能遂下于公主, 公主卽解究以進, 世宗大加稱賞, 特賜奴婢數百口。- 세종이 우리말(方言은 이런 의미로 쓰였음)이 문자로 〔중국과〕 상통하지 못하는 것을 걱정하여 훈민정음을 제정하기 시작하였다. 그러나 발음을 바꾸어 토를 다는

---

68) 조선 후기 李遇駿의 《夢遊野談》 〈創造文字〉조에 "我國諺書, 卽世宗朝延昌公主所製也"라 하여 諺書, 즉 諺文은 延昌공주가 지은 것이라고 하였다. 이우준은 조선 純祖 때 사람이다. 여기서 '諺文'은 〈諺文字母〉를 말하는 것이 아닌가 한다.

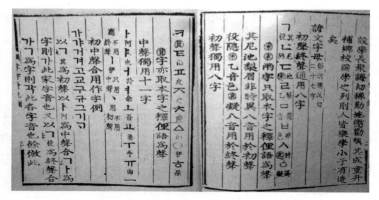

〈사진 **6-5**〉《훈몽자회》의 〈언문자모〉(叡山본)

〔變音吐着〕것에 대하여 아직 연구가 끝나지 못해서 여러 대군大君들을 시켜〔이 문제를〕풀게 하였으나 모두 미치지 못하고 공주에게 내려 보냈다. 공주가 즉시 이를 해결하여 바치니 세종이 크게 칭찬하고 특별히 노비 수백 명을 내려주었다."(죽산안씨대종회 편, 1999, 《竹山安氏大同譜》권5 pp. 88~89)라는 기사에서 연창延昌공주, 즉 정의공주가 '변음토착'의 난제를 해결한 것이라 하였다.

그러나 이 문제만을 해결하여 노비를 내렸다고는 보기 어렵고 졸고 (2019a)에서는 〈언문자모〉자체를 정의공주가 제작한 것으로 보았다.[69]

---

69) 《竹山安氏大同譜》의 '變音吐着'에 대한 기사는 이가원(1994)에서 처음 논의되었다. 그러나 이 기사에 대하여 〈대동보〉에 존재하지 않다고 보거나 '변음토착'이 무엇인지 알 수 없다는 등의 이유를 들어 이 사실을 믿을 수 없고 나아가서 이가원 (1994)에서 捏造된 것이라 하였다(안병희, 2007). 필자는 竹山安氏大宗會에서 간행한 〈大同譜〉에서 이 기사를 찾아서 인용하였다. 이 〈대동보〉는 英祖 20년(1744)에 죽산 안씨의 각 系派에 전해지는 문헌을 정리하여 목판본 1책으로 간행한 것이〈대동보〉로서는 가장 오래된 것이라고 한다. 영조 24년(1748)에 증보하여 2책을 간행하고 이후 1803년, 1805년, 1893년, 1922년, 1930년, 1949년, 1960년, 1965년, 1976년, 1988년에 각기 修補한 것을 모아 1999년에 이를 다시 5권 5책으로 간행하였다. 필자가 참고한 1999년의 〈대동보〉는 그동안 竹山 안씨의 각 系派에 전해오는 口傳 야담과 문헌 기록을 모두 망라하여 편찬하였다고 한다. 이가원(1994)은 1992년에 竹山 안씨 延昌尉 派에서 派譜 편찬을 기획했을 때에 '貞懿公主遺事'를 발견하여 논문을 작성한 것으로 보인다. 결코 날조하거나 없는 사실을 근거로 한 것은 아니다.

'변음토착'이란 "발음을 바꿔서 토를 달다"의 이두식 표기이며 'ᄒ고(爲古), 이라(是羅)'에서 'ᄒ(爲), 이(是)'와 '이다(是如)'와 같은 구결 토에서 한자를 석독하여 실제 발음과 다르게 토를 단 경우를 말한다. 한자를 능숙하게 구사하는 사람들에게는 매우 괴로운 표기방법이다. 따라서 변음토착의 해결은 매우 중요한 사건이 아닐 수 없다.

《훈몽자회》는 저자인 최세진崔世珍의 성향으로 보아 세조 때에 간행된 《초학자회初學字會》를 기반으로 하여 편찬한 것으로 보인다. 최세진은 《사성통고四聲通攷》를 모방하여 《사성통해四聲通解》를 편찬하였고 《홍무정운역훈洪武正韻譯訓》에서 《속첨홍무정운역훈續添洪武正韻譯訓》을 편찬하여 간행하였다. 이러한 그가 '사성통고범례四聲通攷凡例'를 《사성통해》의 권두에 옮겨 실은 것처럼 《훈몽자회》의 〈언문자모〉도 《초학자회》의 것을 옮겨 온 것으로 볼 수 있다. 세조 4년에 최항崔沆 등이 편찬한 《초학자회》에는 정의공주의 〈언문자모〉를 권두에 첨부하였을 것이고 최세진은 이를 《훈몽자회》에 전재한 것으로 보는 것이 타당하다.

6.4.3.7 세종이 새로 만드신 문자는 훈민정음이라는 이름으로 불렸다. 그것은 우리 한자음이 중국의 통용 한자음과 너무나 다르기 때문에 이를 개정하여 동국정운식 한자음을 인공적으로 만들고 그것을 백성들에게 가르쳐야 하는 발음으로 보아 여기에 동원된 발음기호라는 의미로 훈민정음(百姓 ᄀᆞᄅ치시논 正ᄒᆞᆫ 소리 -〈세종어제훈민정음〉의 '訓民正音'에 대한 협주)이란 이름을 붙인 것으로 필자는 주장하였다.

중국에서 한자음의 정正, 속음俗音의 구별은 매우 중요하였다. 중국의 표준 한자음으로 과거시험에 통용되는 한자음, 즉 정음正音을 표음하는데도 이 문자가 사용되었는데 이때에는 물론 정음正音이란 이름으로 불렸다. {신편}《월인석보》의 권두에 첨부된 〈세종어제훈민정음〉이나 {구권}《월인석보》에 첨부되었을 〈훈민정음〉의 판심서명이 '정음正音'인 것은 훈민정음의 〈언해본〉에서 동국정운식 한자음만이 아니라 한음漢音의 정음正音 표기에도 사용된 문자임을 암시적으로 말하고 있다.

그러나 우리 한자음과 우리말 표기에 동원된 새 문자는 언문諺文, 또는 언서諺書였고 이것이 문자 명칭이다. '언문諺文'은 '한문漢文'에 대한 겸양으로 보아야 할 것이다. 그러나 언문이 우리 문자를 폄하한다고 보아 이를 '국문國文'으로 바꾼 것은 대한제국 시대(1897~1910)의 일이다. 하지만 불과 13년 후에 일제의 침탈에 의하여 나라를 빼앗기고 다시 국문國文은 언문諺文이 되었다. 조선 광복 이후에 다시 나라의 정문正文이 된 국문은 한글로 그 명칭이 남한에서 바뀌게 된다.

5. 마무리

6.5.0 이 장은 세종의 한글 창제에 대하여 기존의 연구를 전면적으로 비판하고 전혀 새로운 주장을 펼친 졸저 《한글의 발명》(2015)에 대하여 부연 설명한 것이다. 그동안 우리 학계에서는 문자의 명칭과 글자 제정의 배경, 그리고 그에 대한 이론적 뒷받침에 대하여 많은 의문이 남아 있었다. 지금까지의 연구가 한글 제정 당시 우리 주면의 여러 민족의 언어와 문자에 대한 본격적인 고찰이 없이 국수주의적國粹主義的 입장에서 오로지 한글에 대한 예찬禮讚과 신성화神聖化로 일관하였기 때문이다.

6.5.1 이 장에서는 새 문자의 제정에 대한 배경으로 한자문화에 대항하는 중국 북방민족의 노력이 있었으며 이들이 오랜 세월에 걸쳐 표음

문자를 모색한 결실로 한글이 탄생한 것으로 보았다. 그들은 중국에 대한 사대로부터 자주의 패러다임으로 전환하고자 하는 부단한 움직임의 결실이 새로운 문자의 제정으로 나타났다는 것이다.

특히 중국에서 왕조의 변천에 따른 표준어의 변화와 그에 따라 새로 공용어로 등장한 한어漢語 교육의 필요성이 이와 같은 새로운 문자의 제정을 가져온 것이라고 주장하였다. 즉, 몽골의 원元나라가 북경北京에 도읍하면서 새로운 중국어로 한아언어漢兒言語가 등장하였다. 이 언어가 제국帝國의 공용어가 되면서 한자 발음은 우리 한자음과 중국의 한음漢音이 매우 차이가 나게 되었고 세종은 우리 한자음을 고쳐서 중국의 한음에 맞추려고 하였다.

이것이 동국정운식 한자음이고 이 한자음을 백성들에게 가르쳐야 하는 바른 소리로 보아 훈민정음訓民正音이란 명칭을 얻게 된다. 그리고 중국 한자음의 정正, 속음俗音을 구별할 때에 표준적인 정음을 표기할 때에는 정음正音으로도 불리었다. 훈민정음이든 정음이든 문자라기보다는 모두 발음기호의 성격을 가진 표음문자이었다.

6.5.2 그러다가 한문에 붙이는 조사助詞와 어미語尾의 구결口訣 토吐를 달 때에 장애물이었던 변음토착變音吐着을 이 문자로 해결한 다음 훈민정음으로 우리말의 전면적 표기로 나아갔다. 그때에 시금석試金石이 된 것이 《석보상절》과 《월인천강지곡》이었으며 이를 통하여 새 문자의 우리말 표기를 시험하였다. 이 두 불서佛書를 합편하여 《월인석보》란 이름으로 간행하였다.

그리고 세종의 생존 시에 세상에 나온 {구권}《월인석보》에 '훈민정음'이란 제목의 언해본을 첨부하여 반포에 대신하였다. 세종 28년 10월로 보이는 《월인석보》의 간행과 새 문자의 공표는 그해의 12월에 실시되는 하급관리의 선발인 이과吏科와 취재取才에서 훈민정음의 출제로

이어진다. 비로소 공식적인 나라의 글자가 되었으며 이때에 언문諺文이
란 문자 명칭을 얻게 되었다.

6.5.3 한글은 중국의 북방민족들이 오랫동안 한자문화에 저항하며 자
신들의 언어를 기록할 수 있는 표음적인 문자의 모색에서 얻어진 결과
로 보아야 한다. 세종대왕을 통하여 하늘에서 저절로 문자를 내려준
것이 아니다. 불가의 비가라론, 그리고 그의 음성 연구인 성명기론으로
부터 그 이론적 근거를 가져왔고, 특히 한글 제정 170여 년 전에 몽고
의 원元에서 제정한 파스파 문자로부터 많은 영향을 받았다. 다만 문
자의 자형字形만은 한글이 독특하며 당시 사용되던 여러 문자를 섭렵
涉歷하고 그 가운데 가장 이상적인 문자를 채택한 것으로 보인다.

　세종의 새 문자 제정에는 불가佛家의 학승學僧들의 도움이 많았다.
고려대장경 속에 포함된 고대인도의 비가라론은 우리 한자음의 음운을
분석하고 문자를 대응시키는 방법을 일깨워 주었다. 일찍이 비가라론의
이론서인 파니니의 《팔장》은 티베트의 서장 문자를 제정하는데 기반
이론이 되었고 후일 원대 파스파 문자의 제정에도 이론적 근거가 되었
다. 훈민정음의 글자 수효나 문자들을 아설순치후牙舌脣齒喉, 그리고
반설半舌, 반치半齒로 분류하고 배열하는 방법은《몽고자운》등의 몽운
蒙韻에서 영향을 받았으며 초, 중, 종성으로 구분하여 문자를 정리한
것도 몽운을 따른 것이다.

6.5.4 이 문자는 정식으로 반포되지 못하였고 대한제국大韓帝國 때까지
국가의 정문正文도 되지 못하였다. 그것은 한자문명의 회복을 외치며
몽골의 원元을 멸망시키고 새로운 이씨李氏 조선朝鮮에 대하여 나라를
세운 명明의 철저한 감시가 있었고 한자문화에 젖어있는 유신儒臣들의
반대가 크게 걸림돌이 되었다. 결국은 명明과 유생儒生들의 눈을 속이

기 위하여 불서佛書인《월인석보》의 권두에 첨부되어 간행됨으로써 문
자의 반포를 대신하였다. 그리고 새 국가의 건설과 더불어 자신들의
추종 세력에게 이 문자를 교육하여 시험하고 그들을 관리로 임명함으
로써 지배계급의 일신을 도모하는 북방민족의 전통을 따른 것으로 볼
수 있다.

6.5.5 한글 제정에 대한 이와 같은 주장은 그동안 그런 연구가 없었거
나 알면서도 발표하지 못했던 사실이다. 한글은 위대한 것이며 우리
민족의 자랑이라는 국수주의적 생각만을 내세우는 사람들은 이러한 연
구를 의도적으로 방해하고 비방하였다.

　　그러나 한글에 대한 이러한 연구가 결코 이 문자의 우수성이나 민
족의 긍지를 훼손毁損한다고 생각하지 않는다. 오히려 이를 숨기고 억
지 주장을 하는 것이 국제적인 문자연구자들에게 치소恥笑를 받게 될
것임을 깨닫기 바란다.

참고문헌

1. 국내 논저: 저자의 가다나순

강신항(1984), "世宗朝의 語文政策",《世宗文化研究》II, 韓國精神文化研究院, 서울.
_____(1987),《訓民正音 研究》, 成均館大學校 出版部, 서울.
김동소(1998),《한국어 변천사》, 형설출판사, 대구.
金敏洙(1955a), "한글 頒布의 時期－세종 25년 12월을 주장함－,"《국어국문학》(국어
    국문학회), 제14호, pp. 57~69.
김민수(1990),《신국어학사》(全訂重版), 一潮閣, 서울.
김완진(1963), "國語母音體系의 新考察,"《震檀學報》(震檀學會) 제24호 pp. 63~ 99, 이 논문은
    김완진(1971)에 재록됨.
_____(1971),《國語音韻體系의 研究》, 一潮閣, 서울.
_____(1975), "訓民正音 子音字와 加劃의 原理,"《語文研究》(한국어문교육연구회), 7.8호.
    pp.186~194. 이 논문은 김완진(1996) pp.346~357에 재록되었음.
_____(1978), "母音體系와 母音調和에 대한 反省,"《어학연구》 14－2호, pp.127~139.
_____(1983), "훈민정음 제자 경위에 대한 새 고찰."《김철준박사회갑기념사학논총》(서울 :
    지식산업사). 이 논문은 김완진(1996) pp.358~376에 재록되었음.
_____(1984), "훈민정음 창제와 관한 연구,"《韓國文化》 5, pp.1~19. 이 논문은 김완진(1996)
    pp.377~399 재록되었음.
_____(1996),《음운과 문자》, 신구문화사, 서울.
김완진 외 2인(1997), 金完鎭. 鄭光.張素媛:《國語學史》, 韓國放送大學校 出版部, 서울.
김정배•유재신 편(2000),《중국 연변대학 한인 교수들이 쓴 발해국사》(1), 정음사, 서울.
김주원(2016), "세계 여러 문자의 모음 표기 양상과 훈민정음의 모음자,"《국어학》(국어
    학회), 제80호, pp. 77~108.
김진우(1988),《言語 小典(Sojourns in Language)》I. II, 탑출판사, 서울.
남풍현(1999),《國語史를 위한 口訣研究》, 太學社, 서울.
성법(2005), 性法,《사십이장경(성법역해)》, 정우서적, 서울.
송기중(2016), "서평 정광 저《몽고자운 연구》,"《알타이학보》, 제26호, pp. 157~180.

안병희(1994), "〈月印釋譜〉의 編刊과 異本," 震檀學會編《韓國古典 심포지엄》, 제4집, 서울: 一潮閣.

_____(2007), 《訓民正音 研究》, 서울: 서울대학교 출판부.

유창균(1966), 《東國正韻研究(연구편)》, 螢雪出版社, 서울.

_____(1973), 《較定 蒙古韻略》, 成文出版社, 台北

_____(1978), 《蒙古韻略과 四聲通解의 研究》, 螢雪출판사, 서울.

_____(2008), 《蒙古韻略》과 《東國正韻》, 《訓民正音과 파스파 文字 국제 학술 Workshop》(주최: 한국학 중앙연구원 주최, 일시: 2008년 11월 18일~19일, 장소: 한국학 중앙연구원 대강당 2층 세미나실, Proceedings) pp. 101~110.

이기문(1961), 《國語史概說》民衆書館, 서울.

_____(1963), A Genetic View on Japanese. 《朝鮮學報》(일본 朝鮮學會) 27, pp. 94~105.

_____(1964), Materials of the Koguryo Language. Bulletin of the Korean Research Center: Journal of Social Sciences and Humanities 20: pp. 11~20.

_____(1967), "韓國語形成史," 《韓國文化史大系 V》, 〈언어문학사〉(상) pp. 19~112.

_____(1968), "모음조화와 모음체계," 《이숭녕선생송수기념논총》, 을유문화사., 서울.

_____(1972a), 《國語音韻史 研究》, 韓國文化研究院, 서울.

_____1972b), 《改訂 國語史概說》, 民衆書館, 서울.

_____(1976), "최근의 訓民正音研究에서 提起된 몇 問題," 《震檀學報》(震檀學會), 42호, pp. 187~190.

_____(1983), 《韓國語の形成》, 成功書房, 東京 이기문(1967)의 일본어판.

_____(1998), 《新訂版 國語史概說》, 태학사, 서울.

_____(2008), "訓民正音 創制에 대한 再照明," 《韓國語研究》 제5호, pp.5~45.

이기문•김진우•이상억(2000), 《개정증보판 국어음운론》, 학연사, 서울.

이동림(1970), 《東國正韻研究》, 東國大學校 大學院, 서울.

_____(1974a), "訓民正音創製經緯에 對하여 - 諺文字母 27字는 最初原案이다-"《국어국문학과 논문집》(동국대학교), 제20호 pp. 1~15.

_____(1974b), "訓民正音創製經緯에 對하여 - 俗所謂 反切二十七字와 相關해서 - ," 《국어국문학》(국어국문학회), 제64호, pp. 59~62.

이숭녕(1949), 《朝鮮語音韻論研究》, 乙酉文化社, 서울.

_____(1965), "崔世珍 研究," 《亞細亞學報》 제1집.

_____(1981), 《世宗大王의 學問과 思想》, 亞細亞文化社, 서울.

이영훈(2018), 《세종은 과연 성군인가》, 백년동안, 서울.

이종학 외(1999), 李鍾學•李道學•鄭壽岩•朴燦圭•池炳穆•金賢淑, 《廣開土王碑文의 新研究》, 서라벌군사연구소, 경주.

임홍빈(2006), "한글은 누가 만들었나: 한글 창제자와 훈민정음 대표자,:《국어학논총》(이병 근선생 퇴임기념), 태학사, pp. 1347~1395.

_____(2008), "訓民正音의 몇 가지 問題," 한국학중앙연구원 主催 '八思巴文字와 訓民正音' 國際學術會議 자료집.

_____(2012), 千田俊太郎 譯 "訓民正音創製者と音價表示の代表字に関する問題,"《朝鮮學報》, 제222집, 뒤에서 1~51.

_____(2013), "正音 創制와 관련된 몇 가지 問題," 훈민정음학회:《2013년 훈민정음학회 제2회 전국학술대회 발표논문집》, pp.1~39, 일시: 2013년 5월 11일, 장소: 서울대학교 규장각국학연구소 지하 강당.

장동익(2000), 張東翼,《宋代歷史資料集錄》, 서울大出版部, 서울.

정광·양오진·남권희(1999), 〈元代 漢語〈老乞大〉-신발굴 역학서 자료〈구본노걸대〉의 한어를 중심으로-〉,《국어학》(국어학회), 제33호, pp. 3~68.

정광·이택선(2014), 〈조선전기 중국 귀화인(歸化人)들의 역할-언어 표준의 변화와 외교 표준 영역에서의 활동을 중심으로 -〉, 國際譯書學會 第6次 北京國際學術會議(日時: 2014년 3월 15일, 場所: 中國 北京, 北京大學).

정명호(2013), "월인석보 옥책의 감정서," 2013년 11월 9일에 감정한 소견서, 소장자로부터 전달받았음.

_____(2019); "正統12年 佛日寺의 月印釋譜 玉冊 工藝에 대한 考察," 백봉정치문화연구원 하계심포지엄(주제: 불교유물의 감정과 문제점, 일시: 2019년 6월 4일 10:00~13:00시, 장소: 국회 의원회관 제1회의실) 발표 예고집 pp.18~25,

졸고(1974), "飜譯老乞大朴通事의 中國語音 표기연구 -四聲通解 歌韻內 諸字의 中聲表記를 중심으로-,"《국어국문학》(국어국문학회), 제64호, 1~26.

___(1975), "韓國詩歌의 韻律研究試論,"《應用言語學》(서울대어학연구소), vol.7-2, pp. 151~166.

___(1991), "倭學書《伊路波》에 대하여," 서울대학교 대학원 국어연구회 편《國語學의 새로운 認識과 展開》(金完鎭先生華甲紀念論叢), 서울: 민음사, pp. 142~161.

___(1999), "元代漢語の〈舊本老乞大〉,"《中國語學研究 開篇》(早稻田大學 中國語學科), 제19호 pp. 1~23.

___(2002), "훈민정음 중성자의 음운대립,"《문법과 텍스트》(서울대학교 출판부) pp.31~46.

___(2003a), "韓半島에서 漢字의 受容과 借字表記의 變遷,"《口訣研究》(口訣學會), 제11호, pp. 53~86.

___(2003b), "朝鮮漢字音の成立と變遷", 日本 中國語學會 제53회 全國大會 심포지움 "漢字音研究の現在"主題發表, 2003년 10月25日 日本 早稻田大學 大隈講堂.

___(2003c), "坡平尹氏 母子미라 副葬 諺簡,"《坡平尹氏 母子미라 綜合研究》, 고려대학교 박물

관, 서울, pp. 87~98.

＿＿(2004a), "朝鮮時代的漢語教育与教材-以〈老乞大〉爲例-,"《國外漢語教學動態》(北京外國語大學), 總第5期, pp. 2-9.

＿＿(2004b), "从韩国语系统和文字使用中高句丽的语言与文字,"〈高句丽文化的历史价值〉-中韩学術讨论会-(主为:中国社会科学院, 承为:中国社会科学院 中国边疆史地研究中心, 場所: 北京 怡生园国际会议中心, 日時: 2004年 12月 21日~22日).

＿＿(2005), "고구려의 언어와 문자," Anamnesis(羅鍾一博士停年紀念論文集), pp. 3~21.

＿＿(2006a), "〈月印釋譜〉編刊에 대한 再考,"《역학서와 국어사 연구》(정광선생 퇴임기념논총), 태학사, 서울, pp. 379~398.

＿＿(2006b), "吏文과 漢吏文,"《口訣研究》(口訣學會) 16호 pp.27~69.

＿＿(2007), "고구려어 연구의 몇 문제,"《알타이학보》(한국알타이학회) 제17호 pp. 197~214.

＿＿(2008a), "〈蒙古字韻〉의 八思巴 문자와 訓民正音,"《제2차 한국어학회 국제학술대회 발표요지》(2008 '한글' 국제학술대회, 일시: 2008년 8월 16-17일, 장소: 고려대학교 인촌기념관) Session 1 '한글과 문자' pp. 10~26.

＿＿(2008b),《蒙古字韻》과 八思巴 文字-訓民正音 제정의 이해를 위하여-, 제1차 세계 속의 한국학 연구 국제학술토론회, 2008년 10월 25일-26일, 중국 북경중앙민족대학, 중국 중앙민족대학 한국학-조선학 연구중심 주최.

＿＿(2008c), "언어의 분기(divergence)와 통합(convergence), 서울대학교 대학원 국어연구회 편.《이숭녕, 현대국어학의 개척자》(심악 이숭녕 선생 탄신 100주년 기념논집), pp. 815-840.

＿＿(2009a), "訓民正音の字形の獨創性 -《蒙古字韻》のパスパ文字との比較を通して -(일문),"《朝鮮學報》(일본 朝鮮學會) 第211輯(平成21年4月刊), pp. 41~86.

＿＿(2009b), "훈민정음 中聲과 파스파 문자의 모음자,"《국어학》(국어학회), 제56호, pp.221~247.

＿＿(2009c), "국어학의 새 지평," 국어학회 창립 50주년 기념학술대회 기조강연, 일시: 2009년 12월 17~19일, 장소: 서강대 다산관국제회의실.

＿＿(2009d), "契丹 문자와 女眞字-渤海 문자 연구의 기초를 위하여-," 국제고려학회 블라디보스토크 국제워크숍(주제: 동아시아와 渤海의 역사 문화, 일시: 2010년 10월 5~6일, 장소 러시아 블라디보스토크 극동대학.

＿＿(2010a), "고구려의 언어와 한국어와의 친족관계(The Relationship of the Koguryŏ language to Korean),"《동북공정과 고구려(China's northeastern regional program and the historical identity of the ancient Koguryŏ kingdom)》(서울: 동북아역사재단), pp. 219~244.

＿＿(2010b), "거란.女眞文字と高麗の口訣字,"《日本文化研究》(동아시아일본학회), 第36輯, pp. 393~416, 이 논문은 國際ワークショップ〈漢字情報と漢文訓讀〉(日時: 2009年 8月 22

日(土) ~23日, 場所: 札幌市.北海道大學人文.社會科學總合敎育硏究棟 W408)에서 일본어로 발표한 것을 수정 보완한 것이다.

___(2011a), "훈민정음 초성 31자와 파스파자 32자모," 《譯學과 譯學書》(譯學書學會), 제2호, pp. 97~140.

___(2011b), "〈蒙古字韻〉喩母のパスパ母音字と訓民正音の中聲," 《東京大學言語學論集》(東京大學 言語學科) 제31호, pp. 1-20.

___(2012a), "《몽고자운》의 파스파 韻尾字와 훈민정음의 終聲," 《譯學과 譯學書》(譯學書學會), 제3호, pp. 5~34.

___(2012b), "元代漢吏文と朝鮮吏文," 《朝鮮學報》(일본朝鮮學會), 제224輯, pp. 1~46.

___(2012c), "고려본 〈龍龕手鏡〉에 대하여," 《국어국문학》(국어국문학회) 제161호 pp. 237~279.

___(2013a), On Polivanov's Study of the Genealogy of Korean: Focused on Polivanov's Life and Scholarship, IROKS (International Review of Korean Studies, Australia), Vol. 10, No.1, pp. 19~45.

___(2013b), "파스파 문자의 모음자와 훈민정음 중성의 모음조화," 도수희 외 : 《알타이어 속의 한국어, 한국어 속의 알타이어》(알타이학 시리즈 1), 서울: 역락 pp. 109~148.

___(2013c), "≪월인석보≫의 舊卷과 훈민정음의 언해본 - 正統 12년 佛日寺판 ≪월인석보≫ 옥책을 중심으로-," 《國語學》(國語學會), 제68호, pp. 3~49.

___(2014a), "세종의 한글 창제- 동아시아 제 민족의 문자 교류와 훈민정음의 제정을 중심으로 -," 《한국학연구》(고려대학교 한국학연구소). 제51호, pp. 5~50.

___(2014b), "朝鮮司譯院の倭學における仮名文字敎育 -バチカン圖書館所藏の〈伊呂波〉を中心に-," 《朝鮮學報》(일본 朝鮮學會, ISSN 0577-9766) 제231輯, pp. 35~87.

___(2015a), "高麗本《龍龕手鏡》について", 藤本幸夫(2015: 98~134).

___(2015b), "동북아 제언어의 한자 사용에 대하여," 정광 외 《한국어의 좌표 찾기》(서울: 역락). pp. 69~108.

___(2015c), "파스파 문자," 《한글과 동아시아의 문자》(한글박물관 2015년 연구보고서) pp. 197~257.

___(2016a), "毘伽羅論과 훈민정음 -파니니의 〈八章〉과 佛家의 聲明記論을 중심으로-," 《한국어사 연구》(국어사연구회) 제2호, pp. 113~179.

___(2016b), "反切考," 第8次 國際譯學書學會 國際學術大會 基調特講 要旨(주제: 譯學書 硏究의 現況과 課題, 일시: 2016년 7월 30일 ~ 31일, 장소: 일본 요코하마 鶴見대학), 豫稿集 《譯學書硏究の回顧と展望》, pp. 3~34.

___(2016c), "朝鮮半島における仏経玉册の刊行について," 《朝鮮學報》(일본朝鮮學會), 제238輯, pp.35~79.

____(2017a), "反切考,"《민족어문학》(민족어문학회), 제81호.

____(2017b), "訓民正音の中聲と欲母 － なぜハングルでは母音字に/ㅇ/を付けて書くのカ-", 第68回 朝鮮學大會 (場所: 東京早稲田大學, 日時: 2017년 10월 7~8일).

____(2018), "反切考 -〈俗所謂反切二十七字〉を解明するために -《中國語學 開篇》(東京 :好文出版), vol. 36 pp. 23~48, 졸고(2017a)의 일본어 번역본.

____(2019a), "信眉대사와 훈민정음,"《한국어사 연구》(국어사연구회), 제5호.

____(2019b), "훈민정음의 〈언해본〉, -고려대 도서관 육당문고 소장의〈훈민정음〉을 중심으로-," 제14차 ISKS 한국학 국제학술대회(일시: 2019년 8월 18~20일, 장소: 체코 프라하 카렐대학교, 주최: 국제고려학회) 발표.

졸역(2006),《고구려어 - 일본을 대륙과 연결시켜 주는 언어 -》, 고구려연구재단, 서울, Beckwith(2004)의 한국어 번역.

졸저(1988),《司譯院 倭學 研究》, 太學社, 서울.

____(1990),《朝鮮朝訳科試券研究》, 大東文化研究院(成均館大学校附設), 서울.

____(2002a), 鄭光主編 共同編者: 梁伍鎭, 鄭承惠:《原本老乞大》(解題.原文.原本影印.併音索引), 外語敎學与研究出版社, 北京.

____(2002b), 鄭承惠.梁伍鎭 共著:《吏學指南》, 太學社, 서울.

____(2004),《역주 原本老乞大》, 김영사, 서울, 수정판(졸저, 2010).

____(2006),《훈민정음의 사람들》, 제이앤씨, 서울.

____(2009),《蒙古字韻 研究》, 박문사, 서울, 중어번역본(2013, 民族出版社, 北京), 일어번역본(2015, 大倉 Info. 東京).

____(2010),《역주 원본 노걸대》, 박문사, 서울. 2004년 김영사 판본의 수정본.

____(2011),《삼국시대 한반도의 언어 연구》, 박문사, 서울 대한민국 학술원 우수도서.

____(2012),《훈민정음과 파스파 문자》, 도서출판 역락, 서울.

____(2014),《조선시대의 외국어 교육》, 김영사, 서울 2015년 대한민국 학술원 우수도서.

____(2015),《한글의 발명》, 김영사, 서울 2015년 문화관광체육부 세종도서 우수학술도서.

____(2017),《역학서의 세계》, 박문사, 서울.

____(2019),《증정 훈민정음의 사람들》, 박문사, 서울.

洪起文(1946),《正音發達史》上.下, 서울신문사 出版局, 서울.

홍윤표(2017a),《국어사자료강독》, 태학사, 서울.

____(2017b),《초학자회(初學字會)》, 국어사학회 월례발표회(일시: 2017년 3월 18일, 장소 국립한글 박물관) 발표요지.

406

2. 국외 논저

1) 저자의 일본어 오십음도순

石川謙•.石川松太郎(1967~74),《日本敎科書大系》, 第1~15, 講談社, 東京.

石川松太郎(1978),《藩校と寺子屋》, 敎育社, 東京.

遠藤光孝(1994), "《四聲通解》所據資料編纂過程,"《論集》(靑山學院大學) 제35호 pp.117~126.

小倉進平(1940),《增訂朝鮮語學史》, 東京: 刀江書院.

太田辰夫•佐藤晴彦(1996),《元版 孝經直解》, 汲古書院, 東京.

大矢透(1918),《音圖及手習詞歌考》, 大日本圖書株式會社, 東京.

尾崎雄二郎(1962), "大英博物館本 蒙古字韻 札記,"《人文》제8호, pp.162~180.

龜井 孝•河野六郎.千野榮一(1988),《言語學大辭典》, 第1卷〈世界言語編〉上, 三省堂, 東京.

河野六郎(1940), "東國正韻及び洪武正韻について,"《東洋學報》(일본 東洋文庫), 27권 4호.

河野六郎(1952), "弘治五年朝鮮版〈伊路波〉の諺文標記に就いて−朝鮮語史の立場から−,"《國語國
文》, 第21卷10號.

_____(1959), "再び東國正韻について,"《朝鮮學報》(일본 朝鮮學會) 제14호.

_____(1964~5), "朝鮮漢字音の硏究,"《朝鮮學報》(일본 朝鮮學會) 제31~35호.

河野六郎•千野榮一•西田龍雄(1989) 編,《言語學 大辭典》上.中.下, 三省堂, 東京.

_____(2001) 編,《言語學大辭典》別卷, 三省堂, 東京.

神原甚造(1925), "弘治五年 活字版朝鮮本〈伊路波〉い就いて,"《典籍之研究》第三號.

佐瀬戌實(1890),《日本教育史 上.下》, 文部省 總務局 圖書課, 東京.

同修訂版(1903) (全一册), 大日本圖書, 東京.

仲新•酒井豊(1973), 同校正版, 平凡社, 東京.

新村 出(1916), "國語及び朝鮮語の數詞について,"《芸文》7 : 2 - 4.

이 논문은《東方言語史叢考》, 岩波書店, 1927, pp. 1-30에 재수록.

高橋愛次(1974),《伊呂波歌考》, 三省堂, 東京.

內藤湖南(1907),《日本滿州交通略說》, 五山講演集, 東京.

中村雅之(1994), "パスパ文字漢語表記から見た中期モンゴル語の音聲",《KOTONOHA》제 1 호
pp.1~4.

_____(2003), "四聲通解に引く蒙古韻略について,"《KOTONOHA》, 제9호 pp.1~4.

中村雅之(2003), "四聲通解に引く蒙古韻略について,"《KOTONOHA》, 제9호 pp.1~4.

西田竜雄(1987), "チベット語の変遷と文字", 長野泰彦.立川武藏 編:《チベットの言語と文化》,
冬樹社, 東京.

西田龍雄 編(1981), 講座 言語 第5卷《世界の文字》, 大修館書店, 東京.

文部省(1910),《日本教育史》, 弘道館, 東京.

橋本進吉(1949),《文字及び仮名遣の研究》, 岩波書店, 東京.

花登正宏(1973), "〈古今韻會擧要〉反切考 ─ とくに反切上字について─,"《東方學》(東方學會) 第58輯, pp. 93~112.

_____(1983), "〈禮部韻略七音三十六母通攷〉 聲母攷,"《伊地智善繼, 辻本春彦兩教授退官紀念 中國語學文學論集》東方書店, 東京. pp. 259~277.

_____(1997),《古今韻會擧要研究─中國近世音韻史の一側面─》, 汲古書院, 東京.

浜田敦(1952), 弘治五年 朝鮮板〈伊路波ʼ 諺文大音考─國語史の立場から─,《國語國文》 第21卷 第10號, 이것은 浜田敦(1970)에 再錄됨.

_____(1970), 朝鮮資料による日本語研究, 岩波書店 東京.

服部四郎(1946),《元朝秘史の蒙古語を表はす漢字の研究》, 龍文書局, 東京.

_____(1984), パクパ字(八思巴字)について ──特にｅの字と ė の字に関して(一) ─On the hPhags-pa Script ─ Especially Concerning the Lette e and ė ─(1),《月刊言語》13-7, pp. 100~104, 服部四郎(1993:216~223)에서 인용.

_____(1986~1989),《服部四郎論文集 I. II. III》, 東京: 三省堂.

_____(1993),《服部四郎論文集》, 三省堂, 東京.

久木幸男(1968), 大學寮と古代儒教─日本古代教育史研究, サイマル出版社, 東京文部省(1910), 日本教育史, 弘道館, 東京.

藤本幸夫(2015),《龍龕手鏡(鑑)研究》, 麗澤大學出版會, 東京.

村山七郎(1962), "高句麗語資料および若干の日本語と高句麗語音韻對應,"《言語研究》(日本言語 學會) NO. 42 pp. 66~72.

_____(1963), "高句麗語と朝鮮語との關係に關する考察,"《朝鮮學報》(朝鮮學會) No. 26, pp. 25~34.

_____(1966), "言語學的に見た日本文化の起源,"《民俗學研究》 No. 30~4, pp. 301~310.

_____(1978),《日本語系統の研究》, 大修館, 東京.

_____(1985), "監修者前書き,"《韓國語の系統》(金芳漢), 三一書房, 東京.

吉池孝一(2004), "跋蒙古字韻 譯註,"《KOTONOHANA》(古代文字資料館) 22号 pp. 13~16.

_____(2005), "パスパ文字の字母表,"《KOTONOHANA》(古代文字資料館) 37号 pp. 9~10.

_____(2008), "原本蒙古字韻再構の試み,"《훈민정음과 파스파 문자 국제학술 Workshop》(주 최: 한국학 중앙연구원, 일시: 2008년 11월 18일~19일, 장소: 한국학중앙연구원 대 강당 2층 세미나실, Proceedings pp. 141~260.

李進熙(1972),《廣開土王碑の研究》, 吉川弘文館, 東京.

408

2) 중국인 저자의 한국한자음 가나다순

金光平・金啓綜(1980),《女眞語言文字研究》, 文物出版社, 北京.

金毓黻(1934a),《渤海國志長編》, 金氏千華山館著鉛印, 遼陽 金毓黻(1980)에서 활자 인쇄.

_____(1934b),《遼陵石刻集錄》, 國立奉天圖書館, 奉天.

_____(1946),《宋遼金史》, 商務印書館, 北京.

_____(1980):《渤海國志長編》, 사회과학전선 잡지사, 北京 金毓黻(1934a)의 활자본.

霍明琨(2013),《东北史坛巨擘金毓黻《静晤室日记》研究》黑龙江大学出版社, 哈尔濱.

寧忌浮(1992), "蒙古字韻校勘補遺",《內蒙古大學學報》(1992.8), pp. 9~16.

_____(1994), "《蒙古字韻》與《平水韻》,"《語言研究》(1994.2), pp. 128~132.

羅常培・蔡美彪(1959),《八思巴文字與元代漢語》[資料汇編], 科學出版社, 北京.

魏國忠・朱國沈・郝慶云(2006),《渤海國史》, 동북아역사재단 번역본, 동북아역사재단, 서울.

王力(1985);《漢語音韻史》, 北京: 科學出版社.

李德啓(1931), "滿洲文字之起源及其演變,"《北平圖書館刊》5卷 6期(民國 20년 11-12월), 뒤에서
          pp. 1-18, 도표 16.

李强(1982), "論渤海文字,"《學習與探索》, 1982년 제5기, pp. 119~130.

鄭再發(1965),《蒙古字韻跟八思巴字有關的韻書》, 臺灣大學文學院文史叢刊之十五, 臺北.

照那斯图(2003),《新編 元代八思巴字 百家姓》, 文物出版社, 北京.

周有光(1989), "漢字文化圈的文字演變,"《民族語文》(民族研究所) 1989-1, pp. 37~55.

陳慶英(1999), "漢文'西藏'一詞的來歷簡說,"《燕京學報》(燕京研究院, 北京大學出版社) 新六期
          (1999년 5월) pp. 129-139.

陳乃雄(1988), "契丹學研究述略,"《西田龍雄還暦記念東アジアの言語と歴史》, 松香堂, 京都.

照那斯图・宣德五(2001a), "訓民正音和八思巴字的關係探究－正音字母來源揭示－",《民族語文》
          (중국社會科學院 民族研究所) 第3期, pp. 9~26.

照那斯图・宣德五(2001b), "《訓民正音》的借字方法",《民族語文》(社會科學院 民族研究所) 第3期,
          pp. 336~343.

照那斯图・楊耐思(1984), "八思巴字研究,"《中國民族古文字研究》, 中國民族古文字研究會, pp.
          374~392.

_____(1987),《蒙古字韻校本》, 民族出版社, 北京.

趙展(1985), 河內良弘 譯, "中國における滿洲學の復興について,"《天理大學報》(天理大學), 第
          145輯.

清格爾泰(1997): "關於契丹文字的特點,"《아시아 諸民族의 文字》(口訣學會 編), 태학사, 서울.

清格爾泰 외 4인(1985), 清格爾泰.劉鳳翥.陳乃雄.于寶林.邢复禮:《契丹小字研究》, 中國社會科學
          出版社, 北京.

洪金富(1990),《元代蒙古語文的敎與學》, 蒙藏委員會, 臺北.

3) 서양인 저자의 알파벳순

Amsterdamska(1987), Olga Amsterdamska, *Schools of Thought: The Development of Linguistics from Bopp to Saussure*, D. Reidel Publishing Company, Dordrecht.
　　　　국역: 임혜순 역, 《언어학파의 형성과 발달》, 서울: 아르케, 대우학술총서 번역 435.
Baxter(1992), William H. Baxter, *A Handbook of old Chinese Phonology*, Mouton de Gruyter, Berlin.
Beckwith(2000), Christpher I. Beckwith, The Japanese-Koguryoic Family of Languages and the Chinese Mainland. Paper presented at the Association for Asian studies, San Diego, March 9~12, 2000.
_____(2002), "On Korean and Tungusic Elements in the Koguruo Language". *Transactions of the International Conference of Eastern Studies*, XLVII: pp. 82~98.
_____(2003), "Ancient Koguryo, Old Koguryo, and the Relationship of Japanese to Korean." Paper presented at the 13th Japanese/Korean Linguistics Conference, East Lancing, August 1-3, 2003.
_____(2004), *Koguryo, The language of Japan's Continental Relatives*, Brill, Leiden.Boston. 졸역(2006).
Bentley(2001), John R. Bentley. *A Descriptive Grammar of Early Old Japanese Prose*, Leiden: Brill.
Bloomfield(1935), Leonard Bloomfield : *Language*, Allen and Unwin, London.
Buzo(1995), Adrian Buzo. "Transcription Characters on Koguryŏ Inscriptions." 《素I谷남풍현선생 회갑기념논총》(간행위원회), 태학사, 서울, pp. 865~894.
Byington(2006), Mark E. Byington, "Review Article, Christopher I. Beckwith, Koguryo-The language of Japan's Continental Relatives," (Leiden:Brill, 2004), *Acta Koreana* vol. 9, no.1 January 2006, pp. 141-166.
Chomsky·Halle(1968), Noam Chomsky & Morris Halle, *Sound Pattern of English*, New York: Harper & Row.
Chung(2004), Kwang Chung, "On Polivanov's Study of the Geneology of Korean--Focused on Polivanov's Life and His Scholarship--," Paper presented ICKL 2004(July 13~14) at Ankara Univ., Antalia, Turkey.
_____(2005), "〈Review〉 Christopher I. Beckwith, Koguryo - The language of Japan's continental relatives," 《北方史論叢》(高句麗財團) No.5, pp. 369~377.
Clauson(1969), Sir Gerard Clauson, "A Lexico-statistical Appraisal of the Altaic Theory," *Central Asiatic Journal* No.13, pp. 1~23.
_____(1972), *An Etymological Dictionary of Pre-Thirteenth Century Turkish*, Clarendon Press, Oxford.
Daniels(1990), Peter T. "Daniels: Fundamentals of Grammatology," *Journal of American Oriental Society*, No.110, pp.727~730.
Durand(1990), Jacques Durand, *Generative and Non-linear Phonology*, Longman Ltd., New York.
Dyer(1983), Svetlana Rimsky-Korsakoff Dyer, Grammatical Analysis of the Lao Ch'i-ta, With an English

Translation of the Chinese Text, *Faculty of Asian Studies Monographs*: New Series No. 3, Australian National University, Canberra.

_____(2005), *Pak The Interpreter* -An annotated translation and literary-cultural evaluation of the Piao Tongshi of 1677-, The Australian National University, Pandanus Books, Canberra. 이 책은 2006년 2월에 University of Hawaii Press에서 재간됨.

Frellesvig · Whitman(2003), Bjarke Frellesvig & John B. Whitman, "Evidence for Seven Vowels in proto-Japanese," Paper presented at the XVIth International Conference on Historical Linguistics. University of Copenhagen, August 11-15, 2003.

Finch(1999), Roger Finch: "Korean Hangul and the_hP'ags-pa script," in Juha Janhunen and Volker Rybatzki ed., *Writing in the Altaic World*, Studia Orientalia 87, Helsinki.

Goldsmith(1990), John A. Goldsmith, *Auto-segmental and Metrical Phonology*, Basil Blackwell Ltd., Oxford.

Grierson(1919), G. A. Grierson : *Linguistic Survey of India*, Vol. 8, 1990년 재판.

Grube(1896), Wilhelm Grube, *Die Sprache und Schrift de Jučen*, Harrassowitz, Berlin.

Halle(1962), Morris Halle; "Phonology in Generative Grammar," *Word* vol. 18, pp. 54~72.

Hayman(1975), L. Hayman, *Phonology -Theory and Analysis-*, Holt Reinhart and Winston, New York.

Huth(1896), G. Huth, *Geschichte des Buddhismus in der Mongolei*: Mit einer Einleitung: Politische Geschichte der Mongolen, vol 2, Strassburg : Karl J. Trübner, 1896.

Janhunen & Rybatski(1999), Juha Janhunen and Volker Rybatzki, *Writing in the Altaic World*, *Studia Orientalia* (The Finnish Oriental Society), Helsinki.

Jean(1987), Georges Jean, *L'écriture: mémoire des hommes*, Gillimard, Paris.

高橋 啓 譯(1990),《文字の歴史》, 創元社, 大阪.

Karlgren(1957), Bernhard Karlgren, *Grammata Serica recensa*. Museum of Far Eastern Antiquities, Stockholm.

Kiparsky(1985), P. Kiparsky, *Explanation in Phonology*, Foris, N. J.

Klaproth(1812), J. von Klaproth, *Abhandlung über die Sprache und Schrift der Uiguren*, Berlin.

Kim(1988), Jin-w Kim, "On the origin and structure of the Korean script," 김진우(1988: 721~734).

Ladefoged(1975), P. Ledefoged, *A Course in Phonology*, 2nd ed.(1982), Harcourt Brace & Jovanovich. Inc, New York.

Ledyard(1966), Gari Ledyard, "The Korean language reform of 1446 - The Origin, Background, and Early History of the Korean Alphabet, Unpublished Ph. D dissertation, University of California. 이 논문은 한국에서 출판되었다(Ledyard, 1998).

_____(1997), "The international linguistic background of the correct sounds for the uction of the people," Young-Key Kim-Renaud(1997).

_____(1998), *The Korean language reform of 1446*, 국립국어연구원 총서 2, 신구문화사, 서울.

_____(2008), The Problem of the 'Imitation of the Old Seal' : Hunmin Chŏngŭm and hPags-pa, International Workshop on Hunminjeongeum and hPags-pa script, 2008년 11월 18일~19일, 한국학중앙연구원 대강당, 豫稿集 pp.11~31.

Lewin(1973), Bruno Lewin, "Japanese and the Language of Koguryŏ," *Papers of the C.I.C.* Far Eastern Language Institute 4: 19~33.

Ligeti(1956), Louis. Ligeti, "Le Po kia sing en écriture 'Phags-pa," *AOH* (Acta Orientalia Scientiarum Hungaricae, Budapest) 6(1-3, 1956) pp. 1-52.

_____(1962), "Trois notes sur l'écriture 'Phags-pa," *AOH* 13(1, 1962) pp. 201~237.

_____(1973), "Monuments en écriture 'Phags-pa," *Pièces de chancellerie en transcription chinoise*, Budapest, Vol. I, 1972, Vol. II, 1973.

Liu(1999), "Seventy years of Khitan Small Script studies," Janhunen & Rybatski (1999:159~169).

Martin(1966), Samuel E. Martin, "Lexical Evidence Relating Korean to Japanese," *Language* No. 42, pp.185~251.

_____(1987), *The Japanese Language Through Time.* Yale University Press, New Haven.

_____(1990), Morphological clues to the relationship of Japanese and Korean.' In: Philip Baldi(ed.), *Linguistic Change and Reconstruction Methodology.* Trends in Linguistics: Studies and Monographs 45. pp. 483-509.

_____(1991), "Recent Research on the Relationships of Japanese and Korean," *Sprung from Some Common Source*, 269-292. Stanford: Stanford University Press.

_____(1995), "On the Prehistory of Korean Grammar: Verb Forms," *Korean Studies*, No. 19 pp. 139-150.

_____(2000), "How have Korean vowels changed through time?" *Korean Linguistics* No.10, pp. 1~59.

Miller(1971), Roy A. Miller, *Japanese and the Other Altaic Languages.* University of Chicago Press, Chicago.

Meillet(1922), Antoine Meillet, *Introduction à L'Étude Comparative des Langues Indo-Européennes*, Paris. 페이지 수는 Septième édition(1934)의 알라바마대학 복사본(1964, Univ. of Alabama Press)의 second printing(1966)에 의함.

Narkyid(1983), Nagawangthondup Narkyid, "The Origin of the Tibetan script," in E. Stein-kellner & H. Tauscher (eds.) Contributions on Tibetan language, history, and culture, (Proceedings of the Csoma de Kőrös Symposium held at Velm-Vienna, Austria, 13-19 September 1981, Wiener Studien zur Tibetologie und Buddhismuskunde 10), Wien: Arbeitskreis für Tibetische und Buddhistische Studien Universität Wien, pp.207-220.

Pauthier(1862), G. Pauthier, "De l'alphabet de P'a-sse-pa," *JA*, sér. V, 19:8(Janv, 1862).

Pelliot(1925), Paul Pelliot : "Les systèmes d'écriture en usage chez les anciens Mongols", *Asia Major*, vol. 2, pp.284~289.

Pike(1948), *Tone language*, Ann Arbor, Michigan.

412

Poppe(1957), N. Poppe: *The Mongolian Monuments in hP'ags-pa Script*, Second Edition translated and edited by John R. Kruger, Otto Harrassowitz, Wiesbaden.

_____(1965), *Introduction to Altaic Linguistics*, Otto Harrassowitz, Wiesbaden.

Pozdněev(1895-1908), A. M. Pozdněev, *Lekcii po istorii mongolskoĭ literatuturi*, vol. I-III, St. Peterburg.

Polivanov(1927), Евгний Дмитриевич Поливанов, "К voprosu o rodstevennyx otnošenijax koreikogo i altajskix'jazykov", *Izvestija Akademii nauk SSSR*(Series VI, Vol.XXI, Nos. 15-17, Leningrad.

Pulleyblank(1962), Edwin G. Pulleyblank, "The Consonantal System of Old Chinese," *Asia Major*, 9: 58~144, pp. 206~265.

_____(1984), *Middle Chinese: A Study in Historical Phonology*. University of British Columbia Press, Vancouver.

_____(1991), *Lexicon of Reconstructed Pronunciation in Early Middle Chinese, Late Middle Chinese, and Early Mandarin*. UBC Press, Vancouver.

_____(1996), "Early Contacts between Indo-Europeans and Chinese," *International Review of Chinese Linguistics* 1.1: pp. 1~25.

Ramsey(1993), Robert S. Ramsey, "Some Remarks on Reconstructing Earlier Korean," 《어학연구》 29.4, pp. 433-442.

Ramstedt(1911), G. J. Ramstedt, "Ein Fragment mongolischer Quadratschrift," *JSFOu* 27(3) pp. 1-4.

_____(1952), Gustav J. Ramsted, *Einführung in die Altaische Sprachwissenschaft.. II. Formenlehre*. Mémoires de la Société Finno Ougrienne 104.2. Helsinki: Suomalais-Ugrilainen Seura.

Robins(1997), R. H. Robins: *A Short History of Linguistics*, London & New York: Longman Linguistics Library, Fourth Edition.

Sagart(1999), Laurent Sagart, *The Roots of Old Chinese*. John Benjamins, Amsterdam.

Sampson(1985), Geoffrey Sampson, *Writing System - A linguistic introduction-*, Hutchinson, London.

Schane(1973), Sanford A. Schane, *Generative Phonology, Evolution and Current Practice*, Holt, Rinehart and Winston, New York.

Starostin(1989), Sergei A. Starostin, *Rekonstrukciya drevnekitayskoy fonologičeskoy sistemi*. Nauka, Moscow.

_____(1991), Altayskaya problema i proisxoždenie yaponskogo yazika. Nauka, Moscow.

Starostin, Dybo, Mudrak(2003), Sergei Starostin, Anna Dybo, and Oleg Mudrak, T*he Etymological Dictionary of the Altaic Languages*. E. J. Brill, Leiden.

Trubetzkoy(1939), Nikolaj Sergejevič Trubetzkoy, *Grundzüge der Phonologie*. Travaux du Cercle linguistique de Prague, VIII, 2 aufl.

Unger(1975), Marshall J. Unger, "Studies in Early Japanese Morphophonemics." Ph.D. Dissertation, Yale University.

_____(1990), "Japanese and What Other Altaic Languages?" In: Philip Baldi, ed., *Linguistic Change and Reconstruction Methodology*, Mouton de Gruyter, Berlin, 547~561.

_____(2001), "Layers of Words and Volcanic Ash in Japan and Korea," *Journal of Japanese Studies*, 27.1: 81~111.

_____(2008), *The Role of Contact in the Origins of the Japanese and Korean Languages*, University of Hawai'i Press, Honolulu.

Vladimirtsov(1929), Boris Ya. Vladimirtsov, *Сравителъная грмматика монголъского письме-нного языка и халхаского наречия*, Vvedeni i fonetica, Leningrad.

_____(1931), "Монгльский международный алфавит XIII", века, *KPV* 10:32.

_____(1932), "Монгольские литературиые языки", *ZIV* 1:8.

Vovin(1993), Alexander Vovin, "About the phonetic value of the Middle Korean grapheme △," *Bulletin of the School of Oriental and African Studies*, LV I.2: pp. 247–259.

_____(1993), Alexander Vovin, "Notes on Some Japanese–Korean Phonetic Correspondences," In *Japanese/Korean Linguistics*, ed. Sonnja Choi, 3, pp. 338~350, Stanford Center for the Study of Language and Information, Stanford University.

_____(1994), "Genetic affiliation of Japanese and methodology of linguistic comparison," *Journal de la Société Finno-Ougrienne*, No.85: pp. 241–56.

_____(1995), "Once again on the accusative Marker in Old Korean," *Diachronica* 12.2. pp. 223~236.

_____(2003), "Once Again on Lenition in Middle Korean," *Korean Studies* XVII: pp. 85–107.

_____(2005a), *A Descriptive and Comparative Grammar of Western Old Japanese*. Vol. 1: Phonology, Script, Lexicon, and Nominals. Global Oriental, Kensington.

_____(2005b), "The End of the Altaic Controversy." *Central Asiatic Journal* 49.1.

_____(2010), *KOREO-JAPONICA-A critical study in the language relationship*, Univ. of Hawai'i Press, Honolulu.

Whitman(1985), John Whitman, The Phonological Basis for the Comparison of Japanese and Korean. Unpublished Harvard University Ph.D. dissertation, Boston.

_____(1990), "A Rule of Medial *-r-loss in Pre-Old Japanese," In: Philip Baldi, ed. *Linguistic Change and Reconstruction Methodology*. Mouton de Gruyter, Berlin: 511~545.

Young-Key Kim-Renaud(1997), ed., *The Korean alphabet: Its history and structure*, University of Hawaii Press, Honolulu.

찾아보기

ㄷ ㄱ ㅋ